Sammlung Metzler
Band 284

Dieter Burdorf

Einführung in die Gedichtanalyse

2., überarbeitete und aktualisierte Auflage

Verlag J. B. Metzler
Stuttgart · Weimar

Bibliografische Information Der Deutschen Nationalbibliothek
Die Deutsche Nationalbibliothek verzeichnet diese Publikation in der
Deutschen Nationalbibliografie; detaillierte bibliografische Daten sind im
Internet über <http://dnb.d-nb.de> abrufbar.

Gedruckt auf chlorfrei gebleichtem, säurefreiem und alterungsbeständigem Papier

ISBN 978-3-476-12284-1

Dieses Werk einschließlich aller seiner Teile ist urheberrechtlich geschützt. Jede Verwertung außerhalb der engen Grenzen des Urheberrechtsgesetzes ist ohne Zustimmung des Verlages unzulässig und strafbar. Das gilt insbesondere für Vervielfältigungen, Übersetzungen, Mikroverfilmungen und die Einspeicherung und Verarbeitung in elektronischen Systemen.

© 1997 J.B. Metzlersche Verlagsbuchhandlung
und Carl Ernst Poeschel Verlag GmbH in Stuttgart
Einbandgestaltung: W. Löffelhardt
Satz: Schreibbüro Eva Burri, Stuttgart
Druck: Franz Spiegel Buch GmbH, Ulm-Jungingen
Printed in Germany

Verlag J. B. Metzler Stuttgart · Weimar

Inhalt

Vorwort zur 1. Auflage IX
Vorwort zur 2. Auflage X

1 Was ist ein Gedicht? 1

1.1 Zur Geschichte der Begriffe ›Lyrik‹ und ›Gedicht‹ ... 2
1.2 Neuere Definitionsversuche 6

2 Der Ort des Gedichts in der Sprache 22

2.1 Das Gedicht als Lied: Lyrik und Musik 24
    2.1.1 Das populäre Lied im 20. Jahrhundert 26
2.2 Das gesprochene Gedicht: Lyrische Klangfiguren 29
    2.2.1 Reim, Assonanz und Alliteration 30
    2.2.2 Lautmalerei (Onomatopoesie) 36
    2.2.3 Formen lyrischer Klanggebilde 37
2.3 Das Gedicht als Schrift:
Graphische Ausdrucksformen 41
    2.3.1 Die Handschrift und das Faksimile 41
    2.3.2 Typographie und Orthographie 42
    2.3.3 Figurengedichte und visuelle Poesie 43
    2.3.4 Innovative lyrische Schriftformen 47
    2.3.5 Buchstabenspiele:
Akrostichon und Anagramm 49
    2.3.6 Lyrik und bildende Kunst 50

3 Die Form des Gedichts 53

3.1 Das Verhältnis zwischen Metrum, Rhythmus
und Syntax 54
    3.1.1 Formale Merkmale von Prosatexten 55
    3.1.2 Das Gedicht im Spannungsfeld zwischen
Vers- und Satzstruktur 57

	3.1.2.1	Besonderheiten des Satzbaus	61
	3.1.2.2	Enjambement	63
	3.1.2.3	Glatte und harte Fügung; Zäsur	66
	3.1.3	Zum Problem des Rhythmus	69
3.2		Metrische Grundformen	73
	3.2.1	Versformen	74
	3.2.1.1	Grundsätzliches zum Versmaß neuhochdeutscher Gedichte	74
	3.2.1.2	Liedvers und Knittelvers	80
	3.2.1.3	Die Opitzsche Versreform: Der Zwang zur Alternation	84
	3.2.1.4	Romanische Versformen: Alexandriner, Vers commun, Madrigalvers, Endecasillabo, Romanzenvers	86
	3.2.1.5	Antikisierende Versformen: Hexameter, Pentameter und jambischer Trimeter	90
	3.2.2	Strophenformen	96
	3.2.2.1	Der Ausdruckswert der Strophenformen	97
	3.2.2.2	Chevy-Chase-Strophe und Vagantenstrophe	100
	3.2.2.3	Romanzenstrophe	103
	3.2.2.4	Neue Formen vierzeiliger Strophen im 20. Jahrhundert	103
	3.2.2.5	Terzine und Stanze	104
	3.2.2.6	Antike Formen: sapphische, asklepiadeische und alkäische Odenstrophe	108
	3.2.3	Gedichtformen	114
	3.2.3.1	Verschiedene romanische Gedichtformen: Triolett, Rondel, Rondeau, Glosse, Sestine, Kanzone, Madrigal	115
	3.2.3.2	Das Sonett	118
	3.2.4	Freie Rhythmen und freie Verse	121
3.3		Der Aufbau des Gedichts	128
3.4		Der Rand des Gedichts: Autorname, Titel, Widmung, Motto und Datierung	130
4		Wort, Bild und Bedeutung im Gedicht	135
4.1		Besonderheiten des Wortgebrauchs: Wortarten und Wiederholungen, Leitmotive und Topoi	135

4.2	Bildlichkeit	143
	4.2.1 Allegorie	144
	4.2.2 Symbol	147
	4.2.3 Vergleich	149
	4.2.4 Personifikation	150
	4.2.5 Metapher	151
	4.2.6 Metonymie und Synekdoche	155
4.3	Die Vieldeutigkeit des Gedichts	156
5	Wirklichkeitsbezug und Perspektive des Gedichts	163
5.1	Mimesis und Fiktionalität	163
5.2	Zeit und Raum	171
5.3	Personen- und Kommunikationsstrukturen im Gedicht	181
	5.3.1 Drei problematische Kategorien: Erlebnis, Stimmung und lyrisches Ich	182
	5.3.2 Das Ich und die anderen: Personalität im Gedicht	193
	5.3.2.1 Textsubjekt und erste Person: Wer spricht?	194
	5.3.2.2 Die zweite Person: Wer wird angesprochen?	201
	5.3.2.3 Die dritte Person: Von wem oder was ist die Rede?	210
6	Das Gedicht in der Geschichte – die Geschichte im Gedicht	214
6.1	Geschichtliche Bedingungen der Gedichtproduktion: Literarhistorische Tradition, Zeitgeschichte und Lebensgeschichte; das Problem übersetzter Lyrik	214
6.2	Publikations-, Editions- und Wirkungsgeschichte	216
6.3	Entstehung und werkgeschichtlicher Zusammenhang des Gedichts	220
	6.3.1 Die Textgenese: Zum Umgang mit Fassungen und Varianten	220
	6.3.2 Das fragmentarische Gedicht	226

| | 6.3.3 | Das Gedicht im Werkkontext: Zyklen und andere Sammlungen; das Problem der Parallelstellen | 228 |

Literaturverzeichnis 233

1	Anthologien	233
2	Primärliteratur: Gesamt-, Auswahl- und Einzelausgaben	235
3	Sekundärliteratur	239

Personenregister 263

Sachregister 268

Angaben zum Autor 276

Vorwort zur 1. Auflage

In diesem Buch werden Grundprobleme und Methoden der literaturwissenschaftlichen Gedichtanalyse vorgestellt und anhand von Beispielen aus der deutschsprachigen Lyrik vom Barock bis zur Gegenwart veranschaulicht. Gegenüber vergleichbaren Darstellungen habe ich einige Akzente neu gesetzt. Der im Einleitungskapitel entwickelte Lyrikbegriff kommt ohne Wertungen aus und erfaßt daher die historische Vielfalt von Gedichten in ihrer ganzen Breite. Während Lyrik bis heute vor allem als Klangphänomen, teilweise sogar nur als eine Art Ableger des Liedes dargestellt wird, hebe ich die besondere Bedeutung von Schrift und Druck für die Entstehung, Verbreitung und Überlieferung von Gedichten hervor. Das zweite Kapitel ist daher ganz der Verortung der Lyrik zwischen den Medien Musik, gesprochene Sprache und Schrift gewidmet.

Generell biete ich bei theoretisch schwierigen und in der Forschung umstrittenen Themen (z. B. Rhythmus, Zeit und Raum oder lyrisches Ich) nicht von vornherein eine einzige einfache Lösung an, sondern skizziere die kontroversen Standpunkte und entwickle daraus einen Lösungsvorschlag, der an Beispielen erprobt wird. Damit möchte ich auch der Skepsis gegenüber älterer Forschungsliteratur entgegentreten, die oft zu Unrecht als verstaubt und vergilbt gilt. Diese Aufwertung der Literaturwissenschaft vergangener Jahrzehnte bedeutet jedoch – das sei hier noch einmal eigens betont – kein Ignorieren der fatalen Rolle der Germanistik in den Jahren der nationalsozialistischen Herrschaft.

Diese Einführung will dazu anregen, den subjektiven Zugang zu Gedichten und ihre genaue Analyse miteinander zu verknüpfen und daraus Interpretationen zu entwickeln, in denen die individuelle ästhetische Erfahrung nicht neutralisiert oder überspielt wird, die aber zugleich für andere nachvollziehbar und kritisierbar sind. Ob ein Gedicht als gelungen oder mißlungen zu werten ist, ob es die einzelne Leserin und den einzelnen Leser anzieht, irritiert oder abstößt und wie schließlich eine ihrem Gegenstand adäquate Interpretation auszusehen hat, die subjektive und objektive Momente in sich vereinigt – für all das lassen sich heute keine allgemeingültigen Maßstäbe mehr aufstellen. Das Buch kann daher als Werkzeugkoffer verstanden werden; welche der hier aufgezeigten Analyseinstrumente jeweils anzuwenden sind, gilt es für jedes einzelne Gedicht neu zu entscheiden.

Für vielfache Anregungen bin ich den Teilnehmerinnen und Teilnehmern der literaturwissenschaftlichen und literaturdidaktischen Seminare dankbar, die ich zwischen 1992 und 1994 an der Universität Hamburg durchgeführt habe. Die Gelegenheit, dieses Buch in Ruhe zu konzipieren und in weiten Teilen zu schreiben, gab mir ein Postdoktorandenstipendium der Deutschen Forschungsgemeinschaft, das mir vom Graduiertenkolleg *Ästhetische Bildung* an der Universität Hamburg gewährt wurde. Gerhard R. Kaiser habe ich dafür zu danken, daß er mir die Muße ließ, das Buch in meinem ersten Jenaer Sommer abzuschließen. Ute Hechtfischer vom Metzler Verlag danke ich für die geduldige Betreuung des Bandes. Matthias Vogel hat das Manuskript einer genauen kritischen Lektüre unterzogen. Von Anfang an begleitet hat die Entstehung des Buches Reinold Schmücker. Seinen Ideen, Einwänden und Detailkorrekturen verdanke ich viel.

Jena, 21. November 1994   Dieter Burdorf

Vorwort zur 2. Auflage

Die Lektüre lyrischer Texte hat auch im Zeitalter der Medienkultur ihren Reiz und ihre Bedeutung nicht verloren. Daß so bald nach Erscheinen dieser Einführung eine 2. Auflage notwendig wird, stimmt mich zuversichtlich, daß mein Buch einen kleinen Beitrag dazu leisten kann, die von Gedichten ausgehende Faszination verstehbar und kommunizierbar zu machen.

Für konstruktive Kritik danke ich Sabine Doering (Rezension in: Zeitschrift für Germanistik 1996), Harald Fricke, Wolfgang G. Müller, Karlheinz Stierle und Christian Wagenknecht. Für diese 2. Auflage wurden die Literaturhinweise wesentlich erweitert und eine Reihe von Fehlern korrigiert.

Jena, 15. März 1997   Dieter Burdorf

1 Was ist ein Gedicht?

Im Alltagssprachgebrauch bezeichnet ›Lyrik‹ eine literarische Gattung – meist im Gegensatz zu ›Epik‹ und ›Dramatik‹ – und ›Gedicht‹ einen Text, der zu dieser Gattung zählt, also einen ›lyrischen‹ Text. Das Attribut ›lyrisch‹ benutzen wir aber auch in einem anderen, weiteren Sinne. So ist die Bezeichnung ›lyrisches Drama‹ gebräuchlich (etwa für Hugo von Hofmannsthals Stück *Der Tor und der Tod*); außerhalb der Literatur sprechen wir von einem ›lyrischen Tenor‹ (das ist ein Tenor mit weicher, für gefühlsbetonten Gesang besonders geeigneter Stimme). Und eine ›lyrische Stimmung‹ kann sich auch außerhalb des Kunstbereichs, beispielsweise in einer idyllischen Naturumgebung, einstellen. In diesem weiten Sinne bedeutet lyrisch ›stimmungsvoll‹ oder ›gefühlsbetont‹. Selbstverständlich finden sich ›lyrische Stimmungen‹ auch in Gedichten, besonders in den sogenannten ›Stimmungsgedichten‹ der klassisch-romantischen Tradition (am ausgeprägtesten bei Clemens Brentano und Joseph von Eichendorff), aber eben nicht in allen Gedichten (beispielsweise nicht in Christian Fürchtegott Gellerts *Der Held und der Reitknecht* oder in Gottfried Benns *Mann und Frau gehn durch die Krebsbaracke*).

Andererseits werden manchmal auch literarische Texte außerhalb der Gattung Lyrik als ›Gedichte‹ bezeichnet, wenn sie nicht in Prosa verfaßt sind. So nennt Lessing sein Versdrama *Nathan der Weise* (1779) »Ein dramatisches Gedicht«, ebenso Schiller seine Dramentrilogie *Wallenstein* (1798/99). Noch 1981 knüpft Peter Handke an diese Tradition an, indem er sein Stück *Über die Dörfer*, dessen Prosadialoge nur in einigen Passagen durch gereimte freie Verse unterbrochen werden, als »Dramatisches Gedicht« bezeichnet. Außerdem sind uns – beispielsweise aus Humanismus und Aufklärung – zahlreiche ›Lehrgedichte‹ überliefert, die zwar in Versen gehalten sind, aber darüber hinaus kaum literarischen Status beanspruchen (z. B. Boileaus *L'art poétique* oder Popes *Essay on Man*).

Eine begriffsgeschichtlich fundierte Klärung dessen, was heute sinnvollerweise unter den Begriffen ›Lyrik‹, ›lyrisch‹ und ›Gedicht‹ verstanden werden kann, ist also unabdingbar.

1.1 Zur Geschichte der Begriffe ›Lyrik‹ und ›Gedicht‹

Der Begriff ›Lyrik‹ leitet sich vom griechischen *lyrikos* her, der Adjektivbildung zu *lyra* (ein altgriechisches Zupfinstrument, Leier), die soviel wie ›zum Spiel der Lyra gehörig‹ bedeutet. Die Herkunft des Wortes weist auf die enge Verbindung der Lyrik mit der Musik hin: Lyrische Dichtung ist seit den frühen Kulturen zur Musik vorgetragene, also meist gesungene Dichtung. Die Grundform der Lyrik wäre demnach das Lied. Ein präziser und zugleich umfassender Gattungsbegriff wurde daraus in der Antike jedoch nicht entwickelt, was sicherlich damit zusammenhängt, daß epische Dichtung ebenfalls mit Instrumentalbegleitung vorgetragen wurde und daß Lieder als Chorlieder auch Bestandteil der Tragödien waren. Ein einheitlicher Begriff der Lyrik, wie er für Epik und Dramatik schon in der *Poetik* des Aristoteles selbstverständlich ist, hat sich bis ins 18. Jahrhundert hinein gegenüber der Vielfalt lyrischer Formen nicht durchsetzen können (vgl. Behrens 1940, 3–66).

Das Wort ›Gedicht‹ ist aus dem althochdeutschen *tihton* (schreiben) abzuleiten und bezeichnet ursprünglich alles schriftlich Niedergelegte. Martin Opitz gebraucht den Ausdruck »geticht(e)« in seinem *Buch von der Deutschen Poeterey* (1624) schon eingeschränkter für alle Arten von Dichtung, die für ihn durchgängig Versdichtung sind; synonym verwendet er den lateinischen Begriff *carmen* (Lied). Ohne erkennbare Systematik führt er folgende Gattungen des Gedichts auf: Heroisches Gedicht (Epos), Tragödie, Komödie, Satire, Epigramm, Ekloge (Hirtenlied), Elegie, Echo (eine spielerische Gedichtform, in der das letzte Wort einer Zeile echoartig verkürzt wiederholt wird), Hymne (Lobgesang) und Silva (Gelegenheitsgedicht). Opitz bewegt sich, wie die Begriffe und sein häufiger Verweis vor allem auf römische Autoren zeigen, ganz auf dem Boden der antiken Tradition, insbesondere der *Ars Poetica* des Horaz. Mindestens die letzten sechs der genannten Dichtungsarten würden wir heute zur Lyrik zählen. Bei Opitz selbst kommt diese dagegen erst ganz zum Schluß der Aufzählung zur Sprache:

»Die Lyrica oder getichte die man zur Music sonderlich gebrauchen kann / erfodern zuföderst ein freyes lustiges gemüte / vnd wollen mit schönen sprüchen vnd lehren häuffig gezieruet sein« (Opitz 1991, 30).

Sangbarkeit, also Liedhaftigkeit ist für Opitz das Kriterium für das lyrische Gedicht, das er auch mit dem lateinischen Ausdruck ›Ode‹ (Gesang) bezeichnet. Während er für die anderen Dichtarten ein strenges Formbewußtsein fordert, billigt Opitz den lyrischen Gedichten eine aufgelockerte Darstellungsweise zu.

Auch Johann Christoph Gottsched kommt in seinem 1730 erschienenen *Versuch einer critischen Dichtkunst vor die Deutschen* zu keinem einheitlichen Lyrikbegriff. Er geht allerdings über Opitz hinaus, indem er das Lied, also das lyrische Gedicht im engen Sinne, als Ursprung aller Dichtung ansieht. Seine Poetik strebt »die Erklärung der Gattungen nach ihrer Entstehungsart« an und ist daher ein »Versuch, die Dichtkunst insgesamt aus ihrem ›Wachsthume‹ zu begreifen« (Scherpe 1968, 44).

Eine systematische Dreiteilung der Dichtung in Epik, Dramatik und Lyrik wurde zuerst in der italienischen Renaissancepoetik skizziert (Giovanni Giorgio Trissino: *Poetica* [1529/63]; vgl. Behrens 1940, 72 f.). Auslöser für diese Aufwertung der Lyrik waren die Wiederentdeckung des griechischen Hymnikers Pindar (um 520–446 v. Chr.) und die Petrarkistische Lyrik (eine sich auf den am Beginn der Neuzeit stehenden Dichter Francesco Petrarca [1304–1374] berufende, in ganz Europa für mehrere Jahrhunderte außerordentlich wirkmächtige Stilrichtung der Liebeslyrik, der es vor allem auf formale Virtuosität ankam; vgl. Hoffmeister 1973; Meid 1986, 27 f.; Mölk 1975). Aber die Vorstellung von Lyrik als einer dritten Gattung neben Epik und Dramatik konnte sich zunächst – außer in Italien und bei einigen englischen Theoretikern wie John Milton – nicht durchsetzen (vgl. Behrens 1940, 102–164). Erst zu Beginn des 18. Jahrhunderts – mit dem Aufkommen eines neuen Verständnisses von Dichtung und Kunst, das sich von den normativen Vorgaben der antiken Tradition und von den Systemphilosophien des vorangegangenen Jahrhunderts zunehmend freimachte – faßten eine Reihe von Theoretikern die verschiedenen Gedichtformen zu einer einzigen Gattung Lyrik zusammen und werteten diese damit zu einer gleichberechtigten Gattung neben Epik und Dramatik auf (bei einigen Autoren trat als vierte, nur durch ihre Wirkungsabsicht gekennzeichnete Gattung noch die Didaktik hinzu, die Lehrgedichte, Satiren, Epigramme u. ä. umfaßte). Zu nennen sind hier der Begründer der wissenschaftlichen Ästhetik, Alexander Gottlieb Baumgarten, mit seiner Dissertation *Meditationes philosophicae de nonnullis ad poema pertinentibus* (1735) und Abbé Charles Batteux mit seinem Lehrbuch *Les beaux arts réduits à un même principe* (1746). Johann Adolf Schlegel machte mit seiner erstmals 1751 erschienenen Übersetzung Batteux' Schrift im deutschen Sprachraum nicht nur populär; zugleich setzte er sich in ausführlichen

Kommentaren polemisch gegen Batteux' aristotelische Zurückführung aller Dichtung auf das Nachahmungsprinzip zur Wehr. Nicht allein in ihrem Ursprung sei die Poesie ein »Ausdruck nicht nachgemachter, sondern wirklicher, Empfindungen« gewesen (Batteux 1976, Bd. 1, 368, Anm.); zumindest die Lyrik sei nach wie vor eine Kunstform, in der menschliche Empfindungen unmittelbar und unverfälscht zum Ausdruck kämen. Sobald sich die Konzeption der Lyrik als einer einheitlichen Gattung in Deutschland durchzusetzen beginnt, ist sie also verknüpft mit der Vorstellung, sie sei das adäquate Medium eines unmittelbaren Gefühlsausdrucks des Autors (des Genies, wie schon J. A. Schlegel sagt).

Die Poetiken der folgenden Jahrzehnte machten vor allem den Gedanken der Lyrik als Gefühlspoesie stark. Johann Gottfried Herder sammelte nicht nur Lieder verschiedener Zeiten und Nationen und prägte dafür den Begriff des ›Volksliedes‹ (*Volkslieder*, 1778/79); zugleich suchte er im Volkslied den Ursprung aller Poesie zu erweisen (*Auszug aus einem Briefwechsel über Ossian und die Lieder alter Völker*, 1773). Als Konsequenz seiner radikalen Opposition gegen jede normative Gattungslehre ist bei ihm eine Tendenz zur Auflösung der Gattungen, »eine umfassende Lyrisierung aller Gattungen der Poesie« (Scherpe 1968, 248), zu beobachten.

Herders an der Musik orientierte Vorstellung vom Lyrischen als einer Grundstimmung, einer »Tonart«, die sich in Dichtungen aller Art finden könne, hat nicht nur die romantische Poesiekonzeption stark beeinflußt; sie wirkt – vermittelt über die Ästhetiken Hegels und Vischers – noch in der Literaturwissenschaft des 20. Jahrhunderts nach (beispielsweise bei Emil Staiger). Aus dieser Tradition stammt unser verschwommenes Verständnis des Lyrischen als eines stimmungsvollen Zustandes. Auch Goethes berühmt gewordene Ausführungen zu den *Naturformen der Dichtung* aus den *Noten und Abhandlungen* zum *West-östlichen Divan* (1819) haben ein solches eher psychologisches und anthropologisches als poetologisches Gattungsverständnis befördert:

»Es gibt nur drei echte Naturformen der Poesie: die klar erzählende, die enthusiastisch aufgeregte und die persönlich handelnde: Epos, Lyrik und Drama. Diese drei Dichtweisen können zusammen oder abgesondert wirken.« (Goethe; *SW* 3, 480. Vgl. zu Goethes Gattungspoetik allgemein Szondi 1974b, 41–93)

Die Charakterisierung der Lyrik als ›enthusiastisch aufgeregt‹ trifft sicherlich nur auf einen Teilbereich selbst von Goethes eigener Lyrik (die sogenannte Erlebnislyrik) zu; ganze Abteilungen der von Goethe in seiner *Ausgabe letzter Hand* zusammengestellten Gedichte (wie *Parabolisch* oder *Gott und Welt*) werden damit nicht erfaßt – von Werken anderer Autoren und Epochen ganz zu schweigen.

Bei allen Unterschieden zwischen den poetologischen Konzepten im einzelnen lassen sich folgende Grundzüge der von Herder ausgehenden Traditionslinie des Lyrikverständnisses, die weit über die Spätromantik hinaus fast die gesamte deutschsprachige Lyrik des 19. Jahrhunderts prägte (vgl. Ruprecht 1987), festhalten: Der Gattungsbegriff ›Lyrik‹ wird eingeengt auf eine bestimmte Aussagenstruktur und damit auch auf bestimmte Inhalte. Lyrik ist demzufolge unmittelbarer Ausdruck der Innerlichkeit, der Subjektivität des Autors. Der Kernbereich der Lyrik ist das Lied; in der sich aus dem Gefühlsüberschwang zwanglos ergebenden Rhythmisierung nähert sich die Sprache des Gedichts der Musik, selbst wenn keine Vertonung vorliegt. Der kollektive Ursprung des Liedes im sogenannten Volkslied und der gesellig-kommunikative Charakter vieler Lieder werden zunehmend zurückgedrängt: Das Gedicht wird vor allem als Selbstaussage eines Ich verstanden. Die lyrische Grundsituation ist die Konfrontation eines isolierten Dichtersubjekts mit der übermächtigen Natur, die Auflösung der Grenze zwischen Subjekt und Objekt in der ›Stimmung‹; Lyrik ist »Dichtung der Einsamkeit, welche nur von einzelnen Gleichgestimmten erhört wird« (Staiger 1975, 39; vgl. dazu genauer unten, Abschnitt 5.3.1).

In der Lyrik der Moderne, die in Frankreich mit Charles Baudelaires *Les Fleurs du Mal* (1857), in Deutschland erst Jahrzehnte später mit der ästhetizistischen Lyrik Stefan Georges (*Hymnen* [1890]) und den Versexperimenten von Arno Holz (*Phantasus* [1898/99]) einsetzte (vgl. Lamping 1993, 131–196), wurde nicht nur dieses eingeschränkte Bild von Lyrik als Erlebnis- und Stimmungsdichtung verworfen, sondern es wurden Zug um Zug sämtliche Grundannahmen über das, was ein Gedicht und was Lyrik ist, in Frage gestellt, insbesondere die Orientierung an der Musik (Sangbarkeit) und – damit eng zusammenhängend – die Versstruktur von Lyrik. Neue Formen wie Lautgedichte und visuelle Poesie sprengen nicht nur die bisherigen Grenzen der Lyrik, sondern auch die der Literatur.

Wer heute über Lyrik reden will, hat es also mit einer komplexen Problemlage zu tun: Die Vielfalt lyrischer Ausdrucksformen, wie sie bis ins 18. Jahrhundert vorherrschte und die Herausbildung einer einheitlichen Gattungsvorstellung verhindert hat, ist weitgehend verlorengegangen. In der von Herder ausgehenden klassisch-romantischen Traditionslinie wurde der Gattungsbegriff Lyrik – kaum war er gefunden – bereits von einer Wesensbestimmung des ›Lyrischen‹ überlagert, die den Gegenstandsbereich der Lyrik stark einengte oder zumindest liedartige Erlebnis- und Stimmungsgedichte als die ›eigentliche‹ Lyrik allen anderen Formen überordnete. In der modernen Lyrik schließlich wurden alle bisher als verbindlich angesehenen Minimalkriterien insbesondere der sprachlichen Form von Lyrik verworfen. Da das normative Verständnis von Lyrik als Ausdruck von Subjektivität noch heute stark nachwirkt, werden moderne Gedichte von vielen Leserinnen und Lesern nur als Verfallsform von Lyrik aufgenommen – zumal immer noch und seit den 1980er Jahren sogar wieder vermehrt epigonale Lyrik nach klassisch-romantischen Mustern produziert wird.

1.2 Neuere Definitionsversuche

Wie läßt sich angesichts der grundlegenden Veränderungen in der Lyrik und der Lyriktheorie ein alle oder wenigstens die neuzeitlichen Erscheinungsformen umfassender Begriff von ›Lyrik‹ und ›Gedicht‹ aufrechterhalten? In gattungspoetischen Ansätzen der letzten Jahre hat man auf verschiedenen Wegen versucht, dieses Problem zu lösen. Dabei wurden vor allem folgende Merkmale als charakteristisch für jede Art von Lyrik bezeichnet: Liedhaftigkeit, Kürze, Abweichung von der Alltagssprache und Versform. Diese Definitionsvorschläge sind daraufhin zu prüfen, ob sie zur Abgrenzung der Lyrik von anderen Gattungen geeignet sind.

Bernhard Asmuth sieht angesichts des Auseinanderfallens von traditioneller, subjektivistischer und moderner Lyrikkonzeption nur die Möglichkeit, sich für eines der drei Paradigmen zu entscheiden. Er hält die älteste, an der Musik und Sangbarkeit orientierte Lyrikvorstellung, die sich lange vor der Festigung eines Gattungsbegriffs Lyrik herausgebildet hat, für die geeignetste und legt daher fest: »Der Kern der Lyrik ist das Lied.« (Asmuth 1984, 133) Dabei sieht Asmuth Stimmungs- und Erlebnisgedicht als nur zwei der möglichen Formen des Liedes an; im Gegensatz zu Staiger arbeitet er die ebensogroße Bedeutung partnerbezogener und objektivierender Arten der Lyrik heraus. Sein Lyrikbegriff umfaßt also eine große Spannbreite lyrischer Formen, kommt jedoch bei der modernen Lyrik in große Schwierigkeiten:

»Wenn das Lied den Kern des Lyrischen ausmacht, [...] dann ist ein Text insofern lyrisch, als er dem Gesang verpflichtet ist. In der kunstvollen, nur literarischen Lyrik früherer Jahrhunderte hielt die Erwartung des Singens und der Leier, heute hält meist eine sich gleichbleibend wiederholende strophische Form die Erinnerung an den Gesang wach. Die Tatsache des Singens ist hinter die Möglichkeit, hinter die Singbarkeit zurückgetreten. [...] In ähnlicher Weise [wie man vom ›Lesedrama‹ spricht] könnte man die meisten Gedichte Leselieder nennen. Die Lyrik im nur noch literarischen Sinne ist eine stilisierte Form des Liedes, auch wo sich ihre Autoren dessen nicht mehr bewußt sind.« (Asmuth 1984, 135; Zusatz von mir)

Mit dieser Charakterisierung erfaßt Asmuth aber nur einen Teil der modernen Lyrik: Vielleicht läßt sich noch Paul Celans *Todesfuge* (1948) als ›Leselied‹ bezeichnen, wohl kaum noch sein nachgelassenes Gedicht *Einen Stiefelvoll* (veröffentlicht 1976). Asmuth gesteht denn auch ein: »Die literarische Lyrik hat im Laufe der Zeit eine Eigengesetzlichkeit entwickelt, die sie immer mehr von der Liedform abrücken ließ.« (Asmuth 1984, 135) Diese Entwicklung kulminiere in der modernen Lyrik:

»Mit dem Verzicht auf Metrum und schnelle Verstehbarkeit und damit auf die Singbarkeit ihrer Texte haben sich die modernen rein literarischen Lyriker in ein künstlerisches Getto von bewundernswert hohem Niveau und sprachlicher Sensibilität begeben und sich zugleich den Markt weitgehend abgeschnitten.« (Ebd., 137)

Die moderne ›literarische Lyrik‹ erscheint also in Asmuths Konzeption als bloße Verfallsform. Eine brauchbare Lyrikdefinition müßte sich jedoch gerade an den aktuellen Formen lyrischer Rede bewähren. Asmuths Ansatz scheitert daran.

Walther Killy schlägt in seinem Buch *Elemente der Lyrik* (1972) eine Minimallösung vor: Angesichts der Unvergleichbarkeit der dichterischen Gebilde aus zweieinhalb Jahrtausenden Lyrikgeschichte verzichtet er auf eine Begriffsbestimmung und Strukturbeschreibung der Lyrik und versammelt nur eine Reihe von »Verhaltens- und Erscheinungsweisen der Lyrik« (Killy 1972, 1), die durch die Geschichte und die verschiedenen Kulturen hindurch konstant geblieben seien. Neben grundsätzlich für alle Gedichte kennzeichnenden strukturellen Merkmalen wie »Addition, Variation, Summation« und »Zeit« finden sich unter Killys ›Elementen‹ auch Begriffe wie »Mythologie« und »Stimmung«, die nur für eine bestimmte Gruppe von Texten oder eine bestimmte Epoche als Charakteristika gelten können. Zudem gesteht Killy ein, daß die von ihm genannten Elemente der Lyrik durch weitere ergänzt werden können (vgl. ebd., 3). Sein Katalog ist also weder eine vollständige Beschreibung der Merkmale lyrischer Texte, noch sind alle in ihm aufgeführten Merkmale für jeden lyrischen Text verbindlich. Killy arbeitet mit einem verschwommenen Alltagsverständnis der Begriffe ›Gedicht‹ und ›Lyrik‹ und trägt zu dessen Präzisierung – trotz vieler erhellender Einzelanalysen – nichts bei.

Das letzte der von Killy aufgeführten Elemente ist die »Kürze« (vgl. Killy 1972, 154–169; ergänzend Staiger 1975, 19 und 164). Killy versucht einen Begriff qualitativer Kürze der Lyrik im Gegensatz zur ›epischen Breite‹ der Prosa plausibel zu machen. Kürze bedeutet für Killy nicht primär eine kleine Anzahl sprachlicher Zeichen, sondern eher Konzentriertheit und Konzisheit des sprachlichen Ausdrucks (vgl. auch Asmuth 1984, 128; Austermühl 1981, 147–153; Knörrich 1992, XXXVII). Mit der Kürze in diesem Sinne scheint ein formales Kriterium gefunden zu sein, das tatsächlich der größten Anzahl der heute als Gedichte angesehenen Texte zukommt und keine inhaltlichen, motivischen oder strukturellen Vorgaben macht, die der Lyrik einer bestimmten Epoche entnommen sind und Gedichte aus anderen Zeiten und Kulturen ausschließen oder abqualifizieren.

Aber gegen das Kriterium der Kürze spricht die mangelnde begriffliche Schärfe des quantitativen wie des qualitativen Begriffs (vgl. Fricke 1981, 117; Lamping 1993, 87): An welchem Punkt wäre die Grenze anzusetzen, jenseits deren ein Text so lang ist, daß er nicht mehr in die als ›kurz‹ definierte Gattung Gedicht paßt? Ist beispielsweise Heinrich Heines *Die Romanze von Rodrigo* mit 161 Versen noch ein Gedicht, Schillers *Lied von der Glocke*, das 424 Verse umfaßt, aber keines mehr? Die Vertreter der Kürze-Definitionen geben auf Fragen dieser Art keine befriedigenden Antworten. Andererseits ist zuzugestehen, daß Schauspiele und Erzählprosa eher als lyrische Gedichte zu größerer Länge tendieren, in der die Entfaltung von Figuren, Situationen und Konflikten erst möglich wird. Aber es gibt auch in diesen Gattungen Formen wie den Einakter, die Kurzgeschichte, die Fabel oder den Aphorismus, die auf Kürze hin angelegt sind; und in vielen Fällen unterschreitet die Länge eines solchen Textes selbst ein ›kurzes‹ Gedicht: So umfaßt H. C. Artmanns »Märchen« *Ein schöner märztag* nur zwölf (Prosa-)Druckzeilen, Kafkas *Wunsch, Indianer zu werden* nur sechs und Brechts Keunergeschichte *Das Wiedersehen* gar nur dreieinhalb Zeilen – das macht alle diese Texte jedoch nicht zu Gedichten.

Kürze im qualitativen Sinne von »Konzision trotz erheblichen Umfangs« (Fricke 1981, 148) kann ebensogut Prosatexten wie Gedichten zuerkannt werden und ist daher als Unterscheidungskriterium ebenso ungeeignet wie die bloße Längenmessung. Etliche Gedichte, insbesondere aus der Zeit vor 1750, zeichnen sich sogar durch ein hohes Maß an Redundanz aus. Das gilt z. B. für Lehrgedichte (so für fast jedes Gedicht aus der Sammlung *Irdisches Vergnügen in Gott, bestehend in physikalisch- und moralischen Gedichten* von Barthold Heinrich Brockes [9 Bände, 1721–48]), für zahllose Gelegenheitsgedichte zu Feier- und Trauertagen, für gesellige Lieder und vieles andere.

Kürze bzw. Konzisheit des sprachlichen Ausdrucks kann daher als ein Merkmal gelten, das vielen Gedichten zukommt und bei der Analyse von Lyrik berücksichtigt werden sollte; als Kriterium zur Unterscheidung der Gattung von anderen eignet es sich nicht.

Auch der Begriff der ›Differenzqualität‹ ist als Instrument zur Klärung des Lyrikbegriffs eingeführt worden (vgl. Austermühl 1981; S. J. Schmidt 1968; Waldmann 1988). Es handelt sich um einen zentralen Begriff der russischen Formalisten, die ihn der heute in Vergessenheit geratenen Kunstphilosophie Broder Christiansens (1909, 118–125) entlehnt haben (vgl. die Beiträge von Sklovskij und Tynjanov in: Striedter 1981, 51–53 und 441). Diesen Theoretikern zufolge weicht jedes (literarische) Kunstwerk von der empirischen Wirklichkeit, vom alltäglichen Sprachgebrauch und von den durch die literarische Tradition vorgegebenen Normen in je spezifischer Weise ab (vgl. Erlich 1987, 281). Für die Dichtung ist die zweite der genannten Abweichungen, die von der Alltagssprache, besonders kennzeichnend (vgl. ebd., 261; ferner Austermühl 1981, 73; G. Schmidt 1975). Roman Jakobson erläutert diesen Sachverhalt näher als Selbstreflexivität der poetischen Sprache, als Hervortreten der »poetischen Funktion«:

»Doch wodurch manifestiert sich die Poetizität? – Dadurch, daß das Wort als Wort, und nicht als bloßer Repräsentant des benannten Objekts oder als Gefühlsausbruch empfunden wird. Dadurch, daß die Wörter und ihre Zusammensetzung, ihre Bedeutung, ihre äußere und innere Form nicht nur indifferenter Hinweis auf die Wirklichkeit sind, sondern eigenes Gewicht und selbständigen Wert erlangen.« (Jakobson 1979, 79)

Diese Aussagen gelten jedoch grundsätzlich für alle literarischen Texte. Zu gattungspoetischen Unterscheidungen können sie daher nur mittelbar beitragen (vgl. Stierle 1979, 505 f.). So sieht sich Jakobson zu der ergänzenden Auskunft veranlaßt, in der Lyrik trete zur poetischen die emotive oder expressive Funktion hinzu (vgl. Jakobson 1979, 94), die – wie grammatisch vor allem die Verwendung der ersten Person signalisiert – »die Haltung des Sprechers zum Gesprochenen unmittelbar zum Ausdruck« (ebd., 89) bringe. Damit läßt Jakobson – in linguistisches Vokabular verhüllt – die subjektivistischen Lyrikvorstellungen in seine Theorie Einzug halten.

Austermühl zieht sich angesichts der – von ihr allerdings eher überspielten als herausgearbeiteten – Aporien der formalistischen Lyriktheorie auf eine Position zurück, die nur graduelle Unterschiede zwischen alltäglicher, literarischer und speziell lyrischer Sprachverwendung festzustellen versucht, und gesteht ein, daß »bei der Beschreibung der Sprache der Lyrik eine umfassende Typologie von materiell eindeutig bestimmbaren sprachlichen Merkmalen lyrischer Texte bzw. eine Auflistung spezifischer poetischer Verfahren weder angestrebt noch erstellt werden« könne (Austermühl 1981, 100). Austermühl versucht statt dessen plausibel zu machen, daß Lyrik als eine besonders bewußte, konzentrierte und innovative Sprachverwendungsform anzusehen sei. Lyrik sei indes von ähnlich virtuoser Sprachverwendung in alltagssprachlichen Kontexten (z. B. Werbeslogans) nicht eindeutig durch ihre textliche Struktur zu unterscheiden, sondern nur durch die spezifische, nämlich außersprachliche Bezüge zurückdrängende Rezeption, die sie verlange und ermögliche (vgl. ebd., 157–183): Die daraus resultierende »Offenheit« des Wirklichkeitsbezugs lyrischer Texte zwinge die Lesenden dazu, »einen sinngebenden kontextuellen Bezugsrahmen selbst zu formulieren und deutend an den Text heranzutragen« (ebd., 192). Als Moment eines solchen Prozesses literarischer Erfahrung verstanden, könnten Gedichten Eigenschaften wie Kürze, Lakonismus und Fragmenthaftigkeit zugeschrieben werden (vgl. ebd., 190 f.).

Damit sind eine Reihe von Momenten genannt, die für das Verständnis lyrischer Texte wichtig sind. Der Schwachpunkt des formalistischen Ansatzes, die lyrische Zeichenverwendung nicht hinreichend deutlich von poetischer Zeichenverwendung allgemein abheben zu können, ist damit jedoch nicht behoben. Die Abweichung vom Alltagssprachgebrauch ist ebensowenig wie Liedhaftigkeit und Kürze ein hinreichendes Kriterium zur Unterscheidung lyrischer Texte von solchen anderer Gattungen.

Das einzige eindeutig feststellbare Merkmal, das den größten Teil der heute als Gedichte bezeichneten Texte auszeichnet, ist die Versstruktur. Der präziseste Versuch einer Begriffsbestimmung auf dieser Basis stammt von Dieter Lamping, der zunächst vorschlägt, »das Gedicht als *Versrede* oder genauer noch: als *Rede in Versen* zu definieren« (Lamping 1993, 23). Weiter legt er fest: »Unter einer *Rede* ist jede sprachliche Äußerung zu verstehen, die eine sinnhaltige, endliche Folge sprachlicher Zeichen darstellt« (ebd.). ›Rede‹ in diesem Sinne bezieht sich sowohl auf mündliche wie auf schriftliche Äußerungen; eine schriftlich fixierte Rede wird als ›Text‹ bezeichnet (vgl. ebd., 23 f.). Schließlich definiert Lamping:

»Als *Versrede* soll hier jede Rede bezeichnet werden, die durch ihre besondere Art der Segmentierung rhythmisch von normalsprachlicher Rede abweicht. Das Prinzip dieser Segmentierung ist die Setzung von Pausen, die durch den Satzrhythmus der Prosa, und das heißt vor allem: durch die syntaktische Segmentierung des Satzes nicht gefordert werden. Das Segment, das durch zwei solche, aufeinander folgende Pausen geschaffen wird, ist der Vers.« (Ebd., 24; Herv. im Orig.)

Obwohl die Versrede sowohl in der gesprochenen wie in der geschriebenen Sprache vorkommt, wird sie von Lamping primär über ihre Sprechbarkeit definiert: Pausen gibt es zunächst nur in zeitlichen Abläufen, nicht auf dem Papier (vgl. Fónagy 1960), und der Begriff des Rhythmus stammt sogar aus der Musik und wird daher von einigen Verstheoretikern als unangemessen und in bezug auf sprachliche Gebilde nicht faßbar abgelehnt (vgl. Asmuth 1984, 60). Unabhängig davon ist unbestritten, daß die gesprochene Alltagssprache (oder Prosa) sich im wesentlichen durch zwei Merkmale charakterisieren läßt: zum einen durch die Verschiedenartigkeit der Silben, insbesondere ihre unterschiedliche Tonstärke (Betonung); zum anderen durch die Gliederung in Sprechphasen. Diese sind durch Pausen voneinander getrennt, denen in der Schriftsprache im wesentlichen die Satzzeichen entsprechen (vgl. ebd., 12). Hinzu kommen Eigenschaften wie die Tonhöhe und die Geschwindigkeit des Sprechens. Aus dem Zusammenwirken dieser Faktoren ergeben sich für die Prosa charakteristische, in sich gegliederte Sprechbögen, die man in diesem nicht musikalisch vorgeprägten Sinne als Rhythmus der Prosa bezeichnen kann. (Zum Begriff des Prosarhythmus vgl. Blümel 1930, bes. 3 f., 32–62; Heusler 1956, I, 52 f.; F. Lockemann 1952, 58–84; ders. 1960, 20–31; dagegen behält Saran

[1907, 5–131] den Begriff Rhythmus der Versrede vor und spricht statt dessen von der »Schallform« der Prosa.)

Nach Lamping muß sich eine Versrede, also ein Gedicht, zunächst nur durch die andersartige Segmentierung, das heißt durch die Setzung zusätzlicher Pausen, von einer alltagssprachlichen Äußerung unterscheiden. In der Schriftform entsprechen diesen Pausen in der Regel eine »Anomalie des Satzspiegels« (Fricke 1981, 19), nämlich die nicht vollgeschriebenen Zeilen, sowie häufig die (von der Prosaschreibweise abweichende) Großschreibung am Versanfang. Schon Saran (1907, 213) weist – wenngleich bedauernd – darauf hin, daß der lateinische Terminus *versus* ebenso wie sein griechisches Pendant *stichos* (und Ableitungen wie ›Distichon‹) ursprünglich »kein rhythmischer, sondern ein konventionell graphischer Begriff« sei, der erst »allmählich etwas von spezifisch rhythmischem Inhalt angenommen« habe. In der »Leselyrik« (ebd., 215; vgl. auch 330) sei die Zeilen- und Strophenschreibung unumgänglich zur Erfassung der rhythmischen Struktur. Auch Wolfgang Kayser stellt gleich zu Beginn seiner 1946 zuerst erschienenen *Kleinen deutschen Versschule* fest:

»Unser Auge sagt uns schnell, was Verse sind. Wenn auf einer Seite um das Gedruckte herum viel weißer Raum ist, dann haben wir es gewiß mit Versen zu tun.« (Kayser 1992, 9)

Diese raumgreifende Darstellungsweise von Versen ist aber nicht zwingend. So wurden im 17. Jahrhundert die Verse meist in der fortlaufenden Zeile nur durch Schrägstriche voneinander abgegrenzt; noch heute findet sich diese Notationsweise in Gesangbüchern: Ein Gedichttext, dessen Melodie bekannt ist und sich von Strophe zu Strophe wiederholt, bedarf offenbar nicht zwingend einer die Verse voneinander absetzenden schriftlichen Aufzeichnung.

Aber selbst wenn jeder Vers eine Druckzeile einnimmt, gibt es Abweichungen von der Linksbündigkeit: Bei Vers-, Strophen- und Gedichtformen wie dem Distichon, den Odenstrophen und dem Sonett verdeutlichen – jedenfalls in der Notation mancher Autoren und Ausgaben – Einrückungen die metrische Verschiedenheit der Verse (vgl. Albertsen 1971, 96). In längeren Gedichten werden oftmals Versgruppen oder ganze Abschnitte, beispielsweise der Refrain, durch Einrückung hervorgehoben. Lamping weist darüber hinaus darauf hin, daß es neben linksbündig gedruckten Versen auch rechtsbündige (z. B. bei Gerhard Rühm) und achsenzentrierte (z. B. bei Arno Holz) sowie unregelmäßig über die Zeilen verteilte Verse (man denke an Stéphane Mallarmés *Un coup de dés*) gebe sowie Figurengedichte (vgl. Lamping 1993, 29 f. und 34; siehe dazu auch unten, Abschnitt 2.3). Diese Erscheinungen wirken zwar als Ausnahmen, zum Teil sogar als bewußte Provokationen, die vor dem Hintergrund des gewohnten Erscheinungsbildes eines Gedichts verstanden werden wollen. Sie fallen aber nicht etwa durch eine Rückkehr zur Prosa auf, sondern durch den Versuch, jede Konvention auch noch des lyrischen Schriftbildes zu durchbrechen. Man kann also festhalten, daß ein Gedicht einerseits eine mündliche Rede ist, die durch nicht dem Prosarhythmus folgende Pausen gegliedert ist; zugleich ist das Gedicht aber auch ein Text, der durch vom Prosasatzspiegel abweichende Zeilenbrechungen gekennzeichnet ist.

Nehmen wir ein Beispiel:

> Du spürst den Grund, der so richtig
> unter der Sohle wegschmiert, nasser Lehm,
> die Füße drehn sich im Matsch, und die große
> Hundeschnauze vor der Brust hilft auch
> nicht weiter, greif die Sterne, Fremder,
> die Luft schmeckt kalt, dies ist eine neue
> Plastikmilchkanne für eineinhalb Liter,
> und du gehst auf den Kuhstall zu, ohne
> Taschenlampe, Wildgänse rauschen durch
> die Nacht in deinem Kopf und die Bäuerin
> sagt, na, kommt der Chef heut' selber
> Milch holen
>
> (Ralf Thenior: *In Gummistiefeln*. In: *Lyrik – Blick über die Grenzen*, 76)

Die auf den ersten Blick auffälligste Eigenschaft dieses Textes ist die Unterbrechung des Satzflusses durch die Versstruktur (auf Großschreibung am Versanfang ist – wie in vielen Gedichten des 20. Jahrhunderts – verzichtet worden). Dadurch werden zum Teil sogar Wortgruppen auseinandergerissen, die syntaktisch eng zusammengehören, sogenannte ›Syntagmen‹ (z. B. »eine neue / Plastikmilchkanne«); man nennt solche Zeilensprünge ›Enjambements‹. Andererseits verbinden die Begrenzungen am Anfang und Ende jedes Verses syntaktisch nicht Zusammengehöriges miteinander und stellen dadurch neue Sinnzusammenhänge her (»die Nacht in deinem Kopf und die Bäuerin«). Die Einheiten des Satzes und des Verses konkurrieren also miteinander und bilden ein Spannungsfeld.

Durch die Versstruktur allein ist der Text im Sinne der von Lamping gegebenen Definition bereits als Gedicht ausgewiesen; zusätzliche Indikatoren, die die Versstruktur weiter hervorheben oder regelmäßiger gestalten, sind nicht erforderlich. Verzichtbar ist also der (End-)Reim, der das Versende durch Gleichklang mit einem anderen Versende hervorhebt und zugleich diese beiden Verse miteinander verbindet. Antike Gedichte zum Beispiel sind durchgehend ungereimt; und seit Klopstock hat sich der Verzicht auf den Reim auch in deutschen Gedichten mehr und mehr durchgesetzt. Entbehrlich ist aber auch eine festgelegte Binnenstruktur des Verses, ein Versmaß oder Metrum, das (im Deutschen) die Verteilung von Hebungen und Senkungen (also betonten und unbetonten Silben) vorschreibt. Zwar folgt ein großer Teil der Versdichtungen metrischen Regeln, aber ebenfalls seit Klopstock haben metrisch nicht festgelegte Verse zunehmend Verbreitung gefunden. Lamping weist zu Recht darauf hin, daß in seiner Definition der freie Vers – seiner weiten Verbreitung in der Lyrik des 20. Jahrhunderts entsprechend – nicht mehr als Ausnahme- und Randerscheinung klassifiziert wird, sondern als der Regelfall, der in der Lyrikgeschichte auf vielfältige Weise (entsprechend den jeweils vorherrschenden formalen Normierungen oder in kreativer Abweichung von diesen) variiert worden ist (vgl. Lamping 1993, 26 f.). Die Polemik mancher Literaturwissenschaftler gegen keinem Versmaß gehorchende Verse als »zerhackte Prosazeilen« (Blank 1990, 7; vgl. auch 30 f.), »Tagebuch im Stammel-Ton« (Wapnewski 1979, 30) oder »konturloser prosaischer Brei« (Behrmann 1989, 140, vgl. auch 1–3) ist unangebracht (vgl. Burdorf 1996); bestenfalls könnte man mit Wagenknecht (1989, 102–104 und 134) von »prosaischer« oder genauer noch: von ›prosanaher Lyrik‹ sprechen. Schon Oskar Walzel (1926, 298) hat – mit feinem Gespür für die Qualitäten der zeitgenössischen, hergebrachte Normen über Bord werfenden Lyrik – die Berechtigung einer *Lyrik ohne Zusammenhang* anerkannt und es nicht als Vorwurf gelten lassen, wenn »in einem Gedichte die Reihenfolge der Verse auch geändert werden könnte«. Heusler (1956, III, 313) hat – am Beispiel von Liliencrons *Betrunken* (1891) – den hilfreichen Begriff »Verse fürs Auge« geprägt, den er jedoch in Fällen, in denen kein Gestaltungswille zu ›takthaltiger Rede‹ zu erkennen sei, für einen Widerspruch in sich hält. Die präzise (damit aber nicht notwendigerweise regelmäßige) Fügung der Versbinnenstruktur und der Versgrenzen kann als Qualitätskriterium gelten (und der Beispieltext von Thenior ist unter dieser Perspektive sicherlich kein Meisterwerk deutscher Versdichtung); als gattungspoetisches Merkmal ist sie ungeeignet.

Im Anschluß an diese Klärung ist auch eine weitere terminologische Festlegung möglich: In der seit mehreren Jahrhunderten in der deutschen Lyrik fast durchgängig verwendeten Notation nimmt jeder Vers genau eine Zeile ein, füllt diese jedoch nicht in ihrer ganzen Breite aus. (Nur in Ausnahmefällen, wenn Langzeilen in einem kleinen Druckformat wiedergegeben werden, muß ein Vers zuweilen auf zwei Druckzeilen verteilt werden, wobei die zweite Hälfte von den linksbündigen Versanfängen durch Einrückung abgehoben wird.) Diese Gewohnheit erlaubt es, den Begriff ›Vers‹ und den weiteren Begriff ›Zeile‹ in bezug auf Lyrik synonym zu verwenden: Ebenso wie jedes Gedicht ein Text (oder eine Rede) ist, ist jeder Vers eine Zeile (aber nicht umgekehrt). Die in der Forschung zuweilen anzutreffende Gepflogenheit, nur metrisch regulierte Einheiten als ›Verse‹, die metrisch freien Wortgruppen moderner Lyrik dagegen als ›Zeilen‹ zu bezeichnen, sollte daher vermieden werden.

Wenn man jede Versrede als Gedicht bezeichnet, wird damit der größte Teil der herkömmlicherweise als Gedichte angesehenen sprachlichen Gebilde erfaßt. Ausgeschlossen ist damit das sogenannte ›Prosagedicht‹. Entweder ein Text ist in Versen verfaßt: dann ist er ein Gedicht; oder er ist nicht in Verse gegliedert: dann ist er Prosa und eben kein Gedicht – wie immer er auch mit anderen Mitteln als dem Vers rhythmisiert oder sonstwie sprachlich an Gedichte herangerückt sein mag. So sind beispielsweise Novalis' *Hymnen an die Nacht* in der handschriftlichen Versfassung Gedichte, in der *Athenäums*-Fassung, in der die Verse aufgelöst sind, aber Prosa (vgl. Lamping 1993, 53 f.; dagegen Breuer 1981, 209–212). Die äußerst heterogenen sogenannten ›Prosagedichte‹, die sich in fast allen Phasen der Literaturgeschichte finden lassen, können Berührungspunkte von Prosatexten mit Gedichten veranschaulichen und sind daher für das Verständnis der literarischen Gattungen hilfreich, bleiben aber eindeutig Prosa. (Vgl. Lamping 1993, 36–38; dagegen *Deutsche Prosagedichte* ... [2 Bde.], besonders die Einleitungen von Fülleborn. Wagenknecht [1989, 106 f.] schlägt für solche Texte den Begriff »rhythmische Prosa« vor.) Texte, die aus Prosa- und Verspartien bestehen, sind als Mischtexte anzusehen.

Eine erhellende Grenzfrage ist das Problem, ob es Gedichte geben kann, die aus nur einem einzigen Vers bestehen.

»Hinter den Sonnen ruhen Sonnen im letzten Blau, ihr fremder Strahl fliegt seit Jahrtausenden auf dem Wege zur kleinen Erde, aber er kommt nicht an. O du sanfter, naher Gott, kaum tut ja der Menschengeist sein kleines, junges Aug auf, so strahlst du schon hinein, o Sonne der Sonnen und Geister!« (Jean Paul: *Die nächste Sonne*; *Werke* 2, 636)

Texte dieser Art werden meist mit dem unpräzisen Ausdruck ›Prosagedicht‹ charakterisiert, da sie eine besonders dichte Klang- und Bildstruktur sowie rhetorische Figuren wie eine Hymne aufweisen, aber nicht in Verse gegliedert sind. Es handelt sich aber – wie aus dem Kontext des Romans zu erfahren ist, in den dieser Text eingeflochten ist – gar nicht um Prosa, sondern um eine neue poetische Form, die auf der Ebene der Romanfiktion die Erfindung eines jungen Juristen ist:

»er machet Gedichte nach einem freien Metrum, so nur einen einzigen, aber reimfreien Vers haben, den er nach Belieben verlängert, seiten-, bogenlang; was er den *Streckvers* nennt, ich einen *Polymeter*.« (Ebd., 634)

Diese neuartige Form gibt allerdings drucktechnische Probleme auf:

»Ich bemerke bei dieser Gelegenheit, daß es dem Dichter keinen Vorteil schafft, daß man seine Streck- und Einverse nicht als *eine* Zeile drucken lassen kann; und es wäre zu wünschen, es gäbe dem Werke keinen lächerlichen Anstrich, wenn man aus demselben arm-lange Papierwickel wie Flughäute flattern ließe« (ebd., 680 f.).

Die Absurdität des Unterfangens, ein Gedicht aus einem einzigen überlangen Vers bestehen zu lassen, wird von Jean Paul selbst herausgearbeitet: Da literarische Texte gewöhnlich in Büchern normalen Formats gedruckt werden, sind Verse, die die Länge einer oder sogar mehrerer Druckzeilen überschreiten, kaum mehr als solche erkennbar (vgl. Breuer 1981, 212 f.; Lamping 1993, 26 und 36). Auch wenn man solche Texte sprechen will, fehlen die zusätzlichen Einschnitte, die durch die Versgrenzen gesetzten Pausen, die ein Gedicht vom Prosarhythmus absetzen: Der Text zerfließt in Prosa. Das gilt nicht nur für Jean Pauls ›Polymeter‹, sondern auch für die Experimente mit Langversen, die die deutschen Expressionisten unternommen haben (vgl. Breuer 1981, 297–302). Ernst Stadlers *Fahrt über die Kölner Rheinbrücke bei Nacht* bewegt sich (mit bis zu 16 Betonungen pro ›Vers‹) auf dieser Grenze zur Prosa, die zweite Fassung von Iwan Golls *Der Panamakanal* hat sie überschritten.

Die Einsicht, daß es keinen isolierten Vers, kein Ein-Vers-Gedicht, geben kann, gilt aber unabhängig von der Zeilenlänge (vgl. Lamping 1993, 30). Nehmen wir folgenden in sich abgeschlossenen Text:

Seinen tiefsten Schmerz halte jeder geheim.

Es handelt sich nicht um einen Vers, was nur möglich wäre, wenn die Zeile mit mindestens einem anderen (voraufgehenden oder folgenden) Vers zusammengehörte, sondern um eine Prosanotiz von Elias Canetti (*Die Provinz des Menschen*, 132). Dagegen ist folgender Zweizeiler klar als Gedicht zu erkennen (wobei der Reim die Versstruktur hervorhebt, aber nicht erst konstituiert):

> ist auch musik   nicht länger in mir drin
> hier höre ich musik   drin ich enthalten bin
>
> (Ernst Jandl: *an mathias rüegg und sein vienna art orchestra* [1983]; *GW* 2, 618)

Die Einsicht, daß es nie einen isolierten Vers, sondern immer nur (mindestens zwei) Verse geben kann, läßt sich auch dem Wort selbst entnehmen: ›Vers‹ ist auf das lateinische *versus*, das Partizip Perfekt Passiv von *vertere* (kehren, wenden, drehen), zurückzuführen; der *versus* ist also das Umgewandte, zunächst die gepflügte Furche und erst davon abgeleitet eine Reihe, eine Zeile oder ein Vers. Wie für die Furche das Umwenden des Pfluges am Ende des Ackers kennzeichnend ist, so für den Vers die Wendung vom Ende der einen zum Anfang der folgenden Zeile.

Noch einige weitere Gebilde werden durch die Definition des Gedichts als Rede in Versen ausgeschlossen. Dazu wieder ein Beispiel:

> b
> f
> bw
> fms
> bwre
> fmsbewe
> beweretä
> fmsbewetä
> p
> beweretäzä
> fmsbewetäzä
> p
> beweretäzäu
> fmsbeweretäzäu
> pege
> fmsbewetäzäu
> pegiff
> Qui E
>
> (Kurt Schwitters; *Dada-Gedichte*, 137)

Diese Buchstabengruppierung ist *Gedicht* überschrieben, sie ist aber keines, obwohl eine versartige Anordnung (mit schrittweise immer weiter nach links rückendem Zeilenanfang) und reimähnliche Wiederholungsstrukturen festzustellen sind. Da jedoch weder in den Einzelzeichen noch in ihrem Zusammenhang ein Sinn auszumachen ist, handelt es sich nicht um eine Rede und einen Text und folglich auch um kein Gedicht, sondern um ein reines Nonsens-Gebilde. Etwas anders steht es mit Lautgedichten Hugo Balls wie beispielsweise *Katzen und Pfauen* oder der berühmten *Karawane*. Sie bestehen zwar auch aus lauter für sich genommen sinnlosen Buchstabenfolgen; diese können aber, auf den Titel bezogen, als Lautmalereien und damit zumindest ansatzweise als eine sinnhaltige Rede verstanden werden (vgl. Lamping 1993, 176–179).

Eine weitere der zu Beginn dieses Kapitels aufgeworfenen terminologischen Schwierigkeiten bleibt jedoch noch zu lösen: Die Definition des Gedichts als Versrede reicht nicht aus, es gegen formal verwandte Formen wie Versepos und Versdrama abzusetzen. Auch die grammatischen Abweichungen lyrischer Texte von der Alltagssprache, die Fricke (1981, 115) als Unterscheidungskriterium vorschlägt, finden sich zwar nicht in allen, aber doch in einigen epischen und dramatischen Texten, während sie in manchen Gedichten fehlen. Die Unterscheidung zwischen lyrischen und nichtlyrischen Verstexten muß also auf einer anderen Ebene versucht werden.

Relativ leicht fällt die Abgrenzung gegen das Drama: Jedes Drama, also auch jedes Versdrama, ist ein Schauspiel, das heißt ein Text, der auf seine Aufführung: auf szenische Realisierung und Rollenspiel hin angelegt ist (vgl. Lamping 1993, 96; Asmuth 1984, 126); das gilt selbst für Stücke, die ihrer (vollständigen) Inszenierung durch die Vielzahl der Einzelfiguren und den schnellen Wechsel der Schauplätze große materielle Schwierigkeiten bereiten, beispielsweise für Karl Kraus' monumentales Montagedrama *Die letzten Tage der Menschheit* (1918/19). (Die ›szenische Lesung‹ eines Dramas steht ganz unter dem Vorzeichen des Mangels an szenischer Inszenierung; sie wird meist dann veranstaltet, wenn der für eine vollständige Aufführung notwendige Aufwand an Bühnenbild und Technik zu groß oder die Probenzeit zu kurz gewesen ist.) Dagegen ist kein Gedicht, auch kein Rollengedicht und keine Ballade, geschrieben worden, um szenisch realisiert zu werden. Daher ist die Präsentation von Gedichten durch Gesang, Rezitation oder Vorlesen vom dramatischen Rollenspiel klar zu unterscheiden. Selbst wenn Ernst Jandl seine Gedichte in einer Art Performance, mit ganzem Stimm- und

Körpereinsatz, sich um die eigene Achse drehend, in den Saal hinausruft, ist sein Auftritt einem Rockkonzert näher als einer Theateraufführung. Ein Grenzfall zum Drama liegt allerdings vor, wenn die Performance Momente des Rollenspiels aufnimmt, beispielsweise wenn Else Lasker-Schüler (im Berlin der Jahre vor dem ersten Weltkrieg) ihre Gedichte in der Rolle der von ihr erfundenen Figur des Prinzen von Theben vorträgt oder wenn Hans Magnus Enzensberger Gedichte der Weltliteratur seit Ovid zu seinem »Dichter-Spektakel« *Delirium* collagiert, das von George Tabori (1994 am Hamburger Thalia-Theater) als Wahnrede der Insassen eines Irrenhauses in Szene gesetzt wird. (Zu solchen Übergangsformen vgl. Fricke 1981, 124 f.)

Schwieriger ist die Abgrenzung des Gedichts vom Epos, dessen vorherrschende Darbietungsform das Erzählen ist, denn es gibt erzählende Gedichte, die man dennoch nicht als Versepen verstanden wissen möchte. Hier ist eine gewisse begriffliche Unschärfe unvermeidlich. So wird man Theodor Fontanes *Herr von Ribbeck auf Ribbeck im Havelland* und Georg Heyms *Die Dämonen der Städte* als erzählende Gedichte bezeichnen, Vergils *Aeneis* und Christoph Martin Wielands *Oberon* dagegen als Versepen. In solchen Fällen treten Merkmale hinzu, die für sich genommen keine eindeutigen Kriterien für die Zugehörigkeit zur Gattung Lyrik sind, aber zur Unterscheidung verschiedener erzählender Versdichtungen hilfreich sein können, vor allem die Kürze. Die Unschärfe dieses Kriteriums macht jedoch fließende Übergänge in diesem Bereich unvermeidlich. (So ist kaum eindeutig zu entscheiden, ob Enzensbergers Text *Der Untergang der Titanic* [1978], den der Autor selbst – auf Dantes *Divina Commedia* anspielend – als »Komödie« bezeichnet, als Versepos oder als Gedichtzyklus anzusehen ist.)

Einen anderen Weg der terminologischen Eingrenzung schlägt Lamping ein: Er trennt die Begriffe ›lyrisch‹ und ›Lyrik‹ einerseits, ›Gedicht‹ andererseits voneinander und konzentriert sich auf das sogenannte ›lyrische Gedicht‹, das er als »Einzelrede in Versen« (Lamping 1993, 63) definiert. Einzelrede nennt er eine Rede, die monologisch, nicht situationsgebunden und strukturell einfach ist. Damit ist das lyrische Gedicht vom dramatischen (das durch eine dialogische und komplexe Redestruktur gekennzeichnet ist; vgl. Tschauder 1991) und vom epischen Gedicht (das ebenfalls komplexe, da durch Erzählerinstanzen vermittelte Rede ist; vgl. Kesting 1991) klar abgegrenzt (vgl. Lamping 1993, 89 f.). Andererseits schließt Lamping auch Gedichtformen, die herkömmlicherweise zur Lyrik gezählt werden, aufgrund ihrer dialogischen Struktur aus seinem Begriff des lyrischen Gedichts aus, beispielsweise Rollengedichte, Balladen, ja sogar einige Epigramme, sofern sie durch von einem Erzähler vermittelte Figurenrede oder durch unvermittelte Wechselrede mehrerer Sprecher gekennzeichnet sind. Hier ergeben sich zum Teil sehr künstliche und im Einzelfall schwer anzuwendende Abgrenzungen zwischen ›dialogisierter Lyrik‹, in der »die Äußerung eines anderen Sprechers lediglich antizipiert und reflektiert« oder auch »einfach zitiert« wird, und ›dialogischen‹, also nicht mehr ›lyrischen‹ Gedichten, in denen ein anderer Sprecher »selbst zu Wort kommt« (ebd., 91). Die Künstlichkeit von Lampings Begriffsverwendung zeigt sich auch daran, daß er lyrische Dichtungen für möglich hält, die keine Gedichte sind. So sind für ihn ›lyrische Dramen‹ nicht, wie man vermuten könnte, durch eine ›lyrische Grundstimmung‹ gekennzeichnet, sondern allein durch das strukturelle Merkmal der Einzelrede. Paradoxerweise ist daher Lamping zufolge nicht etwa Hofmannsthals *Die Frau im Fenster* als lyrisches Drama anzusehen, wohl aber Samuel Becketts Einpersonenstück *Not I* (vgl. Lamping 1993, 97).

Demgegenüber ist es sinnvoller, die Begriffe ›Lyrik‹ und ›lyrisch‹ – dem heutigen alltagssprachlichen Gebrauch entsprechend – nicht vom Begriff ›Gedicht‹ zu trennen. (Vgl. dagegen Conrady [1994], der zwar ›Lyrik‹ und ›Gedicht‹ nicht trennt, aber an Staigers problematischem Begriff des ›Lyrischen‹ festhält.) Der Begriff ›Lyrik‹ wird daher in diesem Buch zur Bezeichnung der Gattung benutzt, die alle Gedichte umfaßt; die Eigenschaft ›lyrisch‹ meint im folgenden nichts anderes als die Zugehörigkeit eines Textes oder einer mündlichen Rede zu dieser Gattung. Demnach sind alle Gedichte lyrisch, und auf den Doppelbegriff ›lyrisches Gedicht‹ kann verzichtet werden. Andere Verwendungen eines der Begriffe (z. B. ›Prosagedicht‹, ›lyrisches Drama‹ oder ›dramatisches Gedicht‹) sind – bei aller Berechtigung, die diese Wortprägungen zur Zeit ihrer Entstehung und größten Verbreitung gehabt haben mögen – aus heutiger Sicht als ungenau anzusehen und werden im folgenden vermieden.

Als Ergebnis des kritischen Durchgangs durch neuere gattungspoetische Definitionsversuche kann festgehalten werden: Lyrik ist die literarische Gattung, die alle Gedichte umfaßt. Jedes Gedicht hat per definitionem die folgenden beiden Eigenschaften:

– Es ist eine mündliche oder schriftliche Rede in Versen, ist also durch zusätzliche Pausen bzw. Zeilenbrüche von der normalen rhythmischen oder graphischen Erscheinungsform der Alltagssprache abgehoben.

- Es ist kein Rollenspiel, also nicht auf szenische Aufführung hin angelegt.

Diese beiden für ein Gedicht notwendigen Eigenschaften präzisieren das heute vorherrschende Verständnis des Begriffs; sie umfassen den weit überwiegenden Teil der uns aus der abendländischen Tradition überlieferten, heute als Gedichte angesehenen Texte. Zugleich ergeben die beiden Kriterien eine eher dürre »Minimaldefiniton« (Lamping 1993, 79 u. ö.), die der ganzen Fülle der historischen Erscheinungsformen lyrischer Texte kaum gerecht wird. Es treten also eine ganze Reihe von Eigenschaften hinzu, von denen zwar einige auf viele oder sogar die meisten Gedichte zutreffen, keineswegs aber alle bei jedem Gedicht zu beobachten sind, beispielsweise

- über die Versform hinausgehende grammatische Abweichungen von der Alltagssprache, vor allem Reim und Metrum, aber auch weitere klangliche Besonderheiten (Lautmalerei), Verformungen der Wortgestalt, unübliche Wortstellung (Inversion) und viele andere;
- die relative Kürze des Textes und die Konzisheit des sprachlichen Ausdrucks;
- die Selbstreflexivität des Textes und der einzelnen in ihm gebrauchten sprachlichen Zeichen, die Thematisierung der Dichtung im Gedicht selbst;
- die unvermittelte, strukturell einfache Redesituation, die Nähe des im Gedicht Sprechenden zum Autor oder zur Autorin;
- die unmittelbare Ansprache der Lesenden, Direktheit der literarischen Kommunikation, strukturelle Dominanz der Personalpronomina, besonders derjenigen der ersten und zweiten Person;
- ein besonders verdichteter, durch Wiederholungen (Leitmotive) und gezielte Variationen gekennzeichneter Wortgebrauch und eine große Bedeutung der Bildlichkeit (Metapher, Allegorie, Symbol);
- die Sangbarkeit des Textes, der liedartige Charakter, die Nähe zur Musik.

Die Liste dieser (nicht notwendigen, sondern akzidentellen) Merkmale ließe sich verlängern und weiter ausdifferenzieren. Nachdem nun aber der Gegenstandsbereich lyrischer Dichtung klar eingegrenzt ist, sollen in den folgenden Kapiteln die vielfältigen Erscheinungsformen von Gedichten aufgezeigt und Hinweise zu ihrer Analyse gegeben werden.

2 Der Ort des Gedichts in der Sprache

Gedichte sind wie jede Art von Literatur sprachliche Gebilde. Sie benutzen die Sprache, ein Medium, das die Menschen entwickelt haben, um sich miteinander zu verständigen und um die Probleme, die das Zusammenleben und die Auseinandersetzung mit den Zwängen und Bedrohungen der Natur bereiten, besser zu bewältigen. In der poetischen und besonders in der lyrischen Sprachverwendung entfernen sich die formalen Gestaltungsmittel und teilweise auch die Ziele des Sprechens und Schreibens von denen der Alltagssprache. Gedichte lösen sich durch ihre gezielt künstliche Form – in jedem Fall durch die Versstruktur, häufig auch durch Reim, Metrum und andere Abweichungen von der Schreib- und Sprechweise der Prosa – aus den alltäglichen Nutz- und Zweckzusammenhängen; sie sind wegen ihres Überhangs an sprachlichen Mitteln und der Vernachlässigung der Zwecke zunächst unnütz. Zugleich konzentrieren sie sich auf sich selbst: Die Verseinschnitte, die Figuren von Wiederholung und Variation (z. B. Reim, Refrain, Versmaß) lenken die Aufmerksamkeit der Lesenden und Hörenden auf das sprachliche Material selbst; die Funktionslosigkeit des Gedichts und die damit verbundene gesellschaftliche Isolation seines Autors oder seiner Autorin sind bevorzugte Themen von Gedichten.

Aber die Lyrik ist nicht auf diese Themen, auf diese Randexistenz und diese Abweichungen von der Normalsprache beschränkt: Sie kann die ganze Breite der menschlichen Existenz zu ihrem Gegenstand machen, sie kann sich des gesamten zur Verfügung stehenden sprachlichen Materials und Instrumentariums bedienen und es durch dessen nonkonformistische Benutzung erweitern, und sie kann durch ihren besonderen Status gesellschaftliche Funktionen übernehmen, die die Alltagssprache nicht erfüllen kann (z. B. als Protestsong oder als Nationalhymne).

Ein entscheidendes Charakteristikum der Lyrik ist es, daß sie an nicht nur einem Ort der Sprache zu Hause ist: Sie begegnet nicht nur in der geschriebenen, sondern auch in der gesprochenen und in der gesungenen Sprache.

Das Lied, der singende, oft mit Musik begleitete Vortrag, ist die älteste Form der Lyrik, ja aller Dichtung überhaupt: Damit der dichterische Text sich dem musikalischen Rhythmus anpaßte und sich dem Gedächtnis der Singenden wie der Zuhörenden besser einprägte als die Prosa, wurde er in Versen verfaßt und erhielt eine musiknahe Rhythmik und Metrik. In liedartigen Formen der Lyrik findet sich diese Nähe zur Musik bis heute, während sich in den übrigen Formen der Literatur eher Tendenzen zur Prosaisierung durchgesetzt haben (vgl. Storz 1987, 3–8): Die Epik entfernte sich noch während der Antike von der Liedform und behielt bis zum Beginn der Neuzeit nur noch die Versform bei (der Bänkelsang kann als später Nachklang der Liedtradition in der erzählenden Gattung angesehen werden); seit Cervantes und Grimmelshausen hat der Prosaroman, der vor allem als gedrucktes Buch verbreitet und nur noch im Ausnahmefall vorgelesen wird, auch das Versepos zunehmend verdrängt. Zudem haben sich die Traditionen mündlichen Erzählens während der letzten Jahrhunderte in den westlichen Zivilisationen mehr und mehr verloren. Näher steht dem sprachlichen Ort der Lyrik zwischen Text, Sprechen und Singen die Dramatik: Noch viel dringlicher als ein Gedicht auf die mündliche oder gesangliche Realisierung ist ein Schauspiel auf die Aufführung angewiesen; dabei steht das Prosadrama heute zwar im Vordergrund, aber es werden nach wie vor auch Versdramen geschrieben und inszeniert. Auch musikalische und gesangliche Partien, Liedeinlagen in Schauspielen und deren Aufführungen sind keine Seltenheit. Vor allem aber haben sich im Verlauf der Kulturgeschichte separate Genres herausgebildet, für die die Verbindung von gedichtetem Text, musikalischer Komposition und Aufführung konstitutiv ist, nämlich Formen wie Oratorium, Oper, Operette und Musical. Diese dramatischen Formen haben eine große Nähe zu den Liedformen der Lyrik.

Die Verbindung zur Musik, die Sangbarkeit wird aufgrund dieser langen Tradition noch immer in vielen Lyriktheorien als wichtigstes Kennzeichen der Lyrik angesehen (vgl. W. G. Müller 1979, 15–18). Liedhaftigkeit ist aber nur für einen Teil der Lyrik kennzeichnend, dessen Bedeutung im 20. Jahrhundert weiter abgenommen hat. Auch das Sprechen, das auswendige Rezitieren oder Vorlesen von Gedichten wird immer weniger praktiziert. Unverzichtbar dagegen ist – wie für die Literatur insgesamt (das sagt schon der von lateinisch *littera* [Buchstabe] abgeleitete Begriff) – heute die Schriftform als Medium des Dokumentierens, Tradierens und Rezipierens von Lyrik: Wenn wir von Gedichten sprechen, meinen wir zunächst die in Einzeldrucken, häufiger aber in Sammelbänden und Anthologien zusammengestellten Gedicht-Texte; das Sprechen dieser Texte erscheint als sekundäres Phänomen. Verschiebungen in der sprachlichen Verortung der Dichtung und damit auch der Lyrik haben sich in den letzten Jahrzehnten zudem durch die neuen technischen Medien ergeben. Sie haben bislang jedoch noch nicht die Verdrängung des Gedicht-Textes von seiner dominierenden Position bewirkt.

Trotz des heutigen Vorrangs der Schriftform können Gedichte danach unterschieden werden, inwieweit sie in jedem der drei Felder Schrift, Sprechen und Gesang gleichermaßen oder nur in einzelnen von ihnen rezipiert werden können und sollen. Diese Unterscheidung ist ein erstes wichtiges Element zum Verständnis von Gedichten.

2.1 Das Gedicht als Lied: Lyrik und Musik

Die Schriftlichkeit ist in unserer literarischen Tradition im allgemeinen das vorherrschende Prinzip, und bei Liedern ist bekanntlich eine doppelte Notation, die des Textes und parallel dazu die der Melodie, notwendig. Die relativ geringe Verbreitung der Fähigkeit, musikalische Noten zu lesen, hat vermutlich dazu beigetragen, daß sich gerade im Bereich des Liedes – wenn auch nur vereinzelt – die Weitergabe über das Singen und Hören, wie sie für die ›Volkslieder‹ und Kirchenlieder jahrhundertelang prägend war, bis heute erhalten hat. Einigen Romantikern – wie Eichendorff mit *Der frohe Wandersmann* (»Wem Gott will rechte Gunst erweisen ...«) und Wilhelm Müller mit *Der Lindenbaum* (»Am Brunnen vor dem Tore ...«) – gelang es mit Hilfe kongenialer Komponisten, ihren Kunstliedern eine Popularität zu sichern, die sie zu ›Quasi-Volksliedern‹ machte. Auch bei Schillers Hymne *An die Freude* (1786) überlagert im Bewußtsein der meisten kulturell Interessierten die Vertonung durch Ludwig van Beethoven im Schlußsatz seiner 9. Symphonie den eigentlichen Gedichttext, so daß es fast befremdlich wirkt, wenn jemand den Text »Freude, schöner Götterfunken ...« nicht-singend vorträgt (vgl. Asmuth 1984, 30 f.).

Wenn ein Gedicht als Lied konzipiert ist, das heißt mit Blick auf seine Vertonung oder sogar zu einer schon vorhandenen Melodie geschrieben wird, wie es etwa bei Kirchenliedern weit verbreitet ist (›Kontrafaktur‹), dann ist die poetische Sprache nicht autonom (also nur ihren eigenen Regeln unterworfen), sondern geöffnet in Richtung auf das andere Medium, die Musik – wie diese sich umgekehrt für die sprachlichen Strukturen offenhalten muß. Charakteristisch für diesen Angleichungsprozeß an musikalische Strukturen sind Figuren der Wiederholung (z. B. gleichmäßiges Metrum, Refrain) und ein großes Gewicht der klanglichen Ebene (z. B. Reim, Assonanz), also Merkmale, die der Lyrik generell nicht fremd sind, in Liedern aber gehäuft auftreten. Andererseits gibt die musikalische Komposition eines Liedes für sich genommen bereits einen festen Rahmen vor (Takt- und Strophenstruktur), der durch den Text nicht notwendigerweise durch strenge Regelmäßigkeit in Verslänge und Metrum erfüllt werden muß, sondern auch frei umspielt werden kann. In jedem Fall ist ein angemessenes Verständnis eines als Lied intendierten Gedichts nur möglich, wenn man das jeweils verschieden ausgeprägte Spannungsverhältnis von Text und Musik ausleuchtet.

Die Identifikation der Lyrik mit dem Lied war zu Beginn des 20. Jahrhunderts so dominant, daß Oskar Walzel (1912, 5) Anlaß hatte zu beklagen, die »große Mehrzahl der Durchschnittsgebildeten« komme »mit dem lyrischen Dichter lediglich im Konzertsaal zu näherer Berührung«, wodurch dem Gedicht »sein eigentümlichster und geheimster Formreiz«, der allein in seiner sprachlichen, vor allem gesprochenen Gestalt zu finden sei, geraubt werde. In einer literaturwissenschaftlichen Analyse darf also der Eigenwert der lyrischen Sprache auch bei vertonter Lyrik nicht vernachlässigt werden.

So gibt es auch Gedichte, die in allen drei Feldern gleichermaßen angesiedelt sind, beispielsweise zahlreiche Lieder oder Balladen Goethes (man denke etwa an das *Heidenröslein* oder an den *Erlkönig*), die gleichberechtigt in Werkausgaben des Autors und Gedichtanthologien, in Rezitationsveranstaltungen und auf Liederabenden anzutreffen (sowie heute auch auf zahlreichen Tonträgern – gesprochen oder gesungen – zu hören) sind (vgl. zum *Heidenröslein* Saran 1907, 162 f., 218–220). Diese Gedichte haben sehr früh eine große Verbreitung erfahren und sind noch zu Lebzeiten des Autors und auch später immer wieder von einer ganzen Reihe konkurrierender Komponisten vertont worden, so daß sich – bei aller Popularität beispielsweise des *Erlkönigs* von Schubert – keine Vertonung als die kanonische durchsetzen konnte und damit das Gedicht als Text sein Eigengewicht behielt.

Noch stärker tritt der Liedcharakter bei Gedichten zurück, die gar nicht auf eine Vertonung hin geschrieben worden sind oder sich gegen die Sangbarkeit sogar sperren. Das gilt besonders für einen großen Teil der modernen Lyrik und deren Vorläufer, beispielsweise für die späten Gedichtfragmente Hölderlins und die Lyrik Stefan Georges. Andererseits haben diese Texte gerade wegen ihrer Sperrigkeit immer wieder Komponisten des 20. Jahrhunderts (von Arnold Schönberg bis zu Luigi Nono) zu Vertonungen oder auch zu nicht mehr liedartigen Kompositionen (z. B. Nonos *Fragmente – Stille, An Diotima*) angeregt.

Die noch immer grundlegende Geschichte des deutschen Liedes zwischen 1570 und 1890 stammt von G. Müller (1925); vgl. darin zu Klopstock 184–197, zu Goethe 235–252, zu Brentano 279–292, zu George (der am Endpunkt der Darstellung steht) 319 f. Ebenfalls bis zum Anfang des 20. Jahrhunderts reicht die Darstellung von Kross (1989), die sich aber auf die Komponisten konzentriert. Zum Verhältnis von Volkslied und Kunstlied sowie zum Problem der Sangbarkeit vgl. grundsätzlich Heusler 1956, I, 21 f. Zum Problem, inwieweit Klopstocks freirhythmische Gedichte vertonbar sind, vgl. Albertsen 1971, 108–120. Zu Vertonungen von Goethe-Gedichten vgl. die Übersichten von Willi Schuh in Goethe: *SW* 2, 663–758.

2.1.1 Das populäre Lied im 20. Jahrhundert

Wichtiger als das Avantgarde-Lied sind im 20. Jahrhundert populäre Formen des Liedes wie Schlager und Chanson, Pop- und Rocksong geworden. (Zur Vorgeschichte des Chansons vgl. Nies 1975; zur Bedeutung der von Otto Julius Bierbaum herausgegebenen Sammlung *Deutsche Chansons* und des Kabaretts zu Beginn des 20. Jahrhunderts vgl. Kayser 1991, 142.) Für deren Verbreitung ist nicht mehr die schriftliche oder mündliche Überlieferung das ausschlaggebende Medium, sondern an deren Stelle treten die im Verlauf des Jahrhunderts immer weiter verbesserten technischen Tonträger (Schallplatte, Tonbandcassette, Compact Disc) und elektronischen Medien (Rundfunk und Fernsehen).

Ein frühes Beispiel der durch den Rundfunk ermöglichten Massenwirkung eines Liedes ist im deutschen Sprachraum Hans Leips *Lili Marleen* (Erstdruck 1937), ein Schlager, der von 1941 bis zum Ende des Krieges viele tausendmal von deutschen Soldatensendern in ganz Europa gesendet wurde. Während der deutsche Schlager kaum variiert seit vielen Jahrzehnten reproduziert wird, stehen für die Jugendkulturen in der Bundesrepublik seit den fünfziger, besonders aber den sechziger Jahren ganz überwiegend englischsprachige Lieder im Mittelpunkt des Interesses, beispielsweise die Protestsongs Bob Dylans oder die anarchistischen Collagelieder Frank Zappas. Zu Unrecht werden die Songtexte (englisch *lyrics*), die vereinzelt in der Beilage zu den Tonträgern abgedruckt sind, von der Literaturwissenschaft – von Ausnahmen abgesehen (vgl. Urban 1979) – bis heute vernachlässigt, vermutlich aus Unsicherheit gegenüber dem komplexen Phänomen der musikalischen Subkulturen, dem man nur in interdisziplinärer Zusammenarbeit mit Musikwissenschaft und Jugendsoziologie gerecht werden könnte.

Weitgehend unabhängig von Schlager, Pop- und Rocksong entwickelte sich in den sechziger Jahren das deutschsprachige Protestlied, dessen namhafteste Vertreter Wolf Biermann, Franz Josef Degenhardt, Wolfgang Neuss und Dieter Süverkrüp sind. Diese ›Liedermacher‹ sehen den mittelalterlichen Vaganten François Villon oder Heinrich Heine als ihre Vorbilder an. Sie stehen in direkter Nachfolge der gesellschaftskritischen und anarchistischen Liederdichter der zwanziger und frühen dreißiger Jahre wie Walter Mehring, Erich Mühsam, Erich Kästner oder Bertolt Brecht (vgl. Budzinski 1984, 137–139; Hippen 1986). Bei allen genannten Autoren kommt dem Text der Lieder großes Eigengewicht zu; die Kompositionen sind meist eher schlicht und dienen dazu, die Texte eindringlicher zu präsentieren. Die Publikation der Gedichttexte in Buchform ist auch für die Liedermacher der sechziger Jahre selbstverständlich.

Seit den siebziger, besonders aber in den achtziger und neunziger Jahren erlangte der deutschsprachige Rock- und Popsong – teilweise als eine Art Konglomerat aus angloamerikanischen Einflüssen, Schlagern und gesellschaftskritischen Liedern – große Bedeutung und Popularität. Zu nennen sind hier die – rasch wieder verebbte – ›Neue Deutsche Welle‹ mit Gruppen wie »Ideal«, »Extrabreit« und »Deutsch-Amerikanische Freundschaft« sowie Sänger wie Heinz Rudolf Kunze, Marius Müller-Westernhagen und Herbert Grönemeyer und Sängerinnen wie Nina Hagen.

Grönemeyers Lied *Luxus* (1990) ist ein Abgesang auf die Gesellschaft der alten Bundesrepublik vor dem Beitritt der ostdeutschen Länder:

> Alle Welt auf Droge
> Städte im Schönheitsschlaf
> Passagiere schlürfen eifrig Austern
> Gepflegt heißt die Parole
> Gediegen gewinnt die Wahl
> Hier ist alles sauber, Frohsinn ist angesagt

[Refrain:]
Wir drehen uns um uns selbst
denn was passiert, passiert
Wir wollen keinen Einfluß
wir werden gern regiert
Hör auf hier zu predigen
Hör auf mit der Laberei
Wir feiern hier 'ne Party
und Du bist nicht dabei
[...]
(Grönemeyer: *Luxus* [Titelstück]; Textbeilage)

Der Text ist eine Collage aus Bildern und Zitatfetzen, aus denen sich das Weltbild einer bestimmten Zeit und Gesellschaftsschicht (der Schickeria der späten achtziger Jahre) unter persiflierender Perspektive zusammensetzt. Der Anspruch auf einen niveauvollen und kultivierten Lebensstil (»Gepflegt«, »Gediegen«) wird konterkariert durch Wendungen, die ins Umgangssprachliche abgleiten (»auf Droge«, »Frohsinn ist angesagt«, »Laberei«).

In dem als erstes Stück auf der gleichnamigen Schallplatte veröffentlichten Lied *Luxus* ist die erste Strophe als eine Art Aufgesang realisiert: Grönemeyers Stimme wird nur von einem dezent wabernden Synthesizer-Klang begleitet. Nach einem Aufschrei des Sängers und dem Einsetzen eines stakkatoartigen Pianomotivs beginnt auch die Rhythmusmaschine mit einem gehetzten, hochfrequenten Beat, mit dem das ganze folgende Stück unterlegt ist. Gehetzt und sich um sich selbst drehend (den Refrain ruhelos unzählige Male wiederholend) wirkt auch Grönemeyers rauhe, relativ hohe und tonlose Gesangsstimme. Der ohnehin nur locker gefügte Liedtext wird im Singen noch weiter eingeschliffen, überzählige Kurzwörter und tonlose Laute fallen weg: »Frohsinn [ist] angesagt«; »Wir dreh[e]n uns«. Umgekehrt werden im Prosa- und auch im Versrhythmus unbetonte Silben im Gesang hervorgehoben (Tonbeugung): »Städte«. Einige betonte Silben werden durch Tonhöhe und Dehnung besonders hervorgehoben (»Au:stern«, »Gedie:gen«). All diese musikalischen Phänomene wirken dem Sprachrhythmus entgegen und machen die Einzelheiten des Textes beim Hören schwer verstehbar. Dennoch wirken Text und Musik mit ihren ganz verschiedenen Mitteln zusammen, um die Grundaussage des Liedes, die Hektik und Ziellosigkeit der geschilderten Scheinwelt, anschaulich zu machen.

2.2 Das gesprochene Gedicht: Lyrische Klangfiguren

Auch wenn Gedichte heute weit überwiegend in schriftlicher Form produziert, verbreitet und rezipiert werden, herrscht noch immer die Auffassung vor, das ihnen eigentlich angemessenste Medium sei wenn schon nicht mehr die gesungene, so doch die gesprochene Sprache. So sagt Kayser in seiner populären *Versschule*:

»Aber Verse wollen nicht als schönes Druckbild mit dem Auge erfaßt, sie wollen als wirksamer Klang mit dem Ohre gehört werden.« (Kayser 1992, 9; vgl. ders. 1991, 12)

Diese Behauptung trifft zwar für die meisten Gedichte und für die vorherrschenden Rezeptionsformen von Lyrik – zumindest in den letzten Jahrhunderten – zu, aber sie blendet das Eigengewicht der graphisch-visuellen Dimension der Lyrik aus. Dennoch wird Kaysers Einschätzung bis heute von den meisten Verstheoretikern geteilt. In diesem Abschnitt wird daher das Gedicht primär als ein akustisches Phänomen analysiert.

Das gesprochene Gedicht ist auf der primären Erscheinungsebene ein Klanggebilde, in dem die einzelnen Laute, ihre Abfolge und ihre variierende Wiederkehr, kurz: ihr Zusammenklang ein Eigengewicht entfalten, das die semantische Dimension der Gedichtsprache in den Hintergrund drängen kann. Auch die Binnenstruktur des Verses – insbesondere die Abfolge von Hebungen und Senkungen, also Metrum und Rhythmus – gewinnt im gesprochenen Gedicht größere Plastizität als im geschriebenen.

Alles was im folgenden über das Gedicht als Klanggebilde gesagt wird, bezieht sich genaugenommen auf seine Sprechbarkeit, auf die normgerechte, standardsprachliche Verwirklichung der sprachlichen Zeichen. Ausgeklammert wird die Frage der kunstgemäßen Gestaltung beim Sprechvortrag des Gedichts, die Kunst der Rezitation, der gerade bei Gedichten eine Fülle von Variationsmöglichkeiten zukommt. Diese Fragen führen über die Analyse des Gedichts als eines literarischen Gebildes hinaus. Nichtsdestoweniger ist es höchst aufschlußreich, zu verfolgen, wie sich die Theorie und Praxis der Vortragskunst und der Sprecherziehung parallel zur Literatur und Literaturwissenschaft entwickelt haben (vgl. zur klassischen Entwicklung die Arbeiten von Weithase [1930, 1940 und 1949]) und wie sich das Sprechen von Gedichten (durch ihre Autoren oder durch Rezitatoren und Schauspielerinnen) seit dem Beginn der technischen Reproduzierbarkeit gesprochener Sprache zu Anfang des 20. Jahrhunderts verändert.

Die Auffassung, Lyrik sei allein als Klangdichtung adäquat zu erfassen, vertreten z. B. Blank (1990, 1 und 8); Pretzel (1962, Sp. 2381–2384); Storz (1987, 3). Schon Sievers (1912, 78) will neben die »bisher vorwiegend mit Stilllesen [sic] arbeitende Augenphilologie« eine »Sprech- und Ohrenphilologie« treten lassen. Für Heusler (1956, I, 6; vgl. auch 42) besteht das gedruckte Gedicht nicht aus Versen, sondern ist nur »Rohstoff« für sie, eine »stumme Wortreihe«, einer »Partitur« vergleichbar. Der Vers sei dagegen eine »Gehörgröße«, die das »rhythmische Erlebnis« ermögliche (ganz ähnlich auch schon Saran 1907, VII, XI f.). Vgl. dagegen die Polemik gegen die akustischen Poetiken bei Albertsen (1971, 86 f.).

2.2.1 Reim, Assonanz und Alliteration

Um das Gedicht als Klanggebilde zu erfassen, müssen zunächst alle (von der Normalsprache abweichenden) Besonderheiten der Lautung beachtet und auf ihre Funktion sowie auf eventuelle textinterne Regelmäßigkeiten hin befragt werden. Die in der deutschen Versdichtung von Otfried von Weißenburg (9. Jahrhundert) bis ins 18. Jahrhundert fast ausnahmslos und auch danach noch am häufigsten verwendete Klangform ist der ›Endreim‹, der – wegen seiner alle anderen Reimformen überragenden Bedeutung – auch einfach als ›Reim‹ bezeichnet wird. Unter einem Reim in diesem engeren Sinne versteht man den Gleichklang zweier oder mehrerer Verse vom jeweils letzten betonten Vokal des Verses an. Je nachdem, ob die letzte, vorletzte oder drittletzte Silbe betont ist, gibt es einsilbige (Hund/Mund), zweisilbige (lieben/sieben) oder dreisilbige (reitende/leitende) Reime. Während die letzteren eher selten sind, sind ein- und zweisilbige Reime etwa gleich häufig anzutreffen; die einsilbigen werden – abgeleitet von den französischen Adjektivendungen – häufig auch ›männlich‹ (wie in frz. *grand*), die zweisilbigen ›weiblich‹ (wie in frz. *grande*) genannt. Die ebenfalls anzutreffenden Attribute ›stumpf‹, ›klingend‹, ›gleitend‹ o. ä. werden den jeweiligen Besonderheiten der Reime in jedem einzelnen Gedicht nicht gerecht und sollten daher vermieden werden. Stimmen die Laute auch noch vor dem letzten betonten Vokal überein (blasen/lasen), spricht man von einem ›erweiterten Reim‹ (Wagenknecht 1989, 36 f. und 130); eine von dessen Sonderformen ist der ›identische Reim‹, in dem das Reimwort in beiden Versen dasselbe ist. ›Reimen‹ verschiedene Wörter desselben Wortstamms oder Flexionsformen desselben Wortes miteinander (oft auch ohne richtigen Gleichklang), so spricht man von einem ›grammatischen Reim‹ (z. B. ich leit'/Geleit; geht/gegangen).

Maßgeblich für den Reim ist allein die gesprochene Lautung, nicht das Schriftbild; das Paar ›hält/Welt‹ ist also ein völlig korrekter (ein sogenannter ›reiner‹) Reim. Stimmen dagegen nicht alle Laute vom letzten betonten Vokal an genau überein, spricht man von einem ›unreinen Reim‹: so bei der Kombination von langen und kurzen Vokalen (ruft/Luft), von Vokalen und Umlauten (Liebe/trübe, ekeln/räkeln), von verschiedenen Diphthongen (reichen/keuchen) oder bei konsonantischen Abweichungen, unter denen der Wechsel von harten und weichen (melden/gelten) und von stimmhaften und stimmlosen (rasen/saßen) Lauten am häufigsten ist. Die Vermutung, daß sich viele dieser ›Unreinheiten‹ aus den mundartlichen Sprechgewohnheiten des Autors oder der Autorin erklären lassen, ändert nichts daran, daß uns solche Wortpaare – an den Normen der heutigen Aussprache gemessen – als unvollständige Reime erscheinen. Die Bezeichnung ›unrein‹ hat jedoch ihren abwertenden Beiklang verloren, nachdem nicht nur die kanonischen Dichter der klassisch-romantischen Epoche häufig und offenbar zum Teil absichtsvoll unreine Reime gebildet haben, sondern der Reim insgesamt nicht mehr als verbindlich für Verse, sondern als eine lyrische Form unter anderen angesehen wird (vgl. Lamping 1985).

Diese gelassene Haltung gegenüber dem Reim bzw. dem Verzicht auf ihn ist jedoch keineswegs selbstverständlich (auch heute noch nicht; vgl. Nagel 1985, 12–14). Goethe berichtet in *Dichtung und Wahrheit* (2. Buch), daß sein Vater – und mit ihm der größere Teil der damaligen Leserschaft – »den Reim für poetische Werke unerläßlich« hielt und entsetzt darüber war, daß (erstmals in Klopstocks Versdrama *Der Messias*, erschienen ab 1748) ungereimte »Verse, die ihm keine Verse schienen, ein Gegenstand der öffentlichen Bewunderung wurden« (*SW* 10, 91). Der ›Streit um den Reim‹ wurde nicht nur im Hause Goethe, sondern in der gesamten literarischen Öffentlichkeit mit großer Vehemenz ausgetragen. An anderer Stelle seiner Erinnerungen (18. Buch) erläutert Goethe die geistesgeschichtlichen Gründe dieser Debatte:

»Die Deutschen waren von den älteren Zeiten her an den Reim gewöhnt, er brachte den Vorteil, daß man auf eine sehr naive Weise verfahren und fast nur die Silben zählen durfte. Achtete man bei fortschreitender Bildung mehr oder weniger instinktmäßig auch auf Sinn und Bedeutung der Silben, so verdiente man Lob, welches sich manche Dichter anzueignen wußten. Der Reim zeigte den Abschluß des poetischen Satzes, bei kürzeren Zeilen waren sogar die kleineren Einschnitte merklich, und ein natürlich wohlgebildetes Ohr sorgte für Abwechselung und Anmut. Nun aber nahm man auf einmal den Reim weg, ohne zu bedenken, daß über den Silbenwert noch nicht entschieden, ja schwer zu entscheiden war.« (Goethe: *SW* 10, 779)

Der theoretische Streit um den Reim wurde in der ersten Hälfte des 18. Jahrhunderts vor allem zwischen dem aufklärerischen Literaturkritiker Gottsched und seinen Schweizer Gegenspielern Bodmer und Breitinger ausgetragen, die als Vorläufer der irrationalistischen, alle konventionellen Bindungen abwerfenden Dichtung des Sturm und Drang angesehen werden können. Erst Klopstock konnte jedoch um 1750 reimlose Gedichte in der Kunstpraxis durchsetzen; bereits Lessing und Goethe akzeptierten beide Formen von Gedichten als grundsätzlich gleichberechtigt (vgl. die historischen Darstellungen von A. Binder u. a. [1981, 288–290]; Nagel [1985, 76–83]; K. L. Schneider [1964]; Schuppenhauer [1970]).

Die Lyrik von Klopstock bis Heine ist einerseits geprägt von der Weiterentwicklung der rhythmisch-metrischen Ausdrucks- und Variationsmöglichkeiten des Verses, andererseits von der Erweiterung und zugleich von der Aufweichung des Reimverständnisses. Als Ersatz für den Endreim kann beispielsweise die ›Assonanz‹ gelten, von der man dann spricht, wenn gar keine Konsonantenübereinstimmung, sondern nur ein Gleichklang der betonten Vokale vorliegt (z. B. Himmel – Stille). Diese Form findet sich vor allem in der spanischen Dichtung und wurde von Romantikern wie Brentano und Eichendorff, aber auch von Autoren wie Heinrich Heine und Stefan George eingesetzt, konnte sich aber nicht auf breiterer Basis durchsetzen. Kein Reim – bzw. eine besonders eklatante Abweichung von der Norm – liegt vor, wenn unbetonte Silben in dem einen Versschluß mit betonten in dem anderen korrespondieren (wandern/gern, zittere/lehre). (Vgl. die reichhaltige Übersicht über Reime und abweichende Formen bei Heusler [1956, III, 97–102] sowie die Typologie ›unbedeutender Reimwörter‹ bei Wagner [1930].)

Auch in der Lyrik des 20. Jahrhunderts wird der Reim zum Teil verworfen, zum Teil aber auch gezielt wieder aufgenommen (z. B. von Georg Heym, Gottfried Benn oder Peter Rühmkorf). Heute gibt es jedoch keinen allgemein anerkannten kunstrichterlichen Maßstab mehr, der es erlauben würde, Reime entsprechend ihrer Reinheit als gelungen oder mißlungen zu klassifizieren.

Das heißt aber nicht, daß man sich jedes Urteils über die Reimverwendung in Gedichten enthalten müßte. Es ist jeweils danach zu fragen, welche Funktion der Reim in dem einzelnen Gedicht hat, welche Wirkung mit ihm beabsichtigt und erzielt wird. So wirkt die korrekte Einhaltung der Reinheit des Reims in geselligen Liedern unnötig penibel und gestelzt, während schiefe, mißratene oder abgenutzte Reime ein feierliches Gedicht ins Lächerliche ziehen können. Storz (1987, 112 f.) geht sogar so weit, die – zum Teil nur aufgrund der »Subjektivität eines Geschmacksurteils« mögliche – »Unterscheidung zwischen einem guten und einem fragwürdigen Reim« als wichtiger und sachgerechter zu beurteilen als die zwischen reinen und unreinen Reimen. Die deutsche Reimdichtung könne auf die »Aushilfe« durch Assonanzen, ›unreine‹ oder identische Reime nicht verzichten. Das erhellt aus dem Vergleich mit der italienischen Reimdichtung, die problemlos mit den betonten, klangvollen italienischen Wort- und Flexionsendungen – also mit einer prinzipiell unendlichen Anzahl von Reimwörtern – arbeiten kann, während die deutschen Reime sowohl tonloser als auch seltener sind, aber durch ihr geringeres Klangvolumen zugleich ein intensiveres und nuancierteres poetisches Sprechen begünstigen (vgl. Storz 1987, 108–112).

Reime verbinden Verse miteinander. Dafür gibt es verschiedene Möglichkeiten: Es können jeweils zwei aufeinanderfolgende Verse miteinander verknüpft werden (›Paarreim‹). Wenn man – wie allgemein üblich – die sich untereinander reimenden Verse mit demselben kleinen Buchstaben bezeichnet, ergibt sich dabei das Schema *aabbcc...* Der Paarreim begünstigt keine Bildung größerer formaler Einheiten (z. B. Strophen), sondern dient eher der Aneinanderreihung von Verspaaren in einfach gebauten Gedichten. Folgt der Reim jeweils erst in der übernächsten Zeile, überkreuzt sich also ein Reim mit dem anderen, spricht man vom ›Kreuzreim‹, der das Schema *abab cdcd...* hat. Durch die sich überkreuzende Verknüpfung von zwei mal zwei Versen ergibt sich als Grundform die vierzeilige Strophe. Umschließt ein Reim einen anderen – schematisch ausgedrückt: *abba cddc...* –, spricht man mit Wagenknecht (1989, 37 und 129) am besten vom ›Blockreim‹; oft wird dieser auch als ›umarmender‹ oder ›umschließender Reim‹ bezeichnet. Auch der Blockreim bildet als kleinste Einheit eine vierzeilige Strophe. Im Gegensatz zum Kreuzreim, in dem die Reime *a* und *b* strukturell gleichwertig sind, hebt der Blockreim den durch das Reimpaar *bb* unterbrochenen und erst nach einem großen Spannungsbogen im vierten Vers wiederaufgenommenen Reim *a* besonders hervor; die vierzeilige Strophe wirkt dadurch abgeschlossener als im Kreuzreim.

Neben diesen drei verbreitetsten Reimstellungen gibt es eine Reihe von Sonderformen wie den ›Haufenreim‹, in dem jeweils mehr als zwei Reimverse aufeinanderfolgen (*aaa...bbb...ccc...*), und zahlreiche Kombinationen wie den ›Schweifreim‹, der als Verbindung von Paar- und Blockreim oder als Unterbrechung zweier Paarreime durch einen dritten Reim angesehen werden kann (*aabccb*). In einigen Strophenformen, von denen unten (Abschnitt 3.2.2) noch die Rede sein wird, sind auch gereimte mit ungereimten Zeilen (sogenannten ›Waisen‹) kombiniert; markiert man diese durch ein *x*, so folgen solche Strophenformen zum Beispiel dem Schema *axax bxbx...* (›unterbrochener Kreuzreim‹) oder – in dreizeiligen Strophen – *axa bxb...* Reimt sich ein Vers nicht mit einem anderen derselben Strophe, sondern mit einem Vers einer anderen Strophe, so nennt man diese voneinander getrennten Reime ›Körner‹.

Der Endreim ist zwar in der neueren deutschen Lyrik die dominierende, keineswegs aber die einzige Form des Reims. Gelegentlich findet sich auch der Anfangsreim:

> Was äffst du nach mein Liebesleid,
> Das mich gequält auf dieser Stelle
>
> (Heine: *Die Heimkehr* XX, V. 10 f.; *Schriften* 1, 118)

Wesentlich häufiger ist die rhetorische Figur der ›Anapher‹ (Wiederholung des Versanfangs) anzutreffen, die nicht mehr als Reim gewertet wird:

> Heute kömmst du nicht lieb Liebchen,
> Heute nicht, doch harr' ich deiner
>
> (Brentano: *Heute kömmst du nicht ...*, V. 1 f.; *Werke* 1, 127)

In vielfältiger Gestalt tritt der ›Binnenreim‹ auf, bei dem sich Wörter innerhalb eines Verses oder mehrerer Verse miteinander reimen. Die meisten Handbücher machen terminologische Unterschiede, je nachdem, ob es sich um direkt aufeinanderfolgende Wörter handelt (›Schlagreim‹), um ein Versende und ein Wort aus dem Innern desselben (›Inreim‹) oder eines anderen Verses (›Mittenreim‹), um zwei Wörter aus dem Innern aufeinanderfolgender Verse (›Mittelreim‹) oder ähnliche Fälle mehr. Hier hat sich die Terminologie so verselbständigt, daß sie nicht mehr vorrangig der möglichst genauen Beschreibung der Phänomene, sondern vor allem der Selbstvergewisserung der Verslehre dient. Wenn selbst Fachleute einen Reim nicht ›aus dem Kopf‹ als Mittel- oder aber Mittenreim zuzuordnen wissen, sondern deren jeweilige Definition nachschlagen müssen (und in den Handbüchern auch noch voneinander abweichende Auskünfte bekommen), ist die Terminologie nicht mehr hilfreich, sondern hinderlich. Es ist also ratsam, all die genannten Phänomene, die keine Anfangs- oder Endreime sind, als ›Binnenreime‹ zu bezeichnen und ihre jeweilige Position im Einzelfall genau zu beschreiben.

Wie schon erwähnt, ist die abgeschwächte Form des Reims, die ›Assonanz‹, im Versinneren häufiger anzutreffen als am Versende als Ersatz des Endreims. Gleiche Vokale verbinden – die syntaktisch-semantische Ebene manchmal unterstützend, manchmal aber auch quer zu ihr verlaufend – Wörter miteinander (oftmals über mehrere Verse hinweg) und tragen zur spezifischen Stimmung einer Strophe oder eines ganzen Gedichts bei:

> Blumen, kühne Wunderblumen,
> Blätter, breit und fabelhaft,
> Duftig bunt und hastig regsam,
> Wie gedrängt von Leidenschaft
>
> (Heine: *Bergidylle* 3, V. 181–184; *Schriften* 1, 174)

Durch die dunklen U-Laute werden der erste Vers und der Beginn des dritten Verses miteinander verknüpft, wird das Wunderbare der Blumen als Duft und Buntheit veranschaulicht; zugleich werden die beiden Sinnesqualitäten synästhetisch und syntaktisch – als Adjektivattribut und diesem zugeordnetes Adverb (»duftig bunt«) – übereinandergelegt. Demgegenüber heben die helleren Laute *a*, *e* und *ä* im zweiten und vierten Vers sowie in der zweiten Hälfte des dritten Verses das Leidenschaftlich-Dynamische der Blätter hervor. Es zieht sich also ein feiner Gegensatz durch Heines Bild von den Blumen und ihren Blättern.

Heines Strophe führt darüber hinaus ein weiteres Klangmittel vor Augen (oder besser: sie läßt es hörbar werden), das in der deutschsprachigen Dichtung eine noch längere Geschichte aufzuweisen hat als Reim und Assonanz: die ›Alliteration‹, die Übereinstimmung der anlautenden Konsonanten. Die Vorform dieses Klangmittels, der ›Stabreim‹, markierte in der germanischen Dichtung je eine Langzeile als Einheit, indem in ihr drei der vier Haupthebungen gleichen Anlaut (Konsonant oder Vokal) trugen. Dem Versuch Richard Wagners, in den Texten seiner Musikdramen dieser seit dem 9. Jahrhundert durch den Reim verdrängten Form zu neuem Ansehen zu verhelfen, war wenig Erfolg beschieden (vgl. Kayser 1991, 131–134). Die weniger strenge Form der Alliteration dagegen hat nicht nur in der Lyrik, sondern auch in der Rhetorik und in zahlreichen Redensarten (›mit Kind und Kegel‹, ›über Stock und Stein‹) ihren festen Platz. In dem zitierten Heine-Text erscheinen wegen der zahlreichen B-Laute die ersten zweieinhalb Verse als eine Einheit; die Alliteration verbindet genau jene Redeteile miteinander, die durch die beiden Assonanzgruppen (*u* versus *a, e, ä*) zergliedert werden. Heine führt also mit feinsten klanglichen Mitteln die »Wunderblumen« als in sich gegliederte Einheiten vor.

2.2.2 Lautmalerei (Onomatopoesie)

Von Figuren der Wiederholung unabhängig (aber mit ihnen verknüpfbar) ist das Klangmittel der ›Lautmalerei‹ oder ›Onomatopoesie‹ (aus griech. *onoma* = Name und *poiein* = schöpfen; gebräuchlich, aber unschön sind auch die Wortformen ›Onomatopoeie‹ oder ›Onomatopöie‹). Lautmalerische oder ›onomatopoetische‹ (auch: ›onomatopoietische‹ oder ›onomatopöetische‹) Wörter nennt man solche, die die von ihnen bezeichneten Gegenstände oder Vorgänge klanglich nachahmen (z. B. Kuckuck, summen oder kläffen). Verwendet man diese Wörter gezielt, so wird die Onomatopoesie zu einem Ausdrucksmittel, das der Steigerung der sinnlichen Anschaulichkeit poetischer Sprache dient: »Und es wallet und siedet und brauset und zischt, / [...] / Bis zum Himmel sprützet der dampfende Gischt« (Schiller: *Der Taucher*, V. 31 und 33; *NA* 2.I, 267). Einen ähnlichen Effekt kann man durch die Kombination für sich genommen nicht lautmalerischer, aber klangstarker Wörter erzielen. So ist in Schillers Ballade *Der Handschuh* jedem der darin beschriebenen Raubtiere (Löwe, Tiger, Leoparden) ein charakteristisches, in sich abgerundetes Klangbild (und eine rhythmische Figur) zugeordnet. Schillers Gedichte sind aufgrund dieser und vieler anderer klanglicher Mittel virtuose Beispiele einer genuinen »Sprechpoesie« (Saran 1907, 313), die der musikalischen Vertonung nicht bedarf, ja sich ihr sogar widersetzt.

Die lautliche Ähnlichkeit mancher lautmalerischer Wörter in verschiedenen, auch nicht miteinander verwandten Sprachen haben manche Sprachtheoretiker als Hinweis darauf angesehen, daß alle Sprachen einer gemeinsamen Ur- oder Natursprache entstammen. Eine mystische Ursprachenlehre findet sich bereits bei Jacob Böhme, der für die Literatur des Barock wichtig war (vgl. Meid 1986, 97). Für die spätere deutschsprachige Literatur besonders einflußreich war in dieser Hinsicht Herders Abhandlung *Über den Ursprung der Sprache* (1772), deren Grundgedanken später vor allem von Wilhelm von Humboldt (*Über die Verschiedenheit des menschlichen Sprachbaues*, 1836), Jacob Grimm (*Über den Ursprung der Sprache*, 1851) und Walter Benjamin (*Über Sprache überhaupt und über die Sprache des Menschen*, 1916) wiederaufgenommen und weitergeführt wurden. Für romantische Dichter wie Novalis oder Eichendorff war diese Vorstellung wegweisend: Die Verwendung, ja Häufung von Lautmalereien in Gedichten war für sie Annäherung an die Natur als den Ursprung aller Sprachen. Jedem Laut wird ein bestimmter, »natürlicher« Ausdruckswert zugeschrieben; Lautmalerei geht damit in Lautsymbolik über (vgl. Kayser 1978, 102–194).

2.2.3 Formen lyrischer Klanggebilde

An zwei Beispielen sei das Zusammenwirken klanglicher Mittel abschließend vorgeführt. Das erste stammt aus der spätromantischen Dichtung, das zweite aus der modernen Lautpoesie.

> Ich wandre durch die stille Nacht,
> Da schleicht der Mond so heimlich sacht
> Oft aus der dunklen Wolkenhülle,
> Und hin und her im Thal
> Erwacht die Nachtigall,
> Dann wieder Alles grau und stille.
>
> O wunderbarer Nachtgesang:
> Von fern im Land der Ströme Gang,
> Leis Schauern in den dunklen Bäumen –
> Wirr'st die Gedanken mir,
> Mein irres Singen hier
> Ist wie ein Rufen nur aus Träumen.

(Joseph von Eichendorff: *Nachts*; HKA I.1, 12)

In diesem Gedicht tritt die Klangdimension besonders deutlich hervor und drängt die semantische Ebene in den Hintergrund: Über dem schönen, beinahe einlullenden Klang droht einem beim Lesen (und nicht nur beim ersten Mal) der Sinn zu entrinnen. (Schon Bodmer spricht im Streit um den Reim 1745 polemisch von »Speise für die Ohren«; zit. nach K. L. Schneider 1964, 11.) Das liegt sicherlich auch an der Wortwahl: Die Dinge, von denen die Rede ist, werden durch denkbar allgemeine Nomina bezeichnet (»Nacht«, »Thal«, »Land«); von Vorgängen ist kaum die Rede, und wenn, dann vor allem von geheimnisvollen (»schleicht«, »Wirr'st«); und die Attribute und Adverbien tragen nicht etwa zur Präzisierung, sondern vielmehr zur weiteren Verunklarung des Geschehens bei (»heimlich sacht«, »dunklen«, »wunderbarer«, »irres«).

Das Gedicht besteht aus zwei Schweifreimstrophen (*aabccb*). Aber das ist nur die oberflächlichste Ebene seiner Lautstruktur. Hinzu kommt ein dichtes Geflecht lautlicher Bezüge. So sind in der ersten Strophe die beiden Reimpaare »Nacht«/«sacht« und »Thal«/«Nachtigall« (letzteres ein unreiner Reim, da das auslautende *a* einmal lang, einmal kurz ist) durch Assonanz miteinander verbunden. Die End-Assonanz lenkt die Aufmerksamkeit auf den ganzen Vers 5 zurück: Dort wird nicht nur die »Nacht« aus Vers 1 in der »Nachtigall« wieder aufgenommen; zudem bildet dasselbe, den in der Nacht singenden Vogel bezeichnende Wort noch einen Binnenreim mit dem Anfang des Verses: »Erwacht«. Mit Hilfe einer großen Fülle an Assonanzen und Reimen auf *a* wird also das ruhige, in sich geschlossene Bild einer friedlichen, klaren, schönen Nacht aufgebaut. Nur in den (durch Reim verbundenen) Versen 3 und 6 finden sich Anklänge an die dunkle, graue, wolkenverhangene Seite der Nacht; in Vers 2 deutet sich durch die assonierenden Wörter »schleicht« und »heimlich« etwas Geheimnisvolles an.

Die zweite Strophe setzt ein mit einem Resümee der ersten in der Form eines Anrufs: »O wunderbarer Nachtgesang«. Auch lautlich kann der Vers durch die Wiederaufnahme der Assonanzen auf *a* als eine Art Coda der ersten Strophe angesehen werden: Der »Nachtgesang« führt die Reihe »Nacht« – »Nachtigall« fort; das Attribut »wunderbarer« kann als lautliche Variation und Auseinanderlegung des an derselben Stelle in der ersten Strophe stehenden Prädikats »wandre« gelesen werden. Aber gleich danach steigern sich die in der ersten Strophe nur leise anklingenden Irritationen zum Gefühl unentrinnbarer Bedrohtheit und Orientierungslosigkeit; sogar das Subjekt des Singens (die Nachtigall oder das Ich selbst oder beide?) entgleitet. Lautlich wird diese Konfusion vor allem in den Versen 10 und 11 durch die miteinander korrelierenden Binnen- und Endreime unterstrichen: »Wirr'st«/»irres« – »mir«/»hier«. Das Gedicht klingt offen aus: Die ›Träume‹ können sowohl Ruhe wie auch Versinken des Subjekts bezeichnen; lautlich sind sie weder der ›sachten‹ noch der ›irren‹ Nacht zugeordnet. Eichendorff – so zeigt sich an diesem Gedicht – treibt die lautliche Durchgestaltung lyrischen Sprechens auf die Spitze, bis an die Grenze des Penetranten und Kunstgewerblichen – eine Grenze, die in der epigonalen Lyrik des späteren neunzehnten Jahrhunderts oft genug überschritten wurde.

Das folgende Beispiel ist dagegen im Zusammenhang der experimentellen Lautpoesie des zwanzigsten Jahrhunderts entstanden:

> ottos mops trotzt
> otto: fort mops fort
> ottos mops hopst fort
> otto: soso
>
> otto holt koks
> otto holt obst
> otto horcht
> otto: mops mops
> otto hofft
>
> ottos mops klopft
> otto: komm mops komm
> ottos mops kommt
> ottos mops kotzt
> otto: ogottogott
>
> (Ernst Jandl: *ottos mops*; GW 1, 422)

Die tragikomische Geschichte von Otto und seinem Mops erinnert an Slapstick-Episoden der Stummfilmkomiker oder an manche frühen Comic strips. Die Komik erwächst aber weniger aus dem trivialen Inhalt als vielmehr aus der Lautstruktur des Gedichts: Es beschränkt sich rigoros auf einen einzigen Vokal: das *o*, in lautmalerischer Perspektive der Laut des Erstaunens (genaugenommen handelt es sich um zwei Laute, das lange und das kurze *o*). Die »Grundstellung«, zu der man beim Sprechen des Gedichts von der Artikulation der Konsonanten immer wieder zurückkehrt, ist der leicht geöffnete, zum *o* gerundete Mund; dieser Umstand lädt zu kabarettistischer Überspitzung beim *Öffnen und Schließen des Mundes* (vgl. Jandl 1985) ein, wie sie Jandl selbst in seinen Lesungen virtuos vorgeführt hat.

Das Gedicht ist also gleichsam eine einzige Anhäufung von Wortwiederholungen und Assonanzen auf *o* (es besteht aus 41 einzelnen, aber nur 15 verschiedenen Wörtern). Der Name »otto« wird sogar zu Beginn jeder Zeile wiederholt. Aber die Konsequenz, mit der hier Laute und Wörter einer abstrakten Regel gemäß eingesetzt werden, läßt eine Beschreibung des Gedichts mit Begriffen der traditionellen Poetik (wie Assonanz und Anapher) als unangemessen erscheinen.

Der Text ist eindeutig als Sprechvorlage, als eine Art Partitur, konzipiert. Darauf deuten auch (in diesem, nicht aber in jedem Fall) der Verzicht auf Satzzeichen und die rigorose Kleinschreibung hin, die kein Wort aus grammatischen oder semantischen Gründen durch Großschreibung hervorhebt, sondern jedes Wort, jede Silbe, jeden Buchstaben als gleichwertiges Sprachmaterial behandelt. Auch in zahlreichen anderen Gedichten erprobt Jandl systematische Abweichungen von der alltagssprachlichen Lautverwendung und befragt damit die einzelnen Laute auf ihre vielfältigen Ausdruckswerte. So verzichtet er in dem Gedicht *schtzngrmm*, dessen Titel an das Wort ›Schützengraben‹ anklingt, ganz auf Vokale: Der Text läßt in dem nicht durch Vokale abgemilderten Geknatter und Gebrumm der Konsonanten die Schrecken des Krieges fühlbar werden: »t-t-t-t / grrrmmmmm / t-t-t-t« (*GW* 1, 125, V. 4–6). In dem Gedicht *lichtung* (statt: ›Richtung‹) vertauscht er die Konsonanten *l* und *r* und die Orientierung ermöglichenden Richtungsangaben rechts und links (ebd., 249); in dem Gedicht *essen*, das nur aus einsilbigen, ebenfalls vielfach wiederholten Wörtern besteht, wird jedes Wort in einer Art Lautschrift und unter Mißachtung aller Orthographie auf zwei Buchstaben beschränkt: »as si ei öl al re vi ox ku« (ebd., 462, V. 3).

Jandls Lautdichtung überwindet also alle früheren Konventionen lyrischen Klangs und setzt sich selbst experimentierend immer neue Regeln. Auch eine andere Richtung der Lyrik muß primär als auf Sprechen hin angelegte, als Lautdichtung, angesehen werden: die ›Dialekt-‹ oder ›Mundartdichtung‹ (vgl. Eichinger 1984). Die Normen geschriebener Dichtung werden hier jedoch nicht durch neue, selbstgesetzte Klangregeln durchbrochen, sondern durch die Dominanz der Mundart, die traditionell als nicht schriftfähig gilt, über die Lautung und Rechtschreibung der hochdeutschen Normsprache. Die Verschriftlichung der regional, aber auch individuell geprägten gesprochenen Sprache erfordert viel kreative lautliche Phantasie, hat aber auch einen hohen Grad an Willkür, ja Beliebigkeit an sich. Mundartdichtung erweitert somit einerseits die klanglichen Ausdrucksmöglichkeiten der Poesie; andererseits rechnet sie zunächst mit Leserinnen und Lesern, die aus der betreffenden Region stammen und mit der verwendeten Mundart vertraut sind. Gegenüber der hochdeutschen Normsprache kann Mundartdichtung provozierende, polemische Funktionen haben, in Extremfällen aber auch zur Unverstehbarkeit tendieren und zur Fremdsprache werden. Die Dialektdichtung wurde im 19. Jahrhundert durch Johann Peter Hebels *Alemannische Gedichte* (1803) und auch schon durch Goethes *Schweizerlied* angeregt; im niederdeutschen Sprachraum war Klaus Groths populäre Gedichtsammlung *Quickborn* (1852) wegweisend. In den letzten Jahrzehnten wurde österreichische Mundartdichtung beispielsweise von H. C. Artmann (*med ana schwoazzn dintn*, 1958) veröffentlicht, schweizerische von Mani Matter (*Us emene lääre Gygechaschte*, 1972), Frankfurter von Kurt Sigel, fränkische von Fitzgerald Kusz. Auch Jandl hat umgangssprachliche Lyrik (bis hin zu einer – von ihm ironisch so genannten – »heruntergekommenen Sprache«) und Dialektgedichte (*stanzen*, 1992) geschrieben. Ein dem Jandls vergleichbares Verfahren, Elemente der gesprochenen Sprache zu einer Art lyrischer Privatsprache weiterzuentwickeln (die dennoch im Bereich des auch für andere Verstehbaren bleibt), findet sich in den Gedichten Thomas Klings (*brennstabm*, 1991).

2.3 Das Gedicht als Schrift: Graphische Ausdrucksformen

Gedichte begegnen uns heute in den meisten Fällen als geschriebener oder gedruckter Text. Die Schriftform des Gedichts ist jedoch nicht erst für seine Publikation und Verbreitung, sondern bereits für seine Entstehung wichtig: Bei der Gedichtherstellung spielt das Schreiben (sei es mit der Hand, mit der Schreibmaschine oder am Computer) nach wie vor die dominierende Rolle, mit weitem Abstand gefolgt von dem mündlichen Dichten von Gelegenheitslyrik »aus dem Stegreif«.

2.3.1 Die Handschrift und das Faksimile

Die in der zweiten Hälfte des neunzehnten Jahrhunderts einsetzende und noch längst nicht abgeschlossene technische Entwicklung der Schreibmedien kann als Prozeß beschrieben werden, der die schreibende Hand durch immer neue Vermittlungen zunehmend von der auf dem Papier erzeugten Schrift entfernt, während diese immer mehr der Gestalt angenähert werden kann, die bis dahin dem Buch- und Zeitschriftendruck vorbehalten war (vgl. Kittler 1985 und 1986). Je mehr in der gegenwärtigen Schreibpraxis die handschriftliche Gestalt des Gedichts in den Hintergrund gedrängt zu werden droht, desto klarer treten ihre Eigentümlichkeiten gegenüber der beispielsweise am Computer geschriebenen Lyrik hervor: Die Handschrift des Gedichts kann als authentischer, durch ein Minimum an Medien (Papier und Schreibwerkzeug) geprägter, nicht durch Dritte (Verleger, Lektor oder Setzer) verfälschter Text gelten. Ein praktikables Mittel, einer breiteren Leserschaft einen relativ unmittelbaren Zugang zu handschriftlich überlieferten Gedichten zu ermöglichen, ist der Faksimiledruck der Handschrift. Skepsis ist jedoch angebracht gegenüber der von der romantischen Lyrikauffassung genährten Suggestion, in der Handschrift begegne man dem Dichter-Subjekt unmittelbar; Faksimileausgaben von Gedichten zeitgenössischer Autoren dienen jedenfalls oft allein der Selbststilisierung der Autoren zu ›echten Dichtern‹.

Im Faksimiledruck wird die handschriftliche Gestalt des Gedichts unverändert in den Druck transformiert; Entstehungs- und Publikationskontext werden also eng aneinander angenähert. Auch Typoskripte sind in der Art der Schriftbenutzung und der Korrekturen oftmals Ausdruck des individuellen Umgangs der Autorin oder des Autors mit der Schrift (beispielsweise bei Ingeborg Bachmann) und bieten sich daher für Faksimilierungen an.

2.3.2 Typographie und Orthographie

Auch bei der Schriftgestaltung im Druck versuchen die Autoren oft durch typographische oder graphische Besonderheiten Abweichungen von der herkömmlichen Druckgestalt zu erreichen. Hierbei ist allerdings in jedem Einzelfall zu prüfen, inwieweit diese Gestaltungsmittel wirklich vom Autor intendiert oder zumindest autorisiert sind oder ob es sich eher um Gestaltungsmittel oder Eingriffe des Verlegers, Setzers oder Druckers handelt. Soweit verfügbar, gibt der Briefwechsel zwischen Autor und Verleger oft wertvolle Hinweise dazu (vgl. auch unten, Abschnitt 6.2).

Eins der am häufigsten angewandten Mittel ist die rigorose oder gemäßigte Kleinschreibung (in letzterer sind meistens Namen sowie Satz- und Versanfänge großgeschrieben). Dieses Mittel wird seit Ende des 19. Jahrhunderts von vielen Lyrikern mehr oder weniger konsequent benutzt. Zu beachten ist dabei, daß sich die heute gültige deutsche Orthographie mit der Kombination von Groß- und Kleinschreibung erst im Verlauf des 19. Jahrhunderts (gegen die bis dahin ungeregelte Orthographie sowie gegen die beispielsweise vom Homer-Übersetzer Johann Heinrich Voß und von den Brüdern Grimm praktizierte Kleinschreibung) durchsetzen konnte; daher konnte Kleinschreibung erst seitdem als Abweichung von der alltagssprachlichen Norm erscheinen.

Häufig werden auch besondere Buchstabenformen oder Sonderzeichen gewählt. Stefan George beispielsweise ließ seine Gedichte stets in einer einzigen, von ihm selbst entworfenen serifenlosen, halbfetten Schrift drucken, um ihnen ein individuelles, nobles Erscheinungsbild zu geben. Hinzu kommt bei ihm die Ersetzung des *ß* durch *ss* (wie im Schweizerischen) sowie des Kommas durch einen halbhohen Punkt. Friederike Mayröcker dagegen benutzt statt des *ß* ein noch ungleich archaischer wirkendes *sz*. Hugo Balls berühmtes Gedicht *Karawane* weist in jeder der nur aus Lautmalereien bestehenden Zeilen eine andere Type auf, von denen eine exotisch-skurriler als die andere ist.

2.3.3 Figurengedichte und visuelle Poesie

Abweichungen des graphischen Erscheinungsbildes von der jeweils gültigen Norm (zu Beginn der neuhochdeutschen Lyrik meist fortlaufender Text mit Trennstrichen zwischen den Versen, später linksbündiger Flattersatz) wurden nur in bestimmten Epochen gepflegt, insbesondere in der Figurendichtung des Barock und in der avantgardistischen Lyrik des 20. Jahrhunderts (als historischen Überblick vgl. Ernst 1992; ders. 1991). In der Literatur des 16. und 17. Jahrhunderts, in einer Zeit, in der die Alphabetisierung noch sehr wenig fortgeschritten war, aber die Vermittlung von Informationen und kulturellen Inhalten auch an die weniger gebildeten Schichten stark vorangetrieben wurde, gibt es zahlreiche Verbindungen von Wort und Bild, insbesondere in der emblematischen Dichtung, die sowohl zu geistlichen als auch zu weltlichen Zwecken verbreitet wurde (vgl. dazu unten, Abschnitt 2.3.6). In der Figurendichtung werden Bild und Text eins, wie das folgende, 1649 zuerst veröffentlichte Beispiel von Philipp von Zesen zeigt:

>   Palm-baum
>   der höchst-löblichen
>   Frucht-bringenden Geselschaft
>   zuehren auf-
>   gerichtet.
>
>   übliche/liebliche
>   früchte mus allezeit bringen
>   des Palmen-baums ewige Zier/
>   darunter auch Fürsten selbst singen/
>   lehren und mehren mit heisser begier
>   die rechte der deutschen hoch-prächtigen zungen/
>   die sich mit ewigem preise geschwungen
>   hoch über die anderen sprachen empor:
>   wie fohr
>   dis land/
>   mit hand/
>   durch krieg/
>   durch sieg/
>   durch fleiß/
>   mit schweis/
>   den preis/
>   das pfand/
>   ent-wandt
>   der Welt;
>   wie aus der taht erhällt.
>
>   (*Gedichte des Barock*, 139)

Der ›Palmbaum‹ ist das Sinnbild der von Zesen gepriesenen ›Fruchtbringenden Gesellschaft‹, einer der deutschen Sprachgesellschaften der damaligen Zeit. Der Dichter richtet den Baum nicht nur im Text, sondern auch im Schriftbild seines Gedichts auf; diese Selbstbezüglichkeit der mühseligen poetischen »taht« wird im letzten Vers in einer weiteren reflexiven Wendung nochmals eigens thematisiert. In seiner Geschlossenheit und Einfachheit wirkt Zesens Gedicht überzeugend. In vielen anderen Bildgedichten des Barock verselbständigt sich jedoch die figurative Anordnung gegenüber dem Text, so in *Befärbet / Um närbet* von Sigmund von Birken und Johann Klaj (*Deutsche Literatur* 4, 143), in dem der Text um einen bildlich dargestellten Blumenkranz gruppiert ist und die zueinander gehörigen Verse oder Halbverse links und rechts des Kranzes durchnumeriert sind, damit der Textzusammenhang rekonstruierbar bleibt. In Johann Helwigs Gedicht *Eine Sanduhr* dagegen, das vom Verrinnen der Lebenszeit handelt und den Menschen zur Einkehr aufruft, ist dem sich zur Mitte hin verengenden und nach unten hin wieder erweiternden Haupttext links und rechts (als eine Art Ständer der Sanduhr) je ein Nebentext aus untereinandergesetzten Einzelworten an die Seite gestellt, der den Haupttext variiert und kommentiert. Man kann den Text als Montage dreier Teilgedichte ansehen; er markiert einen Übergangspunkt von lyrischen zu rein graphischen Gebilden, an dem die Versstruktur sehr weitgehend aufgelockert ist und kurz vor der Auflösung steht.

Die Figurendichtung des Barock entwickelt eine »gleichsam autonome[ ] Optik«; sie motiviert zu einer »*Erwanderung* der Fläche [...], wie sie bei der Betrachtung eines Gemäldes bekannt ist, wo ebenfalls zu den unserer Kultur eigenen Leserichtungen (erst von links nach rechts, dann von oben nach unten) manche andere hinzukommen« (Albertsen 1971, 92; vgl. ebd., 95 f.). Die Aufklärungspoetiken des 18. Jahrhunderts dagegen unterdrückten den spielerischen Umgang mit dem gedruckten Wort weitgehend. Die Experimente mit der schriftlichen Form des Gedichts werden erst in der modernen Lyrik konsequent weitergeführt.

Zu nennen ist hier Guillaume Apollinaire, in dessen Gedichtband mit dem bezeichnenden Titel *Calligrammes* (1918) sich beispielsweise das Gedicht *La colombe poignardée et le jet d'eau* findet, dessen Zeilen die Taube auf dem Springbrunnen nachzeichen. Auch Christian Morgensterns Text *Die Trichter* (1905) kann als parodierende Wiederaufnahme barocker Figurengedichte angesehen werden:

>   Zwei Trichter wandeln durch die Nacht.
>   Durch ihres Rumpfs verengten Schacht
>   fließt weißes Mondlicht
>   still und heiter
>   auf ihren
>   Waldweg
>   u. s.
>   w.
>
> (Morgenstern: *Galgenlieder*, 29)

Ein weitergehendes Formexperiment Morgensterns, das von ihm selbst ironisch als »das tiefste deutsche Gedicht« bezeichnete Gebilde *Fisches Nachtgesang* (1905), besteht nur aus waagerechten Strichen und nach oben offenen Bögen, die den Zeichen der antiken und antikisierenden Metrik für Längen und Kürzen ähneln und in der Form eines Fischleibs angeordnet sind. Da dieses Kunstwerk außer der Überschrift keinen Text enthält und mithin auch nicht aus Versen besteht (obwohl die Haken und Bögen solche simulieren), kann es nicht als Gedicht (wohl aber als nonverbaler Kommentar dazu) bezeichnet werden. Dasselbe gilt für spätere Experimente wie Karl Rihas *Taxidriver-Sonett*, das statt Silben, Wörtern und Versen eine Ansammlung von identischen Abbildungen eines Personenwagens enthält, die wie die Verse und Versgruppen eines Sonetts angeordnet sind. Andere Erzeugnisse der sogenannten Konkreten oder Visuellen Poesie der fünfziger und sechziger Jahre dagegen können als Fortführung barocker Figurenlyrik angesehen werden (vgl. grundsätzlich Döhl 1992):

> das schwarze geheimnis
> ist   hier
> hier   ist
> das schwarze geheimnis
>
> (Eugen Gomringer [1953]; *konkrete poesie*, 60)

Wie geht man mit sprachlichen Gebilden dieser Art um? Entziehen sie sich der Analyse? Auch wenn sie auf augenblickshafte Wirkung hin konzipiert sind, bleiben sie doch literaturwissenschaftlich analysierbar. Es bietet sich an, zunächst die sprachlichen und visuellen Besonderheiten zu beschreiben und darauf aufbauend der Frage nachzugehen, was diese Besonderheiten (innerhalb des Textes und im Hinblick auf seine Lektüre) bewirken, d. h. wie der Text ›funktioniert‹: beispielsweise durch die Umkehrung gewohnter Leserichtungen und die damit bewirkte Auflösung der Aussage in eine Frage, vor allem aber durch die Visualisierung des ›schwarzen Geheimnisses‹ durch ein weißes Loch, um das der Text kreist. Abschließend sollte man beurteilen, ob der Einsatz der außergewöhnlichen graphischen und visuellen Mittel seinen Zweck erfüllt, der Aussage des Textes dient und sie bereichert oder ob er überflüssig, deplaziert oder trivial wirkt (vgl. die Lektüren von Albertsen [1971, 178 f.] und G. Kaiser [1987, 392–397]).

Die bisher genannten visuellen, nur in der Schriftgestalt übermittelbaren lyrischen Formen zeichnen sich durch eine Engführung oder sogar Überlagerung von Text und Schrift-Bild aus. Im Barock versprach man sich dadurch eine Anreicherung, Vereindeutigung und Veranschaulichung der Gedichtaussage. In der Moderne wird oft nur ein witziger Effekt (Morgenstern) oder eine Irritation der Leserinnen und Leser (Gomringer) angestrebt (vgl. einführend Rückert 1984). Die Mittel visueller Poesie sind jedoch begrenzt und oft sehr simpel; sie erschöpfen sich schnell und drohen zum bloßen Effekt zu verflachen. Die reflexive Dichte, wie sie etwa Franz Mon in seinem Essay *zur poesie der fläche* ... (1967; in: *konkrete poesie,* 169–176) erreicht, wird von der poetischen Praxis nur selten eingelöst. Häufig wird die Grenze der Lyrik (also der Versdichtung) oder sogar die der Literatur überschritten; ein literaturwissenschaftliches Instrumentarium allein reicht dann nicht mehr aus, es müssen auch Mittel der Untersuchung bildender Kunst hinzugezogen werden (z. B. bei bestimmten Werken von Kurt Schwitters oder Meret Oppenheim).

2.3.4 Innovative lyrische Schriftformen

Eine andere Richtung graphisch bewußter Lyrik der Moderne strebt nicht die Visualisierung, sondern die Durchbrechung formaler Konventionen an. So erproben Arno Holz (*Phantasus*, 1898/99) und Richard Dehmel (*Weib und Welt*, 1896) die drucktechnische Zentrierung ihrer Gedichtzeilen, die Anordnung um eine »unsichtbare Mittelachse« (Holz: *Werk* 10, 503), als Alternative zur Linksbündigkeit. Da die Zeilen zudem bei diesen Autoren, besonders bei Holz, extreme Unterschiede in der Länge aufweisen, wirken diese experimentellen Gedichte im Schriftbild ebenso raumgreifend wie aufgerauht, da sie nach beiden Seiten hin ›ausfransen‹. Durchsetzen konnte sich diese Innovation – von vereinzelten Ausnahmen (z. B. Hans Magnus Enzensberger: *Chinesische Akrobaten*; in: *Zukunftsmusik*, 28–31) abgesehen – nicht: Es zeigte sich, daß der Verzicht auf einen bündigen Zeilenanfang dem Lesen hinderlich ist, obwohl es Holz' erklärte Absicht war, den Weg, den das Auge vom Ende des einen zum Anfang des nächsten Verses zurücklaufen muß, auch bei Versen von sehr unterschiedlicher Länge einem Mittelwert anzunähern. Die Zentrierung erwies sich nach der euphorischen Anfangsphase schnell als ein nicht funktionales (schon gar nicht als ein per se revolutionäres), sondern als ein gegenüber dem einzelnen Gedicht beliebiges Kunstmittel. (Vgl. zur Bedeutung von Holz für die moderne optische Poesie Albertsen 1971, 100–102 und 175–177; dagegen kritisch Kayser 1991, 138–141.) Ein Autor, der die Linksbündigkeit zugunsten nicht einmal zentrierter, sondern ganz unregelmäßiger Zeilenanfänge aufgibt, ist Walter Mehring (z. B. *Neubestelltes Abenteuerliches Tierhaus 1925*).

Weitaus komplexer sind die Experimente, die Rolf Dieter Brinkmann in einigen Texten seiner letzten Gedichtsammlung *Westwärts 1 & 2* (1975) unternimmt. Sie führen die Technik der Parallel-Texte weiter, wie sie unter anderem Helwig in seinem *Sanduhr*-Gedicht erprobt hat. Hier der Anfang der *Variation ohne ein Thema*:

> Ein Gedicht die Grenze, danach
> das Niemandsland. Wo lebst du
> und wie?
> Du atmest etwas Wildnis an der Stelle, am
> Stadtrand, wo oder in einem Vorort,
> die Gärten eingerissen sind,
> umgekippte Zäune, ein Fahrradgestell
> im Brennesselwald, Brombeergewucher, für
> eine Saison.
> Gegenwart:
> 1 Erinnerung an Kinderspiele Und nach den Wörtern, was kommt, ist
> nach dem Krieg / »hier haben
> wir nachmittags Krieg gespielt« Die Baugesellschaft (»Traumstaub
> in den Sommerferien / in dem vom Mars« etc.): zuerst macht sie alles
> durchbrochenen Waldstück plan, ehe sie planen kann,
> Weiße Kleidung Schachtelapartments.
> in einem nächtlichen
> Obstgarten, in einer Reihe aufgehängt, ein seltenes friedliches Bild.

(Brinkmann: *Westwärts 1 & 2*, 148)

Hier ist jede durchgehende formale Orientierung des Textes aufgegeben; selbst die einzelnen Segmente weisen in sich Lücken auf, als handele es sich um einen fragmentarischen Entwurf. Quer zum linearen Textablauf, der in der Regel in der Abfolge der untereinander plazierten Zeilen zum Ausdruck kommt, steht das Nebeneinander der Textfetzen, die sich gegenseitig kommentieren und ergänzen und keine eindeutige Leserichtung vorschreiben oder auch nur ermöglichen, sondern eine vagabundierende, immer wieder neu einsetzende Lektüre erfordern. Die literaturwissenschaftliche Analyse sollte versuchen, dieser Vielfalt durch eine vorsichtige, ihr Instrumentarium am Text schärfende Beschreibung gerecht zu werden (vgl. Albertsen 1971, 180 f.).

Brinkmanns Text ist nicht mehr eindeutig als Gedicht zu bezeichnen, da die Versstruktur an vielen Stellen durch das Nebeneinander der Segmente durchbrochen wird. Allerdings können die einzelnen

Textgruppen als Verstexte angesehen werden, so daß der Text insgesamt eine Komposition von Gedichtbruchstücken ergibt. Im Gegensatz zu visueller Poesie, in der das graphische Erscheinungsbild etwas darstellt, was nicht zugleich in gesprochene Sprache überführt werden kann, wäre es immerhin vorstellbar, Brinkmanns Textkomposition als eine Art Hörspiel aufzuführen, in dem mehrere Textpassagen (wie sie in der Schriftform nebeneinander angeordnet sind) gleichzeitig zu hören sind. Allerdings gäbe es viele Möglichkeiten von Aufführungen eines solchen Textes; und bei jeder von ihnen ginge ein wichtiger Aspekt des gedruckten Textes verloren. Deshalb bleibt die Schriftform bei einem komplexen Text dieser Art allemal die primäre Gestalt.

2.3.5 Buchstabenspiele: Akrostichon und Anagramm

Weitere Ausprägungen primär schriftlicher Lyrik sind solche Gedichte, in denen – meist unabhängig von ihrem visuellen oder graphischen Erscheinungsbild – mit ihrem Buchstabenmaterial gespielt wird. Eine recht verbreitete Form ist das ›Akrostichon‹ (griech.: Versspitze), in dem die Anfangsbuchstaben der Verse von oben nach unten gelesen ein Wort ergeben, meist den Namen des oder der Angeredeten, besonders in Liebes- oder Widmungsgedichten (vgl. Albertsen 1971, 92). Es gibt zahlreiche Varianten dazu, in denen sich die zusammenzulesenden Buchstaben am Versende (›Telestichon‹) oder in der Versmitte finden. Der Rätselcharakter ist besonders ausgeprägt im ›versetzten Akrostichon‹, in dem der erste Buchstabe des ersten Verses, der zweite des zweiten usf. zu lesen sind, so in Georges *Der Stern des Bundes* (III, 19):

> Hier schliesst das tor: schickt unbereite fort.
> Tödlich kann lehre sein dem der nicht fasset.
> Bild ton und reigen halten sie behütet
> Mund nur an mund geht sie als weisung weiter
> Von deren fülle keins heut reden darf ..
> Beim ersten schwur erfuhrt ihr wo man schweige
> Ja deutlichsten verheisser wort für wort
> Der welt die ihr geschaut und schauen werdet
> Den hehren Ahnen soll noch scheu nicht nennen.

(George: *Werke* 1, 389)

Die hier von mir unterstrichenen Buchstaben ergeben den Namen »Hölderlin«: Die »scheu«, die den »hehren Ahnen« (man beachte die einzige Großschreibung in der Versmitte!) »nicht nennen« soll, wagt es nur, ihn im versetzten Akrostichon zu verstecken und so als geheime »lehre« indirekt doch zu erwähnen. Das Gedicht erweist sich so als Schlüsseltext von Georges privater Mythologie, die das verehrte Dichter-Vorbild zur übermenschlichen Gestalt verklärt.

Die zweite erwähnenswerte Gedichtform, die mit Buchstabenspielen arbeitet, ist das ›Anagramm‹, die Vertauschung sämtlicher Buchstaben eines Wortes, Satzes oder Verses. Wird einfach die Reihenfolge der Buchstaben umgekehrt, also das Wort oder der Satz von hinten nach vorn gelesen (mit demselben oder einem anderen Wortlaut), so spricht man vom ›Palindrom‹ – ein früher zu mystischen, heute bestenfalls noch zu komischen Zwecken eingesetztes Kunstmittel. Anagramme sind ein beliebtes Mittel der Pseudonymbildung. Zur lyrischen Kunstform wurden sie in der neueren deutschen Literatur vor allem von Unica Zürn entwickelt, die Hunderte von Anagrammgedichten geschrieben hat, in denen jede Zeile dasselbe Buchstabenmaterial wie die Überschrift aufweist:

> Es liegt in deiner Hand
>
> Gleite, Seidenrind, nah
> an die Lende. Hirngeist
> der eiligen Steinhand
> singt drei Heilende an:
> Enge, hier ist dein Land,
> Rindengast, heile Neid,
> es liegt in deiner Hand.
>
> (Unica Zürn [Berlin 1953–54]; *GA* 1, 11)

Die düster-erotische Faszinationskraft, die dieser Text ausstrahlt, ist unablösbar von der Begrenztheit des in jeder Zeile zur Verfügung stehenden Buchstabenmaterials, aus dem mit großer Virtuosität gleichsam alles herausgeholt wird, was in ihm steckt. Auch die Häufung von Neologismen erklärt sich aus dem Zwang zur Variation des Gleichen. Im Gegensatz zu den bisher erläuterten Formen graphischer Poesie entfaltet das Gedicht auch gesprochen seine Wirkung; sein Anagrammcharakter ist zwar beim Hören nicht rekonstruierbar, aber wegen der auch lautlichen Beschränkung erahnbar: So verzichtet der Text völlig auf die dunklen Laute bzw. Buchstaben *o* und *u*. (Vgl. grundsätzlich zum Anagramm Starobinski 1980; Geier 1986, 176–199, darin zu Unica Zürn 196–199.)

2.3.6 Lyrik und bildende Kunst

Die optische und graphische Dimension der Lyrik wirft die Frage nach deren Verhältnis zur bildenden Kunst, nach Übergängen und Wechselbeziehungen zwischen beiden Kunstformen, auf. Eine lange Tradition haben die Gedichte auf einzelne Bilder und Plastiken (vgl. die Anthologie *Gedichte auf Bilder*; Jost 1984; Kranz 1992). Bildgedichte beschränken sich oft nicht auf die bloße Bildbeschreibung, sondern heben einzelne Züge des Gemäldes oder der Statue hervor und führen sie assoziativ weiter, indem sie die Perspektive über das einzelne Werk und seine Zeit hinaus auf Grundprobleme der Condition humaine hin öffnen (besonders konsequent etwa in Rilkes Sonett *Archaischer Torso Apollos* [1908]).

Lyrische Bildgeschichten sind dagegen ganz der Schilderung fiktiver oder auch realer Ereignisse gewidmet. Bild und Text sind dabei gleichermaßen Gebrauchskunst, deren Verknüpfung der besseren Eingängigkeit dient. Eine frühe Form solcher Bildgeschichten ist der Bänkelsang, der sich im 17. Jahrhundert entwickelte: Fahrende Sänger trugen sensationelle Geschichten und eingängige Lehren in Versform vor und veranschaulichten sie mit schlichten Bilddarstellungen auf Schautafeln. Bildgeschichten in Versform sind heute im Bereich der Kinderliteratur noch weit verbreitet; man denke etwa an die Heftchenserie *Lurchi Salamander* oder neuerdings an die Bild- und Verserzählung *Im Zeichen des Seepferdchens* von Graeme Base (dt. 1994). Die verwandte Form des Comics ist dagegen viel stärker vom Bild dominiert: Die Texte sind häufig als Sprechblasen ins Bild eingelassen und dadurch aus ihrem internen Zusammenhang gerissen; nur selten gibt es daher Comic-Texte in Versform. Eine Art Gesamtkunstwerk aus Lyrik, Musik und laufenden Bildern stellen dagegen die Videoclips zu Popsongs dar, die vor allem in den 1980er Jahren virtuos entwickelt und inzwischen in die rein kommerzielle Form des Werbespots integriert wurden.

Die Tatsache, daß ein Gedicht meistens isoliert auf einer Seite gedruckt wird und diese wegen der Zeilenbrechungen und der Kürze des ganzen Textes häufig nicht ausfüllt, hat viele Illustratoren (besonders seit der Romantik) zu Randzeichnungen inspiriert, die sich ornamental und illustrativ um den Gedicht-Text ranken und mit diesem ein graphisches Ensemble bilden (vgl. Popitz u. a. 1982, z. B. 310, 312).

Eine unauflösliche Einheit gehen Bild und Text in den Collagemappen des multimedialen Künstlers Max Ernst ein: Stellt er in *At eye level / Paramyths* (1949) – formal an die Konventionen illustrierter Gedichtbände anknüpfend – surrealen, als Faksimiles der Handschrift abgedruckten deutschsprachigen Gedichten nicht minder rätselhafte Lithographien gegenüber, so bestehen die Blätter von *Maximiliana ou l'exercice illégal de l'astronomie* (1964) aus ebenso trivialen wie kunstvoll gedruckten Gedichttexten, konventionellen Figurenzeichnungen, hieroglyphischen, im Blocksatz angeordneten Pseudotexten und ornamentartigen Kritzeleien. (Zu Ernst vgl. Spies 1988, Nr. 502 f., 530 f.; zum Genre der Malerbücher insgesamt Kästner 1994.)

Max Ernst nimmt nicht nur die Kunst der Bildgeschichten, Randzeichnungen und Illustrationen zu Gedichten auf, sondern auch eine Bild und Text synthetisierende Kunstform, die vom 15. bis zum 17. Jahrhundert außerordentlich populär war: die Emblematik (vgl. Henkel/Schöne 1996; Scholz 1992). Ein Emblem besteht aus drei Teilen: einer Überschrift (dem meist lateinischen Motto, ›inscriptio‹ oder ›Lemma‹ genannt), einem Bild (›pictura‹) und einem kommentierenden (Vers-)Text unter dem Bild (›Epigramm‹ oder ›subscriptio‹). Das Emblem füllt genau eine Druckseite aus und ist daher für die unaufwendige und preisgünstige Verbreitungsform des Flugblatts, die in der Reformation wichtig wurde, besonders gut geeignet. Der enge Wechselbezug von Bild, Über- und Unterschrift bietet auch Betrachtern, die des Lesens unkundig sind, Anknüpfungspunkte für ein Verständnis. Das Bild ist daher mit Bedeutungsgehalten aufgeladen, die im darunterstehenden Gedicht erläutert werden. Bis heute arbeiten Flugblätter und Werbeanzeigen vielfach mit diesen bewährten Mitteln des Emblems.

In einigen barocken Gedichten wird »die Struktur des Emblems, damit auch die Doppelfunktion von Abbilden und Auslegen, rein literarisch realisiert« (Ludwig 1990, 180; vgl. Meid 1986, 48–52). Als Beispiele können Sonette von Andreas Gryphius herangezogen werden (z. B. *Morgen Sonnet* oder *An die Welt*), in deren beiden vierzeiligen Abschnitten (Quartetten) eine Szenerie, eine literarische ›pictura‹ entfaltet wird, die in den beiden Dreizeilern (Terzetten) heilsgeschichtlich gedeutet wird.

Zum Verhältnis von bildender Kunst und poetischer Bildlichkeit vgl. grundsätzlich Boehm 1978 und die Sammelbände von Bohn (1990), Brunner u. a. (1979), Harms (1990) und Weisstein (1992).

3 Die Form des Gedichts

Im folgenden Kapitel geht es um formale und strukturelle Merkmale, die Gedichten unabhängig davon zukommen können, in welchem sprachlichen Medium sie produziert und rezipiert werden. Zwar werden einige der Aspekte, von denen die Rede sein wird, traditionellerweise als Merkmale angesehen, die primär in der gesprochenen Lyrik relevant sind (z. B. Rhythmus oder Zäsur). Es wird sich jedoch zeigen, daß sie ebensosehr auch Eigenschaften schriftlicher Lyrik sind. Umgekehrt gibt es eine Reihe von Strophen- und Gedichtformen, die vor allem in der Schriftform des Gedichts erkennbar sind – was wiederum der Sprechbarkeit dieser Gedichte keinen Abbruch tut. Aus alldem ergeben sich zahlreiche Querbezüge zwischen diesem und dem vorigen Kapitel.

An dieser Stelle bietet es sich an, grundsätzlich zu reflektieren, welche Funktion der Formanalyse, insbesondere der metrischen und strophischen Analyse, innerhalb der Gedichtinterpretation zukommt. Ganz allgemein läßt sich sagen, daß die formale Analyse dazu dient, ein Gedicht in seinen Kontexten zu verorten, seine intertextuelle und historische Dimension zu rekonstruieren. Zwar ist es ein legitimer und unverzichtbarer Bestandteil jeder Interpretation, aus der Sicht der heutigen Rezipienten eine quasi-unmittelbare Beziehung zu dem jeweils gelesenen Gedicht herzustellen und es damit aus seinen Kontexten zu isolieren. Ein wirkliches Verständnis eines Gedichts ist aber nur möglich, wenn man diesen subjektiven Bezug mit Hilfe objektivierender Operationen, unter anderem der Formanalyse, überschreitet, ohne ihn darum aufzugeben.

Die formalen Kontexte eines Gedichts lassen sich sowohl synchron als auch diachron beschreiben: In synchroner Perspektive hebt sich das Gedicht durch seine sprachliche Verfaßtheit von der Alltagssprache ab. Charakteristisch dafür ist die Verselbständigung der sprachlichen Mittel gegenüber den ausgesagten Inhalten, die »möglichst umfassende Anwendung des Verfahrens der Überstrukturierung« (Link 1981, 203). So zeichnet sich jeder Vers als Bestandteil einer mündlichen Rede dadurch aus, daß er durch zusätzliche Pausen, denen in der schriftlichen Form zusätzliche Zeilenbrüche entsprechen, von der normalen rhythmischen Erscheinungsform der

Alltagssprache abgehoben ist. Wer also wissen will, wie ein Gedicht ›gemacht‹ ist, warum es anders wirkt als eine nichtlyrische, insbesondere alltagssprachliche Rede, muß die formalen Differenzen zwischen lyrischen und nichtlyrischen Redeweisen erkennen und in ihrer Funktion analysieren.

In diachroner Perspektive steht das Gedicht in Bezügen zu einzelnen früheren Gedichten, zu formal gleich oder ähnlich gebauten Gedichten, zur Lyrik derselben und anderer Nationalliteraturen sowie zur Tradition der abendländischen Lyrik insgesamt. Diese Bezüge lassen sich als inhaltliche und formale Intertextualität beschreiben: Durch direkte oder indirekte Zitate oder durch die Aufnahme tradierter Motive (inhaltliche Intertextualität), aber auch durch die Wiederbenutzung und (gegebenenfalls) Abwandlung historisch überlieferter Formen (formale Intertextualität) wird auf Texte der Tradition angespielt. Eine besondere Bedeutung kommt dabei der Nachwirkung der antiken Metriken in den neueren Literaturen zu: In der altgriechischen Dichtung und Poetik wurde ein hochdifferenziertes System von Vers- und Strophenformen entwickelt, das bis heute in den abendländischen Literaturen Vorbildcharakter hat und beispielsweise die metrische Terminologie dominiert. Die griechische Metrik ist aber – wie im einzelnen zu zeigen sein wird – nicht problemlos auf andere indogermanische Sprachen zu übertragen.

3.1 Das Verhältnis zwischen Metrum, Rhythmus und Syntax

»Gott behüte mich vor der deutschen Rhythmik« (wir sprechen heute von Metrik); sie ist ein »ewiges Kochen statt fröhlichem Schmaus« (zit. nach Pretzel 1962, Sp. 2490). Dieser Stoßseufzer stammt nicht etwa von einem lyrisch unbegabten Schüler, sondern von keinem geringeren als Goethe, der sich – bereits als Weimarer Klassiker etabliert – dem Metrikunterricht seines Freundes Johann Heinrich Voß unterworfen hatte, um seine Kunst des Hexameters zu vervollkommnen. Die Einschätzung, daß die Untersuchung der metrischen Form eines Gedichts nichts als geistloser Formalismus sei, ist heute unter denjenigen, die Literatur studieren, sicherlich nicht weniger verbreitet als Ende des 18. Jahrhunderts, als Voß eine strenge Anwendung der antiken Versmaße auch im Deutschen durchzusetzen versuchte. Aber zur Untersuchung und zum adäquaten Verständnis eines Gedichts ist die metrisch-rhythmische Analyse unverzichtbar. Die Funktion der durch die Verseinschnitte gesetzten Pausen und Segmentierungen der Rede ist in jedem Gedicht zu untersuchen; bei metrisch orientierter Lyrik sollte auch das zugrundeliegende Metrum (Versmaß) erkannt und auf seine formale Funktion hin überprüft werden. Bei altdeutschen Versen und den meisten Gedichtzeilen der modernen Lyrik kann man zwar davon sprechen, daß sie »*nur* Rhythmus haben«: »Jede Zeile ist ein Individuum« (Beißner 1964, 34). Doch die weitaus meisten deutschsprachigen Gedichte, die in den über tausend Jahren dazwischen entstanden sind, besitzen »Metrum *und* Rhythmus« (ebd.). Man wird ihnen daher nur gerecht, wenn man »die Eigenmacht der beteiligten und betroffenen Versformen« (H. Meyer 1987, 79) zu würdigen weiß.

3.1.1 Formale Merkmale von Prosatexten

Die uns vertraute alltagssprachliche Satzstruktur, von der aus gesehen das Sprechen und Schreiben in Versen als Abweichung erscheint, ist die Form von Prosasätzen. Nehmen wir ein Beispiel:

»Die Möwe fliegt nun ans Haff, und Dämmerung bricht herein. Der Abendschein spiegelt über die feuchten Watten. Graues Geflügel huscht neben dem Wasser her. Die Inseln liegen im Nebel auf dem Meer wie Träume. Ich höre den geheimnisvollen Ton des gärenden Schlammes und einsames Vogelrufen. So war es schon immer. Der Wind schauert noch einmal leise und schweigt dann. Die Stimmen, die über der Tiefe sind, werden vernehmlich.«

Diese Naturschilderung ist zwar poetisch aufgeladen durch Vergleiche, Metaphern und Personifikationen sowie durch eine subjektive, emotionale Perspektive. Formal gesehen, handelt es sich aber zweifelsfrei um alltagssprachliche Prosa. Das kann man (außer am Fehlen der für Verse kennzeichenden Zeilenbrechungen) an folgenden Merkmalen erkennen: Die Wortstellung ist durchgehend normgerecht, ja konventionell. Die für Aussagesätze normale Reihenfolge Subjekt-Prädikat z. B. ist variationslos durchgehalten; die im Deutschen gegebene Möglichkeit, Satzglieder durch Voranstellung hervorzuheben, wird nicht genutzt.

Darüber hinaus sind die Sätze durch Satzzeichen eindeutig voneinander getrennt. Es handelt sich fast durchgehend um aneinandergereihte Hauptsätze, die jeweils durch einen Punkt und nur in einem Fall (ganz am Anfang) durch ein Komma, das eine größere inhaltliche Nähe zwischen dem ersten und dem zweiten Satz andeutet, abgeschlossen werden. Nur in den letzten Satz ist ein Nebensatz, ein Relativsatz, eingeschoben. Werden wie hier in einem Text überwiegend Hauptsätze aneinandergereiht, spricht man von einem ›parataktischen Stil‹. Herrschen dagegen hierarchisch gegliederte Satzgefüge vor, nennt man das einen ›hypotaktischen Stil‹. Den Satzzeichen entsprechen nicht nur Sinneinschnitte, sondern auch Sprechpausen: längere beim Punkt, mittlere beim Semikolon, kürzere beim Komma. Zwischen diesen Pausen wird der Prosa-Aussagesatz, wie er hier durchgehend vorliegt, in der Regel mit einer bogenartigen Bewegung in der Stimmführung (also der Tonhöhe) gesprochen: Man setzt in mittlerer Stimmlage ein, hebt die Stimme zur Satzmitte hin und senkt sie zum Satzende deutlich ab. Bei längeren Sätzen (z. B. bei Aufzählungen oder vielen aneinandergereihten Attributen) ist der Satzbogen in sich gegliedert, setzt also innerhalb des Satzes zu neuen, kleineren Bögen an. In Satzgefügen wird vor dem Übergang zu neuen Teilsätzen die Stimme gehoben, um die Satzspannung über die gesamte Länge hinweg zu erhalten. Fragesätze dagegen motivieren zu einer Anhebung der Tonhöhe am Satzende; dadurch wird ihre Offenheit, das Warten auf die Antwort, sinnfällig. Ausrufe und Befehlssätze zeichnen sich vor allem durch eine besonders nachdrückliche Artikulation, also durch große Tonstärke (nicht unbedingt Tonhöhe) oftmals all ihrer Wörter aus (vgl. Beißner 1964, 39).

Die kleinste Sprecheinheit ist die Silbe. Silben unterscheiden sich im Deutschen vor allem in ihrer Tonstärke (›Akzent‹ oder ›Betonung‹). Es gibt also betonte und unbetonte Silben. (Im Satzzusammenhang kann man auch noch feinere Abstufungen des Betonungsgrades machen.) Innerhalb eines mehrsilbigen, nicht zusammengesetzten Wortes liegt die Hauptbetonung (der ›Wortakzent‹) immer auf der Stammsilbe, die in den meisten Fällen die erste Silbe ist: ›Möwe‹, ›Dämmerung‹, ›gärenden‹, ›leise‹. In einigen Fällen liegt der Akzent auch auf der zweiten Silbe: ›herein‹, ›Geflügel‹, ›vernehmlich‹. Unbetont bleiben also die Vor- und die Nachsilben; letztere sind besonders häufig Flexionsendungen. In zusammengesetzten Wörtern wird jede Stammsilbe betont, allerdings abgestuft nach Haupt- und Nebenbetonungen: ›Abendschein‹, ›geheimnisvollen‹. Einsilbige Wörter können betont oder unbetont sein; darüber entscheidet der Satzzusammenhang. Bestimmte Wortarten (z. B. Substantive, Adjektive, einige Adverbien: ›Meer‹, ›Ton‹, ›dann‹) oder

Wörter (z. B. ›ich‹) tragen allerdings fast immer einen Satzakzent, andere (z. B. sämtliche Artikel oder das Indefinitpronomen ›es‹) fast nie.

Jeder Prosasatz ist eine unregelmäßige Folge von betonten und unbetonten Silben. Dabei gibt es – außer den genannten Grundregeln des Wort- und Satzakzents – keine allgemeingültigen Regeln, wie ein Satz im einzelnen zu sprechen ist; vielmehr bleibt es dem jeweiligen Sprecher oder der Sprecherin überlassen, welche Wörter durch Betonung herausgehoben werden, wie Haupt- und Nebenbetonungen verteilt werden, wie stark akzentuiert, das heißt zwischen unbetonten und betonten Silben unterschieden wird usf.

Zum Wort- und Satzakzent vgl. Asmuth 1984, 23–28; Heusler 1956, I, 56–59; Paul/Glier 1961, 14 f.; Pretzel 1962, Sp. 2367–2370; Saran 1907, 40–62; Wagenknecht 1989, 30–33. Das Programm einer Schallanalyse gesprochener Prosa- und Verstexte hat erstmals Sievers (1912, 78–111; ders. 1924) entworfen. Die »Sprechpause als Grenzsignal« im Text hat Drommel (1974) empirisch-phonetisch untersucht.

3.1.2 Das Gedicht im Spannungsfeld zwischen Vers- und Satzstruktur

Bei dem im vorigen Abschnitt untersuchten Beispieltext handelt es sich um die Umformung des Gedichts *Meeresstrand* von Theodor Storm (1856) in Prosa (wodurch sich die Diskrepanz zwischen ›poetischer‹ Bildlichkeit und nüchterner Form erklärt):

> An's Haf nun fliegt die Möwe,
> Und Dämm'rung bricht herein;
> Über die feuchten Watten
> Spiegelt der Abendschein.
>
> Graues Geflügel huschet
> Neben dem Wasser her;
> Wie Träume liegen die Inseln
> Im Nebel auf dem Meer.
>
> Ich höre des gärenden Schlammes
> Geheimnisvollen Ton,
> Einsames Vogelrufen –
> So war es immer schon.
>
> Noch einmal schauert leise
> Und schweiget dann der Wind;

> Vernehmlich werden die Stimmen,
> Die über der Tiefe sind.
>
> (Storm: *SW* 1, 14 f.)

Dieses Gedicht soll für die Untersuchung der formalen Besonderheiten von Verssprache in den folgenden Abschnitten als Ausgangspunkt dienen.

Zunächst fällt auf, daß der Text in Verse gebrochen ist und damit die formale Minimalbedingung dafür erfüllt, als Gedicht bezeichnet zu werden: Im Gegensatz zum Prosatext, dessen Ablauf allein durch die Satzstruktur gegliedert ist, ist das Gedicht »ein doppeltes *continuum*«, das »nicht nur aus Sätzen, sondern auch aus Versen« besteht (Jünger 1987, 11). Storms Gedicht umfaßt sechzehn Verse, die auf vier Strophen (also formal gleichmäßige Versgruppen) mit je vier Versen verteilt sind. Jeder Vers weist drei betonte Silben (sogenannte ›Hebungen‹, ›Versakzente‹ oder ›Ikten‹ [Singular: ›Iktus‹]) auf, zumeist im Wechsel mit einer unbetonten Silbe (›Senkung‹). ›Hebungen‹ und ›Senkungen‹ bezeichnen bei deutschsprachigen Versen nur betonte bzw. unbetonte Silben, nicht etwa eine Erhöhung oder Absenkung der Sprachmelodie. Regelmäßigen Wechsel von Hebung und Senkung (auf eine betonte folgt eine unbetonte Silbe, darauf wieder eine betonte und so fort) nennt man ›Alternation‹. In einigen Versen, aber ohne durchgehende Regelmäßigkeit finden sich auch doppelte Senkungen zwischen zwei Hebungen (»N_eben dem W_asser«). Das Metrum dieses Gedichts schreibt also offenbar nicht zwingend Alternation vor. In einem solchen Fall, in dem entweder eine oder zwei (manchmal auch mehr) Senkungen zwischen die Hebungen treten können, spricht man von ›freier Füllung‹ bzw. ›Füllungsfreiheit‹.

An dieser Stelle ist zu klären, welche Notation am besten zur formalisierten Darstellung der Binnenstruktur von Versen geeignet ist. Am meisten verbreitet sind die aus der antiken Metrik übernommenen Zeichen — für Hebung und ∪ für Senkung; sie sind jedoch aus heutiger Sicht zu stark (wenn auch vielleicht nur unterschwellig) mit der antiken Vorstellung von Silbenlänge und -kürze verknüpft und sollten daher nicht mehr generell verwendet werden. Das beispielsweise von Wagenknecht (1989, 22–26) vorgeschlagene Verfahren, das Notationssystem dem jeweiligen versgeschichtlichen Kontext, den es zu beschreiben gilt, anzupassen (also bei antikisierenden Versen die antike Notation zu verwenden, bei romanischen nur die Silbenzahl und den Versausgang anzugeben usw.), empfiehlt sich nur, wenn man bereits eine gewisse Vertrautheit mit der Formalisierung von Versen erworben hat.

In diesem Buch wird deshalb grundsätzlich der genauen Beschreibung gegenüber der formalisierten Notation der Verse der Vorzug gegeben. Um Betonungsverhältnisse innerhalb eines Verstextes (ohne separate formalisierte Darstellung der Silbenreihe) hervorzuheben, wird die (besonders bei Umlauten) unübersichtliche Akzentuierung vermieden; statt dessen werden die Vokale der betonten Silben unterstrichen. Soweit zur Veranschaulichung von Versmaßen die formale Darstellung notwendig oder hilfreich ist, wird ein System verwendet, in dem das gleichbleibende Zeichen _ für je eine Silbe steht und Betonungen durch Akzente markiert werden: Das akzentlose Zeichen _ steht also für eine unbetonte Silbe, ´ für eine Hauptbetonung, ` für eine Nebenbetonung, ~ für die sogenannte ›schwebende Betonung‹, in der Hebung und Senkung aneinander angeglichen werden. Zäsuren (Einschnitte innerhalb von Versen) werden durch senkrechte Striche | markiert. Ein solches System ist auch im eigenen Gebrauch besonders leicht handhabbar: In einem ersten Schritt zählt man die Silben eines Verses ab und notiert sie, in einem zweiten setzt man die Akzente.

In Storms Gedicht fällt auf, daß die Versanfänge uneinheitlich sind: Manche der Verse beginnen gleich mit einer Hebung (»Spiegelt«), die meisten aber mit einer Senkung (»Und Dämmrung«), die man meist als ›Auftakt‹ bezeichnet. (Darin klingt noch eine an der Musik orientierte Terminologie durch; es gibt aber keine überzeugende Alternative.) Man kann also auftaktige von auftaktlosen Versen unterscheiden. An den Versenden (›Kadenzen‹) dagegen ist eine größere Regelmäßigkeit zu beobachten: Der jeweils zweite und vierte Vers einer Strophe reimen miteinander; es handelt sich um einsilbige (männliche) Reime. Die jeweils ersten und dritten Verse sind ›Waisen‹; sie enden aber alle mit einer Senkung (»Möwe« – »Watten« usw.), also weiblich. Das zugrundeliegende Muster (vierzeilige Strophen aus dreihebigen füllungsfreien, aber meist alternierenden Versen mit unterbrochenem Kreuzreim) hat Storm nicht etwa selbst entwickelt, sondern es ist historisch vorgeprägt: Es handelt sich um eine der am meisten verbreiteten Ausprägungen der populären Volksliedstrophe, die z. B. auch in *Das zerbrochene Ringlein* (»In einem kühlen Grunde ...«) von Eichendorff (1813) oder in *Der Lindenbaum* (»Am Brunnen vor dem Tore ...«) von Wilhelm Müller (1823) realisiert ist (vgl. H. J. Frank 1993, 106–114).

Der Vergleich des Storm-Gedichts mit der prosaisierten Fassung führt vor Augen, daß die Versstruktur erhebliche Abweichungen von der alltagssprachlichen Form bewirkt. Die Auffälligkeiten beginnen schon auf der Ebene des Lautstandes: So ist in »Dämmrung« (V. 2) ein Laut, ein unbetontes *e*, weggelassen worden (›Elision‹), offenbar um an dieser frühen Stelle des Gedichts eine doppelte Senkung, die die Alternation durchbrochen hätte, zu vermeiden (im folgenden Vers wird sie dagegen in Kauf genommen: »Über die feuchten«). An zwei anderen Stellen wird umgekehrt ein unbetontes *e* in die Flexionsendung eingefügt (»huschet«, V. 5; »schweiget«, V. 14), um im ersten Fall einen dem Metrum entsprechenden weiblichen Versausklang zu gewährleisten, im zweiten ein Aufeinandertreffen zweier Hebungen (einen ›Hebungsprall‹: ›schweigt dann‹) zu vermeiden.

Die Spannung zwischen Wort- bzw. Satzakzent einerseits und Versakzent andererseits führt in streng alternierenden Gedichten immer wieder zum Problem der ›Tonbeugung‹: Die Betonung muß in solchen Fällen dem Metrum entsprechend auf einer Silbe liegen, die normalerweise unbetont ist, so im Eingangsvers eines Kirchenliedes von Philipp Nicolai (1599): »Wie schön leuchtet der Morgenstern.« (*Ein Geistlich Braut Lied der gläubigen Seelen*, V. 1; *Epochen* 3, 286; vgl. Paul/Glier 1961, 13; Breuer 1981, 153) Bei gesungenen Texten, in denen ohnehin die musikalische Melodie dominiert, fällt eine solche von der Sprachgewohnheit abweichende Akzentuierung jedoch nicht so sehr ins Gewicht. Auch für gesprochene Verse läßt sich in den meisten Fällen eine rigoristische Auslegung des metrischen Schemas vermeiden, indem man eine ›schwebende Betonung‹ annimmt, die den Schwereunterschied zwischen der Hebung und der Senkung an der betreffenden Stelle ausgleicht und beide Silben etwa gleich stark betont. Als Beispiel kann der fünfte Vers von Storms Gedicht *Die Stadt* (1852) dienen, der die erste Strophe abschließt: »Eintönig um die Stadt« (Storm: *SW* 1, 14; vgl. Pretzel 1962, Sp. 2508; Arndt 1989, 38–41 und 107 f.). Normalerweise würde man folgende Akzentverteilung annehmen: ´ _ _ ´. Da aber alle Verse des Gedichts mit Auftakt beginnen und (zumindest bis zu dieser Stelle) durchgehend alternierend sind, müßte die metrische Betonung folgendermaßen aussehen: _ ´ _ ´ _ ´. Realisierte man strikt den Wortakzent, so würde das Versschema an dieser Stelle durch gegenmetrische Betonung (›Anaklasis‹) durchbrochen. Solche Stellen (besonders am Versanfang) bergen, wenn sie innerhalb eines Gedichts nicht nur vereinzelt auftauchen, die Gefahr in sich, daß das Metrum nicht mehr erkannt wird. Um dem

Dilemma zu entgehen, nimmt man in dem zitierten Beispielvers eine gleich starke Betonung der beiden ersten Silben an, eine sogenannte schwebende Betonung, die für das Sprechen des Verses einen großen Gestaltungsspielraum läßt: ˉ ˉ _ _ ´ _ ´. Da das metrische Schema in Storms *Meeresstrand* von vornherein lockerer ist, ist hier die Annahme schwebender Betonungen nicht notwendig.

Grundsätzlich zum Verhältnis von »Satzton und Verston« vgl. Beißner 1964; zur schwebenden Betonung und zur Anaklasis ebd., 38 und 48; ferner Fónagy 1960, 187. Pretzel (1962, Sp. 2501–2518) führt das Problem der schwebenden Betonung in seinem Handbuchartikel besonders nuanciert vor. Er setzt sich damit von Heusler (1956, I, 46 f.) ab, der die Möglichkeit schwebender Betonung ablehnt und in den betreffenden Fällen stets Tonbeugungen diagnostiziert, die er ausnahmslos als Kennzeichen sprachwidriger, ja ›kranker‹ Verse ansieht. Vgl. ferner Asmuth 1984, 20–23; Behrmann 1989, 18–26; Blank 1990, 19–24 (Blank zieht – wie schon Kelletat [1964, 71] – Analogien zur musikalischen Synkope); Breuer 1981, 28; Jost 1976, 43–50; Kayser 1992, 69–75; F. Lockemann 1952, 146–148; Paul/ Glier 1961, 13 f.; Saran 1907, 182. Grundlegend auch Küper 1988.

3.1.2.1 Besonderheiten des Satzbaus

Die Syntax weicht in dem Gedicht *Meeresstrand* von der alltagssprachlichen Norm ab; es sind zahlreiche Umstellungen (›Inversionen‹) von Satzgliedern festzustellen. Charakteristisch für Rede in Versen ist beispielsweise die Voranstellung des Genitivattributs vor sein Bezugswort: »Ich höre des gärenden Schlammes / Geheimnisvollen Ton« (V. 9 f.); die den beiden Substantiven beigegebenen Adjektivattribute, die zudem noch miteinander alliterieren, bewirken eine weitere Steigerung der poetischen Wirkung dieser Stelle, die mit einer Verunklarung der syntaktischen Bezüge einhergeht: Bis zum Schluß des Satzes bleibt offen, was das Ich nun eigentlich hört (vgl. grundsätzlich Kayser 1978, 131–135).

Eine andere Form der Inversion tritt in Storms Gedicht gehäuft auf: Mehrfach werden Umstandsbestimmungen (zum Teil sogar mehrere hintereinander) an den Anfang des Satzes gerückt und verdrängen dort das Satzsubjekt: »An's Haf nun fliegt die Möwe« (V. 1; vgl. auch V. 3 f. und 7). An einer Stelle werden zunächst zwei Prädikate aufgezählt, die durch insgesamt drei Umstandsbestimmungen erläutert sind, bevor ganz am Schluß des Satzes das Subjekt folgt: »Noch einmal schauert leise / Und schweigt dann der Wind«

(V. 13 f.). Diese Satzstellung ist nicht nur auffällig oder unüblich (wie die bisher genannten), sondern, an den Regeln der Alltagssprache gemessen, geradezu normwidrig; nur im Kontext eines Gedichts wird sie als Stilisierung akzeptiert. (Zum Begriff der poetischen Stilisierung vgl. Heusler 1956, I, 51 f.; Pretzel 1962, Sp. 2363 f.) Diese Eigenwilligkeiten des Satzbaus dienen nicht nur der Einpassung der Sätze in das Schema der Volksliedstrophe, sondern haben auch eine semantische Funktion: Die Umstände, insbesondere die Orte des Geschehens, also einerseits die atmosphärische Umgebung, andererseits die sinnlich wahrnehmbaren, zum Teil geheimnisvollen Naturvorgänge selbst (›fliegen‹, ›huschen‹, ›schauern‹ usw.) erhalten durch diese Inversionen eine wesentlich größere Bedeutung als die Handlungssubjekte (etwa die Inseln oder die verschiedenen Meeresvögel), die ja auch in der Dämmerung, von der das Gedicht handelt, in ihren Konturen gar nicht mehr klar als Gegenstände oder Tiere identifizierbar sind. So auch im vorletzten Vers: Entscheidend ist, daß überhaupt etwas »Vernehmlich« wird; daß es sich dabei um »Stimmen« handelt, ist demgegenüber sekundär.

Der Satzbau von Storms Gedicht ist (wie der der Prosa-Umformulierung) parataktisch. Es handelt sich um grammatisch vollständige Aussagesätze. In der syntaktischen Form wirkt das Gedicht daher sehr schlicht. Auch die alltagssprachlichen Interpunktionsregeln werden nicht durchbrochen. An den Strophenenden werden die Hauptsätze durch einen Punkt abgeschlossen; die Kommata und Semikola innerhalb der Strophen stellen eine engere Verbindung zwischen den aneinandergereihten Sätzen her. Dagegen gibt es besonders in der Lyrik des 20. Jahrhunderts zahlreiche Gedichte, die ganz oder weitgehend auf Satzzeichen verzichten (vgl. allgemein Gadamer 1961; Adorno 1981, 106–113).

Ein hypotaktischer Stil, der aus Satzgefügen mit einer mehrstufigen Hierarchie von Haupt- und Nebensätzen besteht (wie in der erzählenden Literatur beispielsweise bei Kleist), ist in Gedichten selten. Die zusätzliche Gliederung durch die Verse läßt lange und kompliziert gebaute Sätze leicht unübersichtlich werden. Es gibt jedoch Autoren, die ihren Leserinnen und Lesern solche Schwierigkeiten zumuten, beispielsweise Hölderlin (vgl. etwa *Der Rhein*, V. 121–129; *SWB* I, 345) Wenn in einem Gedicht gehäuft Fragen oder Ausrufe und Imperative auftauchen, tritt die rhetorisch-kommunikative Funktion des Textes in den Vordergrund.

In manchen Gedichten finden sich syntaktisch unvollständige Sätze (›Ellipsen‹) oder sogar falsch gebaute Sätze (›Anakoluthe‹).

Solche in der Normalsprache (besonders in der schriftlichen) nicht tolerierten Erscheinungen wirken in Gedichten nicht störend oder fehlerhaft, wenn sie im Textzusammenhang eine erkennbare Funktion haben. Ein Extrembeispiel auffälligen lyrischen Satzbaus sind Gedichte, in denen jeder über die Einzelwörter oder über kleinste Wortgruppen hinausgehende syntaktische Zusammenhang aufgegeben ist, so in August Stramms 387 Kurzverse umfassendem apokalyptischen Gedicht *Die Menschheit* (1914):

> Tränen kreist der Raum!
> Tränen Tränen
> Dunkle Tränen
> Goldne Tränen
> Lichte Tränen
> Wellen krieseln
> Glasten stumpfen
> Tränen Tränen
> Tränen
> Funken
> Springen auf und quirlen [...]
> (*Epochen* 9, 123 f., V. 1–11)

Die zerrissenen Sätze dienen hier der Darstellung einer von endgültiger Zerstörung bedrohten Welt. Die Auflösung allen kohärenten Sinns dringt bis in die Syntagmen und die Einzelwörter hinein; neologistische Verbindungen wie »Wellen krieseln« und »Glasten stumpfen« sind bestenfalls noch assoziativ verstehbar.

3.1.2.2 Enjambement

In mehr als der Hälfte der Verse im *Meeresstrand*-Gedicht stimmen die zumeist durch Satzzeichen markierten Satzgrenzen mit den Versgrenzen überein; nicht nur an den Strophenenden, sondern auch in der Mitte der Strophen (am Ende des jeweils zweiten Verses) liegen starke syntaktische Einschnitte, so daß die Strophen (mit Ausnahme der dritten) sich in je zwei Verspaare gliedern. Bei Gedichten, in denen eine weitgehende Übereinstimmung von Vers und Satz vorliegt, spricht man vom ›Zeilenstil‹, der im strengen Sinne (je Vers ein Satz) meist nur in langen Zeilen möglich ist. Reicht ein Satz über das Versende hinaus in den nächsten Vers hinein, so nennt man dies ›Zeilensprung‹ oder ›Enjambement‹; wenn der Satz sogar erst nach einer Strophenfuge fortgesetzt wird, bezeichnet man das als ›Strophenenjambement‹ oder ›Strophensprung‹. In diesem letzten Fall geraten Vers- und Satzstruktur in ein besonders gravierendes Spannungsverhältnis, da die Leerzeile zwischen den Strophen deutlich einen Sinnabschnitt nahelegt, der vom weitergehenden Satz überspielt wird. Dieser Satz wird andererseits durch die Leerzeile bis an die Grenze des Zerreißens gedehnt. Rilke hat die Kunst des Enjambements auch zwischen Strophen oder anderen Gedichtabschnitten mit großer Virtuosität, aber auch mit Lust an der Provokation entwickelt, besonders in seinen *Sonetten an Orpheus*: Gerade den stärksten Einschnitt in der seit Jahrhunderten tradierten Gedichtform, der zwischen den beiden ersten, vierzeiligen und den beiden folgenden, dreizeiligen Versgruppen (zwischen den Quartetten und den Terzetten) liegt, überspielt Rilke oft durch gewagte Enjambements (vgl. Kayser 1991, 144–148; Wagner 1930), so im Sonett vom »Tier, das es nicht giebt«:

> Und in dem Raume, klar und ausgespart,
> erhob es leicht sein Haupt und brauchte kaum
>
> zu sein. Sie nährten es mit keinem Korn
> (Rilke: *Sonette an Orpheus*, 2. Teil, IV, V. 7–9; *SW* I, 753)

Von formalen Kühnheiten dieser Art ist Storms Gedicht weit entfernt. Dennoch lassen sich auch darin verschiedene Grade des Enjambements (vgl. dazu Kurz 1988b, 46 f.) ausmachen. Eine Grenzform zwischen Zeilenstil und Enjambement liegt vor, wenn die Versgrenze nur Haupt- und Nebensatz voneinander trennt: »Vernehmlich werden die Stimmen, / Die über der Tiefe sind.« Beim ›glatten Enjambement‹ verteilt sich zwar ein Satz über zwei oder mehr Verse, die einzelnen Syntagmen werden aber nicht zertrennt: »Über die feuchten Watten / Spiegelt der Abendschein.« Von einem ›harten Enjambement‹ kann man sprechen, wenn die Versgrenze innerhalb eines Syntagmas verläuft, beispielsweise wenn ein Genitivattribut von seinem Bezugswort getrennt wird: »des gärenden Schlammes / Geheimnisvollen Ton«. Das ist aber schon das härteste Enjambement, das Storms Gedicht zu bieten hat.

Zur Beschreibung von Enjambements ist also der Begriff des ›Syntagmas‹ notwendig: Ein Syntagma ist eine grammatisch und logisch eng verbundene Wortgruppe innerhalb eines Satzes, beispielsweise Artikel (+ Adjektivattribut) + Substantiv oder Subjekt + Prädikat. Im Sprechen wird die Grenze zwischen Syntagmen (auch wenn sie nicht durch ein Komma markiert ist) meist als kleiner Einschnitt realisiert (so z. B. in der letzten der eben zitierten Rilke-Zeilen zwischen »es« und »mit«). Die Syntagmen innerhalb eines Verses nennt man auch ›Sprechtakte‹ oder ›Kola‹ (Singular: ›Kolon‹). Dennoch kann man die beiden Begriffe gerade im Zusammenhang mit dem Enjambement nicht schlechthin gleichsetzen: Ein Kolon reicht im Gegensatz zu einem Syntagma nie über die Versgrenze hinweg. Präzise kann man also sagen: Beim harten Enjambement wird ein Syntagma in zwei Kola – das letzte des einen und das erste des folgenden Verses – zerlegt (vgl. auch Kurz 1988b, 47).

Autoren wie Rilke, Celan oder Brinkmann gehen beim Gebrauch des Enjambements bis zum Extremfall des ›morphologischen Enjambements‹, bei dem ein Wort durch die Versgrenze getrennt wird:

> FORTGESALBT, draußen, im Stein-
> weizen,
> von singenden
> Händen
>
> (Celan: *GW* 3, 117)

Enjambements haben in Gedichten vielfältige Wirkungen und Funktionen:

»Das Enjambement ist sowohl ein rhetorisches als auch ein skripturales, typographisches Phänomen. Wegen des Doppelcharakters von Ende und Übergang führt das Enjambement tendenziell zu einer syntaktischen und semantischen Doppeldeutigkeit. Die verbundenen Verse werden noch je als separate Einheiten wahrgenommen und auch als Teile einer Einheit. Daher entstehen zwei simultane syntaktische und semantische Organisationen des Verses. Auch der Rhythmus erhält durch das Enjambement eine doppelte Tendenz, eine zum Innehalten, eine zur Fortsetzung.« (Kurz 1988b, 46)

Beide Phänomene, Vers und Satz, sind also beim Sprechen wie bei der Analyse je für sich ernst zu nehmen, aber auch zusammenzudenken. In der ersten Zeile von Celans Gedicht ist danach zu fragen, was es bedeuten könnte, daß etwas ›draußen im Stein fortgesalbt‹ wird, bei der Lektüre der dritten Zeile bleibt zunächst offen, wer oder was die »singenden« sind. Die Leere des unbedruckten Papiers und der Moment der Sprachlosigkeit, die durch den abrupten Zeilenbruch erzeugt werden, sind in Celans Gedicht besonders sinnfällig, ragt doch die Sprachlosigkeit als Rätselhaftigkeit gewissermaßen in die Verse selbst hinein. Zugleich weisen sprachliche Zeichen darauf hin, daß über die Versgrenze hinweg weiterzulesen ist: Der Trennstrich am Ende von »Stein-« und die Kleinschreibung von »singenden« (das also keine substantivierte Form ist) machen deutlich, daß ein Abschluß des Wortes bzw. Syntagmas folgen muß. Tatsächlich beschränkt sich die jeweils folgende Zeile auf diesen Abschluß. Das Teilwort »weizen« und das Wort »Händen« müssen aber auch unabhängig vom jeweils Vorangehenden als eigenständige Gedichtzeilen gelesen werden (und beispielsweise auch in ihrer rhythmischen Parallele zueinander). Kunstvolle Enjambements wie die Celans erweisen sich als Gelenkstellen der Gedichtstruktur.

Zum Enjambement vgl. ferner Albertsen 1971, 51–54 und 152–165 (zu Klopstock); Beißner 1964, 35 f. (zu Hölderlin) und 44 (zu Ringelnatz); Jost 1976, 106–110; Trunz 1964, 25 (zu Hölderlin).

3.1.2.3 Glatte und harte Fügung; Zäsur

Einschnitte, Pausen im Sprechen, werden im Gedicht nicht nur durch die Satzzeichen, sondern auch durch die Vers- und Strophengrenzen gesetzt. Reichen die Sätze einerseits in Enjambements über die Versgrenzen hinweg, so beginnen sie andererseits bei einigen Autoren häufig innerhalb eines Verses, so daß in diesem das Ende eines und der Beginn eines anderen Satzes aufeinandertreffen. Syntaktisch, metrisch oder lautlich (z. B. durch das Aufeinandertreffen zweier Hebungen) bedingte Einschnitte innerhalb von Versen nennt man ›Zäsuren‹. Besonders drastische Beispiele dafür finden sich in Hölderlins späten Oden:

> Und alle waren außer sich selbst. Geschrei
>   Entstand und Jauchzen. Drauf in die Flamme warf
>   Sich Mann und Weib, von Knaben stürzt' auch
>   Der von dem Dach, in der Väter Schwerdt der
>
> (*Stimme des Volks*, 3. Fassung, V. 56–60; Hölderlin: *SWB* I, 333)

Für einen solchen Stil, wie er auch schon bei Klopstock, besonders häufig aber in der modernen Lyrik begegnet, hat Hölderlins Herausgeber Norbert von Hellingrath (1944, 25–30) den aus der antiken Rhetorik (von Dionysius Halycarnassos) entlehnten Ausdruck ›harte Fügung‹ eingeführt. Storms *Meeresstrand* dagegen kann (wie zahlreiche Texte aus der romantischen Lieddichtung, etwa das oben [Abschnitt 2.2.3] untersuchte Gedicht *Nachts* von Eichendorff) als Beispiel ›glatter Fügung‹ dienen:

»Der glatten Fügung kam alles darauf an, zu vermeiden, daß das Wort selbst dem Hörer sich aufdränge. Der sollte gar nicht bis zum Worte gelangen, nur damit verbundene Assoziationen erfassen, die als Faktoren das eigentlich Wesentliche, Bildhafte oder Gefühlartige ergeben. Daher mußte das Wort möglichst bescheiden zurücktreten, mit möglichst geringer Spannung dem Zusammenhang sich einordnen. Harte Fügung dagegen tut alles, das Wort selbst zu betonen und dem Hörer einzuprägen, es möglichst der gefühls- und bildhaften Assoziationen entkleidend, auf die es dort gerade ankam.« (Hellingrath 1944, 28 f.)

Die harten bzw. glatten Enjambements können also als Ausprägung harter bzw. glatter Fügung angesehen werden.

Es gibt jedoch auch Zäsuren, die nicht durch eine individuelle Vorliebe des Autors oder der Autorin für harte Fügungen bedingt, sondern vom Versmaß vorgesehen sind. Der aus der französischen Literatur übernommene und im 17. und frühen 18. Jahrhundert auch in Deutschland bevorzugt benutzte Alexandriner etwa ist ein sechshebiger alternierender Vers mit Auftakt, der eine feste Zäsur nach der dritten Hebung aufweist: _ ́ _ ́ _ ́ | _ ́ _ ́ _ ́ (_). Mit dieser metrisch vorgeschriebenen Zäsur kann man jedoch je verschieden umgehen:

> DU sihst / wohin du sihst nur Eitelkeit auff Erden.
>   Was diser heute baut / reist jener morgen ein:
>   Wo itzund Städte stehn / wird eine Wisen seyn /
> Auff der ein Schäfers-Kind wird spilen mit den Herden:
>   Was itzund prächtig blüht / sol bald zutretten werden
>
> (Gryphius: *Es ist alles Eitel* [1663], V. 1–5; *Gedichte des Barock*, 114)

Die Mittelzäsur wird hier streng eingehalten, der Satzbau ist dem Versmaß des Alexandriners eingepaßt: In vier der fünf zitierten Verse endet nach der dritten Hebung ein Nebensatz, und es folgt der Hauptsatz bzw. im ersten Vers dessen zweiter Teil. (Die Zeichensetzung ist noch nicht wie heute normiert und bietet daher nicht in jedem Fall zuverlässige Hinweise auf die Satzgrenzen; statt des Kommas wird im 17. Jahrhundert meist noch der Schrägstrich verwendet.) Die beiden Vershälften bilden eine stets (auch im weiteren Verlauf des Gedichts) gleich gebaute Antithese: Dem blühenden Jetzt-Zustand wird dessen prognostizierter Untergang gegenübergestellt, der auch die Gegenwart schon als einen von der »Eitelkeit auff Erden« durchzogenen Zustand entlarven soll. Auch im vierten Vers ist die Zäsur hinter »Schäfers-Kind«, also zwischen Subjekt und Prädikat, leicht spürbar, da man durch die vorangehenden Verse bereits an die Zweiteiligkeit der Verse gewöhnt ist. Anders dagegen in den folgenden Anfangszeilen:

> DU sendest mir das blut von deinem mund und wangen /
> Und eine nelcke muß dein theurer bote seyn:
> Ich schaue zwar das blut auf weissen feldern prangen;
> Doch stellt die wärmbde sich hier nicht als nachbar ein
>
> (Christian Hofmann von Hofmannswaldau: *Auf eine übersendete nelcke* [posthum 1697]; *Deutsche Literatur* 4, 132)

In diesen Versen kann die Mittelzäsur nur rekonstruieren, wer das Versmaß des Alexandriners kennt. (Daß es sich tatsächlich um ein Alexandrinergedicht handelt, wird aus einigen der noch folgenden Verse, in denen die Zäsur unübersehbar gesetzt ist, unzweifelhaft klar, z. B. aus V. 6: »Ich bin dazu verpflicht / sie kommt auß deiner hand«.) Zwar liegen die Zäsuren auch hier nicht innerhalb syntaktisch eng zusammengehöriger Wortgruppen, aber sie wären problemlos auch an anderen Stellen als in der Versmitte denkbar. Vor allem im ersten und dritten Vers überspielt ein größeres Syntagma die Mittelzäsur: »das blut von deinem mund und wangen« bzw. »das blut auf weissen feldern«. Die syntaktisch-semantisch naheliegenden Zusammenhänge stehen also in einem Spannungsverhältnis zu der metrisch gebotenen Absetzung der ersten von der zweiten Vershälfte, die dazu motiviert, die beiden (parallel gebauten und motivisch eng zusammengehörigen) Halbverse »DU sendest mir das blut« und »Ich schaue zwar das blut« relativ isoliert von dem jeweils folgenden Halbvers zu lesen. Beide Zusammenhänge müssen also in einer Interpretation gleichermaßen beachtet werden.

Schiller hat in einem Brief an Goethe (vom 15. Oktober 1799) grundsätzliche Bedenken gegen die Verwendung des Alexandriners, des Verses der klassischen französischen Dramen, in der deutschsprachigen dramatischen Literatur geäußert: Durch die »zweischenklichte Natur des Alexandriners« würden »die Bewegungen des Gemüts und die Gedanken« in ein Prokrustesbett gezwungen, nämlich unterschiedslos »unter die Regel des Gegensatzes« gestellt (Goethe/Schiller: *Briefwechsel*, 815). Die Beispiele (die freilich beide als gelungene Alexandriner-Gedichte anzusehen sind) zeigen, daß die Tendenz dazu auch in der lyrischen Verwendung des Versmaßes angelegt ist, daß die Zäsur aber auch kunstvoll überspielt werden kann. (Zur Zäsur vgl. ferner Jost 1976, 96–104.)

3.1.3 Zum Problem des Rhythmus

Der Begriff des Rhythmus und sein Verhältnis zum Metrum sind in der Verstheorie besonders umstritten. Das Problem liegt vor allem darin, daß der Begriff ›Rhythmus‹ von manchen Autoren einerseits anthropologisch oder sogar kosmologisch aufgeladen wird, andererseits aber eine bestimmte Eigenschaft von Texten bezeichnen soll. ›Rhythmus‹ (lat. Form von griechisch *rhythmos*) wird in vielen Wörterbüchern als Nominalbildung zu griechisch *rheîn* (fließen) aufgefaßt und mit dem Auf und Ab der Meereswellen in Zusammenhang gebracht. Aber wie Émile Benveniste (1974, 363–374) gezeigt hat, ist diese Herleitung nicht nur etymologisch, sondern vor allem logisch-semantisch höchst problematisch, denn das Meer ›fließt‹ (im Gegensatz zu den Flüssen) nicht. Schlüssiger ist dagegen die Ableitung von griechisch *rhyestai* (ziehen, spannen), so daß ›Rhythmus‹ so etwas wie ›Spannungsgefüge‹ bedeutet (vgl. das Stichwort ›Rhythmus‹ bei Kluge 1975, 598; Schweikle 1990, 391).

Die oft ungeklärte Doppeldeutigkeit, die in der Vorstellung des ›Meeresrhythmus‹, des ›Rhythmus der Gezeiten‹ o. ä. steckt (Regelmäßigkeit versus amorphes, dunkles Chaos), zieht sich durch die Begriffsgeschichte: So ist für den irrationalistischen Philosophen Ludwig Klages (1934) das »Wesen des Rhythmus« gerade das Durchbrechen jeder metrischen Ordnung, die Rückkehr zum ungezügelten »Leben«. Überzeugender ist demgegenüber die anthropologische Lesart, die den sprachlichen Rhythmus auf elementares körperliches Erleben zurückführt, so bei Heusler (1956, I, 6), für den konsequenterweise das »rhythmische Erlebnis« der Ausgangspunkt aller Versforschung ist. ›Rhythmus‹ definiert er als »Gliederung der Zeit in sinnlich faßbare Teile« (ebd., 17).

»Die Gliederung geschieht durch Bewegung. Die Sinne, die uns Rhythmus ersthändig vermitteln, sind Muskelsinn, Drucksinn und Gehör. Auf ihnen beruht unser ›Zeitsinn‹; der ist nichts anderes als die Empfänglichkeit für Rhythmus. [...] Rhythmen nimmt der Mensch wahr in Bewegungen um sich her; und er zeugt selbst Rhythmen, triebhaft und bewußt: im Pulse des Blutes, im Atmen; in den Bewegungen der Glieder und der Sprechwerkzeuge: Singen und Sprechen.« (Ebd., 17 f.)

Die Regelmäßigkeit, die in einigen dieser Bewegungen eher unwillkürlich schon vorhanden sei, werde in den Bewegungskünsten oder Künsten der Zeit, also in Tanz, Musik und Dichtung, absichtsvoll erzeugt, um damit die »Lust an geordnetem Rhythmus« als »das älteste der Schönheitsgefühle« (ebd., 18) zu stimulieren. Den geordneten Rhythmus »in gesprochener oder gesungener Rede, in Versen« (ebd.) nennt Heusler ›metrisch‹. Wie in Tanz und Musik ist es »ein gehörmäßiges Merkmal« (ebd., 4), das die Ordnung des Verses kennzeichnet, der Takt: »›Verse‹ sind uns taktierte, takthaltige Rede.« (Ebd.)

Weil für Heusler der Rhythmus der Versdichtung immer geordnet ist, gibt es für ihn keinen Gegensatz zwischen Rhythmus und Metrum. Ganz in diesem Sinne konstatiert Friedrich Georg Jünger:

»Jedes Metrum ist rhythmisch, nicht jeder Rhythmus aber ist metrisch. [...] Außerhalb der Sprache finden wir überall rhythmische Bewegungen [...]. Der metrische Rhythmus aber ist an das Gedicht gebunden und in ihm allein anzutreffen. Im Gedicht also sind Rhythmus und Metrum eins, und wir können sie nicht voneinander absondern. Die Behauptung, daß das Gedicht eine über alle metrische Bewegung hinausgehende rhythmische Bewegung hat, ist abzulehnen.« (Jünger 1987, 15)

Diese Position (man könnte sie monistisch nennen, da sie zwischen Metrum und Rhythmus keinen Unterschied macht) hat den Vorteil, eine irrationalistische Rhythmusvorstellung à la Klages streng zu vermeiden. Sie versagt aber vor freien, metrisch in keiner Weise gebundenen Rhythmen, in denen sie nur »eine neue Bindung« (ebd., 166) oder aber »Formmüdigkeit« und ein Hinübergleiten »zur ungebundenen Rede« (Heusler 1956, III, 316) erkennen kann.

Eine (dualistische) Gegenposition dazu ist besonders vehement von Wolfgang Kayser entwickelt worden:

»Metrum und Rhythmus müssen [...] gesondert werden. Wer das Metrum eines Gedichts bestimmt, hat damit noch nicht den Rhythmus bestimmt. Beide Phänomene hängen gewiß zusammen [...]. Das metrische Schema gleicht einem Kanevas, der bei der vollendeten Stickerei nicht mehr zu sehen ist, aber Richtung, Struktur und Dicke der Fäden beeinflußt hat.« (Kayser 1978, 242)

Der Vergleich mit dem gitterartigen Gewebe, auf das die Handarbeit gestickt wird, hebt den handwerklichen Aspekt der Gedichtproduktion hervor. Das Metrum ist für Kayser das von der literarhistorischen Tradition vorgegebene, relativ stabile Strukturschema, das »mit den Augen« (ebd., 157) abgelesen werden kann, ohne daß man das Gedicht hören müßte. Es gibt unzählige Gedichte mit dem gleichen Versschema. Erst mit dem je verschiedenen Rhythmus eines einzelnen Gedichts, der sozusagen in dieses Schema hineingewoben wird, entsteht Kayser zufolge »eine ganz eigene Qualität«

(ebd.): »der Rhythmus jedes Gedichts ist einmalig, ist individuell, gehört ihm und nur ihm zu.« (Kayser 1992, 102) Wenn der Rhythmus eines Gedichts sich streng an das Metrum anlehnt (›metrischer Rhythmus‹), ist das für Kayser ein Zeichen von Starrheit und Melodielosigkeit (ebd., 104–106); dagegen sieht er ein »gefälliges Umgehen der Grenze«, die rhythmische Variation des metrischen Schemas, als »Grundgesetz aller rhythmischen Schönheit« und »Lebenskraft« (ebd., 106) an. (Schlawe [1972b, 9] spricht ganz analog von der »Modellierung, Individualisierung des Verses« um das Versschema herum.)

Aufschlußreich ist Kaysers Ansatz insbesondere deshalb, weil er versucht, verschiedene Grundtypen des Versrhythmus herauszuarbeiten. Demnach können sich einerseits auf einem identischen Versschema Gedichte von völlig verschiedenem Rhythmus aufbauen. Andererseits sind verschiedene Vers-, Gedicht- und Strophentypen für einen bestimmten Rhythmus besonders geeignet; diese Eigenschaften können jedoch auch rhythmisch überspielt werden. Den ›fließenden Rhythmus‹, der durch »ständige, ziemlich gleichmäßige [...], horizontale Bewegung« (Kayser 1992, 111) gekennzeichnet sei, macht Kayser vor allem in romantischen, liedartigen Gedichten und unter diesen besonders in denen Clemens Brentanos aus (vgl. die rhythmische Analyse des *Wiegenliedes*, ebd., 108–110; ders. 1978, 255–257; allgemein zu Brentano: ders. 1991, 123–128). Diese Tendenz werde von Rilke wieder aufgenommen, der sogar die Sonett-Form zum Fließen bringe (vgl. Kayser 1991, 144–146). Ist die rhythmische Bewegung ungezügelter und unregelmäßiger (wie in Rilkes *Duineser Elegien* oder in den freirhythmischen Hymnen Goethes und Hölderlins), spricht Kayser vom ›strömenden Rhythmus‹ (Kayser 1978, 260 f.; ders. 1992, 116–118). Den beiden dynamischen Formen stellt er den ›bauenden Rhythmus‹ gegenüber, der durch große Regelmäßigkeit und feine Gliederung sowie durch starke Ausprägung (statt Umspielen) der Vers- und Strophengrenzen gekennzeichnet und daher für gedankliche Dichtung besonders geeignet sei. Der Alexandriner (mit seiner Anlage zur Konstruktion von Gegensätzen) sei beispielsweise ein diesem Rhythmus entsprechender Vers, das Sonett eine zum bauenden Rhythmus passende Gedichtform (vgl. Kayser 1978, 261 f.; ders. 1992, 112 f.). Stefan George habe das Bauende in seinen wuchtigen, blockartig gesetzten Gedichten zum Prinzip erhoben (vgl. Kayser 1991, 142 f. und 146). Was weitere Rhythmusarten angeht, ist Kayser allerdings nicht sehr konsequent. In seiner *Versschule* macht er unter anderem im Schlußgedicht von Droste-Hülshoffs *Geistlichem Jahr* einen ›gestauten Rhythmus‹ aus, in dem die Spannung zwischen Bewegung und Festhalten ausgetragen wird (vgl. Kayser, 114–116). Im *Sprachlichen Kunstwerk* weist er dagegen auf den ›tänzerischen Rhythmus‹ in anakreontischen Liedern hin (vgl. Kayser 1978, 262 f.), in seiner Versgeschichte auf den ›gestoßenen‹, ja geradezu ›unterminierenden‹ Rhythmus vieler expressionistischer Gedichte, z. B. Georg Heyms *Louis Capet* (vgl. Kayser 1991, 150 f.). Solche Inkonsequenzen erklären sich aus dem experimentellen Charakter von Kaysers Rhythmustypisierung (vgl. Kayser 1978, 263; ders. 1992, 118 f.); sie sind aber auch in der Sache selbst begründet: Letztlich hat jedes Gedicht seinen ganz individuellen Rhythmus, der sich nicht typisieren, sondern nur im Einzelfall in seinem Verhältnis zum Metrum (soweit ein solches erkennbar ist) beschreiben läßt. Dennoch bieten Kaysers Charakterisierungen gute Anregungen, um über die dilettantische, »bloß subjektive[ ], impressionistische[ ]« Beschreibung eines Gedichtrhythmus als »schön, angenehm, kräftig, weich, markant und wie auch immer« (Kayser 1978, 263) hinauszukommen. Leider hat – vermutlich wegen des Problems der Objektivierbarkeit und Kategorisierbarkeit – in der neueren Versforschung kaum jemand hieran angeknüpft (vgl. Jost 1976, 157–166).

Eine (allerdings nicht sehr präzise) Unterscheidung zwischen Rhythmus und Metrum findet sich schon bei Sievers (1912, 36–55 [Erstveröffentlichung 1894]) und Saran (1907, 145–148). Die beste Übersicht über das Spannungsfeld zwischen Metrum und Rhythmus gibt noch immer das Buch von F. Lockemann (1960). Eine dualistische Position zum Rhythmusproblem wird außerdem von Jost (1976, 22–26), Kurz (1992a), Mennemeier (1990), Paul/Glier (1961, 16–18), Schlawe (1972b, 8 f.) und Wagenknecht (1989, 14, 110–114 und 135) vertreten. Zum spezifischen »Rhythmus der modernen Lyrik« vgl. Schultz 1970. Eine vom Rhythmus aus begründete Metrik und Versgeschichte hat Breuer (1981) vorgelegt.

Zahlreiche Darstellungen verzichten dagegen ganz oder weitgehend auf den Rhythmusbegriff; vgl. z. B. Albertsen 1971, 56–69; Asmuth 1984; Behrmann 1970; ders. 1989; H. J. Frank 1991; Ludwig 1990; Storz 1987, 9–28. Blümel (1946) spricht nur vom Rhythmus und untersucht (mit empirischem Anspruch, aber teilweise recht wirr) die Unterschiede zwischen Vers und Prosa. Die strukturalistische Verstheorie Lotmans unterscheidet ebenfalls nicht zwischen Metrum und Rhythmus; beide sind demnach vom für Poesie überhaupt kennzeichnenden Prinzip der Wiederholung (in diesem Falle des Betonungsrasters der einzelnen Verse) geprägt; vgl. Lotman 1972, 170–179 und 228–232.

Über musikalische und musikwissenschaftliche Rhythmustheorien informiert Seidel (1975 und 1976). Einen pädagogischen Rhythmusbegriff entwickelt Ursula Müller (1966). Die anthropologischen Fundierungen des Versrhythmus finden sich bei zahlreichen Verstheoretikern (vgl. z. B. Arndt 1989, 50–52; Saran 1907, 138–145; Storz 1987, 14–19). Umstritten ist allerdings, ob unwillkürliche oder monotone Bewegungen (wie der Herzschlag oder der Marschschritt) schon für sich rhythmisch sind oder erst durch willkürliche Akzentuierung einzelner Bewegungsteile zum Rhythmus werden. Jost Trier sieht die Feier und den kultischen Tanz als Ursprung des Versrhythmus an und kommt daher zu der Definition: »Vers ist tanzhafte Rede.« (Vgl. Breuer 1981, 13–17; Trier 1949.) Eine ideologiekritische Entlarvung des kultischen Rhythmus als Ursprung der Poesie versucht bereits Nietzsche in der *Fröhlichen Wissenschaft* (*KSA* 3, 439–442).
Eine umfangreiche Bibliographie zur älteren Rhythmusforschung findet sich bei Seckel (1937). Die wichtigste neuere Literatur ist bei Wilpert (1989, Art. ›Rhythmus‹, 777) zusammengestellt. Über die linguistische Forschung informiert Zollna (1994).

3.2 Metrische Grundformen

Im folgenden werden die für die neuere deutsche Lyrik (also die deutschsprachige Lyrik seit dem 16. Jahrhundert) wichtigsten metrischen Grundformen vorgestellt. Metrische Grundformen sind Baupläne lyrischer Texte, die durch häufige Anwendung in der Literaturgeschichte tradiert (und auch verändert) wurden, unabhängig davon, ob die Autorinnen und Autoren sich beim Schreiben von Gedichten an Textvorbildern oder abstrakten Schemata orientierten oder ob sie die historischen Formen so weit internalisiert hatten, daß sie sie ›unbewußt‹ reproduzierten. Da das Gedicht als Versdichtung definiert ist, geht die folgende Darstellung von den Formen des Einzelverses als der kleinsten Einheit aus. Treten die Verse eines Gedichts nicht zu größeren (also mindestens zwei Verse umfassenden) Einheiten zusammen, sondern besteht das Gedicht aus einer ungegliederten Abfolge von Einzelversen, so spricht man von einem ›stichischen‹ Aufbau (griech. *stichos* = Zeile). Ist ein Gedicht (etwa durch Leerzeilen) in Versgruppen gegliedert, die aber keine formalen Gemeinsamkeiten haben (also aus je verschieden vielen Versen unterschiedlicher Bauart bestehen), so redet man sinnvollerweise von ›Abschnitten‹ des Gedichts. Den Ausdruck ›Strophe‹ im strengen Sinne sollte man dagegen solchen Versgruppen vorbehalten, die formal gleich oder doch ähnlich aufgebaut sind, also gleich viele, von Versgruppe zu Versgruppe weitgehend gleich gebaute Verse enthalten. Dabei muß die Bauart der Verse innerhalb des Schemas einer Strophe nicht durchgängig identisch sein; Strophenformen können gerade auch die Verknüpfung verschieden gebauter Verse vorsehen, die aber dann in jeder Strophe an der entsprechenden Stelle formal gleich sein müssen (vgl. H. J. Frank 1993, 8). Ist in einem Gedicht die strophische Gliederung dominierend, so können prinzipiell beliebig viele Strophen aneinandergereiht werden. Im Gegensatz dazu gibt es auch Gedichtformen, die die Länge und Gliederung des gesamten Gedichts vorschreiben, einschließlich der Bauart der einzelnen Verse und gegebenenfalls Strophen.

Die folgende Darstellung setzt mit den Formen metrischer Regulierung von Einzelversen ein und erweitert die Perspektive dann auf die komplexeren Einheiten, die Strophen- und Gedichtformen. Die freien Rhythmen und freien Verse sind dagegen Erscheinungsweisen des Verses, die weder metrisch noch durch Reim reguliert sind und daher auch nicht in Strophen- und Gedichtformen eingebunden werden können. Sie werden deshalb im Anschluß an die literarhistorisch vorgegebenen Grundformen des Verses, der Strophe und des Gedichts in einem eigenen Abschnitt untersucht.

3.2.1 Versformen

3.2.1.1 Grundsätzliches zum Versmaß neuhochdeutscher Gedichte

Metrische Regulierung bedeutet in deutschsprachigen Versen vor allem anderen Regelmäßigkeit der Betonungen. Darunter ist zunächst zu verstehen, daß die Anzahl der Hebungen durch das Versmaß festgelegt ist; in vielen Metren gibt es zusätzlich auch Regeln für die Anzahl und Verteilung der Senkungen. Der Vorrang des ›akzentuierenden Prinzips‹ in deutschen Versen erklärt sich daraus, daß die germanischen Sprachen generell durch starke Akzentuierung, also Hervorhebung der betonten, meist zugleich sinntragenden Silben gegenüber den unbetonten, geprägt sind. Betonungsunterschiede werden durch den Wechsel von stärkerem und schwächerem Stimmdruck erzeugt. Demgegenüber bindet z. B. das Französische die Silben und Wörter sehr viel stärker aneinander, wodurch der Melodie des Satzes und des Verses, also dem Heben und Senken der

Stimme, eine viel größere Bedeutung zukommt als der Akzentuierung, für die es keine festen Regeln gibt. Regelmäßigkeit in französischen und auch anderen romanischen Versen wird daher zunächst nur durch eine festgelegte Anzahl der Silben erreicht (›silbenzählendes Prinzip‹), also durch die Verslänge; die Verteilung von Hebungen und Senkungen bleibt frei, betont werden beim Sprechen vor allem das Versende, das durch den (bis weit in die moderne Lyrik des 19. Jahrhunderts hinein zwingenden) Endreim verdeutlicht wird, sowie in zäsurierten Versen wie dem Alexandriner zusätzlich die Silbe vor der Zäsur. Die antike griechische Versdichtung dagegen unterliegt dem ›zeitmessenden‹ oder ›quantitierenden Prinzip‹, für das der Unterschied zwischen langen und kurzen Silben (also deren Quantität, die zum Sprechen benötigte Dauer) konstitutiv ist. Lange Silben sind dabei nicht nur solche, die einen langen Vokal oder einen Diphthong enthalten (›Naturlänge‹), sondern auch solche, in denen auf einen kurzen Vokal zwei oder mehr Konsonanten folgen (›Positionslänge‹). Verse, in denen die Abfolge von Längen und Kürzen minutiös festgelegt ist, sind »ein Stück gebannter, geordneter und in sich bewegter Zeit« (Kelletat 1964, 53); sie unterdrücken den Wort- und Satzakzent und eignen sich besonders gut für eine Art Sprechgesang, in dem die Betonungen zurückgenommen sind. Wahrscheinlich wurden Versdichtungen in der Antike so rezitiert; und noch heute tragen beispielsweise russische Lyriker ihre Gedichte derart psalmodierend vor.

Die Unterscheidung zwischen den drei Versprinzipien ist zwar idealisierend, da sie die komplexen Realisierungsformen des jeweiligen Sprechens vereinfacht, in dem in jeder Sprache Akzentuierung, Silbenlänge, Tonhöhe, Geschwindigkeit und noch andere Faktoren zusammenwirken. Aber die Unterscheidung ist für die Gedichtanalyse unverzichtbar, und zwar nicht nur deshalb, weil sie sich an der Struktur der jeweiligen Sprache orientiert, sondern auch, weil das jeweilige Versmodell für die Lyrikproduktion innerhalb einer Sprache und Kultur traditionsbildend gewesen ist: Verse wurden im deutschen Sprachraum weit überwiegend am akzentuierenden Prinzip orientiert geschrieben, das heißt mit einer festgelegten Anzahl von Hebungen und mit dem Bestreben, den Versakzent einerseits und den Wort- und Satzakzent andererseits nicht allzu stark auseinandertreten zu lassen (also Tonbeugungen zumindest nicht zur Regel zu machen). Gleichzeitig erhält die Versgeschichte ihre neuen Impulse gerade aus der Nachbildung oder Aneignung fremdsprachiger Versmodelle. Das Experimentieren mit ungewohnten, aus anderen Sprachen entnommenen Versbildungsformen produziert Brüche, die für die Versgeschichte genauso konstitutiv sind wie die Orientierung an und die Auseinandersetzung mit tradierten Formen. Nur um den Preis eines »Versnationalismus« und »vaterländische[n] Gewaltakt[es]« (Kelletat 1964, 82 und 81), der alle fremdsprachigen Einflüsse als Verirrungen und Ausdruck von Schwäche der Verssprache abqualifiziert, gelingt es der noch immer umfangreichsten deutschen Versgeschichte, derjenigen Heuslers, die Behauptung durchzuhalten: »Die Grundmauern unserer Verskunst sind von urgermanischer Zeit bis heute die gleichen geblieben.« (Heusler 1956, I, 12 f.)

Um die Bedeutung der in einem Gedicht benutzten Versform adäquat beurteilen zu können, ist es also einerseits wichtig zu wissen, aus welchem Sprach- und Kulturraum das Versmaß stammt und inwieweit es – den Erfordernissen der deutschen Sprache entsprechend – abgewandelt ist. Andererseits ist der literarhistorische Kontext, in dem das Metrum verwendet wird, für das Verständnis des Gedichts konstitutiv: Wenn beispielsweise einige Dichter um 1570 den Alexandriner im Deutschen erproben, ist das eine formale Innovation; wenn Gryphius ihn wenige Jahrzehnte später benutzt, so fällt das niemandem mehr auf, da dieser Vers im 17. Jahrhundert auch in Deutschland als ein Standardvers etabliert ist. Wer dagegen um 1800 noch Alexandriner schreibt (wie Goethe im *Faust* II, V. 10849 ff.), zitiert damit eine längst vergangene Epoche, da der Vers nach den Umwälzungen des 18. Jahrhunderts und der grundlegenden Erneuerung der Verssprache durch Klopstock und seine Nachfolger als Relikt der alten Regelpoetiken stigmatisiert ist. Wenn schließlich Johannes R. Becher im 20. Jahrhundert Alexandrinersonette schreibt (*Tränen des Vaterlandes 1937*), stellt er damit einen unübersehbaren formalen Bezug zum Barock (hier zu Gryphius) her (vgl. Arndt 1989, 32–35; über Georges Variationen zum Alexandriner: Arbogast 1964, bes. 109–111).

Als nicht haltbar hat sich für deutschsprachige Verse die Vorstellung von ›Versfüßen‹ oder auch ›Takten‹ erwiesen. Erstere ist der antiken, zeitmessenden Metrik entlehnt, letztere der Musik. Beide gehen davon aus, daß metrisch regulierte Verse in gleichmäßige kleine Einheiten zergliederbar sind, die je eine Hebung und die sie umgebenden Senkungen enthalten. Wirklich gesprochen werden als kleinere Einheiten innerhalb von Versen jedoch nur die Wörter und die Kola, syntaktisch eng zusammengehörige Wortgruppen. Metrisch geforderte Zäsuren liegen, soweit sie nicht überspielt werden, auf einer Kolon- oder zumindest auf einer Wortgrenze, so gut wie niemals im Inneren eines Wortes. Alle weiteren Grenzen zwischen sogenannten ›Versfüßen‹ oder ›Takten‹ sind wenig hilfreiche Fiktionen.

Die Bezeichnungen für die einfachsten antiken Versfüße sind allerdings in der Forschungsliteratur auch zu deutschsprachiger Lyrik so verbreitet, daß sie zum Verständnis dieser Sekundärtexte unentbehrlich sind. Die Problematik dieser Bezeichnungen besteht nicht nur in der Versfußgliederung, sondern auch darin, daß sie ursprünglich für die Verteilung von Längen und Kürzen stehen, im Deutschen aber für Einheiten aus betonten und nicht betonten Silben. Vom aktiven Gebrauch dieser Bezeichnungen ist daher abzuraten, sofern nicht von antikisierender Lyrik die Rede ist.

Ein zweisilbiger Versfuß kann entweder aus einer Hebung und einer nachfolgenden Senkung bestehen und heißt dann ›Trochäus‹ (z. B. Wagen) oder umgekehrt aus einer Senkung und einer nachfolgenden Hebung und wird dann ›Jambus‹ genannt (z. B. Gefährt). Zwei gleich starke Hebungen unmittelbar hintereinander (›Spondeus‹) sind im Deutschen kaum realisierbar, da fast unvermeidlich eine der beiden Silben (meist die erste) stärker akzentuiert wird (z. B. Langmut, Vollmond: ´ `). Unter den dreisilbigen Versfüßen sind im wesentlichen nur zwei für deutschsprachige Gedichte relevant: Der ›Daktylus‹ besteht aus einer Hebung und zwei Senkungen (z. B. sonderbar), der ›Anapäst‹ umgekehrt aus zwei Senkungen und einer Hebung (z. B. Schwindelei). Alle anderen Formen können als Kombinationen der zweisilbigen Versfüße angesehen werden (z. B. ›Amphibrachys‹: eine Hebung zwischen zwei Senkungen; ›Kretikus‹: eine Senkung zwischen zwei Hebungen); relevant sind sie bestenfalls in antikisierenden Versen. (Der Einfachheit halber wurden hier als Beispiele jeweils Einzelwörter genannt; Versfüße können jedoch auch aus mehreren Wörtern oder Einzelsilben aufeinanderfolgender Wörter zusammengesetzt sein.)

Den Jamben und Trochäen entsprechen in einer auf ›Versfüße‹ und ›Takte‹ verzichtenden Versbeschreibung, wie sie hier vorgeschlagen wird, alternierende Verse; ein ›jambischer Vers‹ ist demnach ein alternierender Vers mit Auftakt, ein ›trochäischer Vers‹ ein alternierender Vers ohne Auftakt. Den auftaktig-alternierenden oder jambischen Versen, die sich immer von neuem von einer Senkung zu einer Hebung bewegen, wird traditionell eine Tendenz zur Dynamik nachgesagt, und tatsächlich lassen sich zahlreiche Belege dafür anführen:

> Es schlug mein Herz, geschwind zu Pferde!
> Es war getan fast eh gedacht.
>
> (Goethe: *Willkommen und Abschied*, 2. Fassung [1789], V. 1 f.; *SW* 1, 49)

Auftaktlose, trochäische Verse dagegen fallen jeweils von der Hebung zur Senkung ab und schaffen daher oft eine ruhige Atmosphäre:

> Müde bin ich, geh zur Ruh',
> Schließe beide Äuglein zu
>
> (Luise Hensel: *Nachtgebet* [1818], V. 1 f.; *Deutsche Gedichte/Borchers*, 134)

Aber die Beispiele sind suggestiv ausgewählt; zu jedem ließen sich ebenso prägnante Gegenbeispiele finden. Wichtig für die Feststellung der Versbewegung ist es, auch auf die Übergänge von einem Vers zum andern zu achten: Bei auftaktigen Versen mit zweisilbigem (weiblichem) Schluß treffen an der Versgrenze (wie im ersten Beispiel beim Übergang vom ersten zum zweiten Vers) zwei Senkungen aufeinander; die alternierende Bewegung wird also an dieser Stelle unterbrochen. Bei auftaktlosen Versen mit Schlußbetonung (einsilbiger, männlicher Versschluß wie im zweiten Beispiel) treffen an der Versfuge sogar zwei Hebungen aufeinander, was die Bewegung noch stärker hemmt und die Verse voneinander isoliert. Beide Fälle werden als ›ungefugte‹ oder ›asynaphische‹ Versübergänge bezeichnet. Ist die Versgrenze dagegen ›gefugt‹ oder ›synaphisch‹, d. h. setzt sich die Alternation über die Versgrenze hinweg fort, indem auf eine Senkung am Versende eine Hebung am folgenden Versanfang folgt oder umgekehrt, so wird dadurch eine fortlaufende Bewegung erzeugt – unabhängig davon, ob die Verse auftaktig oder auftaktlos (›jambisch‹ oder ›trochäisch‹) sind:

> Wie ist ganz mein Sinn befangen,
> Einer, Einer anzuhangen;
> Diese Eine zu umpfangen
> Treibt mich einzig nur Verlangen
>
> (Karoline von Günderrode: *Die Einzige*, V. 1–4; *HKA* 1, 326)

Die suggestive Wirkung dieser durchgehend alternierenden Verse wird durch den selten vorkommenden vierfachen Reim noch erhöht.

Häufig wechseln auch auftaktige und auftaktlose Verse einander ab. In jedem Fall gilt es, die Versanfänge nicht isoliert zu betrachten, sondern sie als Übergänge, als Grenzen zum jeweils vorangehenden Vers zu sehen. (Nicht umsonst bedeutet Vers ›Wendung‹!) Bei der Beschreibung alternierender Verse ist also nur die Zahl der Hebungen (alle drei bisher zitierten Beispiele sind alternierend und vierhebig) sowie das Vorhandensein oder Fehlen einer Senkung am Anfang und am Schluß anzugeben. Der Verzicht auf die Rede von Jamben und Trochäen erspart es, bei auftaktlosen Versen, die mit einer Hebung enden, am Schluß einen unvollständigen, nur aus dieser Hebung bestehenden (›katalektischen‹) Trochäus anzunehmen und umgekehrt bei auftaktigen Versen, die unbetont enden, eine überzählige (›hyperkatalektische‹) Senkung nach dem letzten Jambus.

Die dreisilbigen Versfüße durchbrechen die Alternation, da in ihnen immer eine Doppelsenkung zwischen zwei Hebungen liegt. Was über Trochäus und Jambus gesagt wurde, gilt weitgehend auch für Daktylus und Anapäst: Die Unterschiede zwischen ihnen sind nur relativ, und man muß immer den gesamten Versverlauf betrachten, um sich der durch das Metrum erzeugten Wirkung zu vergewissern (die verbreitete Einschätzung des Daktylus als leichtfüßig hüpfend und des Anapäst als gemächlich schreitend muß also revidiert werden):

> Da ich zum abschied die hände – Luzilla – dir biete
> Königin unter den ländlichen frauen in Phlius
>
> (George: *An Luzilla* [1894], V. 1 f.; *Werke* 1, 79)

Die Verse bestehen aus je fünf Daktylen, von denen der letzte um eine Senkung verkürzt ist. Der archaisierende, antike Metren nachahmende Duktus, der einen feierlichen Ton erzeugt, läßt die antikisierende Beschreibung als angemessen erscheinen; ansonsten kann man die Verse als auftaktlose Fünfheber mit Doppelsenkungen und zweisilbigem (weiblichem, also nur eine Senkung enthaltendem) Schluß beschreiben. Daß die Doppelsenkung auf eine einfache Senkung verkürzt wird, ist bei den dreisilbigen Versfüßen häufig (und nicht nur am Anfang oder Ende des Verses) zu beobachten. In solchen Fällen ist eine formale Notation sinnvoller als die umständliche Beschreibung. Es gibt auch Metren, in denen die Abfolge einfacher und doppelter Senkungen genau geregelt ist (vor allem die antiken Odenmaße). Dreifache Senkungen sind selten und kommen nur in füllungsfreien Versen vor.

Die Gemeinsamkeiten zwischen deutschen und englischen Versen arbeitet Jost (1976) heraus.

Die folgende Übersicht über die wichtigsten in neueren deutschen Gedichten verwendeten Versformen orientiert sich an den historischen Erneuerungsschüben der neuzeitlichen deutschen Lyrik. Sie kann im Rahmen dieses Buches nur skizzenhaft sein. Zur genaueren Orientierung sollten daher die Metriken und Versgeschichten von Arndt (1989), Breuer (1981), Kayser (1992), Schlawe (1972b), Storz (1987) oder Wagenknecht (1989) herangezogen werden; wenig ergiebig ist dagegen D. Frey (1996).

3.2.1.2 Liedvers und Knittelvers

Der Liedvers wird im (seit Herder so genannten) Volkslied, aber auch in vielen Kirchenliedern benutzt. Es handelt sich um eine einfache Form, die für die mündliche Überlieferung und das Singen auf eingängige Melodien besonders geeignet ist. Das in den unteren, literarisch wenig gebildeten Schichten verbreitete Liedgut wurde zum Teil wohl schon während des Mittelalters tradiert, aber erst zu Beginn der Neuzeit (also Ende des 15. Jahrhunderts) in bürgerlichen Liedersammlungen erstmals schriftlich fixiert (vgl. Breuer 1981, 145–149). Die Lieder sind untrennbar verbunden mit dem erwachenden Selbstbewußtsein der bürgerlichen Bevölkerung vor allem in den Städten. Nach der ersten Blüte im späten 15. und im 16. Jahrhundert wurden die Volkslieder im Zuge der formalen Normierung der Literatur durch die aufklärerischen Regelpoetiken wieder an den Rand gedrängt und erst im Sturm und Drang und in der Romantik neu entdeckt und weiterentwickelt. Wegweisend dafür war (nach Herders Vorarbeiten) die von Clemens Brentano und Achim von Arnim herausgegebene Volkslieder-Sammlung *Des Knaben Wunderhorn* (3 Bde., 1806–1808). Um 1800 schrieben diese beiden und zahlreiche andere Autoren aber auch zahlreiche Kunstlieder, die in der Form, im Ton und im Sujet die Volkslieder nachbildeten.

Volksliedverse sind recht locker gefügt: grundsätzlich alternierend, häufig aber auch mit einer doppelten statt einer einzelnen Senkung. Nur die Hebungszahl ist festgelegt: Der Vers hat in einem Gedicht durchgehend entweder drei oder vier Hebungen (in manchen Gedichten wechseln sich auch vier- und dreihebige Verse ab). Ebenso gibt es auftaktige und auftaktlose Verse (ebenfalls in vielen Liedern im Wechsel), sowie weibliche und männliche Versschlüsse (wiederum oft abwechselnd). Die Volksliedstrophe besteht in den meisten Fällen aus vier Versen, die überwiegend Kreuzreim, oft aber auch Paarreim aufweisen, in jedem Fall aber gereimt sind (wobei

Reinheit des Reims nicht unbedingt angestrebt und oft auch bloße Assonanz akzeptiert wird). Als Beispiel sei der Beginn einer Ballade zitiert, die 1563 auf einem fliegenden Blatt verbreitet wurde (ein individueller Verfasser ist wie bei den meisten Volksliedern nicht bekannt):

> Zwischen zweyen burgen
> da ist ein tieffer See;
> auff der einen burge
> da sitzet ein edler Herr.
>
> Auff der andern burge
> da wont ein Junckfraw fein;
> sie weren gern zusammen,
> ach Gott, möcht es gesein!
>
> (*Gedichtbuch/Conrady*, 9)

1815 streut Joseph von Eichendorff in seinen Roman *Ahnung und Gegenwart* unter vielen anderen Liedern eine »Romanze, die mir schon als Kind bekannt war« (so der Ich-Erzähler des Romans), ein. Sie beginnt folgendermaßen:

> Hoch über den stillen Höhen
> Stand in dem Wald ein Haus,
> Dort war's so einsam zu sehen
> Weit über'n Wald hinaus.
>
> D'rin saß ein Mädchen am Rocken,
> Den ganzen Abend lang,
> Der wurden die Augen nicht trocken,
> Sie spann und sann und sang
>
> (Eichendorff: *HKA* III, 257, V. 1–8; vgl. auch ebd. I, 377)

Die Parallelen zum 250 Jahre älteren ›echten‹ Volkslied sind unübersehbar: In beiden werden füllungsfreie, dreihebige Verse mit abwechselnd weiblichem und männlichem Ausklang und Kreuzreim (in der Ballade von 1563 zum Teil unterbrochen [»burge« – »zusammen«] oder bloß assonierend [»See« – »Herr«]) benutzt, im älteren Volkslied abwechselnd ohne und mit Auftakt, bei Eichendorff durchgehend auftaktig. Virtuos bildet Eichendorff die einfache Form und den naiven Tonfall nicht eines einzelnen Liedes, sondern der Volkslieder überhaupt nach.

Der im 15. und 16. Jahrhundert verbreitetste Sprechvers war der ›Knittelvers‹, eine Weiterentwicklung des mittelalterlichen, schon von Otfried von Weißenburg benutzten paargereimten Vierhebers. Knittelverse sind nicht primär (aber auch) Lyrikverse; sie wurden vor allem in epischer, satirischer, didaktischer und dramatischer Versdichtung benutzt, beispielsweise in Fastnachtsspielen und Fabeln. Im Gegensatz zum mittelhochdeutschen Vers sind nur noch ein- und zweisilbige (männliche und weibliche) Reime zugelassen; die Paarigkeit der Reime (*aabb...*) und die Vierhebigkeit bleiben verbindlich. Darin erschöpfen sich die metrischen Normen, die diesen Vers binden, jedoch schon: In viel weitergehendem Maße als der Volksliedvers ist der Knittelvers füllungsfrei; es können ein oder zwei, aber auch drei oder vier Senkungen aufeinanderfolgen, oder die Senkungen zwischen zwei Hebungen können auch einmal ganz wegfallen (›Hebungsprall‹). Diese Grundform des Knittelverses (seit Heusler ›freier Knittel‹ genannt) war in der frühneuzeitlichen Lyrik sehr verbreitet; und in der populären Literatur ließ sie sich auch durch die Normierung der Metrik zu Beginn des 17. Jahrhunderts nicht verdrängen.

Der ›strenge Knittel‹ dagegen wurde nur im 15. und 16. Jahrhundert gebraucht; am kunstvollsten von Hans Sachs. Es handelt sich dabei um eine Mischform zwischen dem freien Knittel und romanischen Reimversen, deren Silbenzahl festgelegt ist: Während der freie Knittelvers in der Regel zwischen sieben und elf, im Extremfall aber auch zwischen vier und sechzehn Silben umfaßt, besteht der strenge Knittel aus genau acht (bei männlichem Versschluß) oder neun (bei weiblicher Kadenz) Silben. In der Forschung ist umstritten, ob gleichzeitig die Vierhebigkeit des Verses verbindlich bleibt und die Alternation als zusätzliche Regel hinzukommt. Das ist zur Beurteilung des strengen Knittels sehr wichtig: Liest man die strengen Knittelverse des 16. Jahrhunderts nämlich vierhebig-alternierend, so ergibt sich eine Unzahl von Tonbeugungen, so in Hans Sachs' Gedicht *Der Jungkprunn* (1557):

> Als ich inn meinem alter war
> Gleich im zway vnnd sechtzigsten Jar
> Da mich gar in mancherley stücken
> Das schwere alter hart was drücken
> Da dacht ich mit seufftzender klag
> An meiner Jugend gute tag
>
> (*Epochen* 3, 174, V. 1–6)

Der erste, vierte und sechste Vers können problemlos alternierend mit Auftakt (›jambisch‹) gelesen werden. Auch die übrigen drei Verse können als Vierheber verstanden werden, aber ohne Auftakt und mit unregelmäßiger Füllung (»sechtzigsten«, »mancherley« und »seufftzender« sind typische ›daktylische‹ Wörter: ´ _ _). Alternativ ist auch eine dreihebige Lesung möglich; also entweder: ›Da mich gar in mancherley stücken‹ oder: ›Da mich gar in mancherley stücken‹. Die schwer tonbeugende Lesart ›Da mich gar in mancherley stücken‹ kann also auf zweierlei Weise umgangen werden.

Was an den wenigen Beispielversen zu beobachten ist, gilt für die meisten Knittelverse von Hans Sachs und seinen Zeitgenossen: Sie sind acht- oder neunsilbig und überwiegend vierhebig; in vielen Fällen können sie auch alternierend gelesen werden. Die Forschungsposition, die Vierhebigkeit und Alternation nicht als zwingende Bedingungen für einen strengen Knittelvers ansieht, wird daher dem Phänomen gerechter als die Gegenmeinung. Damit wird die Annahme schwerer Tonbeugungen, die seit dem 17. Jahrhundert als Vorwand diente, den Knittelvers (zuweilen auch ›Knüppelvers‹ genannt) als holprig, ungelenk und formlos zu verspotten, hinfällig. Die Einfachheit des Verses hat ihn gerade geschmeidig gemacht für die nuancenreiche Darstellung der Umbruchszeit des 16. Jahrhunderts aus der Sicht des aufstrebenden Bürgertums, besonders im poetischen Werk des Handwerkers Hans Sachs (vgl. Breuer 1981, 136–145, bes. 137).

Wiederentdeckt wurde der Knittelvers (allerdings nur in der freien Form) ähnlich wie das Volkslied im Zuge der durch Herder angeregten Rückbesinnung auf ältere deutsche Literaturformen. Der wohl bekannteste Text in Knittelversen ist der Anfangsmonolog von Goethes *Faust* I (»Habe nun, ach! Philosophie«), der die Rezipienten in die Gedankenwelt der frühen Neuzeit zurückversetzen soll (vgl. Behrmann 1989, 10; Kayser 1991, 68–70). Goethe hat den Vers auch in der Lyrik erprobt, z. B. in *Künstlers Erdenwallen* (1774), *Erklärung eines alten Holzschnittes vorstellend Hans Sachsens poetische Sendung* (1776) sowie in Gedichten des *West-östlichen Divan* (*Talismane*). Später wird der Knittelvers fast nur noch satirisch oder ironisch verwendet, so in Mörikes »Idylle« *Der alte Turmhahn* (1838) und in den Bildgeschichten Wilhelm Buschs. Virtuos hat Gottfried Benn den Vers in seinem Gedicht *Blinddarm* (1912) eingesetzt, in dem er die menschliche Vergänglichkeit im Spiegel eines chirurgischen Eingriffs drastisch vor Augen führt:

> Stille, dumpf feucht. Durch die Leere
> klirrt eine zu Boden geworfene Schere.

> Und die Schwester mit Engelssinn
> hält sterile Tupfer hin.
>
> (Benn: *GWE* 1, 26, V. 15–18. Vgl. dazu Breuer 1981, 282 f.)

Bis heute ist der freie Knittelvers in einer Gestalt, die oft nur noch den Paarreim bewahrt hat, die beliebteste Form der nichtprofessionellen Gelegenheits- und Stegreiflyrik, einer Poesie, die nicht unterschätzt werden sollte, da sie in breiten Bevölkerungsschichten die Vorstellung davon, was ein Gedicht ist, prägt.

Die Vorstellung eines streng alternierenden Knittel – eine Rückprojektion der Metrik des 17. auf die des 16. Jahrhunderts – wurde erstmals von Heusler (1956, III, 53–60) angezweifelt. Vgl. auch Arndt 1989, 157 f.; Schlütter 1966. Dagegen Paul/Glier 1961, 100–104; Schlawe 1972b, 65–67. Pretzel (1962, Sp. 2477–2480) plädiert dafür, die historisch bedingte Fremdartigkeit der Knittelverse nicht durch den Verzicht auf das alternierende Lesen einzuebnen (interessanterweise vergleicht er die Sperrigkeit des Knittel mit der synkopierenden Jazzmusik, die frühere Generationen für nicht tanzbar hielten; ebd., Sp. 2479). Auch Kayser (1991, 22–25) spricht sich als Historiker für das Alternieren aus, hält seine Hörer jedoch an, als spätere Lehrer bei Aufführungen ihre Schüler »mit schwebender oder sogar grundsätzlich mit natürlicher Betonung lesen zu lassen« (ebd., 24).

3.2.1.3 Die Opitzsche Versreform: Der Zwang zur Alternation

In seinem für das 17. Jahrhundert normsetzenden *Buch von der Deutschen Poeterey* (1624) erklärt Martin Opitz:

»Nachmals ist auch ein jeder verß entweder ein iambicus oder trochaicus; nicht zwar das wir auff art der griechen vnnd lateiner eine gewisse grösse der sylben können in acht nemen; sondern das wir aus den accenten vnnd dem thone erkennen / welche sylbe hoch vnnd welche niedrig gesetzt soll werden.« (Opitz 1991, 49)

Opitz beschreibt hier keineswegs die zu seiner Zeit vorliegende deutsche Verskunst (im Gegenteil habe »noch niemand / ich auch vor der zeit selber nicht / dieses genawe in acht genommen«; ebd.), sondern er stellt eine Richtschnur auf, an der sich die künftige Dichtung orientieren soll: Die Messung der Silbenlänge (»grösse«), die der antiken Metrik zugrunde liegt, soll demnach durch eine akzentuierende Metrik ersetzt werden. Die Vielzahl der antiken Versfüße wird für die deutsche Dichtung rigide auf zwei begrenzt und in ihrer Anwendung streng geregelt: Einerseits ist strikte Alternation einzuhalten; andererseits sollen sich die Versakzente (also die Silben, die »hoch« gesetzt werden) den Wort- und Satzakzenten anpassen. Die Füllungsfreiheit, wie sie den größten Teil der frühneuhochdeutschen Lyrik kennzeichnet, handele es sich nun um Lied- oder Knittelverse, ist damit ausgeschlossen; Tonbeugungen sind verpönt.

Opitz setzte sich mit seinen Vorschlägen gegen konkurrierende Poetiken durch, die sich beispielsweise an der französischen Renaissancedichtung (z. B. von Pierre de Ronsard) orientierten und der Verslänge (also der Silbenzahl) eine größere Bedeutung zumaßen als der Alternation und dem ›natürlichen‹ Akzent. So sah sich ein so renommierter Autor wie Georg Weckherlin veranlaßt, seine 1618/19 erschienenen *Oden und Gesänge* in späteren Ausgaben von 1641 und 1648 behutsam in Richtung auf die Opitzschen Alternationsregeln zu glätten. Die durch Opitz ausgelöste Reform, deren Kern in der Vereinfachung und Normierung des Versbaus liegt, hat rückblickend gesehen eine zweischneidige Wirkung:

»Der humanistische Poet braucht sich nicht mehr um Grundfragen der Prosodie zu bekümmern, er nimmt den metrischen Zwang der Alternation in Kauf, erhält dafür aber mehr Freiheit für die thematisch-argumentative Arbeit. Didaktisch ist dies ein Vorteil: Opitzens Metrik hat sich sehr gut für den Schulbetrieb geeignet, aber sie hat andererseits zu einer rhythmischen Verödung geführt.« (Breuer 1981, 172)

Eine Modifizierung erfuhr das von Opitz aufgestellte metrische Normensystem, innerhalb dessen sich die vorgenannten Versformen bewegten, durch August Buchner, der seit 1638 darauf hinwies, daß die strikte Alternation der Verssprache zu enge Fesseln auferlegt, da sie alle drei- und mehrsilbigen Wörter sowie geläufige Wortkombinationen mit Doppelsenkungen (z. B. im untenstehenden Text: »segelt zur See«) ausschließt, wenn man keine Tonbeugungen oder künstlichen Nebenbetonungen in Kauf nehmen will. Buchner plädiert also dafür, auch die dreisilbigen antiken Versfüße in die akzentuierende deutsche Metrik zu übernehmen, insbesondere den Daktylus, dem die meisten dreisilbigen deutschen Wörter entsprechen. Auch ein Spondeus bzw. der Austausch eines Jambus gegen einen Trochäus am Versanfang (heute meist als schwebende Betonung angesehen) soll zugelassen sein. Mit diesen Vorschlägen konnte sich Buchner bei vielen Autoren der Zeit (besonders bei der Nürnberger Dichterschule, die nach einem spielerischen Umgang mit der Sprache suchte) durchsetzen, so daß das Opitzsche System modifiziert wurde, ohne doch für die nächsten hundert Jahre außer Kraft gesetzt zu werden. (Zu Buchner vgl. Newald 1951, 179–182.) Die belebende Wirkung ›daktylischer‹ Verse gegenüber den alternierenden kann folgendes Beispiel veranschaulichen:

> Im Lentzen da gläntzen die blümigen Auen /
> die Auen / die bauen die perlenen Tauen /
> die Nympfen in Sümpfen ihr Antlitz beschauen /
>   es schmilzet der Schnee /
>   man segelt zur See /
>   bricht güldenen Klee.
>
> (Johann Klaj: *Vorzug deß Frülings*, V. 1–6; *Pegnitz-Schäfer*, 165 f.)

Der spielerische, auf die Anakreontik des frühen 18. Jahrhunderts vorausweisende Ton dieses Gedichts wird nicht nur durch die beiden nach je drei Versen einander abwechselnden daktylischen Versformen, sondern auch durch den dreifachen Reim erzeugt, der jeweils noch durch zahlreiche Binnenreime, Alliterationen und Assonanzen unterstützt wird (vgl. zu dieser Lyrik Kayser 1991, 37–39).

Die eingehendste Darstellung der Opitzschen Reform vor dem Hintergrund der Konkurrenz mit Weckherlin bietet Wagenknecht (1971; 1989, 53–77). Vgl. ferner: Arndt 1989, 159–161; A. Binder u. a. 1981, 275–279; Breuer 1981, 154–172; Meid 1986, 74–78; Newald 1951, 156–172.

3.2.1.4 Romanische Versformen: Alexandriner, Vers commun, Madrigalvers, Endecasillabo, Romanzenvers

Der wichtigste Vers der deutschen Versdichtung des 17. Jahrhunderts war der Alexandriner, von dem oben im Zusammenhang mit der Zäsur (Abschnitt 3.1.2.3) schon die Rede war. Nach Opitz konnte sich der von Weckherlin eingeführte, nur durch die Verslänge (12 oder 13 Silben) und die Zäsur nach der sechsten Silbe gekennzeichnete französische Alexandriner nicht durchsetzen; er wurde in einen ›deutschen Alexandriner‹, einen sechshebigen alternierenden Vers mit Auftakt sowie einer Zäsur nach der dritten Hebung, verwandelt (vgl. auch Gelfert 1990, 63–65).

Der Alexandriner ist ein sehr langer, streng gegliederter Vers, der nicht für alle Gedichtarten geeignet ist. Häufig wurde daher auch der ebenfalls aus dem Französischen übernommene ›Vers commun‹ benutzt, der als eine Art verkürzter Alexandriner angesehen werden kann: Er besteht aus 10 bzw. 11 Silben und weist eine feste Zäsur nach der vierten Silbe auf; in der deutschen Variante ist der Vers commun ein auftaktiger, alternierender (›jambischer‹) Vers, dessen Zäsur nach der zweiten Hebung liegt. Wie beim Alexandriner kann der Reim (auch innerhalb eines einzelnen Gedichts) männlich oder weiblich sein. Der Hauptunterschied zu dem längeren Vers besteht in der Asymmetrie der beiden Vershälften, aber die feste Zäsur läßt auch den Vers commun nicht sehr geschmeidig wirken, zumal in Versen wie den folgenden, in denen die Zäsur stets in einer Syntagmen- bzw. Kolongrenze liegt:

> WAs ist die Welt und ihr berühmtes glänzten?
> Was ist die Welt und ihre gantze Pracht?
> Ein schnöder Schein in kurtzgefasten Gräntzen
> Ein schneller Blitz bey schwartzgewölckter Nacht.

(Christian Hofmann von Hofmannswaldau: *Die Welt* [1679], V. 1–4; *Zeitalter des Barock*, 251)

Wie beim Alexandriner kann die Zäsur jedoch auch überspielt werden, so in den meisten Versen von Hofmannswaldaus *Gedancken bey Antretung des funffzigsten Jahres* (»Mein Auge hat den alten Glantz verlohren ...«). Später ist das Metrum noch einmal durch Mignons Lied aus Goethes Roman *Wilhelm Meisters Lehrjahre* populär geworden; schon dessen erster Vers (»Kennst du das Land, wo die Zitronen blühn«) variiert allerdings das auftaktig alternierende Metrum, da er eher mit einer Hebung und einer folgenden Doppelsenkung einsetzt; zum Ausgleich kann eine schwebende Betonung gelesen werden (vgl. H. Meyer 1987, 75).

Weitgehende Freiheiten erlauben der lyrischen Sprache die ›Madrigalverse‹. Sie stammen aus der italienischen Musik und Dichtung (vgl. Blank 1990, 40 und 89) und verbreiteten sich ebenfalls bereits während des 17. Jahrhunderts, besonders nach Caspar Zieglers Buch *Von den Madrigalen* (1653), das auch eine Beispielsammlung enthält (vgl. Meid 1986, 65–67). Madrigalverse haben innerhalb eines Gedichts verschiedene Hebungszahlen, sind aber meist alternierend, häufiger mit als ohne Auftakt. Sie sind gereimt, haben aber kein festes Reimschema; zuweilen sind auch einzelne Waisen eingestreut. Da wiederkehrende Regelmäßigkeiten fehlen, eignen sich Madrigalverse nicht zur Strophenbildung: Das Madrigal ist ein nichtstrophisches Gedicht; bestenfalls gliedert es sich in formal verschiedene Abschnitte.

> Schöne Linde
> Deine Rinde

> Nehm den Wunsch von meiner Hand:
>   Kröne mit dem sanfften Schatten
>   Diese stets begrasten Matten /
> Stehe sicher vor dem Brand;
>   Reist die graue Zeit hier nieder
>   Deine Brüder /
> Sol der Lenzen diese Aest'
>   Jedes Jahr belauben wieder
> Und dich hegen Wurtzelfest.

(Aus: Georg Philipp Harsdörffer/Johann Klaj: *Pegnesisches Schäfergedicht* (1644); *Pegnitz-Schäfer*, 28)

Aus heutiger Sicht ist hier die nicht linksbündige Zeilenanordnung auffällig, die allerdings im 17. Jahrhundert noch nicht gegen eine so starke Normierung auf Linksbündigkeit antrat, wie sie sich danach entwickelte. Das Beispiel zeigt aber vor allem, daß Madrigalverse durch die wechselnde Hebungszahl und das Festhalten an der Alternation zugleich flexibler handhabbar und gefälliger in der Wirkung sind als etwa freie Knittelverse mit ihren vier Hebungen und wechselnden Senkungen. Den Kontrast beider Versformen kann man in Goethes *Faust*, ohnehin eine Schatzkammer metrischer Beispiele, studieren.

Den Madrigalversen entsprechen im Französischen die ›Vers libres‹. Es ist vor allem der Einfluß von Autoren wie dem Fabeldichter La Fontaine und dem Komödienschreiber Molière, der zur Verbreitung dieses Verses im 18. Jahrhundert (z. B. in der Lehr- und Fabeldichtung von Brockes, Gellert und Wieland) geführt hat (vgl. Schlawe 1972b, 64; Breuer 1981, 187–189). Das bekannteste deutsche Gedicht in Vers libres bzw. Madrigalversen ist Goethes *Ein gleiches* (»Über allen Gipfeln / Ist Ruh«; vgl. dazu Segebrecht 1978).

Die Madrigalverse oder Vers libres werden auch später immer wieder benutzt, bis hin zu den gereimten Langversen in Gedichten Ernst Stadlers (z. B. *Vorfrühling* oder *Zwiegespräch*). Die deutsche Bezeichnung ›freie Verse‹ sollte man dagegen mit Schlawe (1972b, 64) den »wirklich ›freien‹, nämlich reimfreien Versen« vorbehalten (s. u., Abschnitt 3.2.4).

Die italienische Entsprechung zum französischen Vers commun ist der ›Endecasillabo‹ (Elfsilber), ein Vers, der, wie der Name schon sagt, immer elf Silben lang ist, eine Hauptbetonung auf der vorletzten Silbe trägt (also zweisilbigen, weiblichen Reim hat) und in der deutschen Version daher auftaktig alternierend (›jambisch‹) ist. Ein zweiter Hauptton liegt auf der vierten oder sechsten Silbe, so daß der Vers ebenfalls eine Zäsur aufweist, die aber beweglich ist (nämlich hinter der vierten bis siebten Silbe liegen kann). Der Endecasillabo ist also wesentlich flexibler als der Vers commun. Es handelt sich um den Hauptvers der italienischen Dichtung, der in verschiedenen Strophen- und Gedichtformen wie dem Sonett, der Terzine, der Stanze oder der Sestine benutzt wird. Erst Mitte des 18. Jahrhunderts wurde er in die deutsche Lyrik eingeführt und begann, die bisher meistbenutzten Langverse, den Alexandriner und den Vers commun, abzulösen, meist im Zuge der Aneignung der genannten italienischen Strophenformen, etwa bei Goethe und den Romantikern (z. B. August Wilhelm Schlegel).

Um 1900 erlebte der Endecasillabo dann eine Renaissance: Stefan George, der den Elfsilber in der Regel zu vierzeiligen Reimstrophen zusammenstellt, verwendet diese Versform häufiger als alle anderen. Fünfhebig alternierende Verse mit Auftakt haben auch im Werk der expressionistischen Autoren Georg Heym und Georg Trakl einen großen Stellenwert, teils in vierzeiligen Reimstrophen, teils auch in regelrechten Sonetten. Neben Gedichten aus zehnsilbigen Versen oder solchen, in denen sich Zehn- und Elfsilber (also männliche und weibliche Reime) abwechseln, gibt es bei beiden auch einige Gedichte aus reinen Endecasillabi, so Trakls Sonett *Sabbath* (1909) oder Heyms *Die Menschen stehen vorwärts in den Straßen ...* (1911).

Im Gegensatz zu den bisher genannten fünfhebigen Versen stammt der ebenfalls seit Mitte des 18. Jahrhunderts verbreitete ›Blankvers‹ nicht aus den romanischen Literaturen, sondern aus der englischen Dichtung; er findet sich z. B. in Shakespeares Dramen, in Miltons Epos *Paradise Lost*, aber auch in dem Gedichtzyklus *Night Thoughts* von Edward Young. Es handelt sich um einen reimlosen Vers, wie bereits der Name besagt (engl. *blank* = leer, hier also reimlos). Der Vers ist immer auftaktig alternierend (weshalb er oft als fünffüßiger Jambus bezeichnet wird), mit entweder weiblichem oder männlichem Versende. Blankverse erzeugen nur einen geringen Grad poetischer Stilisierung, sind vielmehr sehr flüssig und prosanah verwendbar, besonders wenn sie – wie in Lessings *Nathan* oder in den Dramen Kleists – mit zahlreichen Enjambements gebraucht werden und die Einzelverse an vielen Stellen auf mehrere Sprecher verteilt werden. Die Reimlosigkeit und metrische Unauffälligkeit dieses (in deutscher Sprache erstmals 1682 in der Milton-Übersetzung Haakes und von Berges begegnenden) Verses hat schon früh Anlaß zu dem Verdacht gegeben, hier werde die Verssprache in Prosa aufgelöst (vgl. Heusler 1956, III, 171–177). In der deutschsprachigen Lyrik wird der Blankvers nur vereinzelt verwendet, beispielsweise von Rilke in der vierten und achten der *Duineser Elegien*. (Zu den Ausdrucks- und Variationsmöglichkeiten des Blankverses vgl. H. Meyer 1987, 74–79.)

Abschließend ist auf einen vierhebigen, stets auftaktlosen (also ›trochäischen‹) Vers hinzuweisen, der zunächst in Gottscheds Übersetzungen des griechischen Lyrikers Anakreon (6. Jh. v. Chr.) auftauchte und in der nach diesem benannten gesellig-heiteren Rokokodichtung (›Anakreontik‹) eine wichtige Rolle spielte. Der wichtigere Impuls kam allerdings einige Jahrzehnte später (1803) durch Herders Übersetzung des spanischen Nationalepos *Cid*. Dieser Vers heißt daher ›spanischer Romanzenvers‹; er ist achtsilbig, also (da im Deutschen alternierend und auftaktlos) immer weiblich endend. Im Gegensatz zu der anakreontischen Variante, die Reim erfordert, ist der spanische Romanzenvers assonierend (weist also nur Vokalgleichheit in der Kadenz auf). In dieser Form benutzt ihn beispielsweise Brentano in seinen *Romanzen vom Rosenkranz*. In einer weniger strengen Form, die im Deutschen wesentlich häufiger ist, können sich auch weiblich und männlich endende (also acht- und siebensilbige) Verse abwechseln. Heine verzichtet in seinem ebenfalls aus vierhebigen auftaktlosen Versen gebauten satirischen Epos *Atta Troll* darüber hinaus ganz auf den Reim.

3.2.1.5 Antikisierende Versformen:
Hexameter, Pentameter und jambischer Trimeter

Es war Klopstock, der ab 1748 als erster das Opitzsche Regelsystem nicht bloß in Einzelheiten modifizierte oder erweiterte, sondern grundsätzlich verwarf. Eine Erneuerung der deutschen Verssprache versprach er sich vom direkten Rückgriff auf die antiken Versformen, mit denen er dann jahrzehntelang experimentierte (vgl. grundsätzlich K. L. Schneider 1960). Zwar wurden auch schon früher antike Bezeichnungen wie ›Ode‹ oder ›Epigramm‹ verwendet, aber diese Formen lehnten sich nur ganz entfernt an die antiken Vorbilder an und fügten sich ganz in die Opitzsche Metrik ein (vgl. Meid 1986, 62–65, 67–71). Klopstocks Hexameter und Odenstrophen dagegen brachen gemäß den antiken Regeln sowohl mit dem Reim als auch mit der Alternation. Damit löste Klopstock eine intensive Beschäftigung vieler Dichter und Theoretiker mit der antiken Metrik und dem Problem ihrer Übertragbarkeit ins Deutsche aus, die bis zum Beginn des 19. Jahrhunderts anhielt, aber danach rasch verebbte (zu nennen sind hier vor allem Johann Heinrich Voß sowie August Wilhelm Schlegel). Die Phase des Experimentierens mit den neu angeeigneten Formen war schon um 1805 abgeschlossen; während des 19. Jahrhunderts wurden die antiken Formen nur noch vereinzelt und während des 20. Jahrhunderts bestenfalls noch als Zitat gebraucht (vgl. Hötzer 1964; Arbogast 1964).

Schon zu einer Zeit, in der der humanistischen Bildung ein höherer Stellenwert im Bildungssystem und im kulturellen Leben zukam als heute, konnte man daher feststellen, daß die deutschen Gedichte in antiken Formen, unter denen fraglos zahlreiche Meisterwerke zu finden sind (beispielsweise Goethes Hexameterdichtungen oder Hölderlins Oden und Elegien), angesichts ihrer antikisierenden Form selbst bei vielen professionellen Interpreten »eine gewisse Verlegenheit« (Kelletat 1964, 50) erzeugen. Diese Form löse den Verdacht aus, nichts als »antikischer Mummenschanz« (ebd.) zu sein, eine Sonderbarkeit, die man übergehen oder herunterspielen sollte, ja geradezu ein »Mißgriff, der seltsamerweise das künstlerische Gelingen nicht völlig verhindert hat« (ebd.). Heute sind uns die antiken Metren und das Problem ihrer Nachahmung sicherlich noch viel ferner gerückt als zu Beginn der sechziger Jahre. Dennoch ist Kelletat noch immer darin zuzustimmen, daß einerseits der durch Klopstock ausgelöste Innovationsschub der deutschen Verssprache ohne die Auseinandersetzung mit den antiken Formen undenkbar gewesen wäre und daß andererseits die ›antiker Form sich nähernden‹ (Goethe) Gedichte, von denen zahlreiche zu den noch immer lesenswertesten der neueren deutschen Lyrik gehören, ohne Grundkenntnisse ihrer antikisierenden Form bestenfalls oberflächlich zu verstehen sind.

Das Grundproblem der Übertragung antiker Metren ins Deutsche – das hatte auch schon Opitz erkannt – besteht darin, daß die Längen und Kürzen durch betonte und unbetonte Silben wiedergegeben werden müssen (s. o., Abschnitte 3.2.1.1 und 3.2.1.3). Nur das Strukturschema (die ›Versifikationsregeln‹) bleibt also erhalten, da die ›Prosodie‹ (das sprachliche Material) eine je ganz andere ist. Die antiken Versformen sind weder alternierend oder bloß silbenzählend noch füllungs- oder gar hebungsfrei, sondern sie sehen eine festgelegte Verteilung von Längen und Kürzen (bzw. im Deutschen betonten und unbetonten Silben) vor – wenngleich mit einigen Variationsmöglichkeiten. Dem Deutschen werden also Formregeln aufgezwungen, die zum Teil eklatant von der Alltagssprache abweichen (im Gegensatz etwa zu den eher schlichten Normierungen durch die Alternationsregel). Die seit Opitz verschmähten Tonbeugungen (oder zumindest schwebenden Betonungen) werden daher zum Teil wieder in Kauf genommen, um die deutsche Sprache dem fremdartigen Schema gefügig zu machen; von Puristen wie Voß werden sie in Einzelfällen (zur Nachahmung des Spondeus, der Doppelhebung) sogar gezielt angestrebt.

Der wichtigste antikische Vers ist der ›Hexameter‹, ein sechshebiger Langvers, der, da er eine Reihe von Doppelsenkungen umfaßt, sogar noch den Alexandriner an Länge übertrifft und daher als erzählender Vers für epische Gedichte und Versepen besonders geeignet ist. Das Vorbild schlechthin sind die Homerischen Epen, die 1781 (*Odyssee*) und 1793 (*Ilias*) von Voß formgetreu übersetzt wurden. Der Hexameter besteht in der längsten, 17 Silben umfassenden Form aus sechs Versfüßen, fünf Daktylen und einem abschließenden Trochäus. Die ersten vier Daktylen (ganz selten nur der fünfte) können im Griechischen durch einen Spondeus ersetzt werden, der im Deutschen, in dem zwei gleich stark betonte Silben hintereinander nicht sprechbar sind, meist durch die Nachahmung eines Trochäus ersetzt wird; statt der Doppelsenkung tritt also eine einfache Senkung ein:

́ ‿ (‿) ́ ‿ (‿) ́ ‿ (‿) ́ ‿ (‿) ́ ‿ ‿ ́ ‿

Damit ergibt sich eine große Variationsbreite dieses Verses, die durch die Möglichkeit, an insgesamt zwölf Stellen Haupt- oder Nebenzäsuren zu plazieren, noch weiter nuanciert werden kann. Die Hauptzäsur liegt meist nach der dritten Hebung oder der folgenden Senkung. Das Versende, das wie in allen antiken Versen reimlos ist, wird durch die in den meisten Fällen unveränderte (und im Inneren des Verses durch geschickte Zäsurierung in der Regel vermiedene) Schlußformel markiert: ́ ‿ ‿ ́ ‿ (Daktylus + Trochäus; diese Kombination heißt in der antiken Metrik ›Adoneus‹). Die Versgrenze wird aber auch häufig durch Enjambement überspielt, was den fließend-epischen Gestus des Verses unterstreicht.

Unmöglich können alle Feinheiten dieses Verses hier vorgeführt und die im 18. Jahrhundert geführte Debatte um die getreue Nachbildung des griechischen Hexameters im Deutschen referiert werden. Ein Beispiel kann die Ausdrucksmöglichkeiten des Verses –

etwa im Kontrast zum ebenfalls sechshebigen Alexandriner – jedoch exemplarisch veranschaulichen:

> Freiheit ruft die Vernunft, Freiheit die laute Begierde
> ´ - | ´ - - ´ | | ´ ~ ~ | - ´ - - ´ -
> (Schiller: *Der Spaziergang*, V. 141; *NA* 2.I, 312)

Der Hexameter weist eine deutliche Zäsur etwa in der Mitte auf (nach der dritten Hebung, also nach der sechsten von 14 Silben). Die beiden Hälften sind syntaktisch parallel gebaut, verstärkt durch die emphatische Wiederholung des Wortes »Freiheit« zu Beginn der zweiten Vershälfte. Das Problem liegt nur darin, daß ein Hebungsprall von dritter und vierter Hebung, wie ihn die benutzten Wörter eigentlich nahelegen (»Vernunft, Freiheit«), im Hexameter in keinem Fall vorgesehen ist; die Betonung müßte metrisch gesehen eigentlich auf der zweiten Silbe des Wortes »Freiheit« liegen. Man kann darin eine Nachahmung der antiken Metrik sehen, nach der ja beide Silben des Wortes »Freiheit« gleich lang sind und daher auch die zweite in die Hebung treten kann (so Wagenknecht 1989, 79). Die Versetzung des Wortakzents könnte auch als inhaltlich relevant verstanden werden: Das Metrum wiese demnach darauf hin, daß die Freiheit gerade nicht die gleiche ist, wenn sie von der »Vernunft« oder aber von der »Begierde« ausgerufen wird, sondern daß letztere sie zur »Freiheit« verzerrt. Den deutschen Sprachnormen gerechter wird jedoch die Annahme einer schwebenden Betonung, die das Wort als ganzes noch stärker hervorhebt als zu Beginn des Verses; die Inkongruenz zwischen metrischem und Wortakzent dient demnach der Steigerung. Beide Möglichkeiten der Lektüre sind in dem Vers enthalten. Generell ist bei scheinbaren metrischen Unkorrektheiten dieser Art, bevor man sie als Fehler oder Unzulänglichkeiten abtut, zunächst danach zu fragen, ob sie nicht eine bestimmte Funktion innerhalb des Textes erfüllen, die der Steigerung oder Nuancierung seines poetischen Ausdrucks dient.

Schillers Vers führt ganz nah an einen dem Hexameter sehr ähnlichen, ebenfalls sechshebigen und grundsätzlich daktylischen Vers heran, der – gemäß der in diesem Fall verwirrenden antiken Fußzählungsmethode – Pentameter (Fünffuß) heißt: In der Elegie *Der Spaziergang* folgt auf den eben untersuchten Hexameter der Pentameter »Von der heil'gen Natur rissen sie lüstern sich los« (V. 142), der sich von dem vorangehenden Vers nur durch den Verzicht auf die versetzte bzw. schwebende Betonung und durch das Fehlen einer Senkung am Schluß unterscheidet.

Schiller versucht an dieser Stelle offenbar die Unterschiede zwischen beiden Verstypen ausnahmsweise zu nivellieren, die ansonsten unübersehbar sind: Im Pentameter fallen gegenüber dem Hexameter die Senkungen nach der dritten und der sechsten Hebung weg; darüber hinaus dürfen nur in der ersten Vershälfte die ersten beiden Daktylen durch Spondeen bzw. Trochäen ersetzt werden; auf die vierte und fünfte Hebung folgt in jedem Fall eine Doppelsenkung. Der Pentameter ist also wesentlich stärker metrisch festgelegt als der Hexameter; insbesondere ist er durch einen Hebungsprall in der Mitte immer in zwei Hälften zerteilt (und ähnelt insofern dem romanischen Alexandriner). Er wird fast nie allein verwendet, sondern fast immer in Kombination mit einem vorangehenden Hexameter. Diesen Doppelvers nennt man ›Distichon‹. Zwei Gedichtarten sind durch die Verwendung des Distichons gekennzeichnet: das ›Epigramm‹, das oftmals nur aus einem einzigen Distichon besteht, und die ›Elegie‹. Die Wirkung des Distichons hat Schiller in einem Epigramm selbst poetisch zu beschreiben versucht:

> Im Hexameter steigt des Springquells flüssige Säule,
> Im Pentameter drauf fällt sie melodisch herab.

(Schiller: *Das Distichon*; *NA* 2.I, 324)

Gerade angesichts der Gleichheit der beiden ersten Vershälften (im Hexameter liegt die Zäsur in diesem Fall an der gleichen Stelle, an der sie im Pentameter immer liegen muß), versucht Schiller den Unterschied zwischen dem ›aufsteigenden‹ Rhythmus des ersten und dem ›abfallenden‹ des zweiten zu veranschaulichen.

Anders als das Epigramm, das sich durch seine Kürze auszeichnet und zum Ausdruck geschliffener Gedankensplitter besonders geeignet ist (vgl. z. B. Schillers und Goethes *Xenien*), ist die Elegie meist ein langes Gedicht, das strophisch gegliedert sein kann, aber nicht muß. Der Vorzug der elegischen Distichen gegenüber den ebenfalls in Langgedichten gebrauchten reinen Hexametern besteht im Kontrast der beiden zusammengespannten Versformen: Die Doppelverse sind rhythmisch abwechslungsreicher, bilden eine kleine, in sich abgeschlossene und doch sich zum folgenden Distichon wieder öffnende Bewegung und neigen daher nicht so leicht zur Monotonie oder aber zum Zerfließen wie die reinen Hexameter (vgl. Trunz 1964, 22 f.).

Populär wurde diese Gedichtform durch Goethes 1788–90 entstandene, aber erst 1795 (noch immer unvollständig) veröffentlichte *Römische Elegien*, die in lässigem Ton das sinnliche Erlebnis der römischen Antike mit erotischen Episoden verschmelzen. Von Schiller und Hölderlin wurde die Elegie jedoch wenig später vor allem zur Darstellung der Erinnerung an lebensgeschichtlich Vergangenes und an kulturgeschichtlich untergegangene Weltalter verwendet; ihr Ton ist dabei oftmals der der Klage oder der Beschwörung. Diese ›elegische Haltung‹ hat noch Rilke in seinen *Duineser Elegien* bewahrt, die aber in einer eigenen, sich an die elegische im strengen Sinne nur locker anlehnenden Form geschrieben sind (vgl. die umfassende Geschichte der deutschen Elegie bis Rilke: Beißner 1941).

Da Epigramm und Elegie vor allem durch den Doppelvers gekennzeichnet sind, nicht jedoch durch eine strophische oder noch größere formale Struktur, wurden sie bereits in diesem Abschnitt erwähnt. Dagegen sind die ebenfalls an antiken Mustern orientierten Odenverse fest in ein Strophenschema eingebunden, in dem die Verteilung nicht nur der Hebungen, sondern auch der Senkungen und der Zäsuren für jeden einzelnen Vers streng festgelegt ist; ihre Behandlung bleibt daher dem Abschnitt 3.2.2.6 vorbehalten. Ein weiterer antikisierender Langvers, der jambische Trimeter, der Hauptvers des griechischen Dramas, braucht nur am Rande erwähnt zu werden, da er in der deutschsprachigen Lyrik nur ganz selten verwendet wird. Der Vers ist ebenfalls sechshebig und (wie alle antiken Versmaße) ungereimt, jedoch auftaktig und in der Regel alternierend mit männlicher Kadenz. Die Unterscheidung von dem stets gereimten Alexandriner fällt dennoch nicht schwer. Die antiken Zäsurregeln werden in den deutschen Nachbildungen meist sehr lässig oder gar nicht beachtet. Als gelungenes Beispiel kann Mörikes Gedicht *Auf eine Lampe* gelten, das mit dem folgenden Vers schließt:

> Was aber schön ist, selig scheint es in ihm selbst.
>
> (Mörike: *SWB* 1, 93, V. 10)

Der Vers ist indes nicht ohne eine poetische Lizenz gebildet: Der Beginn kann zwar auftaktig gelesen werden (»Was a̱ber«); angenehmer und ausdrucksstärker klingt jedoch die Betonung auf der ersten Silbe, die eine Doppelsenkung nach sich zieht (»Wa̱s aber«). Was dem in dem Gedicht beschriebenenen »Kunstgebild« (V. 9), der Lampe, zugeschrieben wird, die Individualität, die von außen auferlegte Normen und Bewertungen nicht achtet, gilt ebenso für den zitierten Vers und mit ihm für das ganze Gedicht.

Zum Problem der Nachbildung antiker Metren vgl. Hellmuth/Schröder 1976, Bennett 1963 sowie noch immer Heusler 1917; zum Hexameter im Deutschen vgl. Albertsen 1971, 16–19 und 45–51; A. Binder u. a. 1981, 284–286; W.-H. Friedrich 1977; Kayser 1991, 59 f.; Kelletat 1964; Storz 1987, 162–171; Wagenknecht 1989, 78–82. Zum Vergleich mit englischen Hexameternachbildungen siehe Jost 1976, 73–78, zu den alemannischen ›Mundarthexametern‹ Hebels und einiger Schweizer Autoren ebd., 167–259.

3.2.2 Strophenformen

Der griechische Ausdruck ›Strophe‹ bedeutet etwas ganz Ähnliches wie der aus dem Lateinischen abgeleitete Begriff ›Vers‹, nämlich ›Drehung, Wendung‹; und tatsächlich wurden die beiden Begriffe (etwa auf die Abschnitte von Kirchenliedern bezogen) lange Zeit synonym gebraucht. Ursprünglich ist mit der ›Strophe‹ in der griechischen Tragödie die Wendung des Chors zum Altar, also ein Teil des Chorgesangs, gemeint. Heute steht er für die aus jeweils mehreren Versen bestehenden Abschnitte eines Gedichts.

Man kann den Begriff der Strophe in einem weiten Sinne verwenden: Er kann sich auf jede Versgruppe beziehen, die durch eine vorangehende oder folgende Leerzeile von mindestens einer weiteren Versgruppe abgetrennt ist. Die Rede von wiederkehrenden Strophenformen macht aber nur Sinn, wenn die Strophen untereinander gleichmäßig gebaut sind. In diesem Buch wird daher der Strophenbegriff in einem engen Sinne verwendet: Nur soweit ein Gedicht in mehrere formal gleich oder doch sehr ähnlich gebaute Versgruppen unterteilt ist, wird es als strophisch gegliedert bezeichnet. Jeder Strophe liegt dabei ein Schema zugrunde, das in allen Einzelstrophen realisiert wird und – abgelöst von diesen – formal beschrieben werden kann. Bei unregelmäßig gebauten Versgruppen wird hier nicht von Strophen, sondern von ›Abschnitten‹ eines Gedichts gesprochen. Werden Versgruppen, die eigentlich metrisch unregelmäßig gebaut sind, in formaler Hinsicht regelmäßigen Strophen angenähert, so werden sie als ›Scheinstrophen‹ oder strophenähnliche Abschnitte bezeichnet (z. B. die vierzeiligen Abschnitte in den 1771 veröffentlichten Fassungen von Klopstocks freirhythmischen Gedichten).

3.2.2.1 Der Ausdruckswert der Strophenformen

Lenkt man die Aufmerksamkeit auf den Strophenbau von Gedichten, ist man viel stärker als bei der Beschäftigung mit den Einzelversen, bei denen das Spannungsverhältnis zwischen Metrum, Rhythmus und Syntax im Vordergrund steht, auf das metrische Schema verwiesen, das in der Schriftform des Gedichts oft deutlicher wird als in der gesprochenen Form. Die Strophik ist also eher Gegenstand einer »Augenmetrik« als einer »Ohrenmetrik«, wie sie die nachbarocke Lyrik und Lyriktheorie dominierte (vgl. H. Meyer 1963, 114). Einen Anhaltspunkt auf der klanglichen Ebene haben fast alle geläufigen Strophenformen jedoch im Reim: Außer den reimlosen antikisierenden Odenstrophen kann kaum eine Strophenform auf den Reim verzichten, der allerdings in einigen Formen durch Assonanz aufgelockert oder durch ›Waisen‹ unterbrochen sein kann (vgl. schon Heusler 1956, III, 96).

Die Beschreibung des Strophenbaus beginnt sinnvollerweise mit der Zeilenzahl der Strophen (Zweizeiler, Dreizeiler usw.). Sodann sind die Verse, aus denen sich die Strophe zusammensetzt, formal zu beschreiben: Anzahl der Hebungen, Gestaltung des Verseingangs (mit oder ohne Auftakt), der Senkungen (einfach oder doppelt, frei oder fehlend) und des Versausgangs (ohne Senkung, mit einfacher oder doppelter Senkung), Reim (gegebenenfalls Reimfolge, sonst Assonanz oder Reimlosigkeit). (Vgl. H. J. Frank 1993, 10–12.)

Schwierig zu beantworten ist die Frage, welcher Ausdruckswert einer Strophenform über das einzelne Gedicht hinaus zukommt. Die Forschung ist sich mittlerweile einig, daß die Strophenform weder »ausdrucksmäßig rein indifferent« ist noch daß sie »*a priori* schon Trägerin eines bestimmten expressiven Vermögens« (H. Meyer 1963, 115) ist. Sinnvoll ist es, verschiedene Grade des Ausdruckswerts von Strophenformen zu unterscheiden. So gibt es ›Allerweltsformen‹, die »dank ihrer geringen Prägung recht vielseitig und darum auch sehr häufig verwendet worden sind« (H. J. Frank 1993, 14). Dazu zählt die zweithäufigste deutsche Strophenform, die aus den Langversen der mittelalterlichen deutschen Heldenepik abgeleitete Volksliedstrophe aus vier dreihebigen, auftaktigen, kreuzgereimten Zeilen mit abwechselnd weiblichem (1. und 3. Zeile) und männlichem (2. und 4. Zeile) Ende (vgl. ebd., 106–114):

> Die Fahrten gehn zu Ende,
> der Fahrtenwind bleibt aus.

> Es fällt dir in die Hände
> ein leichtes Kartenhaus.
>
> (Bachmann: *Bleib*, V. 1–4; *Werke* 1, 134)

Als weitere Beispiele vgl. Storms *Meeresstrand* (s. o., Abschnitt 3.1.2) und Eichendorffs *Hoch über den stillen Höhen ...* (s. o., Abschnitt 3.2.1.2).

Allerdings können sich einfache Formen auch durch vielfachen Gebrauch in ähnlichen Kontexten auszeichnen, so etwa bei der häufigsten deutschen Strophe, der Paarreimstrophe aus vier auftaktigen Vierhebern mit durchgehend männlichem Versschluß, die sich im 16. Jahrhundert als Kirchenliedstrophe durchsetzte (z. B. in Luthers *Vom Himmel hoch, da komm ich her ...*), sich erst seit Ende des 18. Jahrhunderts aus dem Kontext der Choraldichtung allmählich lösen konnte und auch in der Volkslied- und Balladendichtung (z. B. Goethe: *Erlkönig*) populär wurde (vgl. H. J. Frank 1993, 208–213). In Lob- und Preisgedichten wie dem folgenden hört man den Choralton fast unvermeidlich noch mit:

> Du guter, alter, blinder Mann,
> Wie ist mein Herz dir zugetan!
> Nimm dieses Herzens heißen Dank
> Für deinen göttlichen Gesang.
>
> (Friedrich Leopold von Stolberg: *Bei Homers Bilde*, V. 1–4; *Göttinger Hain*, 216)

Besonders großen Ausdruckswert besitzen dagegen Strophenformen mit ungewöhnlicherem Aufbau, die seltener verwendet werden und bei denen die in der literarischen Tradition schon vorliegenden Gedichte desselben Schemas in hohem Maße vorbildlich oder provozierend für neue Dichtungen sind. Das gilt vor allem für besonders kurze (z. B. zweizeilige) oder besonders lange (z. B. vierzehnzeilige) Strophen oder solche mit sehr kurzen (z. B. zweihebigen) oder sehr langen (z. B. achthebigen) Zeilen. Am häufigsten sind demgegenüber vierzeilige Strophen, und unter diesen jene mit vier Hebungen: 126 der 300 von H. J. Frank (1993, 73–76) untersuchten deutschen Strophenformen sind Vierzeiler; unter allen neueren deutschen Gedichten machen sie etwa 60 % aus. Gut die Hälfte aller Vierzeiler wiederum sind vierhebig, je gut ein Fünftel dreihebig bzw. fünfhebig.

Einprägsam sind auch Strophen, die aus sehr verschieden langen Zeilen bestehen. So konnte Herman Meyer in seinem Aufsatz *Vom Leben der Strophe in neuerer deutscher Lyrik* exemplarisch zeigen, daß in der vierzeiligen Strophenform von Goethes Gedicht *Nähe des Geliebten*, die durch den Wechsel von fünf- und zweihebigen auftaktig alternierenden Versen gekennzeichnet ist, die Doppelzeilen (also Halbstrophen) stark voneinander abgehoben sind, wobei den Kurzzeilen, die als Echo des Beginns der Langzeilen verstanden werden können, die zentrale strukturierende Funktion zukommt (vgl. H. Meyer 1963, 129–158):

> Ich denke dein, wenn mir der Sonne Schimmer
>   Vom Meere strahlt;
> Ich denke dein, wenn sich des Mondes Flimmer
>   In Quellen malt.
>
> (Goethe: *SW* 1, 43, V. 1–4)

Diese Strophenform wurde erst in der zweiten Hälfte des 18. Jahrhunderts erfunden (Ewald von Kleist: *Lied eines Lappländers* [1757]) und wurde dann schnell, aber nur für kurze Zeit populär. Fast alle Texte dieser Form können in einem engen intertextuellen Bezug gesehen werden; immer wieder werden nicht nur die gleichen Motive variiert, sondern zum Teil sogar einzelne Wortgruppen (wie das »Ich denke dein«) zitiert: Die auffällige Form dient vor allem zum Ausdruck »eines ursprünglichen, mutwilligen Gefühls, zumal in Liebesliedern« (H. J. Frank 1993, 250).

Die metrische Bauart einer Strophe stellt also bestimmte Möglichkeiten vor allem der inneren Strukturierung bereit. Aber diese Struktur kann (wie alle metrischen Regelmäßigkeiten) vom einzelnen Gedicht überspielt werden. In keinem Fall ist ein Strophenschema an sich schon zum Ausdruck bestimmter Inhalte oder Stimmungen prädestiniert. Diese inhaltlich-motivischen Prägungen erhält es jedoch durch die Formgeschichte, durch die früheren Gedichte, die in diesem Schema verfaßt sind. Aber auch diese historischen Vorprägungen einer Form sind keineswegs determinierend für das einzelne Gedicht; es kann beispielsweise als ›Kontrafaktur‹ (als Umdichtung eines formal gleichgebauten, bei Liedern auf dieselbe Melodie singbaren Vorbildgedichts mit abweichendem oder sogar entgegengesetztem Inhalt) oder als Parodie konzipiert sein oder sich ganz aus der bisherigen Verwendungsweise der Form lösen (vgl. H. J. Frank 1993, 14 f.).

Um die Funktion der Strophenform eines Gedichts angemessen einschätzen zu können, muß man also über die genaue formale Beschreibung hinaus erkennen, ob es sich um eine historisch vorgeprägte Form handelt und wenn ja um welche. Erst der Vergleich mit anderen gleich gebauten Gedichten läßt die spezifische Ausprägung der Strophenform in dem jeweils vorliegenden Gedicht deutlich werden. Zuweilen gibt es jedoch auch Strophen, die vom Autor für ein einzelnes Gedicht erfunden und auf dessen Inhalt und Stimmung zugeschnitten worden sind, beispielsweise die zehnzeilige Strophe von Mörikes zweistrophigem Gedicht *Um Mitternacht* (1828), in die mehrfache metrisch-rhythmische Wechsel eingebaut sind:

> Gelassen stieg die Nacht ans Land,
> Lehnt träumend an der Berge Wand,
> Ihr Auge sieht die goldne Waage nun
> Der Zeit in gleichen Schalen stille ruhn;
>   Und kecker rauschen die Quellen hervor,
>   Sie singen der Mutter, der Nacht, ins Ohr
>   Vom Tage,
>   Vom heute gewesenen Tage.
>
> (Mörike: *SWB* 1, 110, V. 1–8)

Die ersten vier Zeilen sind auftaktig alternierend, die ersten beiden vierhebig, die beiden folgenden fünfhebig: Das Naturbild weitet sich zu einer Ruhe ausstrahlenden Betrachtung. Der fünfte und der sechste Vers sind wieder vierhebig, aber mit zahlreichen Doppelsenkungen: Die springende Bewegung der Quellen wird rhythmisch nachempfunden. In den letzten beiden Versen wird der antike Amphibrachys, eine Hebung zwischen zwei Senkungen, nachgeahmt, im vorletzten Vers einmal, im letzten dreimal: Die Strophe klingt in einer bedeutungsvollen, sich ausbreitenden Geste aus.

Ein umfassender Überblick über die Vielzahl von Strophenformen kann in dieser Einführung nicht gegeben werden. Es werden nur einige besonders wichtige Formen vorgestellt. Zur Ermittlung aller übrigen in der neueren deutschen Lyrik bedeutsamen Strophenformen sei auf das sehr benutzerfreundliche Handbuch von H. J. Frank (1993) verwiesen, in dem auch die Geschichte der jeweiligen Form skizziert und deren historische Häufigkeit nachgewiesen wird.

3.2.2.2 Chevy-Chase-Strophe und Vagantenstrophe

Die ›Chevy-Chase-Strophe‹ ist nach einer englischen Ballade des 15. Jahrhunderts benannt, die 1739 von Luise Gottsched ins Deutsche übersetzt wurde. Das Strophenschema dieser Ballade wurde bald darauf von deutschen Autoren nachgeahmt, unter anderem von Klopstock, besonders wirkungsvoll jedoch von Johann Ludwig Gleim in seinen *Preußischen Kriegsliedern* (1758):

> Was helfen Waffen und Geschütz   _ _ ´ _ ´ _ _ ´
>   Im ungerechten Krieg?   _ _ _ ´ _ ´
> Gott donnerte bey Lowositz,   _ _ ´ _ ´ _ _ ´
> Und unser war der Sieg.   _ _ _ ´ _ ´
>
> (*Schlachtgesang bey Eröfnung des Feldzuges 1757*, V. 17–20; *Epochen* 5, 279)

Die Strophe besteht aus vier auftaktigen, abwechselnd vier- und dreihebigen Versen mit männlicher Kadenz und Kreuzreim. Die Alternation ist oft durch Füllungsfreiheit aufgelockert. Schon Lessing meinte »in dem durchgängig männlichen Reime« dieser Strophe »etwas dem kurzen Absetzen der kriegerischen Trommete Ähnliches« hören zu können (zit. nach H. J. Frank 1993, 142), mit anderen Worten: die Strophe sei besonders geeignet für heroisch-energische Inhalte. Tatsächlich wurde sie auch später vielfach für Themen dieser Art verwendet, und sie blieb bis heute die beliebteste Balladenstrophe (z. B. Fontane: *Archibald Douglas*; Brecht: *Legende vom toten Soldaten*). Daß diese Eigenschaft jedoch keineswegs der Strophenform als solcher immanent ist, sondern durch das übermächtige Vorbild der Balladen und Kriegslieder geformt wurde, wird deutlich, wenn man sich Gedichte vergegenwärtigt, die in derselben Strophenform verfaßt sind, aber ganz andere Inhalte haben (vgl. auch H. Meyer 1963, 116–118), beispielsweise Ludwig Höltys in den 1770er Jahren entstandenes *Mailied*:

> Willkommen liebe Sommerszeit,
>   Willkommen schöner Mai,
> Der Blumen auf den Anger streut,
>   Und alles machet neu.
>
> (*Göttinger Hain*, 106, V. 1–4)

Eine sogar noch häufigere Variante dieser Strophenform liegt vor, wenn der jeweils zweite und vierte Vers nicht männlich, sondern weiblich enden, wenn also an diesen Stellen eine Senkung hinzutritt. Die doppelte Senkung in der Mitte der Strophe (beim Übergang vom zweiten in den dritten Vers) durchbricht dann die durchgehende Alternation. Da diese Strophe sich aus dem Vers der mittelalterlichen Vagantendichtung (z. B. in der Sammlung *Carmina burana* [13. Jahrhundert]) entwickelt hat, nennt man sie ›Vagantenstrophe‹. Sie wird zwar auch in Balladen und Kriegsliedern gebraucht; ihre Verwendung ist jedoch von vornherein viel breiter gestreut. Hermann Hesses *Höhe des Sommers* beispielsweise zeigt, daß die Form zu einem sentimentalen Jahreszeitengedicht ebenso geeignet ist wie die von Hölty verwendete Chevy-Chase-Strophe:

> Entreiß dich, Seele, nun der Zeit;
> Entreiß dich deinen Sorgen
> Und mache dich zum Flug bereit
> In den ersehnten Morgen.
>
> (Hesse: *Gedichte* 2, 615, V. 9–12)

Dagegen veranschaulicht Morgensterns *Der Gaul* die humoristische Einsatzfähigkeit der Strophe (einen zusätzlichen komischen Effekt bewirkt dabei die Beschränkung auf Assonanz im zweiten und vierten Vers, die »Hühner« in »Türe« widerklingen läßt):

> Es läutet beim Professor Stein,
> Die Köchin rupft die Hühner.
> Die Minna geht: Wer kann das sein? –
>   Ein Gaul steht vor der Türe.
>
> (Morgenstern: *Galgenlieder*, 84, V. 1–4)

Die Vagantenstrophe gibt es auch in einer auftaktlosen (›trochäischen‹) Version:

> Als ich still und ruhig spann,
> Ohne nur zu stocken,
> Trat ein schöner junger Mann
> Nahe mir zum Rocken.
>
> (Goethe: *Die Spinnerin* [um 1795], V. 1–4; *SW* 1, 127)

Durch den Hebungsprall beim Übergang von der ersten zur zweiten sowie von der dritten zur vierten Zeile werden die dreihebigen von den vierhebigen Versen noch schärfer abgehoben als in der auftaktigen Variante, wodurch hier der verspielt-scherzhafte Gestus der Verse unterstützt wird. Diese Wirkung ist jedoch wiederum nicht mit der Strophenform als solcher verknüpft, wie der brutal-chauvinistische Duktus der folgenden Strophe vor Augen führt:

> Nur der Franzmann zeigt sich noch
> In dem deutschen Reiche;
> Brüder, nehmt die Keule doch,
> Daß er gleichfalls weiche.
>
> (Heinrich von Kleist: *Kriegslied der Deutschen* [1809], V. 21–24; *SWB* 1, 28)

3.2.2.3 Romanzenstrophe

Die Romanzenstrophe (vgl. oben, Abschnitt 3.2.1.4) ist der spanischen Dichtung entlehnt. Sie besteht aus vier jeweils vierhebig alternierenden Zeilen ohne Auftakt mit regulär stets weiblichem, im Deutschen jedoch meist abwechselnd weiblichem (1. und 3. Zeile) und männlichem (2. und 4. Zeile) Ausgang. Die Verse sind durch Kreuzreim verbunden, der jedoch durch Assonanzen oder unterbrochene Reime ersetzt werden kann. Es handelt sich nicht nur um die populärste ›trochäische‹ Strophenform, sondern um die zwischen 1770 und 1900 beliebteste deutsche Strophe überhaupt:

> Auf dem Teich, dem regungslosen,
> Weilt des Mondes holder Glanz,
> Flechtend seine bleichen Rosen
> In des Schilfes grünen Kranz.
>
> (Nikolaus Lenau: *Schilflieder* 5 [1832], V. 1–4; *Gedichtbuch/Conrady*, 276)

(Als weiteres Beispiel vgl. Karoline von Günderrode: *Die Einzige*; oben, Abschnitt 3.2.1.1) Wegen der bevorzugten Verwendung in dem gleichnamigen Buch von Goethes *West-östlichem Divan* nennt man die Form auch ›Suleikastrophe‹, während die seltenere Variante mit durchgängig weiblichen Versenden (ebenfalls nach einem Buch des *Divan*) auch ›Schenkenstrophe‹ genannt wird:

> Heute hast du gut gegessen,
> Doch du hast noch mehr getrunken;
> Was du bei dem Mahl vergessen
> Ist in diesen Napf gesunken.
>
> (Goethe: *SW* 3, 376, V. 1–4)

3.2.2.4 Neue Formen vierzeiliger Strophen im 20. Jahrhundert

Die deutschsprachige Lyrik des 20. Jahrhunderts kehrt sich vielfach von der das ganze 19. Jahrhundert hindurch noch vorherrschenden Orientierung fast aller Gedichte am Vorbild des Liedes ab. Ein Indiz dafür ist, daß auch und gerade in formbewußter Lyrik und auch in vierzeiligen Strophen die stets liedartig klingenden drei- oder vierhebigen Verse in den Hintergrund gedrängt wurden: Eine vierzeilige Strophe aus fünfhebigen, auftaktigen Versen mit abwechselnd weiblichen (1. und 3. Zeile) und männlichen (2. und 4. Zeile) Versausgängen im Kreuzreim, die bis dahin nur eine untergeordnete Rolle gespielt hatte, wurde zur beliebtesten Strophenform. Die längeren, alternierenden Verse ohne feste Zäsur machen die Strophe besonders geeignet für elegische Gedichte »des erinnernden Rückblicks und der nachdenklichen Betrachtung« (H. J. Frank 1993, 326). Stefan George hat diese Strophe durch seine Nachdichtungen Baudelaires und durch seine eigene, unter dem Einfluß der französischen Symbolisten (besonders Mallarmés) entstandene Lyrik bekannt gemacht; auch Rilke und Expressionisten wie Heym und Trakl benutzten sie vielfach:

> Sein Blick ist vom Vorübergehn der Stäbe
> so müd geworden, daß er nichts mehr hält.
> Ihm ist, als ob es tausend Stäbe gäbe
> und hinter tausend Stäben keine Welt.

(Rilke: *Der Panther* [1903], V. 1–4; *SW* I, 505)

Die Strophenform zeichnet sich dadurch aus, daß der Einschnitt zwischen dem zweiten und dem dritten Vers, der genau in der Mitte, an der Achse des Kreuzreims, liegt, durch fortlaufende Alternation (Synaphie) überspielt wird, während die Übergänge vom ersten zum zweiten sowie vom dritten zum vierten Vers durch doppelte Senkung (Asynaphie) deutlicher markiert sind. Rilkes Realisation dieser Form wirkt dieser Struktur spannungsreich entgegen: Die ersten beiden und die letzten beiden Verse werden durch Enjambement eng verknüpft, während die Mitte durch eine Satzgrenze hervorgehoben ist. Neben dieser Strophenform gibt es in der Lyrik des 20. Jahrhunderts zahlreiche Varianten, die ebenfalls vier Fünfheber verknüpfen, die dem Endecasillabo oder dem Vers commun nachgebildet sind (vgl. oben, Abschnitt 3.2.1.4).

3.2.2.5 Terzine und Stanze

Besonders kunstvolle Strophenformen sind in der italienischen Dichtung entwickelt worden. In der neueren deutschen Lyrik wurden vor allem die Terzine und die Stanze nachgebildet. Sie erlebten in der klassisch-romantischen Dichtung um 1800 eine Blüte, gerieten während des späteren, einfachere Formen bevorzugenden 19. Jahrhunderts ein wenig in Vergessenheit und wurden um 1900 von Autoren wie Hofmannsthal, George und Rilke wiederentdeckt.

Die Terzine, die Strophenform von Dantes (1265–1321) *Divina*

Commedia, besteht aus drei fünfhebigen, alternierenden Versen mit Auftakt; die im Italienischen obligatorische Verwendung von Endecasillabi (elfsilbigen Versen mit stets weiblichem Ausgang) kann im Deutschen durch die Verwendung zehnsilbiger Verse (mit männlicher Endung) aufgelockert werden. Die Strophenform fällt schon durch ihre Dreizeiligkeit auf, die in der deutschen Lyrik ansonsten äußerst selten ist. Da Reime in der Regel genau zwei Zeilen miteinander verbinden, sind die geradzeiligen Strophenformen (allen voran die Vierzeiler) die weitaus häufigeren (vgl. H. J. Frank 1993, 53 f.). Im Dreizeiler dagegen müssen entweder alle drei Verse reimen, oder einer fällt aus dem Reim heraus. (Klopstocks Versuch, mit dem Gedicht *Das Rosenband* [1753] einen gänzlich reimlosen Dreizeiler einzuführen, konnte sich nicht durchsetzen; vgl. H. J. Frank 1993, 62.) Die Terzine stellt demgegenüber eine eigentümliche Zwischenlösung dar: In ihr reimen stets der erste und der dritte Vers miteinander, der zweite Vers jeder Strophe jedoch reimt sich mit dem Reimpaar der folgenden Strophe und so fort: *aba bcb cdc* ... Jede Strophe hat also gleichsam einen Überhang-Reim, der erst in der folgenden aufgenommen wird. Schon Goethe erkannte das Problem, das die (von August Wilhelm Schlegel eingeführte) Form in sich trägt: Die Terzine gefiel ihm zunächst nicht, weil sie »gar keine Ruhe hat und man wegen der fortschreitenden Reime nirgends schließen kann« (Goethe an Schiller, 21.2.1798; *Briefwechsel*, 584). Die Lösung dieses Problems steckt im Schlußvers: An die letzte dreizeilige Strophe wird eine Zeile angehängt, die sich auf die vorangegangene Mittelzeile reimt, so daß kein Vers reimlos bleibt: *yzy z*. Die letzten vier Verse können als Kreuzreim verstanden werden und sind auch manchmal so gedruckt; andernfalls wird der letzte Vers einzeln gesetzt. Entweder nur dieser oder der ganze Vierzeiler sind häufig auch inhaltlich deutlich als Abschluß, als Sentenz, zusammenfassender Gedanke oder Schlußbild ausgeprägt.

Die Terzine ist also ein Mittelding zwischen Strophen- und Gedichtform: Ihr fehlt als Strophe die formale Abgeschlossenheit, die sich bei ihr erst im Gedicht als ganzem herstellt, doch ist die Verszahl (und damit der Gesamtumfang) in der Terzine nicht wie in strengen Gedichtformen (etwa dem Sonett) vorgeschrieben, sondern prinzipiell offen. Die Form fordert besondere Kunstfertigkeit, da jeder Reim außer dem ersten und dem letzten dreimal an genau festliegenden Stellen auftauchen muß und die Strophen in sich geschlossen sein und zugleich offengehalten werden müssen für die Wiederaufnahme des Reims in der folgenden Strophe.

Später wußte Goethe die Leistungsfähigkeit der Terzine durchaus zu schätzen; etwas makaber nur, daß er sie ausgerechnet in einem Totengedicht auf den ehemaligen Briefpartner virtuos benutzte: *Bei Betrachtung von Schillers Schädel* (»Im ernsten Beinhaus wars ...«; 1826). Seine »nachdenkliche, Anschauung und Gedanken im Schritt der Strophen verknüpfende Betrachtung menschlicher Vergänglichkeit« (H. J. Frank 1993, 67) wirkte vorbildlich, bis hin zu Hugo von Hofmannsthals berühmten *Terzinen über Vergänglichkeit*. Hier das zweite dieser drei Gedichte:

> Die Stunden! wo wir auf das helle Blauen
> Des Meeres starren und den Tod verstehn,
> So leicht und feierlich und ohne Grauen,
>
> Wie kleine Mädchen, die sehr blaß aussehn,
> Mit großen Augen, und die immer frieren,
> An einem Abend stumm vor sich hinsehn
>
> Und wissen, daß das Leben jetzt aus ihren
> Schlaftrunknen Gliedern still hinüberfließt
> In Bäum und Gras, und sich matt lächelnd zieren
>
> Wie eine Heilige, die ihr Blut vergießt.
>
> (Hofmannsthal: *GW* 1, 21)

Dieses Gedicht (das mittlere einer Dreiergruppe) hat das Vergehen und den Übergang (das ›Herübergleiten‹, wie es im ersten Gedicht genannt wird) zum Gegenstand; und auf kunstvolle Weise sind in ihm besonders die Übergänge zwischen den Strophen gestaltet, die in allen drei Fällen durch Strophenenjambements überspannt sind. Dabei bewahrt jedoch jede Strophe ihr Eigengewicht. Zweimal (zu Beginn der zweiten Strophe und des Schlußverses) erweitert ein durch »Wie« eingeleiteter Vergleich die Perspektive, die das in Vers 1 sprechende »wir« in Richtung auf den Tod einnimmt. Der Übergang von der zweiten zur dritten Strophe öffnet das Bild der kleinen Mädchen hin auf deren Wissen von ihrer Vergänglichkeit. Ein Wechsel der Perspektive findet auch bereits innerhalb der zweiten Strophe statt; und er wird ebenfalls durch einen formalen Kunstgriff hervorgehoben: Die beiden Reimwörter »aussehn« und »hinsehn« müßten dem Metrum gemäß auf der zweiten, identischen Silbe betont werden; der Wortakzent liegt aber bei beiden auf der ersten Silbe, durch die sie voneinander unterschieden sind. (Es ist also eine schwebende Betonung anzunehmen.) Während im ersten Vers aus dem Blickwinkel eines äußeren Betrachters vom ›Aussehen‹ der Mädchen die Rede ist, folgt der dritte Vers bereits dem

›Hinsehen‹ der Mädchen selbst, das kein Objekt mehr hat, auf das es blickt.

Zur Terzine gibt es eine weniger strenge (und in der deutschen Lyrik noch seltener gebrauchte) Nebenform, das ›Ritornell‹, in dem der mittlere der drei Verse jeder Strophe reimlos bleibt (Schema: *axa bxb* ...), wodurch die Strophen in sich abgeschlossener sind. Zudem ist der erste Vers stark verkürzt und fungiert oft als Anruf des Gegenstandes der Strophe (z. B. Blumen-Ritornelle):

> Muskathyazinthen –
> Ihr blühtet einst in Urgroßmutters Garten;
> Das war ein Platz; weltfern, weit, weit dahinten.
>
> (Storm: *Frauen-Ritornelle*, V. 7–9; *SW* 1, 90)

Die Strophen sind durch diese formale und inhaltliche Struktur stark voneinander isoliert. Oft wird daher das Ritornell nicht als Strophen-, sondern als Gedichtform verstanden. Man kann es als Epigramm mit einer Art Überschrift auffassen (ähnlich dem alleinstehenden, epigrammatischen Distichon).

Die Stanze ist die Hauptform der italienischen Versepik seit Boccaccio (1313–1375). Sie ist eine achtzeilige Strophe, die im Gegensatz zu den üblichen deutschen Achtzeilern, die meist aus zwei Vierzeilern zusammengesetzt sind, nicht symmetrisch aufgebaut ist, denn ihre Reimordnung ist *abababcc*. Die Strophe wird also, nachdem der alternierende Reim dreimal benutzt wurde, durch ein Reimpaar abgeschlossen, das besser noch als der Schluß der Terzine als Sentenz geeignet ist. Die Verse der von Wilhelm Heinse 1774 in die deutsche Literatur eingeführten Strophe sind ebenfalls den Endecasillabi nachgebildet, also auftaktig alternierende Fünfheber, aber im Deutschen selten mit durchgehend weiblichem Versschluß: Am häufigsten ist die Form, in der der zweite, vierte und sechste Vers verkürzt, also männlich endend sind; es gibt jedoch zahlreiche andere Varianten.

Die Stanze (ital. *stanza*: Zimmer) ist eine stark in sich abgeschlossene Strophe: Schon im Druckbild wirkt sie, eine relativ lange Strophe mit Versen von nicht oder nur gering variierender Länge, oft blockartig; die dreimalige Wiederkehr des alternierenden Reims steht einer dynamischen Versbewegung entgegen und wirkt leicht formal bis steif; der Paarreim erscheint dann so endgültig, als schlösse er nicht nur eine Strophe, sondern ein ganzes Gedicht ab; beispielsweise kann man Goethes *Urworte. Orphisch* (1817) als Gruppe von fünf relativ selbständigen Einzelgedichten ansehen. Die formalen Eigenschaften der Stanze machen sie besonders geeignet zur »rhetorisch repräsentativen Verwendung« (H. J. Frank 1993, 674), für »Betrachtungen und Gelegenheitsgedichte zu gehobenen Anlässen« (ebd., 673), beispielsweise für Widmungs- und Huldigungsgedichte oder für Prologe zu Büchern oder Feiern. Aber auch für besinnliche oder gedankliche Gedichte wird die Form gern benutzt:

> Drum sei dem winterlichen Zimmer gut,
> laß dir die harten Außentage kürzen;
> vertraute Flammen sprengen wohlgemut
> aus alten Harzen die verhehlten Würzen.
> Und wenn die Schichten im Kamine stürzen,
> so schaue, was du glühest, in die Glut –
> und sieh es dort sich bilden und zerstören:
> nur was vergehen darf, kann dir gehören.
>
> (Rilke: *Winterliche Stanzen*. Entwurf zur Fortsetzung [ca. 1913], V. 1–8; *SW* II, 401 f.)

Diese Strophe weicht in der Reimordnung leicht vom Schema ab: *ababbacc*. Durch die Umkehrung in den Versen 5 und 6 entsteht in der Mitte der Strophe ein Blockreim; die leicht zur Monotonie neigende dreimalige Wiederkehr des alternierenden Reims wird aufgelockert. Auffällig ist der für Rilke ganz untypische Zeilenstil, insbesondere der Abschluß der Satz- und Sinneinheiten nach der zweiten und vierten Zeile. Der Gedankenstrich am Ende des sechsten Verses verstärkt den durch die Form an dieser Stelle ohnehin nahegelegten Einschnitt, den Gedankensprung von dem zuvor evozierten Kaminbild zu der durch dieses ausgelösten, aber weit darüber hinausreichenden Reflexion, die im abschließenden Reimpaar entfaltet wird.

3.2.2.6 Antike Formen:
sapphische, asklepiadeische und alkäische Odenstrophe

Von den Strophenformen, deren Leistungsfähigkeit in der neueren deutschen Lyrik im Vorangehenden exemplarisch vorgeführt wurde, unterscheiden sich die antiken Vorbildern nachgeahmten Strophen grundlegend, und zwar in zweierlei Hinsicht: Zum einen verzichten die antiken Strophenformen im Gegensatz zu allen neueren Formen auf den Endreim. Der zweite Unterschied betrifft die Verteilung der Hebungen und Senkungen: Die meisten strophischen Verse, die in der deutschen Lyrik seit dem 16. Jahrhundert benutzt werden, sind alternierend (selbst die aus den romanischen Literaturen übernommenen Verse werden der Alternation angeglichen), einige andere sehen regelmäßige Doppelsenkungen vor, wieder andere (vor allem liedartige Formen) lassen Füllungsfreiheit zu. In antiken Versen dagegen ist ein Wechsel von einfachen und doppelten Senkungen (und in einigen Fällen auch ein Hebungsprall innerhalb eines Verses) vorgesehen; die Verteilung der Hebungen und Senkungen ist aber nicht frei, sondern für jeden einzelnen Vers (mit einigen Variationsmöglichkeiten) genau vorgeschrieben, und jeder Vers unterscheidet sich von den anderen Versen einer Strophe durch dieses metrische Schema. Diese beiden Eigenschaften – Reimlosigkeit und präzise, aber nicht alternierende Verteilung der Hebungen und Senkungen – wurden bei der Aneignung der antiken Strophenformen nicht immer beachtet; so entwickelten beispielsweise Dichter des Barock reimende und zum Teil auch alternierende Sonderformen, die den antiken Schemata nur sehr oberflächlich ähnelten (vgl. z. B. H. J. Frank 1993, 271–276). In der zweiten Hälfte des 18. Jahrhunderts dagegen bemühte man sich um eine so genaue Nachprägung der antiken Strophen, wie sie im Deutschen irgend möglich ist.

Formal gesehen, kann bereits das aus einem Hexameter und einem Pentameter zusammengesetzte elegische Distichon (s. o., Abschnitt 3.2.1.5) als Strophe bezeichnet werden. Da es jedoch historisch kaum jemals als Strophe betrachtet wurde, sondern eher als Doppelvers, der mit anderen zu größeren Strophen (z. B. Hölderlins Elegienstrophen, die meist aus neun Distichen bestehen) oder auch zu nicht regelmäßig gegliederten Gedichten (z. B. Schiller: *Der Spaziergang*) zusammentreten kann, wird es hier nicht weiter behandelt (vgl. H. J. Frank 1993, 43 f.).

Die einzigen antiken Strophenformen, die in der deutschen Lyrik bedeutsam geworden sind (von freieren, im strengen Sinne nicht strophisch zu nennenden Formen wie der Pindarischen Hymne und dem Dithyrambus abgesehen), sind die Odenstrophen, die in der griechischen und römischen Literatur in vielen verschiedenen Typen entwickelt worden sind. Diese sind meist nach den Dichtern und Dichterinnen benannt, die sie geprägt haben. Für Klopstock und seine Schüler, die die Odenstrophen in die deutsche Literatur eingeführt haben, waren vor allem die Formen vorbildlich, die der römische Lyriker Horaz (65–8 v. Chr.) in seinen Übersetzungen und Überarbeitungen griechischer Lyrik übernommen, aber auch in seinen eigenen Oden angewandt hat. Klopstock experimentierte mit einer großen Anzahl von Odenformen, ja er entwickelte eigene, neue Strophen, deren metrisches Schema allerdings so schwer aus dem Text selbst zu entnehmen war, daß er es den Gedichten beigab. In der deutschen Lyrik nach Klopstock sind nur drei Formen wichtig geworden: die ›sapphische‹, die ›asklepiadeische‹ und vor allem die ›alkäische‹ Odenstrophe.

Besonders schwierig nachzuahmen ist die nach der Dichterin Sappho (um 600 v. Chr.) benannte sapphische Odenstrophe:

> Ach, es hat dein brennendes Auge mir sich
> Zugewandt, huldvolle Gespräche sprach es,
> Ja, ich sah's anfüllen sich sanft, vergehn im
>   Taue der Sehnsucht!
> (August von Platen: *Liebe, Liebreiz, Winke der Gunst ...*, V. 13–16; *Werke* I, 471)

Auch wer eine Strophe wie diese zum ersten Mal liest, merkt sofort: Es handelt sich um eine ›hohe Form‹, die sich besonders für leidenschaftlich-feierliche Inhalte eignet. Die strenge Verteilung der Hebungen und Senkungen entfernt die Strophe weit von den Freiheiten der uns geläufigen Alltagssprache. Kennzeichnend für die sapphische Strophe ist die dreimalige Wiederkehr desselben Versschemas, eines fünfhebigen auftaktlosen (›trochäischen‹) Verses mit einer Doppelsenkung nach der dritten Hebung, worauf ein deutlich kürzerer, nämlich zweihebiger Vers (ein Adoneus aus einem Daktylus und einem Trochäus) die Strophe abschließt. Aber dieses Schema ist vereinfacht. Platen, der als formstrengster Nachbilder von Metren anderer Sprachen in der deutschen Lyrik gilt, orientiert sich an der Horazischen Version der Strophe, die in den ersten drei Versen nach dem Eingangstrochäus eine dreifache Länge und in allen vier Versen anstelle des letzten Trochäus eine doppelte Länge (Spondeus) vorsieht; die Zäsur nach der fünften Silbe entfällt bei Platen jedoch. Es kehrt damit das bei der Behandlung des Hexameters angedeutete Problem wieder, daß im Deutschen keine zwei oder gar drei gleich starken Betonungen aufeinander folgen können, mit denen die antiken Längen nachgeahmt werden könnten. Platen (der sich wie Klopstock genötigt sieht, das wenig bekannte Strophenschema seinem Gedicht voranzustellen) erreicht jedoch eine Beschwerung des Rhythmus etwa durch die ungewöhnliche Stellung »mir sich« am Versende sowie eine Verlangsamung und starke Betonung in der ersten Vershälfte (»Z*u*gew*a*ndt, h*u*ldv*o*lle«), die durch die folgende Doppelsenkung wieder ein wenig aufgefangen wird. Besonderes Gewicht kommt dem (als Spondeus gemeinten) letzten Wort jeder Strophe zu, hier »Sehnsucht«, in anderen Strophen »Daseyn« (V. 4) oder »Hoheit« (V. 12.)

Andere Autorinnen und Autoren verzichteten auf diese strenge Nachbildung der Doppel- und Dreifachlängen. Klopstock versetzte sogar den Daktylus im ersten Vers an die erste, im zweiten an die zweite Stelle, um die zur Monotonie tendierende dreimalige Wiederkehr desselben Versschemas zu vermeiden (vgl. H. J. Frank 1993, 269). Trotz allem blieb die sapphische Strophe ein eher seltenes Phänomen in der klassizistischen deutschen Dichtung.

Weitaus häufiger wurden dagegen zwei andere, ebenfalls von Horaz bevorzugte Odenstrophen gebraucht, die sogenannte alkäische Strophe (nach dem Lyriker Alkaios, um 600 v. Chr.) und eine der von dem Lyriker Asklepiades (um 270 v. Chr.) stammenden Strophen, daher asklepiadeische genannt. Allerdings bleibt auch ihre Wirkung auf die Zeit von 1770 bis 1830 sowie auf vereinzelte klassizistische Gedichte im 20. Jahrhundert beschränkt, und auch Autoren wie Goethe und Schiller oder die spätromantischen Dichter vermieden sie fast völlig. Im Werk Hölderlins, der sich weitgehend auf diese beiden Odenmaße beschränkte, erreicht die deutschsprachige Odendichtung jedoch einen Höhepunkt, der es rechtfertigt, die beiden Odenstrophen hier kurz zu betrachten (vgl. grundlegend W. Binder 1970, 47–75; ders. 1987, 84–95; Beißner 1953, 501–503).

> Lange lieb ich dich schon, möchte dich, mir zur Lust,
>   Mutter nennen und dir schenken ein kunstlos Lied,
>   Du der Vaterlandsstädte
>   Ländlichschönste, so viel ich sah.

```
― ´ ― ´ ― ― ´ | ― ― ´ ― ´ ―
― ― ´ ― ― ´ | ― ― ´ ― ´ ―
― ´ ― ― ― ´ ―
― ― ´ ― ― ´ ― ― ´        (asklepiadeisch)
```

(Hölderlin: *Heidelberg*, V. 1–4; *SWB* I, 252)

> Du stiller Ort! in Träumen erschienst du fern
>   Nach hoffnungslosem Tage dem Sehnenden,
>   Und du, mein Haus, und ihr, Gespielen,
>   Bäume des Hügels, ihr wohlbekannten!

```
‿ ‿ – ‿ – | – ‿ ‿ – ‿
‿ ‿ – ‿ – | – ‿ ‿ – ‿
‿ ‿ – ‿ – ‿ – ‿
‿ ‿ – ‿ ‿ – ‿ – ‿ –       (alkäisch)
```
(Hölderlin: *Rükkehr in die Heimath*, V. 5–8; *SWB* I, 250)

Die Oden, denen die zitierten Strophen entnommen sind, stehen sich thematisch und entstehungsgeschichtlich sehr nahe: Beide sind im Jahre 1800 entstanden, beide sind der beinahe hymnischen Anrufung eines Ortes gewidmet, der dem sprechenden Ich vertraut ist, den es aber gerade in der Ferne, in der Abwesenheit besonders zu schätzen weiß. Auch formal weisen die Strophen – etwa im Vergleich zur sapphischen Ode, für die der kurze Schlußvers nach den drei metrisch identischen längeren Versen kennzeichnend ist – große Ähnlichkeit auf: Auf zwei längere, metrisch identische Verse, die durch eine Zäsur geteilt sind, folgen jeweils zwei etwas kürzere Verse ohne Zäsur.

Vor dem Hintergrund dieser Ähnlichkeiten treten jedoch die Unterschiede besonders scharf hervor. In der asklepiadeischen Ode beginnen alle Verse auftaktlos; die ersten sechs Silben sind in allen Versen metrisch identisch: Zwischen drei Hebungen ist zunächst eine einfache, dann eine doppelte Senkung eingefügt. Im dritten Vers ist nur noch eine weitere Senkung angehängt, im vierten eine Senkung und eine abschließende Hebung. In den beiden ersten Versen dagegen folgt nach der Zäsur, die durch das Aufeinandertreffen zweier Hebungen besonders stark ausgeprägt ist, jeweils noch einmal beinahe das gleiche sechssilbige Kolon, nur spiegelbildlich verkehrt: zuerst die doppelte, dann die einfache Senkung. Die beiden Vershälften sind also antithetisch gegeneinandergesetzt. Einen Hebungsprall gibt es nicht nur zwischen ihnen, sondern auch beim Übergang vom ersten zum zweiten sowie von diesem zum dritten Vers. Nur der Übergang vom dritten zum vierten Vers ist durch die Senkung am Versende und die folgende Hebung am Versanfang weniger schroff gestaltet. Insgesamt besteht die Strophe damit aus sechs etwa gleich großen, bis auf das letzte dreihebigen Kola, die (mit Ausnahme des vorletzten) durch Hebungen am Anfang und am Ende abgegrenzt sind und neben einfachen Senkungen auch je eine Doppelsenkung enthalten.

In der *Heidelberg*-Strophe sind die Einschnitte deutlich realisiert: Im ersten Vers trennt die Zäsur (›schon, | möchte‹) nicht nur zwei syntaktische Einheiten, sondern auch zwei Themenkomplexe: In der ersten Vershälfte ist von der bisherigen Liebe des Ich zu der Stadt die Rede, in der zweiten beginnt das Ich Konsequenzen für sein künftiges Handeln anzukündigen. Das Versende schließt die eingeschobene Ergänzung »mir zur Lust« ab, während der zweite Vers mit dem bedeutungsschweren Wort »Mutter« als Anrede für die Stadt anhebt. Die Zäsur in der Versmitte (›dir | schenken‹) wird zwar durch den ununterbrochenen syntaktischen Zusammenhang überspielt, aber motivisch trennt sie die auf die angeredete Stadt konzentrierte erste Vershälfte von der zweiten, die sich wieder stärker den beabsichtigten Taten des Ich zuwendet. Die Versenden werden durch die Alliteration der Wörter »Lust« und »Lied« (wieder aufgenommen am Anfang des letzten Verses: »Ländlichschönste«) zusätzlich hervorgehoben. Der dritte Vers redet die schon dreimal im Objektstatus (›dich‹ oder ›dir‹) benannte Stadt nunmehr im Nominativ (»Du«) an. Das preisende Beiwort »der Vaterlandsstädte / Ländlichschönste« wird wirkungsvoll über die Versgrenze gespannt, die als einzige in dieser Strophe keinen Hebungsprall aufweist. Der letzte Vers weist dann genau in der Mitte, zwischen den beiden Senkungen, eine metrisch nicht vorgesehene, sondern syntaktisch und thematisch erzeugte Zäsur auf: Ist die erste Vershälfte ganz durch das eine, die Stadt lobende Wort »Ländlichschönste« ausgefüllt, lenkt die ihr (wie in den ersten beiden Versen) spiegelbildlich entsprechende zweite Hälfte (»so viel ich sah«) den Blick zurück auf die Perspektive und die Erfahrungen des sprechenden Ich, von denen schon zu Beginn der Strophe die Rede war.

In den Details ganz anders gebaut ist die alkäische Strophe. Einen Hebungsprall gibt es in ihr an keiner einzigen Stelle: An den Zäsuren und Versgrenzen, die damit relativ schwach markiert sind, trifft immer eine Hebung auf eine Senkung (bzw. umgekehrt); der Wechsel von Hebungen und Senkungen durchläuft die ganze Strophe in einer ununterbrochenen, wellenartigen Bewegung (nur in der zweiten Hälfte des ersten und des zweiten Verses sowie zweimal im letzten Vers aufgelockert durch eine Doppelsenkung). Die zitierte Strophe aus der Ode *Rükkehr in die Heimath* zeigt jedoch, daß diese Formeigenschaften keineswegs rhythmische Monotonie erzeugen müssen: Die Verse sind durch syntaktische Einschnitte in kleine Einheiten zergliedert, während die Zäsuren kaum bemerkbar sind: Im ersten Vers etwa liegt der Einschnitt nach »Ort!«, nicht etwa – wie metrisch vorgesehen – nach der folgenden Silbe »in«.

Während also die asklepiadeische Strophe ein durch starke Einschnitte und antithetische Vershälften geprägtes Strukturschema vorgibt, tendiert die alkäische Strophe zu einer fließenden Sprachbewegung, durch die sie sich dem Prosarhythmus mitunter so stark annähert, daß der Verscharakter (zumindest beim Hören) kaum noch bemerkbar wird. Die Kunst der Ausfüllung dieser Strophenschemata besteht nun darin, den genannten Tendenzen gerade entgegenzuwirken, also die alkäische Ode nicht dahinplätschern und die asklepiadeische nicht schroff und abgehackt wirken zu lassen. Die beiden zitierten Strophen sind dafür eindrucksvolle Beispiele: Während die *Heidelberg* gewidmete Strophe über alle Einschnitte hinweg einen großen Bogen spannt und schließt, entfaltet die Strophe aus der Ode *Rükkehr in die Heimath* besonders in der zweiten Hälfte eine Dynamik, die die Aufregung des Rückkehrenden widerspiegelt, auf den die Eindrücke des lange vermißten Ortes intensiv und in schneller Folge zukommen.

Besonders bei den Differenzen zwischen den verschiedenen Odenstrophen geht es immer nur um Nuancen, die in jedem Einzeltext unterschiedlich umgesetzt und abgewandelt sein können. Nur mit aller Vorsicht sollte man daher danach fragen, inwieweit eine historisch vorgegebene Strophenform den Charakter eines einzelnen Gedichts prägt. (Zur Geschichte der Ode vgl. Fäh 1952; Fischer 1960; Fitzgerald 1987; Guntermann 1984; Maddison 1960; Viëtor 1923.)

3.2.3 Gedichtformen

In festen Gedichtformen ist das formale Gerüst des ganzen Gedichts durch ein auch schon in früheren Gedichten realisiertes Strukturschema vorgegeben. Im einzelnen sind die Anzahl der Verse, die Gliederung in Abschnitte (falls eine solche vorgesehen ist), das Reimschema und meist auch das Metrum der Einzelverse geregelt. Soweit ein Gedicht in Abschnitte geteilt ist, in denen sich dasselbe Schema wiederholt, spricht man von Strophen. Wird ein Schema in einem Text nur einmal realisiert und nicht wiederholt, liegt eine Gedichtform und keine strophische Struktur vor. Die Rede von ›monostrophischen‹ Gedichten (also solchen, die aus einer einzigen Strophe bestehen) oder von ›Gedichtstrophen‹ (vgl. z. B. Kayser 1992, 53–57) verwischt diesen klaren Unterschied, schafft damit nur Verwirrung und sollte deshalb vermieden werden.

Eine der kleinsten Gedichtformen ist das Epigramm, soweit es aus einem einzigen Distichon besteht. (Es gibt auch Epigramme, in denen mehrere Distichen aneinandergereiht sind; in diesen Fällen ist die Gedichtform durchbrochen, und man kann von einer strophischen Gliederung sprechen.) Ein Beispiel aus Schillers und Goethes *Xenien* (1796):

> »Warum sagst du uns das in Versen?« Die Verse sind wirksam,
> Spricht man in Prosa zu euch, stopft ihr die Ohren euch zu.
>
> (Nr. 176: *Das Mittel*; Goethe: *SW* 2, 466)

Noch kürzer ist das japanische ›Haiku‹, dessen drei Verse genau 5, 7 und 5 Silben umfassen sollen und in dem meist ein Gedankenblitz, oft ausgelöst durch einen Natureindruck, dargestellt wird. Erst im 20. Jahrhundert wurde es vereinzelt in westlichen Literaturen nachgeahmt (z. B. von Ezra Pound und William Butler Yeats, in der deutschen Lyrik vor allem von Imma von Bodmershof).

Die orientalische Gedichtform des ›Ghasel‹ folgt dem Reimschema *aa xa xa ...*, ist also durch die ständige Wiederkehr desselben Reims (im Wechsel mit Waisen) gekennzeichnet. Die sich daraus im Deutschen ergebende Künstlichkeit der Form hat nur Formvirtuosen gereizt, besonders August von Platen und Hugo von Hofmannsthal.

3.2.3.1 Verschiedene romanische Gedichtformen: Triolett, Rondel, Rondeau, Glosse, Sestine, Kanzone, Madrigal

Die übrigen in der neueren deutschen Lyrik gebrauchten festen Gedichtformen sind fast alle den romanischen Literaturen entlehnt. So stammen das Rondeau, das Rondel und das Triolett aus der französischen, die Glosse aus der spanischen und die Sestine (sowie das ebenfalls epigrammatisch verwendete Ritornell; vgl. oben, Abschnitt 3.2.2.5) aus der italienischen Dichtung. In diesem Abschnitt werden einige Formen vorgestellt, die ihre Blüte vor allem zwischen dem 17. und dem frühen 19. Jahrhundert erlebt haben – wodurch sich die heutige Beschäftigung mit ihnen rechtfertigt –, in der deutschsprachigen Lyrik des 20. Jahrhunderts aber beinahe bedeutungslos geworden sind. Diejenige Gedichtform, die in der gesamten neueren deutschen Lyrik bis heute fast ohne Unterbrechungen wichtig war, das Sonett, wird im nächsten Abschnitt behandelt.

Die genannten Formen zeichnen sich durch eine starke innere Gebundenheit aus, die durch mehrfache, zum Teil identische Reime in oftmals kunstvoller Verschlingung hergestellt wird. Verstärkt wird dieser Effekt durch die Wiederholung von Versteilen oder ganzen Versen, also durch den Refrain. Als Beispiel mag das wohl bekannteste deutsche ›Triolett‹ dienen (eigentlich eine Übersetzung eines französischen Gedichts):

> Der erste Tag im Monat May
> Ist mir der glücklichste von allen.
> Dich sah ich, und gestand dir frey,
> Den ersten Tag im Monat May,
> Daß dir mein Herz ergeben sey.
> Wenn mein Geständniß dir gefallen;
> So ist der erste Tag im Monat May
> Für mich der glücklichste von allen.

(Friedrich von Hagedorn: *Der erste May* [1742]; *Epochen* 5, 163)

›Refrains‹ (auch ›Kehrreime‹ genannte) gibt es zwar auch häufig in Kirchen- oder Volksliedern; sie verdeutlichen dort meist den Strophenanfang oder -abschluß. Die Struktur von Hagedorns achtzeiligem Maigedicht ist aber weit verwickelter: Außer den beiden Refrainzeilen zu Beginn, von denen die erste in der vierten Zeile und beide am Schluß leicht variiert wiederholt werden, tauchen nur noch drei abweichende Verse auf; dabei reimen die Verse 3 und 5 auf die erste, der Vers 6 auf die zweite Zeile des Refrains. Das für alle Trioletts verbindliche Versschema ist also (wenn man die Refrainzeilen durch Großbuchstaben wiedergibt): *ABaAabAB*. Die Verse sind vierhebig alternierend mit Auftakt und abwechselnd männlicher (1. Refrainzeile) und weiblicher (2. Refrainzeile) Kadenz. Die Gedichtform ist durch einen sehr engen formalen Rahmen und zugleich durch große Redundanz, durch spielerische Variation einer Kernaussage, gekennzeichnet. Sie wurde von den anakreontischen Lyrikern des Rokoko, vor allem von Hagedorn und Gleim, sowie von Romantikern wie August Wilhelm Schlegel oder Chamisso besonders geschätzt und später kaum noch verwendet.

Dieses Schicksal teilt sie mit den übrigen genannten Gedichtformen, beispielsweise mit dem ganz ähnlich gebauten altfranzösischen ›Rondel‹ mit ebenfalls zweizeiligem Refrain (Reimschema z. B.: *ABa baABababaAB*), dessen Verwendung sich in der deutschen Literatur weitgehend auf die Anakreontik beschränkt. Im ›Rondeau‹, der neueren französischen Version dieses Gedichts (seit dem 16. Jahrhundert), ist der Refrain auf den ersten Teil der ersten Zeile ›geschrumpft‹; er wird nach dem achten Vers sowie am Schluß, nach weiteren fünf Versen, wiederholt. Bis auf den Refrain werden nur zwei Reime verwendet. Nach dem fünften Vers wird ein zusätzlicher syntaktischer und semantischer Einschnitt gesetzt, so daß das Gedicht dreiteilig ist. Bezeichnet man die Refrainhalbzeile mit *R*, ergibt sich folgendes Schema: *aabba aabR aabbaR*. Diese Form wurde bereits im 16. Jahrhundert von Johann Fischart in die deutsche Lyrik eingeführt und im Barock vielfach, danach allerdings kaum noch verwendet. Die zugleich virtuosesten und formstrengsten Rondeaus (übersetzt mit »Rund-umb« oder »Ringelgedicht«) sind von Weckherlin überliefert:

>   Jhr wisset was für schwere klagen /
> Für grosse schmertzen / sorg vnd plagen
> Mich ewre Schönheit zart vnd rein /
> Vnd ewrer braunen augen schein
> Schon lange zeit hat machen tragen.
>   Was solt ich euch dan weitters sagen /
> Weil vns die lieb zugleich geschlagen /
> Dan das vns jetz kan füglich sein
>   Jhr wisset was.
> Derhalben länger nicht zu zagen /
> So wollet mir nu nicht versagen
> Vil taussent küß für taussent pein;
> Vnd weil wir beed jezund allein
> So lasset vns auch vollends wagen
>   Jhr wisset was.

(*An die Marina. Ein Rund-vmb* [1648]; *Epochen* 4, 168)

Dieses Rondeau ist deshalb so gelungen, weil der in der ersten Zeile noch ganz unscheinbare Refrain bei der zweimaligen Wiederkehr einerseits seine grammatische Struktur ändert (das »was« wird vom Relativ- zum Indefinitpronomen, das ganze Syntagma zum Ersatz eines Akkusativobjekts des ansonsten anakoluthischen vorangehenden Satzes), andererseits mit Bedeutungsschwere aufgeladen wird, indem er als Stellvertreter für ein Geheimnis fungiert, das das sprechende Ich mit der angeredeten Person teilt.

Die ›Glosse‹ besteht aus einem meist vierzeiligen, von einem anderen Autor übernommenen Motto und einem poetischen Kommentar dazu, der so viele (je zehnzeilige) Strophen hat wie das Motto Verse, da je ein Vers des Mottos als Schlußvers einer Strophe dient. Sie wurde ebenfalls im Barock (durch Philipp von Zesen) eingeführt und war bei den Romantikern beliebt.

Die wohl komplizierteste Gedichtform ist die ›Sestine‹, die aus sechs je sechszeiligen Strophen und einem abschließenden Dreizeiler besteht. In jeder Strophe kehren die Reimwörter identisch, aber von Strophe zu Strophe verschoben wieder; im abschließenden Dreizeiler werden sie noch einmal in der Mitte und am Ende der Verse aufgenommen. Auch diese Form war im Barock und in der Romantik bedeutsam.

Zu den weniger streng regulierten Gedichtformen gehört die in der französischen Troubadourdichtung entstandene, später auch im deutschen Minnesang sowie von Petrarca und Dante gebrauchte ›Kanzone‹. Sie setzt sich aus einer nicht festgelegten Anzahl von Strophen zusammen. Die Kanzonenstrophen (in der klassisch gewordenen italienischen Renaissanceversion dreizehnzeilig) sind gegliedert in einen längeren ›Aufgesang‹, der wiederum in zwei gleiche Teile, die ›Stollen‹, zerfällt, und in einen kürzeren ›Abgesang‹. Das Gedicht wird durch eine kurze Versgruppe (›Coda‹ oder ›Geleit‹) beschlossen, in der sich die Struktur des Abgesangs wiederholt. In der neueren deutschen Lyrik war die Kanzone außer einigen Nachbildungsversuchen in der Romantik nicht mehr von Belang.

Strukturell ähnlich gebaut waren bereits die nach dem griechischen Dichter Pindar benannten ›Pindarischen Oden‹, die sich in drei, allerdings verschieden lange und aus unregelmäßigen Versen gebildete Abschnitte (›Strophe‹, ›Antistrophe‹ und ›Epode‹ genannt) gliedern und beispielsweise im Barock sowie von Hölderlin nachgebildet wurden. Die Grenze zwischen diesen Nachbildungen und den im nächsten Abschnitt zu behandelnden sogenannten ›freirhythmischen‹ Gedichten ist allerdings schwer zu ziehen.

Das gleiche Problem ergibt sich bei den zunächst in der italienischen Hirtendichtung des 14. Jahrhunderts gebildeten ›Madrigalen‹, nicht oder in ungleiche Abschnitte gegliederten Gedichten mit unregelmäßigen, allerdings in den deutschen Nachbildungen meist alternierenden Versen, die sich ohne festes Reimschema und mit eingestreuten Waisen reimen. Bei so wenig durch ein historisch vorgegebenes Schema geregelten Gedichten nützt der Rückgriff auf die Formtradition für die Analyse des einzelnen Textes meist wenig; es kommt vielmehr auf die genaue Beschreibung der Struktur des jeweils vorliegenden Textes an.

3.2.3.2 Das Sonett

Die einzige Gedichtform, die in der neueren deutschen Lyrik vom Barock bis heute mit nur geringen Unterbrechungen häufig verwendet wurde, ist das Sonett (im 17. Jahrhundert mit ›Klinggedicht‹ übersetzt). Es stammt ursprünglich aus der italienischen Literatur, in der es bereits mit Petrarcas *Canzoniere* (14. Jahrhundert) seinen Höhepunkt erreichte. Für die deutsche Dichtung prägend wurden auch die Abwandlungen, die die Form in der französischen Dichtung besonders bei Pierre de Ronsard (1524–1585) und seinem Umkreis, den Dichtern der »Pléiade«, erfuhr. Die bedeutendsten englischen Sonette wurden Ende des 16. Jahrhunderts von Shakespeare geschrieben; ihre Form wurde in der deutschen Sonettdichtung jedoch kaum nachgeahmt.

Das Sonett ist ein vierzehnzeiliges Gedicht, das in zwei ungleiche Teile zu acht bzw. sechs Versen zerfällt. Diese Teile sind wiederum in zwei gleiche Hälften zu je vier bzw. drei Versen geteilt. Das Sonett besteht also aus zwei ›Quartetten‹ (Vierzeilern) und zwei ›Terzetten‹ (Dreizeilern; wegen der Ungleichheit der Abschnitte handelt es sich im strengen Sinne nicht um Strophen). Der gewichtigste Einschnitt liegt zwischen den beiden Versgruppen, also nach dem achten Vers. Die Verbindung zwischen den beiden Quartetten und die zwischen den beiden Terzetten wird jeweils nicht nur durch die gleiche Zeilenzahl, sondern auch durch das Reimschema hergestellt: In den beiden Quartetten werden die Reime wiederholt, für sie setzte sich gegenüber dem von Petrarca benutzten Kreuzreim schon früh der doppelte Blockreim (*abba abba*) durch; in den Terzetten ist die Reimfolge freier, in der italienischen Dichtung meist *cdc dcd* oder *cde cde*, in der französischen *ccd ede* oder *ccd eed*. (Von diesem Schema weicht grundsätzlich nur die englische Version ab, die in drei kreuzgereimte Quartette – ohne Reimwiederholung – und ein abschließendes Reimpaar gegliedert ist: *abab cdcd efef gg*.) Der wesentlichere Unterschied zwischen den beiden romanischen Sonettformen liegt allerdings im Versmaß: Während die italienischen Sonette aus Endecasillabi bestehen, setzen sich die französischen aus Alexandrinern zusammen. Die deutschen Barocksonette ahmen durchgängig diese französische Form des Alexandrinersonetts nach (vgl. oben, Abschnitt 3.1.2.3 das Beispiel von Gryphius). Nach der Verdrängung der Form in der Aufklärungsdichtung des frühen 18. Jahrhunderts wurde das Sonett 1789 durch Gottfried August Bürger wiederbelebt. Seitdem werden in der Regel den Endecasillabi nachgebildete (fünfhebig-auftaktige) Verse verwendet, die in der strengen Form stets weiblichen, oft jedoch auch weiblichen und männlichen Ausgang im Wechsel haben. Im 20. Jahrhundert, in dem sich das Sonett trotz aller Infragestellung hergebrachter lyrischer Formen ungebrochener Beliebtheit erfreut, wird das Metrum oft auch aufgelockert. Autoren wie Johannes R. Becher, der sich explizit mit den Alexandrinersonetten von Gryphius auseinandersetzt, greifen jedoch sogar auf diese sonst für überlebt gehaltene Form zurück. (Zur Geschichte des Sonetts vgl. Schlütter u. a. 1979; Kircher: Nachwort. In: *Deutsche Sonette*, 413–450.)

Der äußeren Form des Sonetts entspricht häufig auch seine innere Struktur: »Die Quartette stellen in These und Antithese die Themen des Gedichtes auf; die Terzette führen diese Themen in konzentriertester Form durch und bringen die Gegensätze abschließend zur Synthese.« (Schweikle 1990, 432, Art. ›Sonett‹) In einer metrisch und strophisch genau festgelegten Gestalt repräsentiert das Sonett also eine Struktur, wie sie sich weniger streng auch in der Pindarischen Ode oder in der Kanzone findet: Zwei einander entgegengesetzten Hauptteilen folgt ein resümierender Schlußteil. Daraus kann man allerdings nur eine Tendenz des Sonetts zur Abgeschlossenheit, zur Vermeidung eines offenen Gedichtschlusses, ableiten, nicht aber eine Bevorzugung bestimmter Inhalte; vielmehr können grundsätzlich alle Inhalte der Lyrik auch in Sonettform abgehandelt werden (vgl. *Deutsche Sonette*, 420). Die häufig geäußerte Annahme, im Sonett werde primär persönliches Erleben, besonders in Liebesbeziehungen, thematisiert, verdankt sich vermutlich dem auch für die deutsche Lyrik übermächtigen Vorbild der Sonettdichtungen Petrarcas und Shakespeares, die beinahe monomanisch um die Liebesproblematik kreisen. Ebensogut eignen sich Sonette für gedankliche Dichtung. Besonders häufig begegnen selbstreflexive Sonette, in denen die Form in ihrer Funktion expliziert und zugleich erprobt wird. Ein Beispiel aus dem Spätwerk Bechers, in dem die Spannungsbögen in den ersten drei Abschnitten syntaktisch virtuos aufgebaut werden und erst im letzten Terzett die Auflösung in der Schlußpointe angesteuert wird, kann das verdeutlichen (Becher benutzt hier statt Alexandrinern fünfhebig alternierende Verse):

> Wenn einer Dichtung droht Zusammenbruch
> Und sich die Bilder nicht mehr ordnen lassen,
> Wenn immer wieder fehlschlägt der Versuch,
> Sich selbst in eine feste Form zu fassen,
>
> Wenn vor dem Übermaße des Geschauten
> Der Blick sich ins Unendliche verliert,
> Und wenn in Schreien und in Sterbenslauten
> Die Welt sich wandelt und sich umgebiert,
>
> Wenn Form nur ist: damit sie sich zersprenge
> Und Ungestalt wird, wenn die Totenwacht
> Die Dichtung hält am eigenen Totenbett –

> Alsdann erscheint, in seiner schweren Strenge
> Und wie das Sinnbild einer Ordnungsmacht,
> Als Rettung vor dem Chaos – das Sonett.

(*Das Sonett* [II]; *Deutsche Sonette*, 381)

3.2.4 Freie Rhythmen und freie Verse

Was haben die folgenden beiden Texte gemeinsam?

> Nicht in den Ocean
> Der Welten alle
> Will ich mich stürzen!
> Nicht schweben, wo die ersten Erschafnen,
> Wo die Jubelchöre der Söhne des Lichts
> Anbeten, tief anbeten,
> Und in Entzückung vergehn!

(Klopstock: [*Die Frühlingsfeyer*. 1. Fassung, 1759], V. 1–7; *Oden*, 58)

> Nicht umsonst
> Wird der Anbruch jeden neuen Tages
> Eingeleitet durch das Krähen des Hahns
> Anzeigend seit alters
> Einen Verrat.

(Brecht: *Tagesanbruch* [1943]; *Werke* 15, 100)

Beide beginnen mit einer durch die Voranstellung aus dem Satzzusammenhang herausgehobenen Negation; und in Negationen scheinen auch die wesentlichen Gemeinsamkeiten der beiden Texte zu liegen: Die Zeilen sind ungereimt, von ganz unterschiedlicher Länge, füllungs- und hebungsfrei. Es ist also in beiden Fällen keinerlei metrische oder gar strophische Gesetzmäßigkeit zu erkennen, an der sie sich durchgehend orientierten. Dennoch handelt es sich um Verse: Die Zeilenbrüche schaffen neue, von der Prosa abweichende graphische und rhythmische Einheiten. Die beiden Texte führen dabei zwei ganz unterschiedliche Möglichkeiten solcher metrisch nicht regulierten Verse vor Augen: Klopstocks Text wirkt erregt und hektisch, Brechts Gedicht dagegen sachlich und schlicht.

Man bezeichnet Verse wie die Klopstocks gewöhnlich als ›freie Rhythmen‹, solche wie die Brechts dagegen als ›freie Verse‹ (vgl. z. B. H.-J. Frey [1980, 31], der streng zwischen beiden unterscheidet; dagegen sieht Asmuth [1996, Sp. 626–628] beide als Produkte der »Entmetrisierung« an). Die Unterschiede zwischen den beiden

Texten sind jedoch weniger in ihrer Versform – in der Länge der Verszeilen oder der Abfolge von Hebungen und Senkungen – zu finden als vielmehr in Syntax und Rhetorik, in Wortwahl und Motivik (von der historischen Distanz von über 200 Jahren einmal ganz abgesehen). So besteht Brechts Text aus einem einzigen und zudem passivischen Aussagesatz, auch das zweite in Partizipform gesetzte Verb (»Anzeigend«) vermag keine Bewegung in den Text zu bringen. Was zunächst als konkret erscheint (der Tagesanbruch und »das Krähen des Hahns«), erweist sich im Zusammenhang als eher formelhaftes Zitat der Geschichte vom Verrat des Petrus. Rhetorisch effektvoll ist der Kern des Ausgesagten nicht nur an den Schluß gesetzt, sondern er füllt auch die ganze letzte Zeile: »Einen Verrat.« Als eigentliche Pointe erweist sich jedoch im nachhinein die noch kürzere Anfangszeile des Gedichts, »Nicht umsonst«, in der die Wertung der konventionellen Episode durch das hier sprechende Subjekt steckt, eine Wertung, die zum Nachdenken darüber provoziert, worauf sie eigentlich zielt.

Klopstocks Versgruppe (der Anfang einer großen Hymne) besteht aus zwei Ausrufen, Willensbekundungen des Ich, von denen der zweite, der nochmals mit einer energischen Negation am Versanfang (»Nicht schweben«) beginnt, elliptisch ist (Subjekt und Prädikat muß er aus dem ersten Satz übernehmen). Die zahlreichen Verben bringen viel Bewegung in den Text, durch die Nomina werden die irdischen Elemente wie auch die himmlischen Sphären in einer fast allumfassenden Geste in die Bewegung hineingezogen. Die Versaufteilung des Satzes in ungleichmäßig lange Syntagmen unterstreicht diesen Prozeß wirkungsvoll. Aufschlußreich ist der Vergleich mit der späteren Fassung des Gedichts (1771), die *Die Frühlingsfeyer* überschrieben ist und in der Klopstock (von größeren inhaltlichen Veränderungen in anderen Teilen des umfangreichen Gedichts abgesehen) den zunächst in unregelmäßige Abschnitte gegliederten Text in je vierzeilige, den Odenstrophen mindestens optisch ähnliche, aber metrisch ebenfalls freie Abschnitte (also in Scheinstrophen) aufgeteilt hat. In der neuen Fassung dient die Versaufteilung nicht mehr allein der Rhetorik des Vortrags, sondern schafft eigenständige Sinneinheiten:

> Nicht in den Ozean der Welten alle
> Will ich mich stürzen! schweben nicht,
> Wo die ersten Erschaffnen, die Jubelchöre der Söhne des Lichts,
> Anbeten, tief anbeten! und in Entzückung vergehen!
>
> (Klopstock: *Oden*, 59, V. 1–4)

Die wesentliche Veränderung betrifft den zweiten Vers dieser Fassung: Die Negation ist umgestellt, so daß sie nun am Schluß des Verses steht und die beiden Eingangsverse durch Negationen eingerahmt sind. Die beiden gegensätzlichen Infinitive »stürzen« und »schweben« treffen dadurch mitten im Vers, bezeichnenderweise nur durch ein Ausrufungszeichen getrennt, aufeinander (vgl. Albertsen 1971, 142–144). Hierin äußert sich eine »Autonomie des Verses gegenüber der Logik des Textes« (ebd., 140): eine Verselbständigung der Einzelverse gegenüber den Satzzusammenhängen, die durch Enjambement über mehrere Verse gestreckt sind.

Die Unterscheidung zwischen freien Rhythmen und freien Versen ist vor allem historisch bedingt. Aus heutiger Sicht ist der umfassendere Begriff der des freien Verses, dem die freien Rhythmen als Sonderfall untergeordnet werden können (so auch Lorenz 1980, 113 f.; Nagel 1989, 25; Schödlbauer 1982). Seit dem frühen 17. Jahrhundert wurden dagegen als freie Verse (entsprechend den französischen ›Vers libres‹) die Madrigalverse bezeichnet, in denen nur die Hebungszahl und das Reimschema frei sind, die aber auf Reim und Alternation nicht verzichten. Im französischen Symbolismus des 19. Jahrhunderts (vor allem bei Rimbaud) lösen sich die verbliebenen metrischen Bindungen der ›Vers libres‹ zunehmend auf, die Reime bleiben jedoch meist erhalten. Verse dieser Art wurden im Deutschen zu Beginn des 20. Jahrhunderts beispielsweise von Ernst Stadler, Franz Werfel und Else Lasker-Schüler gebildet. Der größte Teil der deutschsprachigen Lyrik des 20. Jahrhunderts hat auch die letzten Reminiszenzen an Reim und Metrik getilgt. Es bietet sich an, nur diese Verse, die gänzlich auf Reim und Metrik verzichten, als freie Verse zu bezeichnen und sie damit von den ›Madrigalversen‹ oder ›Vers libres‹ abzuheben (vgl. Schlawe [1972b, 64 f.], der allerdings an der Alternation als Unterscheidungskriterium gegenüber den freien Rhythmen festhalten möchte).

Bertolt Brecht rechtfertigt sich in seinem noch immer lesenswerten programmatischen Aufsatz *Über reimlose Lyrik mit unregelmäßigen Rhythmen* (1938) gegenüber Kritikern, die seine Texte wegen der fehlenden formalen Bindungen nicht mehr als Lyrik anerkennen:

»Viele meiner letzten lyrischen Arbeiten zeigen weder Reim noch regelmäßigen festen Rhythmus. Meine Antwort, warum ich sie als lyrisch bezeichne, ist: weil sie zwar keinen regelmäßigen, aber doch einen (wechselnden, synkopierten, gestischen) Rhythmus haben.« (Brecht: *Werke* 22.1, 357 f.)

Mit ›synkopiertem, gestischem Rhythmus‹ meint Brecht einen gegenüber der Prosa ebenso wie gegenüber dem »übliche[n] Klappern« (ebd., 358) alternierender Verse abgesetzten Versrhythmus, in dem durch überraschende Versgrenzen die Betonungen versetzt sind, wodurch die Form der Verssprache selbst bedeutsam, zur Geste wird. Brecht verwendet also den Rhythmusbegriff als Qualitätsmerkmal. Es ist daher nicht ratsam, seine »reimlose Lyrik mit unregelmäßigen Rhythmen« als eigenständigen Typus – etwa zwischen freien Rhythmen und freien Versen – einzuordnen (so Wagenknecht 1989, 102; vgl. auch Knörrich 1992, Art. ›Freie Verse‹, 72); man sollte sie vielmehr als Lyrik in freien Versen bezeichnen. Hilfreich sind jedoch Brechts Ratschläge, gerade bei freien Versen stets nach der »Güte der Rhythmisierung« (Brecht: *Werke* 22.1, 363), nach der Aussagekraft der individuellen Form jedes Verses zu fragen. Unter diesem Blickwinkel erweist sich die »gestische Formulierung« (ebd., 360) in dem zitierten Gedicht Brechts als eher konventionell. Prägnanter ist dagegen die Rhythmisierung durch Verssegmentierung in folgendem späten Gedicht Brechts:

> Es ist Abend. Vorbei gleiten
> Zwei Faltboote, darinnen
> Zwei nackte junge Männer. Nebeneinander rudernd
> Sprechen sie. Sprechend
> Rudern sie nebeneinander.

(Brecht: *Rudern, Gespräche* [1954]; *Werke* 12, 307)

Das kurze Gedicht besteht aus vier Sätzen. Obwohl keine harten Enjambements, die Satzteile auseinanderreißen, vorkommen, fallen an keiner Stelle Vers- und Satzgrenze zusammen. Damit werden in jedem Vers Wortgruppen zusammengespannt, die im syntaktisch-logischen Zusammenhang eher voneinander abgesetzt sind. Zugleich ergeben sich eindrucksvolle Effekte zwischen den Versen: Die herausgehobene Stellung am Versanfang läßt im zweiten und dritten Vers das Nebeneinander der zwei Boote mit den zwei Männern darin im Schriftbild sichtbar werden, ebenso wie in den letzten beiden Versen die Parallelität des Sprechens und Ruderns. Andererseits wird die syntaktische Parallelität und die inhaltliche Redundanz der beiden letzten Sätze (die ja mit geringer Akzentverschiebung das gleiche aussagen) durch die Versaufteilung überspielt und dynamisiert: Während das Syntagma »Nebeneinander rudernd« im mittleren, bei weitem längsten Vers ganz eng an den Schluß des vorangehenden Satzes, »Zwei nackte junge Männer«, heranrückt und derselbe

Sachverhalt im letzten Vers selbständig (mit finitem Verb) wieder aufgenommen wird, rückt die Handlung, die das bloße Nebeneinander durchbricht, das Gespräch zwischen den beiden Männern, geballt und nur scheinbar redundant im vorletzten Vers zusammen: »Sprechen sie. Sprechend«.

Will man sich die von Brecht ›gestisch‹ genannten Effekte in einem Text wie diesem besonders klar vor Augen führen, empfiehlt es sich, alternative Versaufteilungen zu erproben: Man merkt schnell, daß bei den meisten anderen Lösungen der Reiz des Gedichts zerfällt und der Text nichtssagend wird – oder ein ganz neues Gedicht entsteht. Umgekehrt kann man aus der prosaisierten Fassung eines Textes in freien Versen, die ja keinerlei formale Hinweise mehr auf die Versgestalt enthält, keineswegs die allein mögliche Versform entwickeln. Damit hängt auch zusammen, daß Lyrik in freien Versen sich nicht umstandslos »vom Optischen ins Akustische und zurück verpflanzen« (Albertsen 1971, 97) läßt, da beim Vortragen, das die Versgrenzen überspielt, zwar die syntaktischen Zusammenhänge deutlicher werden, dabei aber die visuellen Pointen und die Wirkung der optischen Form des Gedichts (hier etwa die relative Länge des mittleren Verses, die man als Veranschaulichung des Vorwärtsgleitens der Boote lesen könnte) verlorenzugehen drohen (vgl. Albertsen 1973, 16–23). Zu Recht hat man daher hervorgehoben, daß der größte Teil der Lyrik in freien Versen primär eine *Poesie fürs Auge* (Lorenz 1980) ist, die von der auditiven, an der Musikästhetik geschulten Begrifflichkeit der traditionellen Metrik grundsätzlich verfehlt wird (vgl. ebd., 112 f.; außerdem Frey 1980, 61–73).

Als freie Rhythmen bezeichnet man jene nichtmetrischen (und damit auch nicht in Strophen gleicher Bauart gliederbaren) Verse und Verstexte, wie sie Klopstock in seiner Auseinandersetzung mit den griechischen Versformen, besonders dem Hexameter und den Odenversen, entwickelt hat und die nach ihm beispielsweise der junge Goethe, der späte Hölderlin sowie Nietzsche in seinen *Dionysos-Dithyramben* (1884–88) und Rilke in den *Duineser Elegien* virtuos angewendet und weiterentwickelt haben (vgl. zu Klopstock Albertsen 1971; zu den übrigen Autoren Kommerell 1943, 430–503; zu Goethes *Prometheus* Pretzel 1962, Sp. 2498–2501). Klopstock selbst, der auch eigene, nicht historisch überlieferte Odenmaße erfand, bezeichnete seine freirhythmischen Gedichte noch als ›Oden‹. Zum Teil klingen tatsächlich noch einzelne Verse aus griechischen Odenstrophen oder Teile solcher Verse an (vgl. Wagenknecht 1989, 94);

weitgehend aber werden die Fesseln metrischer und strophischer Vorschriften abgeschüttelt. Der Ausdruck ›freie Rhythmen‹, der erst Ende des 19. Jahrhunderts von der Literaturwissenschaft geprägt wurde (vgl. z. B. Minor 1902, 325–333; dazu Albertsen 1971, 68), soll den Eindruck wiedergeben, daß trotz dieser metrischen Freiheit der spezifische Rhythmus antiker bzw. antikisierender Gedichte erhalten oder sogar gesteigert wird (vgl. Kommerell 1943, 430).

Problematisch sind Versuche, von den freien Rhythmen Klopstocks und Goethes sogenannte ›eigenrhythmische Verse‹ abzugrenzen, wie sie angeblich Hölderlin geschrieben habe (vgl. Beißner 1964, 48; ders. 1961, 148). Die Vorstellung eigenrhythmischer Verse bedeutet nicht etwa nur, daß jeder Vers seinen eigenen Rhythmus hat (das wäre banal), sondern vielmehr, daß in jedem Einzelvers ein strenges, aber nur für diese Stelle gültiges metrisches Gesetz waltet (vgl. Beißner 1953, 504); neuerdings wurde dieser Gedanke auf den präziseren Begriff einer ›autonomen Metrik‹ gebracht (Reuß 1990, 90–92). Von einem Metrum oder von metrischen Gesetzmäßigkeiten sollte man jedoch nur in bezug auf Versbauregeln sprechen, die entweder historisch vorgegeben oder – bei neugeschaffenen oder abgewandelten Metren – wenigstens für einen ganzen Text gültig und abgelöst von ihm formulierbar, potentiell also auch auf andere Texte übertragbar sind. Die Vorstellung, daß sich ein Vers selbst sein Metrum gibt, verwischt den Unterschied zwischen allgemeiner Regel und Einzelfall. (Die frühromantisch-idealistische Herkunft dieser Vorstellung – vor allem bei Friedrich Schlegel – weist Mennemeier [1971, 208] nach.)

Die Ausgrenzung einer spezifischen Tradition der freien Rhythmen aus der Lyrik in freien Versen kann nicht allein aus der formalen Beschaffenheit der als freirhythmisch kategorisierten Verse legitimiert werden. Sie erklärt sich vor allem daraus, daß die freirhythmischen Gedichte seit Klopstock vorzugsweise mit dem Themenbereich religiös-emphatischer Anrede einer göttlichen Instanz verknüpft und analog dazu (allerdings erst seit dem Ende des 19. Jahrhunderts) als ›Hymnen‹ (oder vereinzelt auch, zumal wenn Dionysos angerufen wird, als ›Dithyramben‹) bezeichnet werden (vgl. N. Gabriel 1992, 125; H. Meyer 1987, 77; Kommerell 1943, 431). Hymnische Dichtung ist fast immer »Lyrik im hohen Stil« (N. Gabriel 1992, 14). Damit ist zwar keine bestimmte Versform vorgegeben, wie beispielsweise die seit der Französischen Revolution sich verbreitende Gebrauchshymnik in Liedstrophen (etwa die *Marseillaise* und die ihr nachgeahmten Nationalhymnen; vgl. Stierle 1989,

489–496) und auch Hölderlins durch das Pathos der Revolution inspirierte frühe, von ihm selbst als ›Hymnen‹ bezeichnete Gedichte in alternierenden fünfhebigen Versen belegen (vgl. N. Gabriel 1992, 125–134).

»Doch haben die Freien Rhythmen die Vorstellung hymnischer Dichtung ganz wesentlich geprägt. Denn in ihnen kommt zum einen die ›natürliche‹, leidenschaftliche, ekstatische Bewegung, die der Gegenstand des Gedichtes hervorrufen soll, zum anderen die Tendenz zur gedrängten Kürze und zur reflexiven, gnomischen Haltung besonders gut zum Ausdruck.« (N. Gabriel 1992, 14)

Das Vorbild und die literarische Bedeutung freirhythmischer, der Anrufung göttlicher oder kosmologischer Instanzen gewidmeter Gedichte wie Goethes *Ganymed* und *Prometheus* oder Hölderlins *Wie wenn am Feiertage ...* und *Friedensfeier* wirkt nicht nur bis zu Nietzsche und Rilke nach (vgl. Mennemeier 1971, 211–213), sondern selbst noch in zahlreichen Gedichten Johannes Bobrowskis oder in Ingeborg Bachmanns Hymne *An die Sonne* (1956):

> Schöne Sonne, der vom Staub noch die größte Bewunderung
> gebührt,
> Drum werde ich nicht wegen dem Mond und den Sternen und
> nicht,
> Weil die Nacht mit Kometen prahlt und in mir einen Narren
> sucht,
> Sondern deinetwegen und bald endlos und wie um nichts sonst
> Klage führen über den unabwendbaren Verlust meiner Augen.
>
> (Bachmann: *Werke* 1, 137, V. 25–29)

In der Gegenwartslyrik finden sich Hymnen (ob in freien Rhythmen oder regelmäßigeren Formen) sonst fast nur noch parodistisch oder gar travestierend gebrochen, so etwa in Peter Rühmkorfs *Früher, als wir die großen Ströme noch ...* (1995; *Gedichte,* 100–102) oder in Brinkmanns *Hymne auf einen italienischen Platz* (1975):

> O Piazza Bologna in Rom! Banca Nazionale Del
> Lavoro und Banco Di Santo Spirito, Pizza Mozzarella
> Barbiere, Gomma Sport! Gipsi Boutique und Willi,
> Tavola Calda, Esso Servizio, Fiat, Ginnastica,
>
> (Brinkmann: *Westwärts 1 & 2*, 85, V. 1–4. Vgl. dazu Hannelore Schlaffer 1986)

Ebenso wie die übrigen ›antiker Form sich nähernden‹ lyrischen Formen, die Oden und Elegien, sind auch die Hymnen in freien

Rhythmen aus heutiger Sicht mit der Zeit ihrer Entdeckung, virtuosesten Entfaltung und weitesten Verbreitung, mit den wenigen Jahrzehnten zwischen etwa 1760 und 1810, untrennbar verbunden. Schon Nietzsches *Dionysos-Dithyramben* wirken als leicht anachronistische Wiederbelebung des anarchistischen Gestus von Goethes Jugendhymnen (vgl. Mennemeier 1971, 212); nach dem Expressionismus, in dem neue Formen hymnischen Sprechens erprobt wurden, sind Hymnen in freien Rhythmen fast nur noch als Zitat möglich. Die heutige Lyrik ist ganz überwiegend geprägt von nicht mehr an antiken Vorbildern orientierten freien Versen.

3.3 Der Aufbau des Gedichts

Die Struktur eines Gedichts erschöpft sich nicht in seiner metrischen und strophischen Form. Parallel zu den formalen Merkmalen ist daher der inhaltliche und motivische Aufbau des Gedichts zu untersuchen. Abschließend sollte die Strukturanalyse das Zusammenspiel von ›äußerem und innerem Aufbau‹ (vgl. Kayser 1978, 164) zu erfassen versuchen. Wie bei allen Elementen der Gedichtanalyse dient auch die Trennung zwischen formalem und inhaltlichem Aufbau nur heuristischen Zwecken, und mehrfach war im Vorangehenden schon von inhaltlichen Strukturprinzipien die Rede. Besonders wichtig ist dieser Aspekt bei längeren Gedichten (unabhängig davon, ob sie durch formale Einschnitte gegliedert sind oder nicht): Während bei kurzen Gedichten der Aufbau oft auf der Hand liegt und sich aus der Analyse der Einzelverse fast automatisch ergibt, kommt es bei längeren Gedichten (ähnlich wie bei längeren Texten anderer literarischer Gattungen) zunächst darauf an, sich einen Überblick über das Ganze und dessen Struktur zu verschaffen.

Die formale und die inhaltliche Gliederung eines Gedichts können vollkommen zusammenfallen. Das ist insbesondere der Fall, wenn jeder Strophenfuge oder jedem Einschnitt zwischen (strophenähnlichen oder unregelmäßigen) Gedichtabschnitten ein inhaltlicher Einschnitt entspricht. Besonders deutlich ist diese Bauform ausgeprägt, wenn sich entweder die Form dem Inhalt oder der Inhalt der Form anpaßt. Ersteres ist der Fall, wenn bei nichtstrophischen Gedichten inhaltlich gewichtige Einschnitte durch eine Leerzeile hervorgehoben werden. Besonders Gedichte in freien Versen oder freien Rhythmen werden häufig in dieser ebenfalls freien Form in Abschnitte gegliedert (vgl. z. B. Goethes *Harzreise im Winter*; dazu Albertsen [1973, 23–31], der in solchen Fällen von ›spontaner Strophisierung‹ spricht).

Dagegen ist in strophischen Gedichten oftmals zu beobachten, daß die Inhalte der vorgegebenen Form angepaßt werden. Weitere stützende (aber nicht notwendige) Indizien für die Abhängigkeit des inhaltlichen Aufbaus vom Strophenbau sind ein Refrain, der jede Strophe abschließt und ein erneutes Einsetzen in der folgenden Strophe erfordert, oder auch die Numerierung der Strophen, wie sie im Barock beliebt war und sich noch heute in zahlreichen Kirchen- und Volksliedersammlungen findet. Jede neue Strophe bietet in diesen Fällen entweder eine neue Handlungsepisode oder einen neuen bzw. variierten Gedanken. So können ohne großen Schaden beim Singen vieler Kirchenlieder einzelne Strophen weggelassen werden – ein Hinweis darauf, daß ein solches Lied nach dem einfachen Aufbauprinzip der Aneinanderreihung von Strophen gebaut ist und die über die Strophen hinausgehende Struktur des Gedichts schwach ausgeprägt ist. Ein besonders strenger formaler Aufbau des Gesamtgedichts, der eine Anpassung des Inhalts fordert, liegt dagegen in einer Form wie dem Sonett vor.

Daneben gibt es zahlreiche andere Fälle, in denen inhaltliche und formale Struktur in einem Spannungsverhältnis zueinander stehen. Das kann entweder so aussehen, daß die strophische oder abschnittsweise Gliederung überspielt wird, indem sich inhaltliche Zusammenhänge über die Strophen- oder Abschnittsgrenzen hinweg entfalten, oder es kann auch der Fall sein, daß eine klare inhaltliche Gliederung vorliegt, die aber durch keine formalen Signale hervorgehoben wird. Im Extremfall kann ein gravierender Sinnabschnitt nicht nur innerhalb einer Strophe oder eines Abschnitts, sondern sogar mitten im Vers liegen. Daher sind Enjambements, besonders solche über Strophen- oder Abschnittsgrenzen hinweg, ein Indiz für die Spannung zwischen formaler und semantischer Struktur. Besonders kurze und unauffällige Strophen wie die vierzeiligen Liedstrophen haben dagegen meist nur eine geringe Bedeutung für die inhaltliche Gliederung (vgl. z. B. Kayser 1978, 164–168 über Goethes *Mailied*).

Ein besonderer Fall liegt dann vor, wenn ein Gedicht nach einem strengen Kompositionsprinzip gebaut ist, das nicht durch tradierte Strophen- oder Gedichtformen vorgegeben ist, sondern vom Autor eigens für die inhaltlichen Erfordernisse dieses einzelnen Gedichts entwickelt wurde. Kommentare des Autors zu seinem Gedicht in

Briefen oder Tagebüchern können auf solche Besonderheiten des Aufbaus hinweisen. Auch sonst kann es hilfreich sein, insbesondere bei längeren, zunächst unübersichtlich wirkenden Gedichten zu prüfen, ob sie vielleicht nach einem strengen, aber nicht auf den ersten Blick erkennbaren Bauprinzip geformt sind, also möglicherweise in zwei, drei oder mehr gleichmäßige Teile gegliedert sind, ob beispielsweise dem mittleren Vers oder der mittleren Strophe eine zentrale (Wendepunkt-)Funktion zukommt.

3.4 Der Rand des Gedichts:
Autorname, Titel, Widmung, Motto und Datierung

Bisher war vom Gedicht als einem literarischen Text die Rede, der aus mindestens zwei Versen besteht, die (bei drei oder mehr Versen) zu Strophen oder Abschnitten gruppiert sein können, aber nicht müssen. Ein Gedicht umfaßt jedoch meist noch mehr Text, der nicht zu den Versen gehört (und daher bei der Verszählung sinnvollerweise nicht berücksichtigt wird): kleine, auf das Gedicht bezogene Teiltexte am Rande des eigentlichen Verstextes. Der französische Literaturtheoretiker Gérard Genette (1989) hat dafür den Begriff ›Paratext‹ geprägt. Für Gedichte sind vor allem folgende Formen des Paratextes relevant: der Name des Autors, der Titel des Gedichts sowie – falls vorhanden – Motto, Widmung und Datierung.

Der Name der Autorin oder des Autors steht bei Gedichtsammlungen oder bei Einzelpublikationen eines längeren Gedichts auf dem Umschlag und dem Titelblatt, in Anthologien oder Zeitschriften mit Texten verschiedener Autoren über oder unter dem Text. Das Gedicht wird damit einem empirischen Urheber zugerechnet und kann in den Kontext von dessen Leben und Werk gestellt werden. Eine eventuell vorhandene Datierung (meist das Entstehungsdatum, zuweilen auch mit Ortsangabe) gibt noch genauere Informationen über die Umstände, unter denen das Gedicht geschrieben wurde. Diese Angaben, die das Gedicht in seinen historisch-biographischen Kontext stellen, gehören zum äußersten Rand des Textes. In Einzelfällen machen die Autoren gezielt falsche Angaben (Pseudonym, unzutreffende oder phantastische Orts- und Zeitangaben), um diese Funktion der Kontextsituierung zu unterlaufen oder sogar das Gedicht als ganzes in einer Art Traumreich anzusiedeln.

Der wichtigste Paratext des Gedichts ist sein Titel. Daß ein Gedicht einen Titel trägt, ist jedoch keineswegs selbstverständlich und war bis vor einigen Jahrhunderten sogar ganz unüblich. Das hängt damit zusammen, daß Gedichte von jeher nur ganz vereinzelt als Einzelpublikationen erscheinen. Ein Buch dagegen (also auch ein Roman oder ein Drama) benötigt einen Titel, der dazu dient, »1. das Werk zu identifizieren, 2. seinen Inhalt zu bezeichnen, 3. ihn in ein günstiges Licht zu rücken« (Genette 1989, 77; vgl. ferner Rothe 1986; Adorno 1981, 325–334; Derrida 1980; Bekes 1979). Auch die einzelnen Erzählungen einer Sammlung wie des *Decamerone* Boccaccios, manchmal sogar die Kapitel eines Romans wie des *Simplicissimus* Grimmelshausens tragen häufig Titel oder titelähnliche Inhaltsangaben.

Bei Gedichten dagegen waren seit der Antike bis weit in die Neuzeit hinein nur die Sammlungen als ganze mit einem Titel versehen, der meist aus der bloßen Gattungsbezeichnung bestand (z. B. *Oden, Sonette*; vgl. Genette 1989, 298–301). Eine Notwendigkeit, für die Einzelgedichte Aufmerksamkeit zu erregen, wurde nicht gesehen; sie sind einfach durchnumeriert und dadurch identifizierbar; darüber hinaus besteht die Möglichkeit, den ersten Vers oder dessen Anfang als Titelersatz zu zitieren. Angesichts dieser Tradition sind sich noch Eckermann und Goethe einig, daß »ein Gedicht immer ohne Titel« entsteht und ohne Titel das ist, was es ist, der Titel also »gar nicht zur Sache« gehört (Gespräch vom 29.1.1827; *Gespräche mit Goethe*, 195). Selbst Rilke knüpft an diese klassische Tradition in seinen späten Sammlungen *Sonette an Orpheus* und *Duineser Elegien* an, und manche modernen Autoren heben in vielen Gedichten anstelle eines Titels den Anfang als Scheinüberschrift (z. B. Brinkmann: *Wo sind sie*) oder durch Kapitälchen (z. B. Celan: »Ein Wurfholz, auf Atemwegen«) hervor.

Bereits in der frühen Neuzeit beginnt jedoch eine andere Traditionslinie, in der die Titel von Gedichtsammlungen freier gestaltet und auch die Einzelgedichte mit Überschriften versehen werden. Die Titel weisen schon im Barock (aus dem die folgenden Beispiele gewählt sind) eine große Vielfalt auf, wobei zwei Grundformen zu unterscheiden sind: Der Titel kann entweder das Thema, den Gegenstand des Gedichts bezeichnen (z. B. Andreas Gryphius: *Menschliches Elende*), teilweise sogar in Form einer Inhaltsangabe oder einer Kennzeichnung der Redesituation (z. B. Johannes Scheffler: *Sie schreyet nach dem Kusse seines Mundes*), oder er kann sich reflexiv auf das Gedicht selbst, auf seine Form und Aussageweise beziehen (z. B.

Enoch Gläser: *Ode*; Philipp von Zesen: *Ein Jambisch Echonisch Sonnet*). Genette unterscheidet einerseits ›thematische Titel‹, andererseits ›rhematische‹ (die Aussage betreffende), ›formale‹ oder ›Gattungstitel‹ (vgl. Genette 1989, 79 f.) Eine häufige Sonderform des thematischen Titels sind jene, die aus einer präpositionalen Bestimmung bestehen, der die fehlende Gattungsbezeichnung vorangestellt werden könnte (z. B. Gottfried Finckelthaus: *Über die Hand der Astree*). Zu unterscheiden sind hier Titel, die den Gegenstand oder den Anlaß des Gedichts bezeichnen (z. B. Christian von Hofmannswaldau: *Auff den Einfall der Kirchen zu St. Elisabeth*), und solche, die den primären Adressaten ansprechen (z. B. Hofmannswaldau: *An Lauretten*; Paul Fleming: *An sich*). Häufig begegnen auch Kombinationen thematischer und rhematischer Titelbestandteile (z. B. Georg Neumark: *Loblied / Des Feld- und Waldlebens*; Paul Gerhardt: *Sommer-Gesang*). Darüber hinaus können auch Entstehungsort und -zeit, ja selbst der Name des Autors Bestandteil des Titels werden. Ein besonders kniffliger Fall ist Flemings lyrischer Nachruf auf sich selbst: *Des seligen Herrn D. PAUL FLEMINGI Grabschrifft / So er jhm selbst drey Tage vor seinem Tode gemachet. Jn Hamburg den 20. Tag des Mertzen 1640* (veröffentlicht posthum 1641; *Epochen* 4, 111 f.).

Daß die Meinung Eckermanns und Goethes, der Gedichttitel sei beliebig und eigentlich überflüssig, alles andere als allgemeingültig ist, zeigt etwa Flemings Gedicht *Wie Er wolle geküsset seyn*, das mit folgender Strophe beginnt:

> NIrgends hin / als auff den Mund /
> da sinckts in deß Hertzen grund
> Nicht zu frey / nicht zu gezwungen /
> nicht mit gar zu fauler Zungen.
>
> (*Zeitalter des Barock*, 809)

Auch in den Handlungsanweisungen der folgenden vier Strophen wird das Wort ›küssen‹ kunstvoll ausgespart, und erst die abschließende sechste Strophe zieht die Quintessenz, daß jedes Liebespaar selbst die ›rechte‹ Weise des Küssens entdecken müsse. Ließe man also die Überschrift fort, so fehlte ein zentraler Bezugspunkt zumindest der ersten fünf Strophen.

Eine generelle Aussage über die Funktion von Gedichttiteln läßt sich nicht machen. Ratsam ist es jedoch, sich bei jeder Gedichtanalyse über die Funktion des Titels (sofern einer vorhanden ist) und sein Verhältnis zum Gedicht-Text im engeren Sinne Klarheit zu verschaffen. Hilfreich ist es dabei, das Gedicht von seinem Titel heuristisch zu isolieren: Welche Assoziationen löst der Titel aus, welche Art Gedicht erwartet man unter dieser Überschrift? Umgekehrt: Welchen Titel würde man selber dem Gedicht geben? Paßt der Titel zu dem Gedicht? Steht er in einem Spannungsverhältnis zum Verstext oder harmoniert er mit ihm? Ist er »überflüssig« oder gibt er zusätzliche Informationen? Liefert er gar die entscheidende Pointe zum Verständnis des Gedichts?

Die Widmung eines Gedichts, die öffentliche Zueignung an einen primären Adressaten, steht dem Titel sehr nahe; oftmals ersetzt sie diesen ganz (z. B. Klopstock: *An meinen Bruder Viktor Ludewig*). Häufig ist sie aber auch typographisch (durch Rechtsbündigkeit, kleinere Type, Kursivierung o. ä.) von dem darüberstehenden Titel abgesetzt. Das Gedicht kann einer hochstehenden Persönlichkeit (z. B. Hölderlin: *Patmos. Dem Landgrafen von Homburg*) oder einem dichterischen Vorbild (z. B. Erich Fried: *Wo immer gelöscht wird / in memoriam Ingeborg Bachmann*) zugeeignet sein; es können jedoch auch private Bekannte (z. B. Gottsched: *Ode. An Jungfer L. A. V. Kulmus*) oder paradoxerweise sogar ungenannte Personen (z. B. Johann Peter Uz: *Einladung zum Vergnügen. An Herrn - - -*) angeredet werden. Die wechselseitige Dedikation von Gedichten (z. B. der Dichter des Göttinger Hains: Voß, Stolberg, Miller u. a.) kann der Stabilisierung einer Autorengruppe dienen. Von Sonderfällen wie der Widmung an überirdische Mächte oder an nicht fest umrissene Gruppen (z. B. durch die triviale Widmung *An den Leser*) einmal abgesehen, hat die öffentliche Zueignung eines Gedichts an einen menschlichen Adressaten eine doppelte Funktion: Sie stellt eine Nähe zum Angeredeten her und führt diese andererseits der öffentlichen Leserschaft vor (die damit erkennt, daß sie durch das Gedicht erst an zweiter Stelle, nur mittelbar angesprochen wird). Die Widmung setzt in der Regel (außer bei der an Verstorbene, die sich nicht mehr wehren können) wechselseitige Anerkennung voraus und stützt sie zugleich: So wie der Adressat durch die Widmung geehrt wird, so soll auch von diesem ein wenig Glanz auf den Widmenden zurückscheinen. Welche Funktion die Widmung im einzelnen hat, gilt es bei jeder Analyse eines Gedichts, das eine Widmung enthält, zu untersuchen. Dafür muß man zunächst die Identität des Widmungsadressaten und seine Bedeutung für den Gedichtautor ermitteln.

Relativ selten findet sich bei Gedichten – an derselben Stelle wie die Widmung, also zwischen Titel und Verstext, noch seltener in

Verbindung mit einer Widmung – ein Motto, ein gekennzeichnetes oder anonymisiertes Zitat eines anderen Autors (in Einzelfällen auch ein Selbstzitat oder ein fingiertes Zitat). Allerdings gibt es Gedichtformen, die von vornherein als Kommentar zu einem vorgegebenen Text konzipiert sind, vor allem die Glosse (s. o., Abschnitt 3.2.3.1). Auch bei Parodien oder Umdichtungen wird manchmal die bearbeitete Vorlage zitiert oder wenigstens genannt (z. B. bei Erich Fried, einem Lyriker, der die Anhäufung von Paratexten aller Art liebt: *An Anna Emulb. Junogedicht 1 – in memoriam Kurt Schwitters*; vorweg wird in kleiner Type *An Anna Blume. Merzgedicht 1* von Schwitters komplett abgedruckt). Wie bei anderen Texten auch kann das Motto eines Gedichts Ablenkung (bis hin zur Mystifikation) oder Hinführung zum Haupttext des Gedichts sein; in vielen Fällen kommt es jedoch vor allem auf den Namen des zitierten Autors an (vgl. Genette 1989, 154 f.); das Motto ersetzt dann eine Widmung, die angesichts der zitierten Autorität vermessen klingen könnte.

Die Paratexte, die kleinen Teiltexte am Rand des Gedichts, sind also keineswegs nebensächlich, denn sie situieren das Gedicht explizit in verschiedenen Kontexten und sind daher eine wichtige Hilfe und Leitlinie für die Interpretation.

4 Wort, Bild und Bedeutung im Gedicht

4.1 Besonderheiten des Wortgebrauchs: Wortarten und Wiederholungen, Leitmotive und Topoi

In den meisten Gedichten soll primär weder etwas über konkrete Realia ausgesagt noch eine Handlungsanweisung übermittelt werden (wenngleich einige Formen partnerbezogener Lyrik solche Elemente durchaus enthalten und sie in diesen Texten sogar in den Vordergrund treten können). Der Lockerung der Referenzbezüge und der pragmatischen Funktion der Sprache in der Lyrik entspricht auf der formalen Ebene die Abweichung von der normalen Syntax (vgl. oben, Abschnitt 3.1.2.1). Damit einher geht eine Aufwertung und Verselbständigung der Einzelwörter. In den meisten Gedichten bedeutet diese antisyntaktische Tendenz jedoch kein chaotisches Neben- und Nacheinander, sondern die Wörter treten nach einer eigenen poetischen Regularität auf, die es in der Interpretation zu ermitteln und in ihrer Funktion zu beschreiben gilt.

Die besondere Wirkung eines Gedichts wird oft durch die Bevorzugung einer oder mehrerer Wortarten und durch die Vermeidung anderer erzielt. Allgemeine Regeln, welche Funktion die Verteilung der Wörter nach Wortarten in einem Gedicht hat, lassen sich nicht aufstellen (vgl. Kayser 1978, 104–109). Ein Beispiel kann jedoch veranschaulichen, welche Fragen zur Erhellung dieser Funktionen beitragen können:

> Verfluchtes Jahrhundert! Chaotisch! Gesanglos!
> Ausgehängt du Mensch, magerster der Köder, zwischen Qual
>   Nebel-Wahn Blitz.
> Geblendet. Ein Knecht. Durchfurcht. Tobsüchtig. Aussatz und
>   Säure.
> Mit entzündetem Aug. Tollwut im Eckzahn. Pfeifenden
>   Fieberhorns.
>
> (Johannes R. Becher: *Mensch stehe auf*, V. 1–4; *Menschheitsdämmerung*, 253)

In diesen vier freien Langversen, den ersten eines sehr umfangreichen Gedichts, findet sich kein einziges finites Verb. Alle Bewegung ist damit stillgestellt. Geradezu angehäuft werden dagegen Perfektpartizipien (allein fünf), hinzu kommen vier weitere Adjektive und ein Partizip Präsens. Außer dieser Gruppe dominieren die Substantive (insgesamt dreizehn). Keineswegs aber sind jedem Substantiv ein oder mehrere Attribute (Adjektive bzw. Partizipien) zugeordnet, wie man vermuten könnte (und wie es zu Beginn und Ende des Abschnitts auch der Fall ist). Charakteristisch für die Passage ist vielmehr, daß Attribute und Nomina unverbunden nebeneinandergesetzt und durch Satzendezeichen voneinander isoliert werden, besonders deutlich im dritten Vers (die Emphase ausdrückenden Ausrufungszeichen des ersten Verses werden im weiteren Verlauf zugunsten von Punkten aufgegeben). Auch die Artikel sind mit wenigen Ausnahmen weggelassen; immerhin finden sich jedoch drei Präpositionen, durch die Beziehungen zwischen den isolierten, durch die Nomina evozierten Sachverhalten angedeutet werden. Becher ahmt offenbar die Reihung oder gar Häufung meist unverbundener, gleichartiger Wörter nach, wie sie besonders im Barock beliebt war. Ansonsten fällt nur noch ein einziges Personalpronomen auf, das »du« im zweiten Vers, mit dem ein Gegenüber angeredet wird.

Was zu Beginn des Gedichts als »Verfluchtes Jahrhundert« auf den Begriff gebracht ist, wird im folgenden in seine Elemente zerlegt und ausgebreitet: ein zerrissener, sinnloser, dem Wahnsinn und dem Untergang naher Zustand der Welt, aus dem kein Entkommen möglich scheint. Fast eindringlicher als durch die Semantik der Einzelwörter wird diese trostlose Szenerie durch die Anti-Syntax und die konsequent gewählten Wortarten vor Augen geführt. Allerdings bleibt das Gedicht an diesem Punkt nicht stehen: Gleich im folgenden Vers wird mit einem exponierten, allein in einer Zeile stehenden »Aber« eine Wendung zum »unendliche[n] Äther« (V. 6) eingeleitet, und im folgenden wird die Verbabstinenz zugunsten einer geradezu aktionistischen Häufung von Verben, insbesondere von Imperativen, aufgegeben, die im Schluß des Gedichts kulminiert, der den Titel aufnimmt und pathetischer nicht sein könnte:

> Noch ist's Zeit –
> Mensch Mensch Mensch stehe auf stehe auf!!!
>
> (Ebd., 258)

Hier wird ein Versuch unternommen, durch gehäufte Wortwiederholung eine unübertreffliche Klimax zu erreichen. Wirkungsvoller ist dagegen in den meisten Fällen die dosiertere Verwendung solcher Stilmittel. Besonders häufig begegnet die Figur der Wiederholung am Versanfang, die ›Anapher‹:

> Wo ist denn nun mein Ehrgeiz hin?
> Wo sind die flüchtigen Gedanken,
> Womit ich oftmals aus den Schranken
> Gemeinen Glücks geflogen bin?
>
> (Johann Christian Günther: *Der Unterschied jetziger Zeit und der Jugend*, V. 17–20; *Gedichte*, 42)

Die zwei mit »Wo« beginnenden Fragesätze sind syntaktisch parallel (›Parallelismus‹) und unverbunden (›asyndetisch‹, also ohne »und« o. ä.) sowie metrisch fast identisch aneinandergereiht. Dadurch kommt in die Frage nach dem Verbleib der früheren Eigenschaften des Ich eine drängende Bewegung hinein. Ein besonderer Reiz wird durch die variierende Wiederholung im dritten Vers erzielt, die sich letztlich als scheinhaft erweist: Es folgt keine weitere Frage, sondern ein Relativsatz.

Gleich am Beginn der folgenden Strophe von Günthers Gedicht lassen sich zwei weitere rhetorische Figuren beobachten:

> Dies, große Weisheit, dank ich dir,
> Dies dank ich dir, du süße Liebe
>
> (Ebd., V. 25 f.)

Abermals (wie noch mehrfach in diesem Gedicht und häufig in Günthers ganzem lyrischen Werk) wird die Anapher verwendet. Auch syntaktisch sind die beiden Verse gleich gebaut, ja sie stimmen zu großen Teilen wörtlich überein. Der Unterschied besteht allein in den durch Kommata abgetrennten Appositionen »große Weisheit« bzw. »du süße Liebe«. Während diese ans Versende gesetzt und eindeutig als Du-Anrede ausgezeichnet ist, ist jene nach dem »Dies« am Versbeginn plaziert und kann sich entweder auf das beziehen, was das Ich dem Du verdankt, oder auch – vorwegnehmend – auf das Du selbst. Neben der Anapher findet sich hier also die wörtliche Wiederaufnahme nicht nur eines Wortes, sondern einer ganzen Wortgruppe (»dank ich dir«) vom Ende des ersten Verses in der ersten Hälfte des zweiten Verses. Dadurch ergibt sich eine Kreuzstruktur (›Chiasmus‹): Die sich entsprechenden Glieder in den zwei syntaktisch übereinstimmenden Zeilen stehen im ersten Vers hinten und im zweiten vorne bzw. umgekehrt, so daß einerseits Anfang und Ende (hier die beiden Appositionen), andererseits die beiden mittleren Glieder parallel gebaut sind. Die chiastische Stellung setzt also syntaktischen Parallelismus voraus, hebt aber gegenüber einer parallelen Stellung (z. B.: »Wer wärmt mich, wer liebt mich noch?« Nietzsche: *Klage der Ariadne*, V. 1; *KSA* 6, 398) den Gegensatz zwischen den beiden Sätzen oder Versen deutlicher hervor (antithetische Wirkung). Gezielter als in dem zitierten Beispiel, wo sich dieser syntaktisch-rhetorische Effekt gleichsam nebenbei ergibt, wird er beispielsweise von Goethe und Schiller in ihren *Xenien* zusammen mit den antithetisierenden Möglichkeiten des Distichons eingesetzt:

> Wir Modernen, wir gehn erschüttert, gerührt aus dem Schauspiel;
>   Mit erleichterter Brust hüpfte der Grieche heraus.
>
> (*Entgegengesetzte Wirkung*; Goethe: *SW* 2, 486)

Figuren der Wiederholung von Wörtern oder Wortgruppen gibt es in zahlreichen weiteren Varianten, z. B. am Versende (›Epipher‹):

> willst du *hinein*,
> ins Herz, einsteigen,
> in meine heimlichsten
> Gedanken einsteigen?
>
> (Nietzsche: *Klage der Ariadne*, V. 22–25; *KSA* 6, 399)

Die weiteren Möglichkeiten solcher Wortwiederholungen können hier nicht im einzelnen aufgeführt werden. Ähnlich wie bei den verschiedenen Gestalten des Binnenreims (vgl. oben, Abschnitt 2.2.1) und bei anderen formalen Details sind für die Gedichtanalyse weniger die rhetorisch (oder metrisch) korrekte Benennung des Phänomens als vielmehr seine genaue, nachvollziehbare Beschreibung und die Frage nach seiner jeweiligen Wirkung wichtig. (Zur rhetorischen Terminologie vgl. die detaillierte Typologie in: Lausberg 1967, 80–95; ferner Schlüter 1974, 22–47 und 320–322; Ottmers 1996.)

Zu achten ist auch auf die Wiederaufnahme von Formulierungen nach mehreren oder sogar vielen Versen, etwa als Refrain am Strophenende, oder auf identische Wendungen am Anfang und am Schluß des Gedichts, die eine Kreisfigur ergeben. Häufig werden die Wörter und Wendungen nicht wörtlich wiederholt, sondern variiert (in dem zitierten chiastischen Distichon wird kein einziges Wort wiederholt, sondern das – trotz versetzter Stellung – gleiche syntaktische Schema mit Wörtern von gegensätzlicher Bedeutung gefüllt). So verstärken die stets um eine Stunde vorrückenden Zeitangaben, die in Annette von Droste-Hülshoffs Gedicht *Durchwachte Nacht* in gleichmäßigen Abständen refrainartig eingestreut sind (»Die

Uhr schlägt Zehn« – »Elf schlägt die Uhr« – »S' ist Mitternacht« usf.; *HKA* I.1, 351–353), das in dem Gedicht suggestiv erzeugte Gefühl der Machtlosigkeit des Ich gegenüber den Erscheinungen der Nacht (vgl. auch die spannungsteigernde Wirkung der Zeitangaben in Fontanes Ballade *John Maynard*).

Eine Form der variierenden Wiederholung ist auch das Wortspiel (griechisch ›Paronomasie‹ oder lateinisch ›annominatio‹), bei dem durch eine Veränderung der Wortform bei zwei Wörtern desselben Stamms eine abweichende Bedeutung entsteht (auch ›Figura etymologica‹ genannt) oder sich durch die Klanggleichheit oder Klangähnlichkeit nicht verwandter Wörter ein verblüffender, oft komischer Effekt einstellt:

> An mir ist minder nichts / das lebet / als mein Leben.
>
> (Paul Fleming: *Des seeligen Herrn D. PAUL FLEMINGI Grabschrifft [...]*, V. 14; *Epochen* 4, 112)

> Die Zeit ist / was ihr seyd / und ihr seyd / was die Zeit /
> Nur daß ihr Wenger [weniger] noch / als was die Zeit ist / seyd.
>
> (Paul Fleming: *Gedancken / über der Zeit*, V. 13 f.; ebd.)

Eine Sonderform des Wortspiels ist das Auftauchen eines Wortes in verschiedenen Flexionsformen (›Polyptoton‹):

> Deine Kollegen verschreist und plünderst du! Dich zu verschreien
> Ist nicht nötig und nichts ist auch zu plündern an dir.
>
> (Goethe/Schiller: *Unmögliche Vergeltung*; Goethe: *SW* 2, 473)

In diesen Zusammenhang gehört auch die überraschende Verknüpfung von wörtlichem und metaphorischem Sinn desselben Wortes (zur Metaphorik vgl. genauer unten, Abschnitt 4.2.3):

> Es pfeift der Wind. Es stöhnt und gellt.
> Die Hunde heulen im Hofe. –
> Er pfeift auf diese ganze Welt,
> der große Philosophe.
>
> (Morgenstern: *Es pfeift der Wind* ..., V. 9–12; *Galgenlieder*, 257)

Oft werden die verschiedenen Formen des Wortspiels miteinander kombiniert, in besonders dichter Form in der späten Lyrik Rilkes:

> Preise dem Engel die Welt, nicht die unsägliche, *ihm*
> kannst du nicht großtun mit herrlich Erfühltem; im Weltall,
> wo er fühlender fühlt, bist du ein Neuling. Drum zeig
> ihm das Einfache, das, von Geschlecht zu Geschlechtern gestaltet,

> als ein Unsriges lebt, neben der Hand und im Blick.
> Sag ihm die Dinge. Er wird staunender stehn; wie du standest
> bei dem Seiler in Rom, oder beim Töpfer am Nil.

(*Duineser Elegien* IX; Rilke: *SW* I, 719)

Frei von jeder sprachlichen Spielerei werden hier die Ausdrucksmöglichkeiten, die Bedeutungsfelder und Bedeutungsgegensätze der benachbarten Wörter gleichsam von innen ausgetastet: durch die Versetzung eines Wortstamms in verschiedene Wortarten (»Erfühltem« – »fühlender fühlt«, Figura etymologica), durch die Steigerung eines Substantivs vom Singular in den Plural (»von Geschlecht zu Geschlechtern«, Polyptoton), durch Veränderung der Wortart und zusätzliche Negation (»die unsägliche« – fünf Zeilen weiter unten: »Sag«, Figura etymologica), durch Tempus- und Personenwechsel bei einem Verb (»stehn« – »standest«, Polyptoton), verbunden mit einer Paronomasie mit einem nicht verwandten Wort (»staunender« – »standest«) – von den zahlreichen Alliterationen und sonstigen Klangmitteln ganz zu schweigen. Eine Passage wie diese wirkt in einem kaum zu übertreffenden Maße kunstvoll verdichtet, sie neigt aber auch zum kunsthandwerklich Überfrachteten (zu einem Kunsthandwerk, von dem indes im Text selbst die Rede ist).

Rilkes Text ist (über den zitierten Ausschnitt hinaus) ein sprachliches Geflecht, das durch die mehrmalige, variierte Wiederkehr der Wörter (und der durch sie evozierten »Dinge«) strukturiert ist. Zieht sich ein Wort, eine Wortgruppe oder auch ein Gedanke, ein Bild als identisches Element oder in geringen Variationen durch ein Gedicht hindurch, so kann man von einem ›Leitmotiv‹ sprechen. Der Begriff ist aus der Musikwissenschaft entlehnt, in der er einen mehrfach wiederkehrenden Melodieabschnitt innerhalb eines Musikstücks bezeichnet, der zur Charakterisierung einer Person oder Situation dienen kann (etwa im *Freischütz* von Weber oder in Wagners Musikdramen deutlich ausgeprägt). In der Literaturwissenschaft ist der Terminus Leitmotiv nur sinnvoll zu verwenden, wenn er konkret an der Wiederkehr eines bestimmten Wortmaterials festgemacht wird, nicht aber, um ganz allgemein die Grundstimmung oder -haltung eines Textes zu bezeichnen (in dieser unscharfen Bedeutung wird er beispielsweise von Waldmann [1988, 111–125] benutzt). Auf Lyrik bezogen, kann man den Refrain als einfache Form des Leitmotivs ansehen; in enger Anlehnung an die Musik hat man auch von einem ›rhythmischen Leitmotiv‹ gesprochen (die Wiederkehr einer bestimmten Folge von Hebungen und Senkungen, die in einem einzelnen Gedicht aus dem metrischen Schema hervorsticht; vgl. Kayser 1978, 252). Insbesondere in umfangreicheren Gedichten oder Gedichtzyklen dienen Leitmotive zur Strukturierung eines komplexen Wort- oder Bildmaterials und ermöglichen einen strafferen und übersichtlicheren Aufbau. So kann man die »Engel« und ihre nichtirdischen »Ordnungen« als das zentrale Leitmotiv von Rilkes zehnteiligem Zyklus der *Duineser Elegien* bezeichnen.

Eine wichtige Funktion haben Leitmotive in zahlreichen erzählenden Gedichten, vor allem in Balladen, in denen sie oft titelgebend sind: Bestimmte Gegenstände (z. B. in Schillers *Ring des Polykrates*), Tiere (z. B. in *Die Kraniche des Ibykus* vom selben Autor) oder andere Naturphänomene tauchen mehrmals an zentralen Stellen der Handlung auf, tragen damit einerseits zur Spannungssteigerung bei und werden andererseits mit symbolischer Bedeutung aufgeladen, können etwa als Zeichen der Vorsehung angesehen werden (in der älteren Forschung spricht man daher auch vom ›Dingsymbol‹ als einem Äquivalent zum ›Falken‹ der Novelle). So kehrt dem Reiter in Conrad Ferdinand Meyers Ballade *Die Füße im Feuer* (*HKA* 1, 382 f.) dreimal die Vision der von ihm ermordeten Frau wieder. Der leitmotivische Satz »Zwei Füße zucken in der Glut« (V. 19, 24 und 52) droht dem Täter bis in den Traum hinein fürchterliche Rache an, doch diese wird – so die edelmütige Pointe des Gedichts – von dem Mann der Ermordeten, der das Gastrecht nicht verletzen will, auf den Jüngsten Tag verschoben; in der zweiten Hälfte des vorletzten und des letzten Verses kann man das metrische Echo (oder das ›rhythmische Leitmotiv‹) des ebenfalls vierhebigen, auftaktig alternierenden Satzes von den Füßen in der Glut hören: »Gemordet hast du teuflisch mir / [...] Mein ist die Rache, redet Gott.«

Ein dem Leitmotiv verwandtes Phänomen ist der ›Topos‹ (vgl. Kayser 1978, 71–75). Der Begriff stammt aus der antiken Rhetorik; Ernst Robert Curtius, der der Toposforschung oder Topik entscheidende Anstöße gegeben hat, weist darauf hin, daß die deutsche Übersetzung des Wortes mit ›Gemeinplatz‹ heute zu abwertend konnotiert ist und daher den Sinn nicht trifft:

»Die *topoi* sind [...] ursprünglich Hilfsmittel für die Ausarbeitung von Reden. Sie sind, wie Quintilian (V 10, 20) sagt, ›Fundgruben für den Gedankengang‹ (*argumentorum sedes*), sind also einem praktischen Zweck dienstbar.« (Curtius 1984, 79)

In der Spätantike breiten sich die Topoi auf alle Formen der Literatur aus und »werden Klischees, die literarisch allgemein verwertbar sind« (ebd.). Durch das ganze Mittelalter hindurch und mindestens bis ins 18. Jahrhundert greift die Dichtung immer wieder auf denselben, aus der Antike stammenden Bestand an Topoi zurück. Es gibt formale und inhaltliche Topoi; zu den formalen zählen beispielsweise die Eröffnungs- und Schlußfloskeln von Texten oder bestimmte Bescheidenheitsformeln des Autors bzw. Textsubjekts, zu den inhaltlichen die Gegenüberstellung eines alten und eines jungen Menschen sowie der für die Lyrik besonders bedeutsame Topos der Ideallandschaft, speziell des *locus amoenus* oder ›Lustortes‹ (vgl. ebd., 191–209; Kayser 1978, 73). Durch die Jahrhunderte hindurch wurde dasselbe Ensemble von Baum, Wiese, Quell, Vogelgesang u. ä. formelhaft reproduziert, und noch die oft stereotypen Landschaftsschilderungen in den Gedichten Eichendorffs und Brentanos können als Nachklang dieser Tradition angesehen werden. Erkennt man die Topoi nicht, auf die ein Gedicht zurückgreift, so bleibt es entweder unverständlich, da sich zentrale Motive erst aus der Kenntnis ihrer tradierten Bedeutung erschließen (so der sterbende Hirsch in Meyers Gedicht *Abendrot im Walde* [*HKA* 1, 69]; vgl. Kayser 1978, 74 f.), oder man hält für individuelle Gestaltung, was in Wirklichkeit Variation eines tausendfach bearbeiteten Themas ist (wie die Klage über den Verfall menschlichen Lebens in barocken Grabschriften). Lyrik, die mit Topoi arbeitet, ist jedoch nicht allein darum von geringerer Qualität als solche, die als originäre Schöpfung eines Individuums verstanden werden will; vielmehr kann die Variation eines vorgegebenen Bild- und Formelbestandes zu besonderer Virtuosität antreiben (vgl. auch Conrady 1962).

Wie erkennt man die Verwendung von Topoi in Gedichten? Ratsam ist es, mindestens bei Gedichten, die vor der Mitte des 18. Jahrhunderts entstanden sind, motivgleiche oder -ähnliche Gedichte aus derselben oder auch früherer Zeit hinzuzuziehen, um eventuelle Gemeinsamkeiten festzustellen. Handbücher wie das von Curtius oder Henkel/Schöne (1996) können helfen, die Herkunft und ursprüngliche Bedeutung der verwendeten Topoi zu klären. Heutige Autoren können kaum noch mit Leserinnen und Lesern rechnen, die aus der Antike tradierte Topoi identifizieren könnten. Dennoch greifen Lyriker immer wieder auf das »Vorratsmagazin« (Curtius 1984, 89) der Topik zurück (vgl. auch Paul Celans Aufruf zur Umkehrung der Toposforschung: *GW* 3, 199)

4.2 Bildlichkeit

Es gibt eine Reihe von Möglichkeiten, mit sprachlichen Mitteln Bilder zu erzeugen, die in einem anderen Sinne anschaulich sind als die Bilder der bildenden Kunst (zu den Beziehungen zwischen beiden Künsten vgl. oben, Abschnitt 2.3). Zu unterscheiden sind sprachliche Mittel, die einen ganzen Text als Bild erscheinen lassen, und solche, die als Textelemente der punktuellen Veranschaulichung dienen. Metapher, Metonymie und Synekdoche sind solche bildhaften Elemente, während die Allegorie eine Großform des Bildes ist. Vergleich, Personifikation und Symbol können sowohl als bildhafte Elemente eingesetzt als auch zu größeren Bauformen erweitert werden. Allen sprachlichen Mitteln der Bilderproduktion ist gemeinsam, daß sie nicht nur in Gedichten, sondern seit altersher in allen literarischen Gattungen und auch in nichtliterarischen Texten verwendet werden.

Die Herkunft der meisten der genannten Begriffe aus der antiken Rhetorik und Poetik bringt allerdings ein Problem mit sich, das dem der heutigen Verwendung metrischer Grundbegriffe analog ist: Die Begriffe entstammen dem Horizont eines geschlossenen Weltbildes, das jedem Ding einen festen Ort zuwies und die Sprache als adäquate Abbildung dieses geordneten Zustandes ansah. Mit dem dramatisch zunehmenden Verlust dieser Gewißheiten in der Neuzeit und besonders in der literarischen Moderne können Vorstellungen von einer ›eigentlichen‹ und ›uneigentlichen‹, einer ›verschobenen‹ oder ›übertragenen‹ Bedeutung von Wörtern, Wortgruppen und Texten jedoch nur mehr heuristischen Wert haben. Diesem Mangel kann durch die Prägung neuer, teilweise paradoxer Begriffe (z. B. ›absolute Metapher‹) nur unvollkommen abgeholfen werden. Bei der Beschäftigung mit neuerer und besonders mit moderner Lyrik kommt es deshalb (genau wie bei der metrischen Analyse) vor allem darauf an, zu einer möglichst genauen Beschreibung dessen zu kommen, was auf der semantischen und bildlichen Ebene des Gedichts passiert, wie Bedeutungszusammenhänge sprachlich aufgebaut und möglicherweise wieder zerstört werden. Die hergebrachten Begriffe sind dazu willkommene Hilfsmittel, auf die man aber, wenn sie nicht greifen, auch verzichten darf und sollte.

Zu den Begriffen ›Bild‹, ›Bildlichkeit‹ und ›Anschaulichkeit‹ im Medium der poetischen Sprache vgl. Hardt 1964, bes. 16 f.; Killy 1956; Kleinschmidt 1992, 92–115; F. Lockemann 1952, 37–54; Th. A. Meyer 1990 (zuerst 1901), bes. 231–249; Requadt 1974; Willems 1989.

4.2.1 Allegorie

In den Ästhetiken der letzten zweihundert Jahre werden Allegorie und Symbol mit jeweils unterschiedlicher Akzentuierung und Bewertung als zwei verschiedene literarische Möglichkeiten voneinander abgehoben, etwas durch etwas anderes auszudrücken. Daß der Gegensatz zwischen Allegorie und Symbol erst um 1800 ausgeprägt wurde, hat Gadamer (1975, 68–77) gezeigt.

Die Allegorie ist nach heutigem Verständnis eine Bildform, die in allen literarischen Gattungen (und auch in der politischen und geistlichen Rhetorik) verwendet wird (vgl. Kurz 1993, 28–65; Killy 1972, 94–113). Eine Sonderform der Allegorie ist das Emblem, bei dem verschiedene Texte auf einem Blatt angeordnet sind, in dessen Mitte ein Bild steht (s. o., Abschnitt 2.3.6). Von einer Allegorie kann man dann sprechen, wenn ein Text oder Textabschnitt mindestens zwei voneinander abhebbare Bedeutungsschichten enthält, eine wörtliche und eine andere, allegorische Bedeutung. Die wörtliche Bedeutung stellt sich dann ein, wenn man den Text ›naiv‹ aus dem Blickwinkel und mit dem alltagssprachlichen Verständnis seiner zeitgenössischen Rezipienten liest. Erst einer allegorischen Lektüre, die diese Bedeutungsebene hinterfragt, erschließt sich die zweite, tiefere Sinndimension des Textes. Die literarische Form der Allegorie und das hermeneutische Verfahren der Allegorese (der systematischen Suche nach allegorischen Bedeutungen) sind also nicht voneinander zu trennen: »Die Allegorie ist die Anweisung eines Textes zu seiner allegorischen Deutung.« (Kurz 1993, 46)

Allegorie und Allegorese haben eine lange Tradition, die sich bis zur antiken Rhetorik zurückverfolgen läßt. Besonders differenziert entfaltet wurde das allegorische Lesen im Mittelalter: Die ›Lehre vom vierfachen Schriftsinn‹ unterscheidet in den Texten der Bibel nicht nur zwischen wörtlicher Bedeutung (›sensus litteralis‹) und geistlicher Bedeutung (›sensus spiritualis‹), sondern spaltet letztere in eigentlich allegorische (oder ›typologische‹, die Erfüllung von Prophetien behandelnde), ›moralische‹ (praktische Handlungsanweisungen gebende) und ›anagogische‹ (heilsgeschichtliche) Bedeutung auf. Kern der mittelalterlichen Allegorese ist die ›Typologie‹, die die Bücher des Alten Testaments (vor allem die prophetischen Bücher) als Ankündigung der Menschwerdung Gottes (›Typos‹), das Neue Testament aber als deren Erfüllung in der Gestalt des Jesus Christus (›Antitypos‹) liest. Auch die klassischen ›heidnischen‹ Autoren der griechischen Antike konnten in diese assimilierende Lektüre einbezogen werden. So wurden etwa griechische Götter wie Dionysos und Apoll als Vorläufer Christi gedeutet. Die christliche Allegorese und das typologische Denken sind in der Lyrik der Renaissance und des Barock ungebrochen lebendig. Im Zuge zunehmender Säkularisierung geht zwar das allegorische Moment der Lyrik nicht verloren, aber die Lyrik kann sich nicht mehr auf einen allgemeinverbindlichen Sinnhorizont beziehen, der das Erklärungsmuster jeder Allegorie abgibt. Die moderne Lyrik zeichnet sich deshalb durch eine Vielfalt allegorischer Bedeutungen aus.

Allegorien können entweder ›narrativ‹ oder ›deskriptiv‹ konzipiert sein (vgl. Kurz 1993, 47–51). In narrativen Allegorien werden auf der wörtlichen Ebene Geschehnisse und Handlungen erzählt, in deskriptiven Allegorien werden vorrangig Situationen oder Räume entworfen. Ferner kann man – mit Kurz (ebd., 40 f.) – zwischen ›implikativen‹ und ›explikativen‹ Allegorien unterscheiden: In der ›implikativen‹ (nach der Rhetorik Quintilians der ›reinen‹) Form der Allegorie wird auf die allegorische Bedeutung allein durch textinterne Indizien hingewiesen, die nicht eindeutig verifizierbar sind, so daß der Text einen größeren Rätselcharakter behält. Solche Indizien können z. B. inhaltlich-motivische Strukturen oder mehrdeutige Wörter sein. In der ›explikativen‹ Allegorie dagegen wird die allegorische Bedeutung im Text selbst oder etwa im Titel des Gedichts angegeben.

Das folgende Gedicht ist eine deskriptive, explikative Allegorie:

> Ich sahe mit betrachtendem Gemüte
> Jüngst einen Kirschbaum, welcher blühte,
> In kühler Nacht beim Mondenschein;
> Ich glaubt, es könne nichts von größrer Weiße sein.
> [...]
> Indem ich nun bald hin, bald her
> Im Schatten dieses Baumes gehe,
> Sah ich von ungefähr
> Durch alle Blumen in die Höhe
> Und ward noch einen weißern Schein,
> Der tausendmal so weiß, der tausendmal so klar,
> Fast halb darob erstaunt, gewahr
> [...]
> Wie sehr ich mich am Irdischen ergetze,
> Dacht ich, hat Gott dennoch weit größre Schätze.
>   Die größte Schönheit dieser Erden
>   Kann mit der himmlischen nicht verglichen werden.
>
> (Barthold Heinrich Brockes: *Kirschblüte bei der Nacht*; *Irdisches Vergnügen in Gott*, 13)

Wie in Brockes' gesamter monumentaler Gedichtsammlung wird die Schönheit der Natur in allen Einzelheiten und voller Bewunderung beschrieben. In jedem einzelnen Zug der evozierten Natur aber schwingt das Wissen mit, daß sie nur ein Abglanz der himmlischen, jenseitigen Schönheit ist, und in der zweiten Hälfte jedes Gedichts wird dieses Wissen explizit gemacht.

Eine narrative, implikative Allegorie ist dagegen diese *Divan*-Parabel (zur Parabel vgl. allgemein Zymner 1991):

> Alle Menschen groß und klein
> Spinnen sich ein Gewebe fein,
> Wo sie mit ihrer Scheren Spitzen
> Gar zierlich in der Mitte sitzen.
> Wenn nun darein ein Besen fährt,
> Sagen sie es sey unerhört,
> Man habe den größten Palast zerstört.
>
> (Goethe: *West-östlicher Divan. Buch der Parabeln*; SW 3, 383)

Erzählt wird eine Geschichte, die – deutliches allegorisches Indiz – das Handeln aller Menschen darstellen soll. Auf der wörtlichen Ebene macht es keinen Sinn, daß »alle Menschen« im Textilgewerbe tätig sind. Offenbar allegorisch und zugleich unverkennbar ironisch wird hier das Sinngebäude beschrieben, das alle Menschen um sich herum aufbauen, um sich in der Welt zu orientieren, und dessen Umbau durch äußere Instanzen sie nur schwer ertragen können. Deutlich schwingt in der Rede vom »Gewebe« auch der ›Text‹ (die lateinische Entsprechung zu ›Gewebe‹) mit, der – Roland Barthes (1986, 94) zufolge – »durch ein ständiges Flechten entsteht und sich selbst bearbeitet« und in dessen Mitte eine Spinne sitzt, die selbst in den »konstruktiven Sekretionen ihres Netzes« aufgeht. Auch die sprachliche Verfaßtheit jedes Weltbildes ist also eine allegorische Bedeutungsdimension dieses Gedichts.

Zur Typologie vgl. die grundlegenden Studien von Ohly (1977, bes. 1–31 und 361–400) sowie den Sammelband von Bohn (1988); ferner Eco 1977, 32–34; zur außerchristlichen Allegorese Grassi 1979, 133–138.

4.2.2 Symbol

Der Begriff des Symbols wird heute im Gegensatz zum modisch gewordenen Begriff der Allegorie oft für nicht mehr verwendbar erklärt (vgl. z. B. Ludwig 1990, 176; dagegen Sperber [1975], der den Begriff in einem umfassenden, interdisziplinären Sinne verwendet; ferner Link 1975). Damit wird Goethes lange Zeit unbezweifelt gebliebene Wertung aus den *Maximen und Reflexionen* umgekehrt:

»Es ist ein großer Unterschied, ob der Dichter zum Allgemeinen das Besondere sucht oder im Besondern das Allgemeine schaut. Aus jener Art entsteht Allegorie, wo das Besondere nur als Beispiel, als Exempel des Allgemeinen gilt; die letztere aber ist eigentlich die Natur der Poesie, sie spricht ein Besonderes aus, ohne ans Allgemeine zu denken oder darauf hinzuweisen. Wer nun dieses Besondere lebendig faßt, erhält zugleich das Allgemeine mit, ohne es gewahr zu werden, oder erst spät.«
«Das ist die wahre Symbolik, wo das Besondere das Allgemeine repräsentiert, nicht als Traum und Schatten, sondern als lebendig-augenblickliche Offenbarung des Unerforschlichen.« (Goethe: *SW* 9, 529 und 532)

Goethe sieht die symbolische Dichtung als die eigentliche Poesie an: Während die allegorische Dichtung von einem abstrakten Gedanken ausgehe und diesen in ein Bild kleide (vgl. ebd., 639), gelinge dem symbolischen Dichten die unbewußte ›Schau‹ durch das konkrete Bild hindurch auf das Allgemeine. Vor allem die Beschreibung dieses Allgemeinen als »Offenbarung des Unerforschlichen« hat mit Recht Skepsis hervorgerufen. Wenn man aber auf diese metaphysische Dimension verzichtet, kann der Symbolbegriff eine gute Handhabe sein, um eine bestimmte Bild- und Bedeutungsstruktur in Gedichten zu erfassen.

Während in der Allegorie zwei oder mehr Bedeutungsschichten nebeneinander bestehen, die nur »diskontinuierlich miteinander verbunden sind« (Kurz 1993, 77), ist das Symbol ein Bestandteil der im literarischen Text entworfenen Wirklichkeit, dessen Bedeutung über das Beschriebene oder Erzählte hinausweist; »das Symbolisierte ist selbst kein pragmatisch-empirisches Element, sondern stets eine lebensweltliche, psychische und moralische Bedeutsamkeit« (ebd., 76). Ein Symbol kann als Leitmotiv konzipiert sein, das heißt als innerhalb eines Textes mehrmals wiederkehrendes und diesen dadurch strukturierendes Wortmaterial (sei es ein Einzelwort oder eine Wortfolge); die Wiederholung ist jedoch kein notwendiges Merkmal des Symbols. Im Gegensatz zur Allegorie muß das Symbol auch nicht den ganzen Text oder Textabschnitt umfassen, sondern kann sich auf einzelne, bedeutungsvolle Stellen beschränken; Symbole können somit auch Bestandteile von Allegorien sein.

Dinge, Lebewesen oder raum-zeitliche Umstände (z. B. Landschaften, Uhrzeiten oder das Wetter) können mit symbolischer Bedeutung aufgeladen werden. Verschiedenen Naturgegenständen (z. B. Blumen, chemischen Elementen, besonders Edelmetallen) sind im Lauf der Kulturgeschichte (beispielsweise schon in Märchen und Volksliedern) bestimmte symbolische Bedeutungen zugeschrieben worden, die indes historischem Wandel unterliegen (vgl. exemplarisch M. Frank 1978). Es kommt also darauf an, in einem konkret vorliegenden Gedicht die spezifische Funktion eines Symbols zu ermitteln, durch die etwaige Symboltraditionen erneuert oder verändert werden. So knüpft in Klopstocks Gedicht *Das Rosenband* (1753) das titelgebende und leitmotivisch verwendete Symbol zwar an die traditionelle Verwendung der Rose als eines Liebes- und Todessymbols an, aber das Bild des Rosenbandes wird mit der Bindung und Sicherheit gebenden Kraft des Blickes der Liebenden parallelisiert und erhält dadurch eine neue Bedeutungsdimension. Dagegen werden in ›Dinggedichten‹ wie *Das Karussell* von Rilke unabhängig von aller Symboltradition scheinbar ganz profane Gegenstände so genau beschrieben, daß sich eine Lektüre aufdrängt, die nach einer symbolischen Bedeutung sucht. Zwar gibt es in den Gedichten auch Hinweise, in welcher Richtung eine solche Bedeutung zu suchen wäre, eine eindeutige Auflösung dieser Symbole gibt es jedoch nicht: Sie behalten ihre Rätselhaftigkeit. In Versen wie den folgenden schließlich zeigt sich eine weitere Form symbolischer Gedichtsprache:

> Unter verschnittenen Weiden, wo braune Kinder spielen
> Und Blätter treiben, tönen Trompeten. Ein Kirchhofsschauer.
> Fahnen von Scharlach stürzen durch des Ahorns Trauer,
> Reiter entlang an Roggenfeldern, leeren Mühlen.
>
> (Trakl: *Trompeten*, V. 1–4; *WEB*, 30)

Dieser Textabschnitt scheint eine einzige Ansammlung von Symbolen zu sein: Zwar können einige der Motive (z. B. »Blätter treiben«) als Versatzstücke eines Herbstgedichts gelesen werden, dazwischen wird aber mehrfach auf Symbole angespielt, die aus der Weltuntergangsliteratur bekannt sind (z. B. die Trompeten des Jüngsten Gerichts, die Apokalyptischen Reiter); hinzu kommen Anklänge an die Motivbereiche Tod, Krankheit, Hunger und Krieg. Mit dieser Anhäufung konnotativer und kaum faßbarer symbolischer Bedeutungen geht aber der semantisch-logische Zusammenhang weitgehend verloren. Es bleibt nur die Möglichkeit, mit Hilfe von Assoziationen und durch die Strukturierung der Wortfelder neue Zusammenhänge herzustellen.

4.2.3 Vergleich

Der Vergleich ist eine Grundform bildlicher Rede: Ein Vorgang, ein Gegenstand, ein Mensch oder sein Handeln wird nicht (allein) in begrifflicher Sprache ausgedrückt, sondern durch den Vergleich mit etwas anderem veranschaulicht, prägnanter gemacht oder bewertet. Ein Vergleich ist nur möglich zwischen zwei Sachverhalten, die nicht miteinander identisch sind, aber denen mindestens eine Eigenschaft zugeschrieben werden kann, die sie beide gemeinsam haben (›tertium comparationis‹). Formal ist der Vergleich meist an den Vergleichspartikeln ›wie‹ und ›als‹, an der Präposition ›gleich‹ oder an den Konjunktionen ›als (ob)‹ oder ›wie wenn‹ erkennbar. Dient die Partikel ›als‹ dagegen der unterschiedslosen Identifikation, so liegt kein Vergleich vor (z. B. »Er tritt als Opfer vor« [Benn: *Orphische Zellen*; *GWE* 1, 197, V. 32] bedeutet: er ist das Opfer, er ist ihm nicht etwa nur gleich oder ähnlich). Das ›tertium comparationis‹ kann entweder genannt (»Rosen, wild wie rote Flammen«) oder ausgespart (»Liljen, wie kristalne Pfeiler«) werden (beide Beispiele aus Heines *Bergidylle*, V. 185 und 187; *Schriften* 1, 174). Während sich der Vergleich in den beiden Beispielen von Heine nur auf die Gegenstände, die Blumen, bezieht, begreift er in den folgenden Versen die im gesamten Satz ausgedrückte Handlung mit ein:

> Und er sitzet bei den Weiden
> Läßt die traurigen Gedanken,
> Wie verwaiste Lämmer weiden
> Unter wilden Epheuranken.
>
> (Brentano: *Durch die stummen Wälder irrte ...*, V. 37–40; *Werke* 1, 253)

Der Vergleich wird zu einer traumartigen Bildsequenz ausgearbeitet. Eine fragmentarische, titellose Hymne Hölderlins beginnt mit einem noch weiter ausgreifenden Vergleich, der sich über neun Verse und den ganzen ersten Gedichtabschnitt erstreckt (»Wie wenn am Feiertage, das Feld zu sehn / Ein Landmann geht« usf.; *SWB* I, 262). Erst im zehnten Vers wird der durch den Vergleich veranschaulichte Sachverhalt eingeführt: »So stehn sie unter günstiger Witterung«; und erst in Vers 16 wird klar, daß »sie« nicht nur »die Bäume des Haines« (V. 9) sind, sondern daß proleptisch (das Bezugswort vorwegnehmend) auch die »Dichter« gemeint sind. In solchen Gedichten sind die Vergleiche alles andere als schmückendes Beiwerk, sondern vielmehr der zentrale Bestandteil der poetischen Sprache, in der etwas ausgesagt werden soll, das sich weder begrifflich noch unmittelbar beschreibend oder erzählend darstellen läßt.

4.2.4 Personifikation

Sehr oft wird Belebtes mit Unbelebtem, Menschliches mit Nichtmenschlichem verglichen. Wird eine nichtmenschliche Erscheinung oder ein abstrakter Begriff in menschlicher Gestalt oder auch nur mit bestimmten menschlichen Eigenschaften dargestellt, so spricht man von Personifikation. Sie kann in Form eines Vergleichs ausgeführt oder ohne Vergleichspartikeln gebildet werden. Wie der Vergleich kann sie als Mikro- oder Makroform des poetischen Bildes auftauchen. Eine Kurzform der Personifikation ist z. B. »traurige Paläste« (Heym: *Verfluchung der Städte*, V. 25; *LW*, 221); bei Gryphius heißt es: »die Nacht schwingt ihre Fahn / Und führt die Sternen auff« (*Abend*, V. 1 f.; *Gedichte des Barock*, 118). Als einzelner bildhafter Ausdruck ist die Personifikation eine Form der Metapher oder der Metonymie. Darunter gibt es zahlreiche im Laufe der Zeit formelhaft gewordene Personifikationen (z. B. die antiken Göttergestalten als Personifikationen von Eigenschaften, etwa in der Wendung ›Zauber der Venus‹ o. ä.) sowie verblaßte Personifikationen, die meist gar nicht mehr als solche erkannt werden (z. B. ›blinder Zufall‹). Bei der Analyse von Gedichten ist zu prüfen, ob solche Wendungen womöglich wieder auf ihre ursprüngliche Bedeutung zurückgeführt, gewissermaßen reaktiviert werden (z. B. durch Weiterführung des Bildes). Wird eine Personifikation im ganzen Gedicht durchgehalten, so handelt es sich um eine Sonderform der Allegorie (z. B. Heym: *Der Krieg* [»Aufgestanden ist er, welcher lange schlief ...«]).

4.2.5 Metapher

Die Metapher ist eine bildliche Elementarform, die in der Lyrik noch weitaus häufiger benutzt wird als der Vergleich. In der Rhetorik Quintilians galt sie als um die Vergleichspartikel verkürzter Vergleich, dieser als ausgeführte Metapher. Dieses Verständnis verkennt aber den grundlegenden Unterschied, daß im Vergleich die beiden miteinander verglichenen Sachverhalte ihre Selbständigkeit behalten, während sie in der Metapher zu einer neuen semantischen Einheit verschmelzen. Da in der Metapher zwei Dinge nicht verglichen, sondern in eins gesetzt werden, gibt es bei ihr genaugenommen kein ›tertium comparationis‹, sondern die unterschiedlichen Eigenschaften der beiden Bestandteile wirken innerhalb der Metapher mit- und gegeneinander. In etymologischer Sicht wird die Metapher (griech. Übertragung) häufig als ein Wort aufgefaßt, das in ›übertragener Bedeutung‹ verwendet wird (vgl. schon Aristoteles: *Poetik* 1457b). Aber auch dieses Verständnis greift zu kurz, denn es setzt voraus, daß ein Wort einen festen Platz in der Sprache hat, seine wörtliche Bedeutung, von dem aus es nur in Ausnahmefällen an andere Sprachorte transportiert werden kann (vgl. Kurz 1993, 7–9).

Die meisten Wörter haben jedoch eine Fülle oftmals ganz unterschiedlicher Bedeutungen, und auch die Alltagssprache ist mit Metaphern und metaphorischen Wendungen durchsetzt. Nur ein pragmatisches Sprachverständnis, das sich an den Regeln orientiert, die dem Sprachgebrauch und der intersubjektiven Verständigung zugrunde liegen, kann die sprachliche und speziell die lyrische Funktion der Verwendung von Metaphern daher befriedigend erklären: Durch den syntagmatischen Zusammenhang der Wörter eines Textes (also durch ihre syntaktisch-logische Verknüpfung) wird auch ein Bedeutungs- und Verwendungszusammenhang geschaffen, der die Bedeutungsvielfalt der Einzelwörter soweit einschränkt, daß in der Regel keine Mißverständnisse entstehen. Vor diesem Hintergrund läßt sich ein metaphorischer Wortgebrauch als punktuelle Abweichung »vom dominanten, prototypischen Gebrauch eines Wortes, der Standardbedeutung« (Kurz 1993, 17), feststellen. In den syntaktisch-semantischen Textzusammenhang tritt gleichsam ein ungewöhnliches, unerwartetes Wortelement von außen ein, das – sofern die Metapher noch nicht eingeführt oder ganz verblaßt ist – aufmerken läßt: z. B. ›Meer der Vergessenheit‹ (Goethe: *Am Flusse*, V. 2; *SW* 1, 45). In diesem Sinne läßt sich Harald Weinrichs (metaphorische) Unterscheidung zwischen ›Bildspender‹ und ›Bildempfänger‹ (vgl. Weinrich 1963) mit aller heuristischen Vorsicht benutzen: Der von außen kommende Metaphernbestandteil (der Bildspender, hier: ›Meer‹) tritt an einer bestimmten Stelle in den Text ein und verbindet sich mit dem dort stehenden Wort (dem Bildempfänger, hier: ›Vergessenheit‹) oder ersetzt sogar das Wort, das ›eigentlich‹ an dieser Stelle zu erwarten gewesen wäre. Dem Bildempfänger werden damit eine oder mehrere Eigenschaften des Bildspenders zugeschrieben (der Vergessenheit beispielsweise die Weite, Tiefe und Unüberschaubarkeit des Meeres); zusammengenommen entfaltet die Metapher eine neue Vorstellung, die mehr ist als die Summe ihrer Teile. Treten in einem Text mehrere Metaphern auf, deren Bildspender dem gleichen Vorstellungsbereich entnommen sind, so kann man von einem ›Bildfeld‹ reden (vgl. Weinrich 1967, 13). Wenn man dagegen die Allegorie grundsätzlich als »ein Additionsgefüge zusammenstimmender Metaphern« (Killy 1972, 95) definiert, so werden die sprachlich-strukturellen Unterschiede zwischen den beiden Formen verwischt.

Es gibt viele Möglichkeiten, wie der metaphorische Prozeß, die Verknüpfung von Bildspender und Bildempfänger, formal gestaltet werden kann (vgl. zum Folgenden Schulte-Sasse/Werner 1977, 118–120): u. a. durch Prädikation (›Hans ist ein Esel‹), durch die Verbindung von Substantiv und Verb (›der Wagen läuft gut‹), von Substantiv und Adjektiv (»das gewitternde Ohr«; Celan: *Wasser und Feuer*, V. 13; *GW* 1, 76) oder von zwei Substantiven: in einer Apposition (»Fundevogel, lieber Reim«, Peter Härtling: *Fundevogel*, V. 1; *Gedichtbuch/Conrady*, 752 oder: »Meine Seele, ein Saitenspiel«, Nietzsche: *An der Brücke stand ...*, V. 8; *KSA* 6, 291) oder einem Genitivattribut (»der zarte Rücken der Wolken«; Bachmann: *Fall ab, Herz*, V. 9; *Werke* 1, 31). In den meisten dieser Fälle lassen sich die Bestandteile relativ klar als Bildspender bzw. Bildempfänger identifizieren: Am eindeutigsten ist die Prädikation nach dem Muster ›A ist B‹, wobei A Bildempfänger, B Bildspender ist. Die Apposition ist eine verkürzte Prädikation, bei der allerdings in einem der zitierten Beispiele die Glieder vertauscht (aber trotzdem zweifelsfrei als Bildspender bzw. -empfänger zu identifizieren) sind: ›Der liebe Reim ist ein Fundevogel.‹ In den übrigen Fällen ist das Substantiv im Nominativ Bildempfänger, das Verb, Adjektiv oder Substantiv im Genitiv Bildspender; die Genitivkonstruktion läßt sich sogar in eine Prädikation umwandeln: ›Die Wolken haben einen zarten Rücken.‹

Eine Metapher kann aber auch zu einem Wort, einem Kompositum, zusammengezogen sein, in dem sich die Funktion der beiden

Bestandteile nicht immer eindeutig zuordnen läßt: Ein metaphorisches Kompositum wie »Fliederhauch« (Droste-Hülshoff: *Durchwachte Nacht*; *HKA* I.1, 351, V. 15) kann zwar in ›Hauch des Flieders‹ zerlegt werden; Bildempfänger aber ist nicht – wie zu erwarten wäre – der zweite, normalerweise bedeutungstragende Bestandteil des Kompositums, sondern der erste: Statt der gewöhnlichen Wendung ›Fliederduft‹ wird der zugleich dynamisierende und personifizierende Ausdruck ›Fliederhauch‹ gewählt. Metaphern wie »Rauchmund« (Celan: LANDSCHAFT *mit Urnenwesen*; *GW* 2, 59) oder »Sehstamm« (OFFENE GLOTTIS, *Luftstrom*; ebd., 388) schließlich sind gar nicht mehr in Bildspender und -empfänger auflösbar.

Celan und andere Autoren des 20. Jahrhunderts knüpfen an die Tradition besonders ungewöhnlicher (›kühner‹) Metaphern an (vgl. Weinrich 1963; G. Neumann 1970, 194 f.). Zu ihnen zählt das Oxymoron (griech.: scharfsinnige Dummheit), die Verknüpfung sich semantisch widersprechender Begriffe: »Des dunkeln Lichtes voll« (Hölderlin: *Andenken*, V. 26; *SWB* I, 474); »Den stummen Schmerz verkünden Anemonen« (Günderrode: *Adonis Tod*, V. 13; *HKA* I, 319); »Schlummerwachen« (Droste-Hülshoff: *Durchwachte Nacht*; *HKA* I.1, 351, V. 21). Werden sprachliche Elemente zusammengeführt, die scheinbar keinerlei Gemeinsamkeit haben, so daß keine metaphorische Bedeutungsübertragung möglich erscheint, so hat man früher in der Poetik und Rhetorik einen Bildbruch (eine ›Katachrese‹) angenommen: »die unbelaubten / Gedanken« (Hölderlin: *Tinian*, V. 36 f.; *SWB* I, 473); »Gleich Krystallen in der Wüste wachsend des Meers« (*Griechenland*, 1. Entwurf, V. 24; ebd., 478). Die traditionellen Regeln, wie eine Metapher zusammenzusetzen sei, sind in der modernen Lyrik jedoch vielfach durchbrochen worden, so daß die Abwertung ›kühner Metaphern‹ sinnlos geworden ist.

Die ›Synästhesie‹ ist eine Form der Metapher (und der Bildlichkeit überhaupt), in der verschiedene Sinnesbereiche miteinander verflochten werden: »Durch die Nacht, die mich umfangen, / Blickt zu mir der Töne Licht.« (Brentano: *Werke* 1, 145) Die Intensität der poetischen Sprache soll in Versen wie diesen dadurch bis zum höchsten erreichbaren Grad gesteigert werden, daß die Bilder gleichsam mit allen Sinnen aufgenommen werden können. Im Expressionismus dagegen überwiegt das Moment der Provokation in der synästhetischen Bildlichkeit:

> Gott hör ... In deiner blauen Lieblingsfarbe
> Sang ich das Lied von deines Himmels Dach
>
> (Else Lasker-Schüler: *Gott hör ...*, V. 9 f.; *Helles Schlafen – dunkles Wachen,* 125)

Bei einem Autor wie Celan schließlich ist die Kühnheit der Metaphorik bis zu einem Punkt gesteigert, an dem es in der Fülle der Metaphern, die zu »Metaphernschwärmen« (G. Neumann 1970, 207) zusammentreten, offenbar nur noch Bildspender, aber keine identifizierbaren Bildempfänger mehr gibt (vgl. ebd., 210). Diese sich tendenziell auf eine rein innersprachliche Referenz zurückziehende Sprachverwendung bezeichnet man mit dem paradoxen Ausdruck ›absolute Metapher‹:

> ZERR DIR den Traum vom Stapel,
> pack deinen Schuh rein,
>
> Rauschelbeeräugige, komm,
> schnür zu.
>
> (Celan: *GW* 2, 405)

Wo der Versuch, die Metaphern aufzulösen, sinnlos geworden ist, wirken sie in ihrer Sinnlichkeit und Gegenständlichkeit unmittelbar:

> »In vielen Fällen hat die moderne Metapher überhaupt nicht mehr den Sinn, ein Bild neben der ›Wirklichkeit‹ zu sein, sondern sie selber hebt den Unterschied zwischen metaphorischer und nicht-metaphorischer Sprache auf.« (H. Friedrich 1985, 208)

Charles Baudelaire hat diese Welt- und Spracherfahrung in seinem allegorischen, für die moderne Lyrik programmatischen Sonett *Correspondances* in folgendem Vers zur Sprache gebracht: »L'homme y passe à travers des forêts de symboles« (*Les Fleurs du Mal*, 18, V. 3). Stefan George übersetzt: »Dort geht der mensch durch einen wald von zeichen« (*Werke* 2, 239).

Zur Metapherntheorie vgl. ferner Blumenberg 1979; Danto 1991, 252–315; Menninghaus 1989; Seel 1990; Stierle 1975, 152–185; Zymner 1993.

4.2.6 Metonymie und Synekdoche

Metonymie und Synekdoche sind strukturell anders gebildet als die Metapher: Während der metaphorische Prozeß als ›Sprung‹ eines Wortes in einen im Rahmen seiner normalen Verwendung ungewöhnlichen Kontext begriffen werden kann, findet bei Metonymie und Synekdoche zwischen Bildspender und -empfänger lediglich eine »nachbarschaftliche Verschiebung der Grenze des Begriffsinhalts eines Wortkörpers« (Lausberg 1967, 66 f.) statt; sie müssen also in einer realen Beziehung zueinander stehen. Der traditionellen Rhetorik zufolge umfaßt die ›Metonymie‹ Formulierungen, in denen die Wirkung für die Ursache steht oder umgekehrt, der Erzeuger für das Erzeugnis, z. B. der Autor für das Werk (›Kafka lesen‹), ferner das Gefäß für den Inhalt (›ein Glas trinken‹), Zeit- und Raumangaben für Personen (›Gruppe 47‹; ›Berlin im Freudentaumel‹) u. ä. (vgl. ebd., 75–77). Bei der ›Synekdoche‹ handelt es sich dagegen um eine quantitative Verschiebung, um die Verengung oder Erweiterung der Wortbedeutung: Der Teil steht für das Ganze (›pars pro toto‹) oder umgekehrt (›drei Sommer waren ins Land gegangen‹ [und damit auch die übrigen Jahreszeiten] bzw. ›ich esse kein Schwein‹ [also kein Schweinefleisch]), der Rohstoff für das Produkt (›in Seide auftreten‹ [also in seidenen Kleidern]), die besondere Art für die übergeordnete Gattung oder umgekehrt, der Singular für den Plural oder umgekehrt (›Der Mensch lebt nicht vom Brot allein‹ [Matth. 6, 11] statt: ›Alle Menschen leben nicht nur von Lebensmitteln‹).

Im Gegensatz zur Metapher erweitern Metonymie und Synekdoche das Bedeutungsfeld eines Textes nicht um zusätzliche Vorstellungsbereiche. Sie dienen in der traditionellen Rhetorik und Poetik eher der Abkürzung oder der Variation der Rede, der Vermeidung wörtlicher Wiederholungen. Das bedeutet jedoch nicht, daß Metaphern stets innovativ, Metonymien und Synekdochen immer konventionell sein müssen: Wie es formelhaft gewordene und abgenutzte Metaphern gibt, so umgekehrt auch ungewöhnliche, überraschende Synekdochen und Metonymien. Die Grenzen zwischen den drei Formen sind ohnehin fließend: Die Metonymie als mittlere Form unterscheidet sich tendenziell von der Metapher durch größere Nähe zwischen Bildspender und -empfänger, von der Synekdoche als bloß quantitativer Bedeutungsverschiebung durch größere Entfernung zwischen den beiden Polen. In der neueren Poetik ist es üblich geworden, nur noch zwischen Metapher und

Metonymie zu unterscheiden und die Synekdoche der Metonymie zuzurechnen (vgl. Jakobson 1979, 198–207).

4.3 Die Vieldeutigkeit des Gedichts

In zahlreichen Interpretationen, literaturtheoretischen Abhandlungen und literarhistorischen Darstellungen der letzten Jahrzehnte werden Gedichte als vieldeutig, mehrdeutig, offen und unbestimmt oder als dunkel, hermetisch und unauflöslich bezeichnet. Oft bleibt aber unklar, was genau mit diesen Kennzeichnungen gemeint ist. Insbesondere ist danach zu fragen, ob die genannten Eigenschaften allen Kunstwerken bzw. allen sprachlichen Kunstwerken zukommen oder ob sie sich ausschließlich oder vornehmlich in der Lyrik finden. Ferner ist zu klären, ob Dunkelheit, Vieldeutigkeit usw. an Gedichten aller Epochen zu beobachten sind oder ob sie sich nur oder vor allem in bestimmten Zeiten finden, etwa in der literarischen Moderne seit Baudelaire.

Umberto Eco sieht das Kunstwerk als »eine grundsätzlich mehrdeutige Botschaft« an, »als Mehrheit von Signifikaten (Bedeutungen), die in einem einzigen Signifikanten (Bedeutungsträger) enthalten sind« (Eco 1977, 8). Ein so verstandenes offenes Kunstwerk hat zwar eine materielle Form, eine sprachliche Struktur, aber die Vielfalt seiner Bedeutungen bleibt auf der Textebene zunächst unbestimmt und wird erst in der Rezeption realisiert. Diese Eigenschaft kommt Eco zufolge grundsätzlich allen Kunstwerken zu, sie wird aber erst in der Moderne systematisch angestrebt. Die Rezeptionsästhetik, insbesondere in der Version Wolfgang Isers, verschiebt die analytische Aufmerksamkeit noch stärker vom Text auf den *Akt des Lesens*: Jeder literarische Text weist demzufolge »Leerstellen« auf, die durch die »Vorstellung des Lesers« besetzt werden müssen, in dessen Kopf sich aufgrund der Kombination der textlichen Schemata und ihrer Füllung mit eigenen Vorstellungen der »imaginäre Gegenstand« bildet (Iser 1976, 284): »Jede einzelne Interpretation ist die Aktualisierung einer in der Werkstruktur fundierten Sinnmöglichkeit.« (Iser 1975, 330) Iser klärt jedoch nicht hinreichend, ob damit in jedem Leser ein anderes Kunstwerk entsteht oder ob die textlichen Vorgaben so engmaschig sind, daß die Vorstellungen der verschiedenen Leser, so verschieden ihre Herkunft sein mag, letztlich doch in einem ähnlich strukturierten Bild des Kunstwerks konvergieren (vgl. Culler 1988, 81 f.). Darüber hinaus bleibt wissenschaftstheoretisch unausgewiesen, aus welcher Position heraus die Leerstellen eines Textes überhaupt als solche benannt und beschrieben werden können (denn dazu ist es nötig, hinter den Akt des Lesens auf den Text selbst zurückzugehen).

Die rezeptionsästhetische Position, die grundsätzlich jeden literarischen Text als vieldeutig einstuft, ist also in sich nicht konsistent. Vielmehr ist in den Fällen, in denen zu einem einzigen literarischen Text unterschiedliche Deutungen (von heutigen oder früheren Interpreten) vorliegen oder gar kein kohärentes Textverständnis möglich zu sein scheint, genau zu untersuchen, welchen Anteil an der Deutungsvielfalt und den Verstehensproblemen die Textstruktur selbst und welchen die subjektiven Voraussetzungen der Interpretierenden haben. Interpretationsprobleme können demnach drei verschiedene Arten von Ursachen haben: Sie sind die Folge von

»a) einer größeren historischen Distanz, d. h. einer unterschiedlich genauen Einsicht in das historische Umfeld der Texte;
b) unterschiedlicher Lebenserfahrung, d. h. einer ungleich entwickelten Wahrnehmungsfähigkeit gegenüber dem oft nur andeutenden Sprechen der Literatur;
c) nicht verbindlich auflösbaren Vagheiten oder Mehrdeutigkeiten der Texte selber, d. h. einer genuinen sprachlichen oder darstellerischen Uneindeutigkeit.« (Seiler 1982a, 92)

Probleme, die sich aus der historischen Distanz ergeben, sind beispielsweise schon die Schwierigkeiten mancher Leser, eine ältere Druckschrift wie die Fraktur zu lesen oder in veralteter Orthographie geschriebene Wörter zu identifizieren. Ungebräuchlich gewordene Wörter werden ohne sprachhistorisches Wissen nicht erkannt, und – was schlimmer ist – Wörtern, die ihre Bedeutung gewandelt haben, wird fälschlich ihre heutige Bedeutung unterlegt. Zur Entstehungszeit der Gedichte selbstverständliches zeit- und kulturgeschichtliches Wissen, das durch den Gebrauch bestimmter Namen oder Daten herbeizitiert wird, ist heute oft verlorengegangen. Direkte oder indirekte Zitate aus der Mythologie oder aus früherer Literatur werden ohne entsprechende Vorbildung ebenfalls nicht erkannt.

All diesen Problemen ist eines gemeinsam: Sie sind grundsätzlich leicht behebbar, und zwar sinnvollerweise nicht dadurch, daß man den Text den Lesern näherbringt, indem man ihn enthistorisiert (beispielsweise durch die Anpassung seiner Orthographie an die heutigen Normen), sondern vielmehr dadurch, daß man die Lesenden an den Text in seiner Fremdheit heranführt, indem man ihnen die zu seinem historisch adäquaten Verständnis notwendigen Informationen liefert. Das ist Aufgabe der kommentierten Studien- und Leseausgaben und zum Teil auch der literaturwissenschaftlichen Forschung. Wer ein Gedicht interpretieren will, sollte nicht bei einem vorläufigen Textverständnis aus heutiger Perspektive stehenbleiben, sondern versuchen, sich alle relevanten Hintergrundinformationen zu beschaffen. Der naive erste Zugang zum Text soll dabei nicht eliminiert, sondern nur überschritten werden; in der Interpretation gilt es, dem Reiz nachzuspüren, der sich aus der Spannung zwischen dem aktualisierenden und dem historischen Textverständnis ergibt. Probleme des historischen Verstehens sind jedoch keine, die man als Mehrdeutigkeit dem Text selbst zuschreiben könnte.

Im Gegensatz zu den sich aus der historischen Distanz ergebenden Verstehensproblemen sind die vielfältigen Lektüren, die aus unterschiedlichen Erfahrungen und subjektiven Zugängen der Lesenden herrühren, nicht ohne weiteres zu vereinheitlichen, da der subjektive Erfahrungsraum im Hintergrund immer wirksam bleibt und nicht übersprungen oder auch durch bloßen Wissenszuwachs erweitert werden kann. So ist die komplexe lebensgeschichtliche und geschichtsphilosophische Bedeutungsdimension von Brechts späten *Buckower Elegien* (1953), die sich (als implikative allegorische Bedeutung) hinter schlichten Situationsbildern verbirgt, für Heranwachsende nur schwer zu erschließen (vgl. auch das oben, Abschnitt 3.2.4 besprochene Gedicht *Rudern, Gespräche*). Ihnen werden sich beispielsweise zu dem bekannten Gedicht *Der Radwechsel* zunächst Assoziationen zu eigenen Erfahrungen mit Autopannen, Wartezeiten auf Reisen u. ä. aufdrängen, während es vielen schwerfallen wird, zu erkennen, daß die Ursachen der Unzufriedenheit des im Text sprechenden Ich über die alltägliche Situation hinausreichen und in der Erfahrung des Exils sowie in der Situation des in der DDR lebenden Intellektuellen zu suchen sind. Ein Textverständnis, das nicht diese Dimension erreicht, ist aber damit nicht einfach falsch (denn es ist in sich kohärent und mit dem Textmaterial stimmig vereinbar), sondern kann bestenfalls als unvollständig oder eindimensional bezeichnet werden. Besonders unter der literaturdidaktischen Perspektive der Vermittlung von Lyrik besitzt der Bereich subjektiver Zugänge zum Gedicht ein großes Eigengewicht, denn oft erschließen sich den Lernenden elementare Textbedeutungen, die dem einschlägig vorgebildeten Lehrenden entgangen sind.

Dennoch sollte es Ziel des Unterrichts, besonders aber der literaturwissenschaftlichen Analyse sein, die bloß subjektiven Zugänge zu überschreiten und die Bedeutungsvielfalt des Textes selbst in ihrer ganzen Breite zu erschließen: Von Vieldeutigkeit im strengen Sinne kann nur die Rede sein, wenn im literarischen Text »die Schicht der normalsprachlichen Mitteilung überlagert oder durchbrochen oder gar völlig ersetzt wird durch andere Sprachgesten« (Seiler 1982a, 103), die auf weitere Bedeutungsebenen hindeuten oder deren Annahme sogar zwingend erfordern, da ohne sie ein kohärentes Textverständnis nicht möglich ist. Das Urteil darüber, ob ein vieldeutiger Text in diesem Sinne vorliegt, kann kein einzelner für alle Leser verbindlich treffen; es ist vielmehr das stets wieder revidierbare Ergebnis eines Forschungsgesprächs.

Um genauer beschreiben zu können, in welchem Maße in einem Text Vieldeutigkeiten zu finden sind oder der ganze Text vieldeutig ist, bietet sich eine graduelle Differenzierung an (vgl. zum Folgenden Kurz 1992b): Weist ein Text oder ein Textteil eine begrenzte Anzahl voneinander abhebbarer, genau beschreibbarer Bedeutungen auf, so kann man von ›Mehrdeutigkeit‹ oder ›Polysemie‹ sprechen. Mehrdeutig ist beispielsweise ein Einzelwort wie ›Strauß‹, das ein Blumengebinde, einen Vogel oder (in gehobener Sprache) einen Streit bezeichnen kann. Im semantisch-pragmatischen Kontext alltäglichen Sprechens lösen sich diese Mehrdeutigkeiten meist zugunsten einer einzigen sinnvollen Bedeutung auf; in poetischen Texten dagegen werden sie zuweilen gezielt in der Schwebe gelassen (z. B. in Wortspielen). Mehrdeutigkeit kann auch syntaktisch bedingt sein, beispielsweise wenn ein Personalpronomen kein eindeutiges Bezugswort hat, sondern auf mehrere Nomina beziehbar ist – eine Möglichkeit, die in der Alltagssprache als unzulässige Unschärfe einzuschätzen ist, in poetischen Texten aber zuweilen systematisch benutzt wird. Eine besonders kunstvolle Anwendung dieses Mittels liegt dann vor, wenn sich das Pronomen nicht nur auf ein Bezugswort zurück-, sondern auch schon (›proleptisch‹) auf ein noch folgendes Nomen vorausbezieht.

Eine konventionalisierte Form der Mehrdeutigkeit liegt in allegorischen Texten vor, die neben der sogenannten wörtlichen Bedeutung noch mindestens eine andere, allegorische Bedeutung haben. Der Begriff der ›Vieldeutigkeit‹ im engeren Sinne sollte dagegen für die Fälle reserviert werden, in denen literarischen Texten eine offene, anhand der Textstruktur nicht begrenzbare Vielheit von Bedeutungen zugeschrieben werden kann; er akzentuiert »eine prinzipielle Unausdeutbarkeit des literarischen Werkes« (Kurz 1992b, 326). Die Idee einer nicht abschließbaren Bedeutungsvielfalt literarischer Werke wurde in den romantischen Literaturtheorien von Novalis und Friedrich Schlegel zuerst formuliert. In der Literatur der Moderne wird Vieldeutigkeit geradezu angestrebt: Sie betreibt eine »gleichsam programmatisch gewordene Entselbstverständlichung der Gemeinsprache« (Blumenberg 1981, 146). Die Lyrik ist ein Feld, in dem dieses Experimentieren besonders konsequent vorangetrieben wurde. Die sogenannte absolute Metapher beispielsweise ist eine Realisierung solcher nicht begrenzbarer Vieldeutigkeit literarischer Texte. Vieldeutigkeit in diesem Sinne wird auch als Unauflöslichkeit, Hermetik oder metaphorisch als Dunkelheit bezeichnet (vgl. H. Friedrich 1985, 178–182). Sie kann »als Folge des einseitig gewordenen Verhältnisses zwischen individueller und allgemeiner Erfahrung« verstanden werden: »Dabei setzt das alleingelassene Individuum entweder seine Vereinzelung als seine Legitimation ein, oder aber es macht das Gedicht zum Ort einer sich vollendenden Selbstzerstörung.« (B. Böschenstein 1975, 344) Damit aber ist eine Grenze poetischen Sprechens erreicht:

»Dunkel heißt diese Dichtung mir, weil sie nicht auf Vertrautes anspielt, sondern erstmals Geschautes ausspricht, ohne Verständnishilfen beizufügen. Kann aber Singuläres zur Kunst werden, die doch ihrem Wesen nach darauf zielt, von anderen aufgenommen zu werden?« (Ebd., 341)

Im Gegensatz zur Musik muß »das poetische Wort eben Wort« bleiben und darf nicht zugunsten des bloßen Klanges »jene Schwelle der Preisgabe semantischer Funktion« überschreiten, »die zwischen der Vieldeutigkeit und der bedeutungslosen Undeutbarkeit liegt. Pure Finsternis wäre das Ende auch der ›dunklen‹ Poesie als Poesie.« (Blumenberg 1981, 149)

Mit der Idee der nicht erschöpflichen Vieldeutigkeit wird darüber hinaus der Begriff der Bedeutung, in dem ja das Deuten, eine deiktische, auf ein Bestimmtes gerichtete Geste steckt, an eine Grenze geführt. In dieser Idee steckt für die Literaturwissenschaft die Versuchung, die Möglichkeit eines interpretierenden, Bedeutungen voneinander abhebenden Zugangs zu den literarischen Texten grundsätzlich zu verneinen und statt dessen alles nur beliebig Denkbare an Assoziationen zum Text nebeneinander stehenzulassen. Damit aber würde sich die literaturwissenschaftliche Analysepraxis nicht mehr von jedem beliebigen anderen subjektiven Zugang unterscheiden und folglich ihre Legitimation verlieren. Deshalb ist darauf zu beharren, daß die Vieldeutigkeit moderner literarischer Texte »eine Herausforderung, kein Erkenntnisziel« (Seiler 1982a, 103) für die Interpretation ist, »daß literarische Texte als eindeutige gelesen werden, wo sie eindeutig sind, daß man sich die Stellen hell macht, die einem dunkel erscheinen, und daß – wie immer vorläufig – gedeutet wird, was rätselhaft ist und bleiben mag« (ebd., 104; vgl. auch Szondi 1978, Bd. I, 284 f.). Die literaturwissenschaftliche Interpretation ›dunkler‹ Lyrik sucht daher stets, auch unter schwierigsten Bedingungen, nach einer kohärenten Deutung:

> »So wie wir keine Äußerungen verstehen können, ohne sie zugleich als intendierte Äußerungen zu verstehen, so können wir auch nicht Texte interpretieren, ohne sie als intendierte zu interpretieren, also zu fragen, was in ihnen und mit ihnen gemeint ist.« (Kurz 1988a, 33 f.)

Dieser Rückgriff auf die im Text manifestierte Intention des Autors ermöglicht es, auch in mehrdeutigen oder vieldeutigen literarischen Texten unplausible, inkonsistente und damit falsche Deutungsansätze durch Prüfung am Textmaterial zurückzuweisen. Vieldeutige oder dunkle Lyrik stellt also das literaturwissenschaftliche Instrumentarium nicht etwa grundsätzlich in Frage, sondern nur auf eine Probe, die womöglich ergibt, daß es weiter verfeinert werden muß.

Im übrigen ist Mehr- oder Vieldeutigkeit zwar in einem großen Teil der Lyrik namentlich des 20. Jahrhunderts festzustellen, keineswegs aber findet sie sich in allen Gedichten, so daß es ein Irrtum wäre, bei jedem lyrischen Text um jeden Preis nach einer Bedeutungsvielfalt zu suchen und etwa gar Eindeutigkeit zum Kriterium mangelnder poetischer Qualität zu erheben. So tut die Schlichtheit und Eindeutigkeit der Aussage des folgenden Liebesgedichts seiner beeindruckenden Wirkung keinen Abbruch:

> In der Nähe
> schreibt man vielleicht nicht Gedichte
> Man streckt die Hand aus
> sucht
> streichelt
> man hört zu
> und man schmiegt sich an
>
> Aber das unbeschreibliche
> Immergrößerwerden der Liebe
> von dem ich schreibe
> das erlebt man

> bei Tag und bei Nacht
> auch in der Nähe
>
> (Erich Fried: *In der Ferne*; *Liebesgedichte*, 62)

Vgl. zum Problemkreis dieses Abschnitts ferner Black 1984; Blumenberg 1966; Bode 1988; M. Frank 1984, 573–607; Sparr 1989. Gadamer (1984, 48–51) erörtert die Vieldeutigkeit von Lyrik im Verhältnis zum Wortspiel und zur Metapher.

5 Wirklichkeitsbezug und Perspektive des Gedichts

Die Frage nach der Perspektive eines Gedichts zielt stets auf seine inhaltliche Struktur im ganzen, auf die Art, wie im lyrischen Text als einer begrenzten und in sich abgeschlossenen Menge sprachlicher Zeichen eine poetische Wirklichkeit aufgebaut wird. Grundsätzlich ist daher an dieser Stelle danach zu fragen, wie sich die im Gedicht konstituierten Bedeutungsebenen überhaupt zur Kategorie der Wirklichkeit verhalten. Diese Frage wird seit der Antike als Problem der ›Mimesis‹ (meist vereinfachend als ›Nachahmung der Natur‹ übersetzt), in der Literaturtheorie der letzten Jahrzehnte aber vor allem unter dem Schlagwort ›Fiktionalität‹ diskutiert (vgl. Harth/Hofe 1982, 27–30).

5.1 Mimesis und Fiktionalität

Schon Aristoteles postuliert, »daß es nicht Aufgabe des Dichters ist mitzuteilen, was wirklich geschehen ist, sondern vielmehr, was geschehen könnte, d. h. das nach den Regeln der Wahrscheinlichkeit oder Notwendigkeit Mögliche.« (*Poetik* 1451a; Übs. Fuhrmann). Die Dichtung ahme handelnde Menschen nach (vgl. 1448a); im Gegensatz zur Geschichtsschreibung, die nur das wirklich Geschehene, das Besondere konkreten Handelns mitteile, könne die Dichtung auch nicht realisierte Handlungsmöglichkeiten und damit (ähnlich der Philosophie) die allgemeine Dimension menschlichen Handelns aufzeigen (vgl. 1451b). Die Ähnlichkeit mit wirklichem Handeln und die Wahrscheinlichkeit des erzählten Geschehens (also seine innere Stimmigkeit) müßten jedoch eingehalten werden. Dabei gilt: »Das Unmögliche, das wahrscheinlich ist, verdient den Vorzug vor dem Möglichen, das unglaubwürdig ist.« (1460a; vgl. auch 1461b). Damit räumt Aristoteles der Schlüssigkeit der literarischen Nach- und Neugestaltung der Wirklichkeit (der subjektiven Wahrscheinlichkeit oder Glaubwürdigkeit) den Primat vor der bloßen Abbildung der real vorfindlichen Verhältnisse (der objektiven Möglichkeit der erzählten Inhalte) ein.

Dieses poetologische Modell, das das literarische Werk als strukturelle Nachahmung der außerliterarischen Wirklichkeit ansieht, erlangte vor allem in den Poetiken der Renaissance eine eminente Bedeutung und blieb bis zum 18. Jahrhundert für alle Dichtungsgattungen, also auch für die von Aristoteles nicht näher untersuchte Lyrik, ungebrochen wirksam. (Zur zentralen Bedeutung des aristotelischen Modells für die Entwicklung des Gedankens einer eigenständigen poetischen Wirklichkeit in der frühen Neuzeit vgl. Kleinschmidt 1982, bes. 181–183 und 187.) Erst in den Genieästhetiken des Sturm und Drang, später in der Romantik und in den Avantgardebewegungen des 20. Jahrhunderts wird es mehr und mehr zurückgedrängt zugunsten der Vorstellung, daß im literarischen Kunstwerk eine radikal subjektive, von der Alltagswirklichkeit in möglichst vielen Hinsichten abweichende, beispielsweise durch Züge des Wunderbaren, Phantastischen und Schockierenden gekennzeichnete Welt geschaffen werde. Der Mimesis-Begriff verlor trotz geistesgeschichtlicher Wiederbelebungsversuche (z. B. Erich Auerbach: *Mimesis* [1946]) und seiner Neufassung in der sozialistischen Ästhetik Georg Lukács', der Kunst als Widerspiegelung der gesellschaftlichen Wirklichkeit ansah, fast völlig seine literaturtheoretische Bedeutung. Andererseits hielten Autoren wie Hölderlin (und auch spätere wie Brecht) emphatisch an der Forderung fest, der Dichter müsse die »Welt im verringerten Maasstab« (Hölderlin: *SWB* II, 376) darstellen.

In einem allgemeinen Sinne läßt sich auch neuere und neueste Lyrik als mimetisch, als »gestaltende Erarbeitung von Ordnungen der Wirklichkeit« und »aus dem Text herausweisendes und herauswirkendes Bewältigungsmodell von Wirklichkeit« verstehen (G. Neumann 1975, 602). Ein für alle Arten von Lyrik handhabbares Analyseinstrumentarium ist allerdings aus dieser Konzeption nicht entwickelt worden (so auch Lamping 1993, 117–126).

Ungleich weiter entwickelt sind heute dagegen Versuche, den spezifischen Wirklichkeitsbezug literarischer Texte mit dem Begriff der Fiktionalität zu erfassen. Fiktionalität meint eine spezifische Form von Nicht-Wirklichkeit, von suspendierter Wirklichkeit (vgl. Landwehr 1981, 388), die dennoch einen Bezug zur Wirklichkeit besitzt, indem die Fiktionen »als Wirklichkeit erscheinen« (K. Hamburger 1987, 59).

Der Wirklichkeitsbezug wird heute meist sprachtheoretisch reformuliert: als Wahrheit von Aussagen über reale Sachverhalte. Abzuheben sind von der Fiktion zwei andere Formen scheinbar wahrer Aussagen: Bei Irrtümern glaubt das sprechende Subjekt wahre Aussagen über wirkliche Sachverhalte zu machen und tritt auch anderen gegenüber mit diesem Wahrheitsanspruch auf; seine Tatsachenannahmen sind jedoch falsch. Täuschungen oder Lügen sind demgegenüber Aussagen, die ebenfalls als wahr deklariert (fingiert) werden, von denen der Sprecher aber weiß, daß sie falsch sind. In Fiktionen dagegen wird der Wahrheitsanspruch außer Kraft gesetzt:

»In fiktionaler Rede erhebt der Autor weder den Anspruch, daß die erzählte Geschichte tatsächlich stattgefunden hat, noch, daß Aussagen und Wertungen, die nicht Teil der Geschichte sind, wahr oder ernst gemeint sind.« (Hoops 1979, 299, Anm. 94)

Damit ist keineswegs gesagt, daß die fiktionale Rede und alle in ihr enthaltenen Aussagen falsch sind, vielmehr nur, daß nichts in ihr wahr sein *muß* und daß beispielsweise der Erzählerkommentar nicht schlechthin als eine Aussage des Autors gewertet werden darf, die einen Wahrheitsanspruch erhebt. Sinnvollerweise wird die Rede selbst als ›fiktional‹ bezeichnet, Aussagen innerhalb der fiktionalen Rede dagegen nennt man ›fiktiv‹. (Der Vorschlag von Lamping [1993, 102–110], fiktionale von fiktiven Gedichten kategorial zu unterscheiden, widerspricht dagegen dem eingeführten Sprachgebrauch.) Fiktionale Texte sind durch »Fiktionalitätsindikatoren« wie die Gattungsbezeichnung Roman, die Märcheneingangsformel »Es war einmal ...«, durch institutionelle Kontexte wie das Theater oder einen Klappentext für die mit den entsprechenden kulturellen Konventionen vertrauten Leser meist deutlich erkennbar als solche ausgewiesen (vgl. Hoops 1979, 297 f.). Im übrigen beschränkt sich fiktionales Reden und Handeln nicht auf die Literatur, sondern es begegnet auch in alltagssprachlichen Gedankenexperimenten oder Rollenspielen (vgl. Landwehr 1981, 388–396).

Die Literatur erhält durch die Fiktion einen Freiraum, der es ihr ermöglicht, Personen, Geschehnisse und Umstände, kurz: andere Formen von Wirklichkeit als die alltäglichen zu erfinden. Dabei ist in utopischer Literatur beinahe alles erfunden; reizvoll ist aber auch die Mischung und Neukombination realer Fakten (z. B. gesellschaftlicher Verhältnisse, geographischer Örtlichkeiten, historischer Ereignisse und Personen) mit fiktiven (so im Schlüsselroman, im historischen oder im zeitkritischen Roman). Im 17. und 18. Jahrhundert, als das Fiktionalitätsbewußtsein in der Leserschaft noch nicht sehr ausgeprägt war, bemühte man sich um »fiktionale Literatur mit hohem Wirklichkeitsgehalt und oft sehr direktem (didaktischem)

Wirklichkeitsbezug« (Hoops 1979, 315); ähnliches wurde (in einer anderen kultursoziologischen Situation) in den sechziger und siebziger Jahren durch »dokumentarische« Literatur versucht (Literatur der Arbeitswelt, Selbstverständigungstexte u. ä.).

Die Fiktionalität gibt der Literatur aber unabhängig von dem in ihr enthaltenen Anteil wirklicher und nichtwirklicher Elemente eine pragmatische Relevanz:

»Literatur entwirft im Medium Sprache Modelle von Lebenspraxis, indem sie jeweils bestimmte Ausschnitte von Lebenspraxis (einschließlich Kommunikations- und Sprachpraxis) gestaltet darstellt.« (Landwehr 1981, 400)

Dem Freiraum im Umgang mit der Wirklichkeit, den die literarische Fiktion dem Autor gewährt, entspricht die Freiheit der Lesenden im Umgang mit der fiktionalen Literatur: Der literarische Text ist ein Angebot, sich mit dem von einer fremden Individualität, dem Autor, entworfenen Wirklichkeitsmodell auseinanderzusetzen (vgl. Hoops 1979, 311). Der sprachlich strukturierte Erfahrungshintergrund der Leser ist die Basis für ein Verständnis der im Text fiktional entworfenen andersartigen Erfahrungswelt; zugleich stellt die literarische Fiktion die den Leserinnen und Lesern vertraute Welt potentiell in Frage (vgl. Zimmermann 1979, 131). Inwieweit aber die Lesenden sich auf die internen Strukturen der Fiktion einlassen oder inwieweit sie andererseits (beispielsweise in einem aktualisierenden oder identifikatorischen Lesen) sich einzelne fiktive Elemente herausgreifen und für ihre eigene Praxis relevant werden lassen, kann ihnen von seiten des Autors und des Textes nicht verbindlich vorgeschrieben werden.

Der hier skizzierte Fiktionscharakter und die aus ihm resultierenden Konsequenzen für die Rezeption gelten fraglos für erzählende und dramatische Literatur; inwieweit aber Lyrik als fiktionale Literatur anzusehen ist, ist in der Forschung strittig. Am nachdrücklichsten hat Käte Hamburger darauf bestanden, daß die ästhetische Erfahrung, die ein Gedicht ermöglicht, eine kategorial andere sei als die durch einen Roman oder ein Drama ausgelöste: Während erzählende und dramatische Dichtung »das Erlebnis der Fiktion oder der Nicht-Wirklichkeit« (K. Hamburger 1983, 12) vermittelten, werde lyrische Dichtung als Wirklichkeit erlebt. Ursache für diese grundlegend verschiedenen Rezeptionsformen sei »die logische und damit auch sprachliche Struktur« (ebd.), durch die sich die lyrische von den beiden fiktionalen Gattungen unterscheide. Hamburgers Kernthese ist, daß das Subjekt, das lyrischem Sprechen stets zugrunde liegt, ein reales Aussagesubjekt sei, das mit dem empirischen Autor identifiziert werden könne.

Diese These, auf die unten (Abschnitt 5.3.1) noch zurückzukommen sein wird, ist in der Forschung vehement bestritten worden (vgl. aber Anderegg [1985, 124], der ebenfalls – etwas raunend – behauptet: »Die Frage nach der Fiktionalität des Gedichts führt nicht in dessen Nähe.«). Insbesondere ist mit guten Gründen kritisiert worden, daß Hamburgers Modell bei allem Bemühen, auch moderne Lyrik zu erfassen, letztlich auf das klassisch-romantische Erlebnisgedicht fixiert bleibt und alle davon abweichenden Gedichtformen als Randerscheinungen abtun muß (vgl. Wellek 1972, 107–112). So werden Rollengedichte, Bildgedichte und Balladen als Mischformen zwischen Lyrik und fiktionaler Literatur deklariert und damit die »Hälfte der gesamten Gedichtproduktion der Welt« (Wellek 1972, 110) als »Sonderformen« abgetan (vgl. K. Hamburger 1983, 258–272). Aus heutiger Sicht erscheint es daher ratsam, eine differenziertere Sicht auf das Verhältnis der Lyrik zur Fiktionalität zu entwickeln.

Grundsätzlich ist es durchaus berechtigt, die Lyrik als diejenige Gattung anzusehen, in der die Fiktionalität, die Ebene fiktiver Figuren und Handlungen, eine geringere Bedeutung hat als in Epik und Dramatik. Das erklärt sich aus dem großen Eigengewicht, das sprachliche und bildliche Ausdrucksmittel in den meisten Gedichten haben: Gegenüber der Tendenz zur Verselbständigung der Ausdrucksformen und zur Selbstreflexivität des sprachlichen Gebildes kann die inhaltliche Dimension in den Hintergrund treten. Auch die relative Kürze, die den meisten Gedichten (jedenfalls im deutschen Sprachraum) eigen ist, ist der Entfaltung von Figuren mit differenzierten Persönlichkeitsbildern und von komplexen Handlungsabläufen, wie sie in Romanen und Dramen (nicht aber in Kurzgeschichten und Dramoletten) möglich ist, eher abträglich. Somit erlaubt das Lesen eines Gedichts nur selten das ›Eintauchen‹ in eine fiktive Welt: In der Lyriklektüre bleibt die Künstlichkeit des sprachlichen Gebildes viel präsenter als beim ›Verschlingen‹ eines Romans oder beim Besuch einer Theateraufführung.

Überdies gleitet an vielen philosophischen Gedichten der Fiktionsbegriff gänzlich ab; man denke etwa an Goethes bekanntes Gedicht *Das Göttliche*:

> Edel sei der Mensch
> Hilfreich und gut!
> Denn das allein

> Unterscheidet ihn
> Von allen Wesen,
> Die wir kennen.
>
> (Goethe: *SW* 1, 324, V. 1–6)

Hier werden keine fiktiven Personen, Handlungen oder Schauplätze entworfen. Es ist aber auch keineswegs von etwaigen Geschehnissen auf der Ebene der Alltagsrealität die Rede, so daß man die Verse auch nicht als realistisch bezeichnen kann. Vielmehr werden auf einem sehr abstrakten Niveau, in einem quasi-theoretischen Diskurs, Gedanken entwickelt, die freilich im weiteren Verlauf des Gedichts noch durch zahlreiche Bilder, Beispiele und andere poetische Mittel veranschaulicht werden. Auch bei den folgenden Versen hat es wenig Sinn, von Fiktionalität zu sprechen:

> Auch so das Glück
> Tappt unter die Menge,
> Faßt bald des Knaben
> Lockige Unschuld,
> Bald auch den kahlen
> Schuldigen Scheitel.
>
> (Ebd., 325, V. 26–31)

Diese explizite Allegorie ist zweifellos narrativ konstruiert; dennoch erscheint die Frage nach dem Wirklichkeitsgehalt oder nach Abweichungen von der Wirklichkeit (also nach der Fiktionalität) angesichts des philosophischen Aussagegestus als verfehlt. Gedankendichtung dieser Art ist nichtfiktional oder genauer: a-fiktional.

Wenn demgegenüber ein Gedicht mit den Worten »Ich bin die Laute« (Rilke: *Die Laute*, V. 1; *SW* I, 611) einsetzt, so wird darin eine kühne fiktive Perspektive eingenommen: die Belebung eines Dings zum sprechenden Ich des Gedichts. Und wenn es in einem Gedicht heißt: »Eine Nixe auf dem Steine / Flocht dort ihr goldnes Haar« (Eichendorff: *Der stille Grund*, V. 13 f.; *HKA* I.1, 361 f.), so wird damit eine eindeutig irreale Figur in die Welt des Gedichts eingeführt, die schon zuvor durch verrätselnde Personifikationen (z. B. »Der Mondenschein verwirret / Die Thäler weit und breit«; ebd., V. 1 f.) als eine fiktionale Welt ausgewiesen war (so daß Käte Hamburger nichts anderes übrigbleibt, als diesen Text als Ballade zu klassifizieren).

Anders verhält es sich dagegen mit dem Gedicht, das mit den folgenden Versen einsetzt:

> Morgens füttere ich den Schwan abends die Katzen dazwischen
> gehe ich über das Gras passiere die verkommenen Obstplantagen
> (Sarah Kirsch: *Landaufenthalt*, V. 1 f.; *Katzenkopfpflaster, 17*)

Der Inhalt dieser Verse (wie des ganzen folgenden Gedichts) scheint durch und durch ›real‹ zu sein, den Alltag des hier sprechenden Ichs ›authentisch‹ darzustellen. Das liegt daran, daß keine signifikanten Merkmale der Abweichung von vertrauten Wirklichkeiten festzustellen sind. Natürlich können aber auch hier sämtliche Details erfunden sein. Die voreilige Gleichsetzung des Ich mit der empirischen Autorin sollte in jedem Fall vermieden werden.

Gemeinsam ist den Gedichten von Eichendorff und Kirsch, daß in beiden eine (einmal eher fiktiv, einmal eher realistisch erscheinende) Wirklichkeit entworfen wird, die beim Lesen plastisch (wie man sagt: vor dem inneren Auge) rekonstruiert bzw. mit eigenen Vorstellungselementen gefüllt werden kann. Diese Fähigkeit der Lyrik (wie auch anderer Literatur), Wirklichkeiten unabhängig von ihrem Fiktionalitätsgrad zu entwerfen, hat man auch als Möglichkeit der ›Evokation‹ bezeichnet (vgl. Burger/Grimm 1961): Evoziert werden in der Lyrik vor allem Vorstellungen von Räumen. Mit welchen Mitteln das geschieht, wird im nächsten Abschnitt genauer untersucht werden.

Abweichungen von der Realität können nach individuellen und generellen Abweichungen unterschieden werden (vgl. Hoops 1979, 303). ›Generalia‹ sind Bezeichnungen für allgemeine Rahmenbedingungen des Dargestellten (z. B. Ortsnamen oder Zeitangaben), ›Individua‹ alle Eigennamen von Personen. Ein reale Generalia enthaltender Titel wie *Nachtfahrt Transit Westberlin* (Vesper: *Die Inseln im Landmeer*, 41) situiert ein Gedicht eindeutig in einer begrenzten historischen Zeitspanne (zwischen 1949 und 1989) und an einem relativ eng umschriebenen Ort (auf einer der Transitstrecken durch die DDR zwischen der Bundesrepublik und Westberlin). Anders ist Mörikes *Gesang Weylas* strukturiert, der mit dem Vers »Du bist Orplid, mein Land!« anhebt (*SWB* 1, 82): Sowohl der Eigenname Weyla wie die Landesbezeichnung Orplid sind eindeutig fiktiv; die Wirklichkeit, von der hier die Rede ist, existiert nur innerhalb der Dichtung. Eine solche völlig fiktive räumliche Situierung eines Gedichts ist ungewöhnlich; weit häufiger begegnen fiktive, auch mit Namen genannte Figuren in geographisch und historisch real erscheinenden Kontexten (so in vielen Balladen).

In vielen anderen Gedichten stehen dagegen die Eigennamen für reale Personen (so in den meisten Porträt- und Widmungsgedichten), während das von ihnen Gesagte oder ihnen in den Mund Gelegte auch fiktiv sein kann. Handelt es sich um Personen, die einer breiteren Öffentlichkeit bekannt sind, so werden Gedichte dieser Art oft daran gemessen, inwieweit die Darstellung der realen Personen diesen bzw. dem historisch über sie Bekannten angemessen ist.

In Gedichten mit dokumentarischem oder politischem Anspruch sind Individua und Generalia häufig gleichermaßen nichtfiktiv, so in Erich Frieds Gedicht *The Guardian, 6. Januar 1968* (*Zeitfragen und Überlegungen*, 91), in dem ein Zeitungsartikel über Vietnamkriegsverhandlungen ausführlich zitiert und abschließend kommentiert wird; dabei wird einleitend sogar der weithin unbekannte Name des Reporters genannt, aus dessen Artikel in der im Titel genannten Zeitung zitiert wird. Lyrik, die sich mit solcher Genauigkeit an realen Fakten und Namen orientiert, setzt sich dem Vorwurf aus, es fehle ihr an der eigenständigen poetischen Gestaltung der Wirklichkeit. Diese Einschätzung mag in Einzelfällen berechtigt sein; sie verkennt aber oft die Bedeutung des Auswählens und des poetischen Arrangements bestimmter Sprachdokumente aus der Fülle des insbesondere durch die Massenmedien verbreiteten Materials.

Der Fiktionalitäts- bzw. Realitätsgehalt von Gedichten kann darüber hinaus weiter differenziert werden (vgl. Hoops 1979, 304): nach der Intensität der Abweichung vom Gewohnten (z. B. durch Attribute wie utopisch, lebensnah oder plausibel), nach dem Modus der Abweichung (z. B. als grotesk, verfremdet, hermetisch, idyllisch, satirisch) und nach der Homogenität des Wirklichkeitsgehalts, also nach dem Verhältnis fiktiver und nichtfiktiver Elemente. Es versteht sich von selbst, daß eine so genaue Untersuchung der Fiktionalität von Gedichten nur bei solchen Texten produktiv ist, die eine größere Komplexität auf der Inhalts- und Handlungsebene aufweisen.

Zum Mimesisbegriff vgl. die Beiträge in Jauß 1969; ferner Blumenberg 1981, 55–103; Gebauer/Wulf 1992; Wiegmann 1977, 1–13; zum Realismus moderner Lyrik Ross 1975; Willems 1981a; zum Verhältnis von Wirklichkeit und Sprache Kleinschmidt 1992, 18–46. Zu Aristoteles vgl. Petersen (1992b). Kayser (1959) hat unter dem Titel *Die Wahrheit der Dichter* Autorenpoetiken aus der neuzeitlichen Literatur zusammengestellt und kommentiert. Zur Fiktionalität vgl. Assmann 1980; Fricke 1981, 120–131; G. Gabriel 1975; ders. 1991; Glinz 1983; Henrich/Iser 1983; Keller 1980; Oelmüller 1982.

5.2 Zeit und Raum

Um sich die Funktion von Zeit und Raum in der Lyrik klarzumachen, ist eine kurze erkenntnis- und sprachtheoretische Reflexion auf diese beiden Begriffe hilfreich. Zeit und Raum sind die Grundformen menschlicher Anschauung; alles, was wir mit den Sinnen wahrnehmen und zu einer komplexen Vorstellung von Wirklichkeit zusammensetzen, spielt sich in diesen beiden Dimensionen ab. Dabei ist die Zeit Kant zufolge die Form des inneren Sinnes, sie ordnet die Vorstellungen im Bewußtsein; der Raum aber ist die Form des äußeren Sinnes, er strukturiert die Erscheinungswelt außerhalb des Bewußtseins (*Kritik der reinen Vernunft*, B 49/A 32 f.; Kant 1976, Bd. 1, 80 f.). Kant verkennt jedoch in seiner wahrnehmungstheoretischen Grundlagenreflexion die unhintergehbare sprachliche Verfaßtheit des menschlichen Weltbildes. So ist die Zeit als ein innerlicher, in der Außenwelt nicht unmittelbar, sondern immer nur an Veränderungen von Körpern im Raum wahrnehmbarer Vorgang auch sprachlich schwer darstellbar. Daher sind (zumindest in den westeuropäischen Sprachen) räumliche Metaphern für zeitliche Abläufe (z. B. ›Zeitspanne‹, ›Lauf der Zeit‹) weit gebräuchlicher als umgekehrt zeitliche Metaphern für räumliche Verhältnisse (z. B. ›Lichtjahre‹ – ein Begriff, der bezeichnenderweise auf die Grenzen unserer Wahrnehmungsfähigkeit hinweist):

»Da physische Körper und ihre Begrenzungen im *wahrgenommenen Raum* durch Termini der Größe und Gestalt bezeichnet und mittels der Kardinalzahlen und des Plurals gezählt werden, dehnen sich diese Schemata der Bezeichnung auf Symbole mit unräumlicher Bedeutung aus und suggerieren uns so einen *imaginären Raum*.« (Whorf 1963, 86)

Andererseits ist Sprache kein eigendynamisches System (wie Whorfs Formulierung suggerieren könnte), sondern jede Anwendung von Sprache hat einen Ausgangspunkt: den Sprecher oder allgemeiner (um mündliche und schriftliche Sprachhandlungen gleichermaßen zu erfassen) Sender. Von diesem Ausgangspunkt (dieser ›Origo‹) beim Sprechenden aus ist eine Dimension der Sprache perspektiviert, die Karl Bühler in seiner *Sprachtheorie* von 1934 »Zeigfeld« genannt hat (im Gegensatz zu dem »Symbolfeld«, das es vor allem mit den Benennungen in der dritten Person und den innersprachlichen Sinnzusammenhängen zu tun hat; vgl. Bühler 1982, 81): Mit den elementaren »Zeigwörtern« *jetzt*, *hier* und *ich* macht der Sprechende auf den Augenblick, den Ort und den Sender (also sich selbst) aufmerksam; sie markieren gleichsam den Nullpunkt des zeigenden Sprechens (der ›Deixis‹). Alle anderen deiktischen Wörter (also solche, die gewissermaßen die körpersprachlichen Gesten des Senders sprachlich ersetzen) können auf diesen Ausgangspunkt im Hier und Jetzt bezogen werden (z. B. ›links‹ – ›rechts‹, ›vorn‹ – ›hinten‹, ›hierher‹ – ›dorthin‹ bzw. ›vorhin‹ – ›nachher‹, ›seit gestern‹ – ›bis morgen‹ usf.; vgl. ebd., 102–107). Mit Hilfe dieser Wörter baut der Sprecher um sich herum einen subjektiven Raum und ein zeitliches Kontinuum auf, die nicht mit den physikalischen Verhältnissen deckungsgleich sind, sondern eine Orientierung in der Welt ermöglichen; man kann sie auch als erlebten Raum und erlebte Zeit (*durée* nach Henri Bergson) bezeichnen (vgl. Alewyn 1980; Bollnow 1962; ders. o. J.). Das deiktische, situationsgebundene Sprechen gibt der Sprache Anschaulichkeit, während das benennende Sprechen zur begriffsbildenden Abstraktion tendiert. Deiktisches Sprechen ist aber nicht nur dann möglich, wenn die Situation, auf die es sich bezieht, Sender und Empfänger gleichermaßen präsent ist (z. B. bei einer Stadt- oder Museumsführung), vielmehr kann sie auch für einen von beiden oder für beide abwesend sein. Bühler spricht in solchen Fällen von einer »Deixis am Phantasma«; Phantasma ist hier nicht ausschließlich als Illusion, sondern allgemeiner als Vorstellungsbild von etwas Abwesendem gemeint (Bühler 1982, 121–140). Strukturell kann zwischen »Zitierungen von Abwesendem in den Präsenzraum hinein« (ebd., 140) einerseits und »Versetzungen« des Subjekts in eine entfernte Raum-Zeit-Situation andererseits unterschieden werden. Als Beispiel für die Präsentmachung von Abwesendem nennt Bühler das pantomimische Element beim Schauspielen (ebd., 126 und 140), als Versetzungen können schriftliche Orts- und Wegbeschreibungen angesehen werden; zwischen touristischen Führern, Reiseberichten und Detailschilderungen in fiktionaler Literatur besteht dabei kein kategorialer Unterschied.

Bühlers Theorie des Zeigfeldes ist ein guter Ausgangspunkt für eine Analyse der Raum- und Zeitverhältnisse in der Literatur, und zwar auch in der Lyrik. Was im vorigen Abschnitt noch etwas vage als ›Evokation‹ bezeichnet wurde, der sprachliche Aufbau von Wirklichkeitsräumen in der Literatur – unabhängig von deren Realitäts- oder Fiktionalitätsgehalt –, kann mit Hilfe von Bühlers Deixistheorie präziser beschrieben werden. Die Parallele zwischen einem Literaturverständnis, das den Ursprung sprachlicher Raum-Zeit-Wirklichkeiten in den elementaren Akten des Zeigens zu finden versucht, und Brechts Votum für eine »gestische« Verssprache ist nicht zu übersehen. Bühler hat überzeugend gezeigt, daß die Deiktika ihre Wirkung unabhängig vom Realitätsgehalt der beteiligten Subjekte und Objekte entfalten und daß daher auch in einem erzählenden Text ein stilistischer Unterschied zwischen dem Gebrauch von beispielsweise ›hier‹ oder ›dort‹ besteht: Wenn es von einem nach Rom gereisten Helden heißt: »Dort stapfte er den lieben langen Tag auf dem Forum herum«, so bleibt die Distanz zwischen dem Ort des Sprechens und dem des Geschehens unaufgehoben; wird aber das ›dort‹ durch ›hier‹ ersetzt, so versetzt der Erzähler sich und damit auch den Leser viel unmittelbarer in die Situation der Romanfigur hinein (vgl. Bühler 1982, 138; dagegen K. Hamburger 1987, 117–121).

Käte Hamburger ist allerdings recht zu geben, wenn sie auf den kategorialen Unterschied zwischen Raum- und Zeitdeiktika hinweist, von denen die letzteren bei Bühler verkürzend nach dem Modell der Raumdeiktika vorgestellt werden: Allein ein Zeigen im Raum ist »ein echtes Zeigen, ein Zeigen in der Zeit nur ein übertragenes« (K. Hamburger 1987, 115). Selbst Bühlers Sprachtheorie entgeht also der Verräumlichungstendenz westlicher Sprachen nicht ganz. Hinzu kommt eine weitere Komplikation: Zeitliche Verhältnisse werden in Texten nicht nur mit Hilfe der Zeitdeiktika, sondern auch mit Hilfe der Tempora, der Zeitformen der Verben, ausgedrückt. Dabei kann es in erzählender Literatur zuweilen zu einem Spannungsverhältnis kommen zwischen Vergangenheitstempora und Zeitdeiktika, die auf eine gegenwärtige Situation hinweisen (»Morgen war Weihnachten«; vgl. ebd.).

Lessing bezeichnet in seinem *Laokoon* die Poesie als die Kunst, deren Mittel »artikulierte Töne in der Zeit« seien und die daher am besten geeignet sei, »Gegenstände, die auf einander, oder deren Teile auf einander folgen«, nämlich Handlungen, darzustellen – im Gegensatz zur Malerei, deren Medien »Figuren und Farben in dem Raume« seien und die daher am besten das Nebeneinander von Gegenständen, nämlich Körper, darstellen könne (Lessing: *WB* 5.2, 116). Diese von Lessing auf die ganze Dichtkunst bezogene Theorie, die in der Folge in der ästhetischen Theorie und vor allem in der künstlerischen Praxis häufig in Frage gestellt wurde, enthält auf die Lyrik bezogen einen Kern von Wahrheit: Lyrik bewegt sich – zumindest ist das eine ihrer Möglichkeiten – im Medium der Zeit. Da sie diejenige Gattung ist, die sich besonders zur Selbstreflexion der poetischen Sprache anbietet, liegt es nahe, daß sie auch die zeitliche Dimension poetischen Sprechens stärker als andere Gattungen thematisiert. Der in der Nachfolge Hegels stehende idealistische Philosoph Friedrich Theodor Vischer hat in seiner *Ästhetik* (1846–57) genauer versucht, Lyrik durch ein spezifisches Verhältnis zur Zeit gegenüber den anderen literarischen Gattungen abzuheben (zum systematischen und historischen Stellenwert der Ästhetik Vischers vgl. Willems 1981b):

»Die lyrische Poesie hat über der Innigkeit, die ihr gewonnen ist, das Objekt zwar nicht so ganz verloren wie die Musik; [...] aber sie kann das Objekt nicht entwickeln, nicht ausbreiten. Ist ihr zeitliches Element die Gegenwart, also der Augenblick, so ist in Beziehung auf ihren Verkehr mit den Gegenständen ihr Charakter die *Punktualität*; sie ist ein punktuelles Zünden der Welt im Subjekte: in *diesem* Moment erfaßt die Erfahrung *dieses* Subjekt auf *diese* Weise.« (Vischer 1922/23, Bd. 6, 208)

Das Subjekt ist hier der Dichter; Grundform der Lyrik ist für Vischer offensichtlich die ›Erlebnislyrik‹ nach dem Muster einiger Gedichte Goethes (siehe dazu genauer den folgenden Abschnitt). Vischers Modell blieb bis in die zweite Hälfte des zwanzigsten Jahrhunderts hinein fast konkurrenzlos wirksam (vgl. z. B. Ermatinger [1923, 316 f.], der in der lyrischen Sprache »der Zeitlosigkeit des Stoffes entsprechend, das Präsens und nur das Präsens« zulassen will). Emil Staiger und Wolfgang Kayser sehen anders als Hegel und Vischer im lyrischen Zustand der »Erinnerung« (Staiger 1975, 47) oder »Verinnerung« (Kayser 1978, 336) nicht nur alle zeitliche Differenz, sondern sogar den Abstand zwischen Subjekt und Objekt ganz aufgehoben. Hilfreicher indes sind Walter Killys Überlegungen zur Zeit, die er als eins der *Elemente der Lyrik* ansieht. Killy unterscheidet zwischen der eigentlichen Gedicht-Zeit (dem Status des Gedichts im realen Lauf der Zeit) und der im Gedicht thematisch gewordenen Zeit. In beiden Dimensionen gebe es wiederum zwei unterschiedliche Zeitverhältnisse: »Immer hat das gelesene Gedicht an zwei Zeiten teil, der seiner Herkunft und der seiner erneuten Realisation.« (Killy 1972, 41) Zwar seien die historischen Bedingungen der Entstehung des Gedichts unveränderlich, aber in jeder erneuten Lektüre erscheinen sie Killy zufolge in einem neuen Licht. Im Gegensatz zur Lebenszeit der Autoren wie der Leser sei also die Gedicht-Zeit wiederholbar. Auf der thematischen Ebene unterscheidet Killy Gedichte, die (wie es Vischer für alle Lyrik postulierte) »einen flüchtigen Moment ausdrücklich werden« lassen (ebd.), und solche, die (wie ein Großteil der traditionellen Lyrik vor dem 18. Jahrhundert) Vergangenes vergegenwärtigen und tradiere

Muster reproduzieren. Die Zeitstruktur eines Gedichts ergibt sich aus dem komplexen Zusammenwirken dieser verschiedenen Dimensionen.

Wie sind die bisher gewonnenen Einsichten in die Zeit- und Raumdimensionen von Gedichten methodisch für die Gedichtanalyse fruchtbar zu machen? Zunächst ist es ratsam, die Rekonstruktion der äußeren Bedingungen der Entstehung, Überlieferung und Wirkung des Gedichts streng von der Untersuchung seiner Textstruktur zu unterscheiden, auch wenn es zahlreiche Wechselwirkungen zwischen Text und Kontext gibt. Die äußeren Bedingungen werden im folgenden Kapitel (6) thematisiert; hier soll dagegen die dem Gedicht immanente Raum-Zeit-Struktur im Mittelpunkt stehen. Dabei können drei verschiedene Untersuchungsebenen unterschieden werden: die rhythmisch-graphische, die grammatische und die thematische Ebene.

Die Bestimmung des medialen Ortes des Gedichts in der Sprache ist die formale Voraussetzung der Untersuchung textinterner Raum- und Zeitstrukturen: Das geschriebene und gedruckte Gedicht nimmt einen Raum auf einem Blatt Papier ein; zu untersuchen ist, inwieweit diese räumliche Dimension als Ausdrucksmittel genutzt und selbstreflexiv thematisiert wird. Das gesprochene oder gesungene Gedicht nimmt zu seiner Realisierung einen bestimmten (je nach Sprecher oder Sänger variablen) Zeitabschnitt in Anspruch. Diese Gedicht-Zeit ist durch Einschnitte und oft durch die variierende Wiederkehr von kleineren Zeiteinheiten, durch Verse, Rhythmus und Metrum, gegliedert.

Neben den graphischen und rhythmischen Ausdrucksmitteln kommt den grammatischen Strukturen eine wichtige Bedeutung beim Aufbau von Raum-Zeit-Vorstellungen zu. So ist beispielsweise auf die Verteilung der Wortarten zu achten: Obwohl Verben und Substantive gleichermaßen zum Ausdruck von räumlichen und zeitlichen Verhältnissen geeignet sind (und gewöhnlich in jedem Satz zusammenwirken müssen), kann doch ein Übergewicht von Substantiven eher zum Aufbau imaginärer Räume beitragen, während eine Vielzahl von Verben eher eine Bewegung in der Zeit herstellt und den Vorstellungsraum dynamisiert. Der Gebrauch der Tempora, die ein unverzichtbares Element zur Konstruktion von Zeitvorstellungen sind, ist genau zu untersuchen. Ebenso wichtig wie die Analyse von Metrik und Tempusgebrauch ist die der Verwendung zeitlicher und räumlicher Deiktika, Adverbien und Präpositionen, durch die die Verben und Substantive erst zu einem Vorstellungskontinuum verknüpft werden. Viele Präpositionen sind sowohl zeitlich als auch räumlich verwendbar; im letzteren Falle ist zu unterscheiden, ob ein fester Ort oder eine Bewegung dargestellt wird.

Schließlich ist zu untersuchen, welche Bedeutung Raum und Zeit auf der Inhaltsebene des Gedichts haben und wie die formale und die semantische Struktur sich zueinander verhalten. Oftmals gibt schon der Titel (s. o., Abschnitt 3.4) wichtige Hinweise auf Raum und Zeit, so bei den in der Literaturgeschichte immer wieder begegnenden Tages- oder Jahreszeitengedichten (z. B. Claudius: *Abendlied*, Storm: *Frühlingsankunft*), bei Landschafts-, Städte- oder Reisegedichten (z. B. Droste-Hülshoff: *Im Moose*, W. E. Süskind: *Die Stadt unter dem Turm*, Eichendorff: *Frische Fahrt*). Oftmals tauchen – in Titeln wie im Gedicht-Text selbst – auch Namen geographischer oder historischer Realia auf (z. B. Max Herrmann-Neiße: *Bahnhof Zoo – Tiergarten*, Erich Mühsam: *Kalender 1913*). Damit wird ein meist eindeutiger, unmittelbarer Bezug zur außertextlichen Realität hergestellt; manche Lyriker treiben die Genauigkeit der Orts- und Zeitangaben sogar bis ins Extrem (z. B. Nicolas Born: *Bahnhof Lüneburg, 30. April 1976*).

Es ist ein wichtiger Unterschied, ob solche Namen verwendet werden oder ob darauf verzichtet wird. So kann man zwar aus den Zeilen »Doch hängt mein ganzes Herz an dir, / Du graue Stadt am Meer« aus Storms Gedicht *Die Stadt* (*SW* 1, 14, V. 11 f.) schließen, daß Husum, die Heimatstadt des empirischen Autors Theodor Storm, Anlaß und Motivspender des Gedichts war, doch ist es bedeutsam, daß der Name der Stadt in dem Gedicht gerade nicht genannt wird: Das Gedicht erhält dadurch bei aller Intimität, die das sprechende Ich des Gedichts zu seinem Gegenstand herstellt, eine allgemeingültige, über die einzelne Stadt hinausreichende Bedeutung.

Allerdings können Ortsnamen oder Zeitangaben in Gedichten nicht schlechthin mit den historisch-geographischen Gegebenheiten gleichgesetzt werden: Wenn Informationen aus der Alltagswirklichkeit in das Gedicht eingeflossen sind (und das ist in beinahe jedem Gedicht mehr oder weniger stark der Fall), so treten sie hier in einen neuen, poetischen, aus der Alltagswelt herausragenden Zusammenhang ein. Nur indem es diese Selbständigkeit wahrt (und indem man ihm in der Lektüre diese Selbständigkeit zugesteht), kann das Gedicht auch wieder als ein signifikant abweichendes und bestimmte Aspekte akzentuierendes Wirklichkeitsmodell auf die außerliterarische Realität zurückbezogen werden. So finden sich die

Gärten und Parks aus Stefan Georges frühen Gedichtbänden in keiner Realität wieder (»Mein garten bedarf nicht luft und nicht wärme / Der garten den ich mir selber erbaut«, heißt es in einem Gedicht, das von den »kühnen gespinsten« der Dichtung handelt; *Werke* 1, 47, V. 1 f. und 15). Aber auch die durch Zusätze zum Titel oft eindeutig lokalisierten Raumbilder in Gedichten aus Rilkes mittlerer Werkphase (z. B. *In einem fremden Park. Borgeby-Gård*; *SW* 1, 517) benutzen die Realia oft nur als Ausgangspunkt weitreichender poetischer Reflexionen. Daß die Herstellung von poetischer Bedeutsamkeit bei Rilke durchaus mit einer präzisen Anknüpfung an raumzeitlichen Gegebenheiten einhergeht, hat am Beispiel der Kathedralengedichte J. Steiner (1976) gezeigt.

Die Bindung der zeitlichen Perspektive des Gedichts an die Zeit der Entstehung ist enger als die des Gedicht-Raums an den Entstehungsort oder einen sonstigen realen Ort: In das »Jetzt« eines Gedichts können nur diejenigen historischen Erfahrungen eingegangen sein, die zum Entstehungszeitpunkt möglich und dem Autor zugänglich waren (dabei ist zu beachten, daß in früheren Zeiten der überregionale und internationale Informationsaustausch längst nicht so weit entwickelt war wie heute). Von den Möglichkeiten ganz abgesehen, die thematische Zeit des Gedichts in eine frühere Zeit oder in eine projizierte Zukunft zu versetzen, löst sich jedoch das Jetzt des Gedichts (und sei es auch noch so präzise datiert oder datierbar) als eine poetische und nicht bloß empirische Gegenwart von seinem Entstehungszeitpunkt ab und kann insofern nicht Vergangenheit werden. Dadurch ist es in jeder neuen Lektüre wieder als gegenwärtiges Jetzt lesbar, ohne jedoch mit der Gegenwart der Lektüre zu verschmelzen.

Abschließend soll an einigen Beispielen veranschaulicht werden, wie die Rekonstruktion der Raum- und Zeitstruktur für die Gedichtinterpretation fruchtbar gemacht werden kann. Eine beeindruckende raum-zeitliche Dynamik wird beispielsweise in Hölderlins freirhythmischer *Patmos*-Hymne entfaltet, die in einem Zustand der Präsenz einsetzt (»Nah ist / Und schwer zu fassen der Gott«; V. 1 f.; *SWB* 1, 447), die Perspektive dann aber auf den griechisch-vorderasiatischen Raum erweitert und zugleich auf die dort situierte Frühgeschichte des Christentums zurücklenkt.

Im zwanzigsten Jahrhundert versuchen nur noch wenige Autoren, eine so umgreifende geschichtsphilosophische Raum- und Zeitperspektive zu entfalten. Hans Magnus Enzensberger hat in den beiden ersten Teilen seiner Anthologie *Museum der modernen Poesie* unter den Überschriften *Augenblicke* und *Ortschaften* Gedichte zusammengestellt, »die sich am prägnanten zeitlichen und räumlichen Detail orientieren«. Solche blitzlichtartigen »Epiphanien« sind charakteristisch für die spezifische Raum- und Zeiterfahrung in der modernen Lyrik (Enzensberger: Nachwort, 782 f.). Das läßt sich an folgendem Beispiel zeigen:

> Es flackert die Laterne,
> es glitzert der Basar –
> ich führe am Arm die Sterne
> des rauschenden Boulevard!
>
> Und während rechts voll Feuer
> ein zartes Ärmchen drückt,
> mir links was durch den Schleier
> verheißend entgegennickt...
>
> Ein Krüppel ruhte in der Gosse...
> starrte mich an...
> Mir ward seltsam...
> kalt steinern – –

(Alfred Mombert: *Der Krüppel*; *Deutsche Großstadtlyrik*, 87)

In den ersten beiden Abschnitten wird eine Atmosphäre reflexions- und abstandsloser Gegenwart aufgebaut. Das Ich geht in seiner Selbstgewißheit und -gerechtigkeit so auf, daß es die Realia der Außenwelt nicht mehr als Objekte und andere Subjekte wahrzunehmen, sondern nur noch als bloße Sensationen am eigenen Leibe zu spüren vermag; statt eines realitätsnahen Raumes wird nur eine vage Bewegung geschildert. Dieses Schwelgen im schönen Schein wird mit dem Übergang zum dritten Abschnitt (angedeutet schon durch die drei Punkte am Ende von V. 8) abrupt unterbrochen: Mit der Wahrnehmung des ›Krüppels‹ rutscht die Darstellung sofort ins Präteritum; da ja trotz allem eine zeitliche und thematische Kontinuität anzunehmen ist (man befindet sich immer noch auf dem »Boulevard«), wird davon auch alles Vorherige betroffen und als vergangen und verloren qualifiziert. Die Bedrohlichkeit des ›Krüppels‹ für das Ich besteht vielleicht nicht nur in seinem Elend, in seinem eher als vorwurfsvoll denn als mitleiderregend empfundenen Blick, sondern auch darin, daß er in der Gosse »ruhte« (nicht etwa ›hockte‹ oder ›lag‹), also offenbar (mindestens in diesem Moment) einen Ruhezustand erreicht hat, der die rastlos nach Abwechslung gierende Existenz des Ich als nichtig entlarvt. Der Schock der Begegnung mit dem anderen Subjekt wird nicht nur durch den

Tempuswechsel, sondern auch durch die Zerstörung des bis dahin geltenden Metrums (dreihebige, auftaktige, füllungsfreie Verse) eindrucksvoll artikuliert: Vers 9 ist als einziger vierhebig und demonstriert damit das selbstbewußte, Aufmerksamkeit fordernde Auftauchen des ›Krüppels‹; in den letzten drei, auftaktlosen und nur noch zweihebigen Versen scheint die Rede zu stocken, um schließlich (angedeutet durch die zwei Gedankenstriche) ganz abzubrechen.

Die »Epiphanie« eines Augenblicks selbst wird zum Thema in folgendem Gedicht, das mit den Begriffsetiketten »Neue Subjektivität« oder »Alltagslyrik« kaum adäquat zu erfassen ist:

> Einen jener klassischen
>
> schwarzen Tangos in Köln, Ende des
> Monats August, da der Sommer schon
>
> ganz verstaubt ist, kurz nach Laden
> Schluß aus der offenen Tür einer
>
> dunklen Wirtschaft, die einem
> Griechen gehört, hören, ist beinahe
>
> ein Wunder: für einen Moment eine
> Überraschung, für einen Moment
>
> Aufatmen, für einen Moment
> eine Pause in dieser Straße,
>
> die niemand liebt und atemlos
> macht, beim Hindurchgehen. Ich
>
> schrieb das schnell auf, bevor
> der Moment in der verfluchten
>
> dunstigen Abgestorbenheit Kölns
> wieder erlosch.
>
> (Rolf Dieter Brinkmann: *Einen jener klassischen*; *Westwärts 1 & 2*, 25)

Das Gedicht gleitet von der Überschrift in den Text hinein und verliert damit gleichsam seinen Titel. Damit wird aber von vornherein die scheinbar strenge Gliederung des Textes in acht zweizeilige Strophen durchbrochen. Man hat den Eindruck, als liefe das Gedicht diesem fehlenden Anfang, jenem entzogenen Titel bis zum Schluß hinterher und erreichte ihn erst nach dem Verstummen der letzten, kürzesten Zeile: »wieder erlosch.«

Nicht nur die Enjambements sind hart in diesem Gedicht (bis hin zur Zerlegung von Komposita: »Laden / Schluß«), auch der Rhythmus ist unruhig: Treffen an einigen Stellen zwei Hebungen hart aufeinander (»Köln, Ende«), so herrscht ansonsten – freilich ohne Regelmäßigkeit – die doppelte Senkung zwischen zwei Hebungen (»einen Moment«) vor. Es ist, als vibriere der spannungsreiche, durch Verzögerungen und plötzliche Beschleunigungen gekennzeichnete Rhythmus des Tango in der Sprache des Gedichts nach.

Diesen metrischen Spannungen streben die großen syntaktischen Bögen (das Gedicht besteht aus nur zwei Sätzen) und die inhaltliche Geschlossenheit entgegen: Dargestellt wird ein augenblickhaftes Erlebnis vor dem Hintergrund einer Kölner Straßenszene an einem Spätsommerabend. Nachdem in den ersten drei Versgruppen beinahe penetrant eine äußere Bedingung nach der anderen aufgezählt wurde, wird es um die Mitte des Gedichts dreimal geradezu beschwörend ausgesprochen: nur »für einen Moment« dauert dieses Erlebnis an, ist damit »eine / Überraschung«, »Aufatmen«, »eine Pause«, ja, »beinahe // ein Wunder«. Der Text scheut die Anklänge an die sakrale Redeweise nicht: Wie eine Erleuchtung tritt der »schwarze Tango« aus dem Dunkel der Gaststätte hervor und erfüllt die staubige Straße. Das Wunder besteht nicht etwa schon darin, daß auf der Straße überhaupt Musikfetzen zu hören sind (die hört man alle Tage an allen Ecken), sondern darin, daß es ausgerechnet einer jener Tangos ist, die – obwohl in Europa erst ab 1900 bekannt – für die Liebhaber populärer Musik längst klassisch geworden und mit der Vorstellung »schwarzer« Melancholie und schwarzgekleideter Tänzerinnen und Tänzer verbunden sind. Das Wunder besteht aber auch darin, daß der Tango nicht etwa aus einem heruntergekommenen Tanzlokal herüberschallt, sondern aus einer »Wirtschaft, die einem Griechen gehört«, aus der sonst vermutlich nur folkloristische Klänge anderer Herkunft zu hören sind: Es klingt darin die Faszination durch eine nicht nivellierende Vermischung der Kulturen an. Das scheinbar ungeschickte Aufeinandertreffen der Wörter »gehört, hören« läßt das überraschte Innehalten im Hörmoment sprachlich erfahrbar werden.

In der zweiten Hälfte des Gedichts dagegen wird die Sprache selber wieder »atemlos«, etwa in dem syntaktisch unsauberen, scheinbar flüchtig hingeworfenen Relativsatz »die niemand liebt und atemlos / macht« – »die« (Straße) ist zugleich Objekt und Subjekt. Quasi in letzter Sekunde, nach Abschluß des ersten Satzes und ganz am Ende der sechsten Strophe, drängt sich ein Ich an die Textoberfläche, das bis dahin im Hörerlebnis aufgegangen war: »Ich // schrieb das schnell auf«. Der Lyrik wird also die Aufgabe zugeschrieben, das von Vergänglichkeit Bedrohte sprachlich festzuhalten. Wie der Tango, dessen nur in der geschilderten Situation so intensiv mögliches Hörerlebnis durch das Aufschreiben zwar nicht konserviert, aber doch vor dem Vergessen bewahrt werden konnte, muß auch das Gedicht nicht »in der verfluchten // dunstigen Abgestorbenheit« unserer Städte erlöschen: Es kann immer neu gehört und gelesen werden; tatsächlich hat sich der Text zwischenzeitlich als ›eines jener klassischen‹ Gedichte der siebziger Jahre erwiesen.

Zur Räumlichkeit in der Literatur vgl. allgemein Bachelard 1987; H. Meyer 1963, 33–56; ders. 1987, 133–146; zur räumlichen Struktur von moderner Lyrik Rimbach 1964. Die zeitliche Dimension der Lyrik ist wesentlich eingehender erforscht worden als die räumliche; vgl. z. B. Anderegg 1985, 130–132; Baumann 1975 (wenig ergiebig); Ledanff 1981; Rudolph/Wismann 1992 (verschiedene Beiträge); I. Schneider 1984 (zur Lyrik nach 1945); Staiger 1976; Walzel 1926, 277–296. Zu Raum und Zeit in der Lyrik des Realismus vgl. Heinz Schlaffer 1966. M. Zeller (1982) versteht in seiner Studie zur bundesdeutschen Lyrik zwischen 1965 und 1975 Zeit vor allem als geschichtliche Zeit. Anregend sind auch die Sammelbände Bohrers (1981 und 1994) zur »Plötzlichkeit« und zum »absoluten Präsens« in der Literatur. Die philosophische Dimension vertieft M. Frank in seiner Studie zum Zeitbegriff der Romantik (1972). Zum Vergleich mit Zeitstrukturen in erzählender und dramatischer Literatur vgl. F. H. Link 1977.

5.3 Personen- und Kommunikationsstrukturen im Gedicht

Wer spricht in einem Gedicht? Welchen Status haben Personen, die in Gedichten reden oder von denen die Rede ist? Spricht der Autor selbst durch das Gedicht, oder ist es autonom, völlig losgelöst von dem Subjekt, das es produziert hat? Wer wird im Gedicht angeredet; können die Leser selbst gemeint sein? Fragen dieser Art bilden einen der wichtigsten Schwerpunkte der germanistischen Lyrikforschung seit Beginn des zwanzigsten Jahrhunderts. Bezeichnend für sie ist, daß sie fast durchgängig so formuliert sind, daß Lyrik allein als gesprochene Sprache erscheint. Damit könnte suggeriert werden, man habe es bei der Lektüre von Gedichten mit einem lebendigen Gegenüber zu tun, mit einem anderen Subjekt, dessen Stimme zu hören und dessen Atem zu spüren ist. Um diesen Anschein zu vermeiden, sei auch an dieser Stelle – wie schon einige Male zuvor in diesem Buch – darauf hingewiesen, daß ›Sprechen‹ und ›Reden‹ hier gleichsam metonymisch immer auch die schriftlich niedergelegte, verbreitete und rezipierte Sprache mitbedeuten. Will man den Anklang an ein bestimmtes sprachliches Medium vollständig neutralisieren, so kann man den Begriff ›Artikulation‹ verwenden. Darauf wird weiter unten zurückzukommen sein.

Bis heute werden viele Gedichtinterpretationen noch von einem begrifflichen Instrumentarium dominiert, das an der Lyrik Goethes und der Romantik orientiert ist, vor und nach dieser Zeit entstandenen Gedichten aber nicht angemessen ist. Eine kritische Diskussion der drei problematischen Begriffe Erlebnis, Stimmung und lyrisches Ich ist daher eine notwendige Voraussetzung für die Entwicklung einer präziseren Analysemethode.

5.3.1 Drei problematische Kategorien: Erlebnis, Stimmung und lyrisches Ich

Die Überzeugung, daß der Lyrik gegenüber den anderen Gattungen eine engere Verbindung zur Sphäre der Subjektivität und besonders auch zur Persönlichkeit und Erfahrungswelt des Autors zukomme, konnte sich erst ausbilden aufgrund einer Veränderung der lyrischen Ausdrucksformen, die sich im Verlauf des 18. Jahrhunderts vor allem in der deutschen Literatur (im Gefolge des Sturm und Drang, des Klassizismus und der Romantik), aber beispielsweise auch im englischen Sprachraum (bei Romantikern wie Wordsworth und Keats) vollzog (zur Entwicklung in der englischen Lyrik vgl. W. G. Müller 1979). Hegel hat diese Vorstellung in seinen *Ästhetik*-Vorlesungen (posthum 1835–38) in epochemachender Weise auf den Begriff gebracht:

»Aus der Objektivität des Gegenstandes steigt der Geist in sich selber nieder, schaut in das eigene Bewußtsein und gibt dem Bedürfnisse Befriedigung, statt der äußeren Realität der Sache die Gegenwart und Wirklichkeit derselben im *subjektiven* Gemüt, in der Erfahrung des Herzens und Reflexion der Vorstellung und damit den Gehalt und die Tätigkeit des innerlichen Lebens selber darstellig zu machen.« (Hegel 1970, Bd. 3, 416)

Im 19. Jahrhundert wurde die Vorstellung, Lyrik sei der adäquate Ausdruck des inneren Lebens des Subjekts, das heißt zunächst des Dichters selbst, kaum in Frage gestellt; sie war unverzichtbarer Ausgangspunkt zahlreicher biographischer Studien, namentlich zur Person Goethes, der den meisten Germanisten bis weit ins 20. Jahrhundert hinein als Inbegriff des Lyrikers, ja des Dichters überhaupt galt. Die Authentizität lyrischen Sprechens, die Gewißheit, daß der Dichter im Gedicht wirklich ›sich selbst‹ und nichts Erfundenes zum Ausdruck bringt, sollte vor allem ein Begriff verbürgen, den interessanterweise Goethe oder die ›subjektiven‹ Dichter der Romantik noch gar nicht kannten, der vielmehr erst von der lebensphilosophisch orientierten, biographisch arbeitenden Geisteswissenschaft der zweiten Hälfte des 19. Jahrhunderts entwickelt wurde: der Begriff des ›Erlebnisses‹, der in Diltheys später Aufsatzsammlung *Das Erlebnis und die Dichtung* (1905) eine programmatische Prägung erfuhr (vgl. Gadamer 1975, 56–60). Ein Erlebnis ist einerseits die unmittelbare Konfrontation mit etwas Fremdem, andererseits aber das bleibende »Ergebnis« dieses Vorgangs:

»Was Erlebnis genannt werden kann, konstituiert sich in der Erinnerung. Wir meinen damit den Bedeutungsgehalt, den eine Erfahrung für den, der das Erlebnis hatte, als einen bleibenden besitzt.« (Ebd., 63)

Das ästhetische Erlebnis ist Gadamer zufolge die Grundform des Erlebnisses:

»Es scheint geradezu die Bestimmung des Kunstwerks, zum ästhetischen Erlebnis zu werden, d. h. aber, den Erlebenden aus dem Zusammenhange seines Lebens durch die Macht des Kunstwerks mit einem Schlage herauszureißen und ihn doch zugleich auf das Ganze seines Daseins zurückzuziehen.« (Ebd., 66)

Das Erlebnis, aus dem die Produktion des Kunstwerks hervorgegangen ist, wird demnach in der Rezeption reaktiviert und in anderen lebensgeschichtlichen Zusammenhängen wirksam. Die Ästhetik des Augenblicks sowie die Vorstellung von der Subjektivität und dem Erlebnischarakter der Kunst gehen in dieser Konzeption eine unauflösliche Einheit ein.

Die klassisch-romantische »Erlebniskunst« ist in einer umfassenderen kulturgeschichtlichen Sicht jedoch »nur eine Episode« (ebd., 67). Der größte Teil der Kunst, wie sie von der Antike bis zum Barock sowie in der Moderne und in anderen Kulturkreisen entstand, ist »von durchaus anderen Wertmaßstäben beherrscht«. Zwar kann grundsätzlich jedes Kunstwerk bei heutigen Rezipienten Erlebnisse auslösen, aber damit wird man den nicht auf Erlebnisse hin angelegten Kunstwerken nicht gerecht: »Unsere Wertbegriffe von Genie und Erlebtheit sind hier nicht adäquat.« (Ebd.)

Die historische Beschränktheit einer irrationalistischen Augenblicksästhetik führt Emil Staiger in seinem Buch *Grundbegriffe der*

Poetik (1946) ebenso deutlich vor Augen, wie er sie selbst systematisch ignoriert: Seine Thesen sind schon für die von ihm gewählten Beispiele aus den lyrischen Werken Goethes, Eichendorffs und Clemens Brentanos höchst problematisch; eine weitergehende Gültigkeit können sie keinesfalls beanspruchen. Staiger betont die auch im Erlebnisbegriff enthaltene Untrennbarkeit von Produktions- und Rezeptionsästhetik, zugleich treibt er sie aber derart ins Extrem einer unmittelbaren, rational nicht erfaßbaren »Eingebung« (vgl. Staiger 1975, 19 und 36 f.), daß der Erlebnisbegriff, der immerhin die Unterscheidbarkeit einer inneren und einer äußeren Sphäre voraussetzt, für ihn nicht mehr verwendbar ist (vgl. Staiger 1976, 14 f.; dazu Segebrecht 1977, 43 f.). Staiger zieht ihm den Begriff der ›Stimmung‹ vor; in der Stimmung seien wir »in ausgezeichneter Weise ›draußen‹, nicht den Dingen gegenüber, sondern in ihnen und sie in uns« (ebd., 46, vgl. auch 19). Der Stimmungsbegriff wurde im Verlauf des 18. Jahrhunderts aus der Musik, in der er das Einstellen eines Instruments auf die richtige Tonhöhe und den dadurch erreichten harmonischen Zustand bezeichnet, »auf ästhetische und psychologische Wahrnehmungsweisen« übertragen (Lecke 1967, 10): Er wird einerseits verwendet »im Sinne einer Übereinstimmung zwischen den Empfindungsorganen und den Sinneseindrücken, besonders in einem sympathetischen Einsgefühl des Ich mit der Natur«, andererseits »im Sinne einer Übereinstimmung der Empfindungsorgane untereinander, um eine ganzheitliche Disposition, die ›Grundbefindlichkeit‹ des Ich zu ermöglichen« (ebd., 13). Noch heute redet man alltagssprachlich von Stimmung, um ein Ensemble äußerer Eindrücke (›Sonnenuntergangsstimmung‹) oder innerer Zustände (›Urlaubsstimmung‹), besonders aber die Überein- ›Stimmung‹ beider zum Ausdruck zu bringen; Landschaften, Jahres- und Tageszeiten sowie das jeweilige Wetter sind häufig zugleich Auslöser und Spiegel psychischer Zustände. (Der Gedanke der Äußerlichkeit der Stimmung wird auf höchst problematische Weise weitergedacht als »Anerkennen von ergreifenden Mächten« bei Timm [1992, 37–39]; dazu kritisch Burdorf 1992b.)

Im Gegensatz zum Erlebnisbegriff, der die Aufmerksamkeit auf ein einziges, augenblickhaftes Ereignis (die Einwirkung eines Äußeren auf die innerliche Sphäre des Subjekts) und auf dessen Nachwirkung zentriert, tendiert der Stimmungsbegriff zu einer Zerstreuung der Perspektive, zum Hin- und Herspringen zwischen einer vagen Gefühlslage und einem ihr korrelierenden Ambiente. Um eine Verknüpfung der beiden Begriffe bemüht sich Walzel:

»Seit ihren Anfängen liebt die Lyrik das Erlebnis zur Natur in Beziehung zu bringen. Sie stellt es in den Raum hinein, in dem es sich abspielt. Ist doch die Stimmung des Erlebnisses auch durch die Natur bedingt.« (Walzel 1912, 49)

Die Beantwortung der Frage, wer im Gedicht zu wem spricht, wird vom Stimmungsbegriff nicht geleistet, da er die kommunikative Struktur von Gedichten als unerheblich an den Rand zu drängen versucht. Im Rahmen einer literaturwissenschaftlichen Gedichtanalyse hat der Begriff der Stimmung daher nur als Mittel einer vorläufigen Beschreibung schwer zu verbalisierender Texteindrücke seinen Platz (vgl. eine solche vorsichtige Verwendung bei Killy [1972, 114–128]).

Anders als Staiger weicht Käte Hamburger, die in derselben idealistischen Traditionslinie steht, nicht auf den Stimmungsbegriff aus, sondern sie versucht eine texttheoretische Präzisierung des Erlebnisbegriffs: Während die Figuren ebenso wie die gesamte dargestellte Wirklichkeit und auch eine Instanz wie der auktoriale Erzähler in den fiktionalen Gattungen Erzählung und Drama erfunden seien, trete das »Aussagesubjekt« der Lyrik, »das sich aussagend manifestierende Erlebnissubjekt«, das sogenannte lyrische Ich, stets als ein reales auf, weshalb es mit dem realen Autor identifiziert werden müsse:

»Das Erlebnis kann ›fiktiv‹ im Sinne von erfunden sein, aber das Erlebnis- und mit ihm das Aussagesubjekt, das lyrische Ich, kann nur als ein reales und niemals ein fiktives vorgefunden werden.« (K. Hamburger 1987, 246)

Die Schilderung von Erlebnissen in einem Gedicht ist also Hamburger zufolge nicht in jedem Falle als Aussage des Autors über Sachverhalte aufzufassen, die in seinem realen Leben stattgefunden haben; dennoch verbürgt sich der Autor dadurch, daß er in einem Gedicht »ich« sagt, gleichsam für die innere Wahrheit des Ausgesagten (man könnte hier auch von Wahrhaftigkeit oder Authentizität sprechen): »das lyrische Aussagesubjekt macht nicht das Objekt des Erlebnisses, sondern das Erlebnis des Objekts zu seinem Aussageinhalt« (ebd.) – so Hamburger in enger gedanklicher Anlehnung an das obige Hegel-Zitat. Dieser Gedanke wird von Heinrich Henel präzisiert:

»Wenn uns [...] das Wort ›Erlebnisgedicht‹ weiterhin dienen soll, so können wir damit nur einen Formbegriff meinen. Es ist eine Art Gedicht, in der die Vorgänge in der Form eines Erlebnisses dargestellt werden. Dabei ist es gleichgültig, ob die poetischen Vorgänge frei erfunden oder an reale

Vorgänge angelehnt sind. Wichtig dagegen ist, daß der Leser an die Realität der Gedichtvorgänge glaubt, denn die Sinnhaftigkeit des Gehalts wird nur dadurch bewiesen, daß der Dichter von wirklichen Erlebnissen spricht. Das entscheidende Kennzeichen der Erlebnisdichtung ist also die Ich-Form; der Dichter spricht in der ersten Person und verbürgt sich damit für die Echtheit der mitgeteilten Empfindung.« (Henel 1966, 223)

Diese Position wird noch heute nachdrücklich vertreten. Lamping geht sogar noch weit über Hamburger und Henel hinaus, indem er – allerdings nur für »referentielle Lyrik« wie politische Gedichte und private Erlebnislyrik – eine Identität zwischen dem Autor und dem Ich des Gedichts bis in die inhaltlichen Details hinein behauptet:

»Der Leser solcher Gedichte setzt voraus, daß das jeweilige Erlebnis sowohl nach seiner subjektiven wie nach seiner objektiven Seite hin authentisch, daß die Rede des Dichters nicht nur wahrhaftig, sondern, soweit behauptend, auch wahr und im übrigen nichts fingiert sei. [...] Den Philologen gilt ein Erlebnisgedicht geradezu als ein ›poetisches Protokoll‹ [Albrecht Schöne], dessen Sätze sie für wahre Aussagen nehmen und auf reale Ereignisse beziehen – wenn sie nicht sogar solche Ereignisse erst aus den Gedichten (re-)konstruieren.« (Lamping 1993, 128 f.; vgl. auch 108)

Den Folgen, die sich aus der Vorstellung von der Authentizität des poetischen Ich für die Rezeption von Gedichten ergeben, geht Käte Hamburger noch genauer nach: Sie will die Gedichtlektüre als ein Nacherleben des im Gedicht zur Sprache gekommenen Erlebnisses verstanden wissen:

»Wir erleben das lyrische Aussagesubjekt, und nichts als dieses. Wir gehen nicht über sein Erlebnisfeld hinaus, in das es uns bannt. Dies aber besagt, daß wir die lyrische Aussage als Wirklichkeitsaussage erleben, die Aussage eines echten Aussagesubjekts, die auf nichts anderes bezogen werden kann als eben auf dieses selbst. Gerade das unterscheidet ja das lyrische Erlebnis von dem eines Romans oder Dramas, daß wir die Aussagen eines lyrischen Gedichtes *nicht* als Schein, Fiktion, Illusion erleben. Unsere verstehende, interpretierende Ergreifung des Gedichts ist eine in hohem Grade ›nacherlebende‹, wir müssen uns selbst befragen, wollen wir das Gedicht verstehen. Denn wir stehen ihm immer unmittelbar gegenüber, so wie wir der Äußerung eines wirklichen ›anderen‹, eines Du, das zu meinem Ich redet, gegenüberstehen.« (Hamburger 1987, 239 f.)

Dieses Modell ist zwar hilfreich, um zu erklären, warum bestimmte Gedichte der klassisch-romantischen Tradition auf Leserinnen und Leser, die für die jeweilige Weise lyrischen Sprechens sensibilisiert sind, eine ganz andere Art von Wirkung ausüben als Prosa- oder

Dramentexte. Hamburger verkennt aber, daß die Rezipienten die in einem Gedicht artikulierten Vorgänge, Gefühle und Gedanken nicht bloß »nacherleben«, sondern mit eigenen Erfahrungen jeweils neu füllen oder kontrastieren und insofern notwendigerweise über das Erlebnisfeld des lyrischen Ich hinausgehen und sich von ihm auch absetzen können. Darüber hinaus ist nicht nachzuvollziehen, inwiefern sich beispielsweise Rilkes Tagebuchroman *Die Aufzeichnungen des Malte Laurids Brigge* (1910) in seiner Aussagestruktur und den möglichen Wirkungen seiner Lektüre von etwa gleichzeitig entstandenen, existentielle Fragen berührenden Gedichten Rilkes wie *Archaischer Torso Apollos* unterscheiden soll. Hamburgers Konzeption, die die formalen und bildlichen Strukturen von Gedichten völlig vernachlässigt, bietet kein zureichendes Kriterium zur Unterscheidung eines Gedichts von Alltagsäußerungen wie Brief und Tagebuch oder den entsprechenden Erzählformen wie Ich-Erzählung, Brief- und Memoirenroman, die nach Hamburger ebenfalls keine fiktionale Literatur, sondern »fingierte Wirklichkeitsaussage« sind (ebd., 272) – was immer man sich darunter vorzustellen hat. Fiktionale Lyrik wie Balladen, Dialog- oder Rollengedichte, in denen gar kein Ich vorkommt oder in denen verschiedene fiktive Personen »ich« sagen, muß Hamburger dagegen aus der Lyrik ausgrenzen.

Zweifellos spielt das Ich in vielen Gedichten eine zentrale Rolle. Diese kann aber nicht ein für allemal (»aussagenlogisch«) festgelegt werden, wie Hamburger meint. In Gedichten des Barock beispielsweise ist das Ich (selbst wo es explizit mit dem Namen des Autors identifiziert wird wie in Flemings *Grabschrifft auf sich selbst*) zumeist nicht als individuelles Ich aufzufassen, dem es dank seiner dichterischen Genialität gelingt, seine einmaligen Erlebnisse Poesie werden zu lassen, sondern vielmehr als repräsentatives Ich, dessen zufälliges Schicksal das eines jeden Menschen, mindestens aber das der Angehörigen einer bestimmten Klasse exemplarisch zu vergegenwärtigen vermag. Dieses Ich kann daher auch problemlos und mit nur geringfügig anderer Perspektivierung in ein Du (z. B. Flemings *An Sich*) oder ein Er (z. B. *Wie Er wolle geküsset seyn* vom selben Autor) verwandelt werden.

Auf Rilkes oder Georges gedanklich und bildlich komplexe Lyrik kann der mit der Vorstellung von Spontaneität und unvermittelter Emotionalität verbundene Begriff des Ich als »Erlebnissubjekt« ebenfalls nicht überzeugend angewendet werden, und in moderner sprachexperimenteller Lyrik schließlich hat die Rede von einem »Erlebnissubjekt«, das mit dem Autor zu identifizieren wäre, am allerwenigsten Sinn:

> ich was not yet
> in brasilien
> nach brasilien
> wulld ich laik du go
>
> (Jandl: *calypso*, V. 1–4; *GW* 1, 96)

Niemand wird ernsthaft behaupten wollen, in diesen radebrechenden Sätzen eines Möchtegern-Touristen spreche der promovierte Englischlehrer und sprachvirtuose Schriftsteller Ernst Jandl selbst.

Über diese gravierenden Einschränkungen hinaus, durch die die Berechtigung der Rede von Erlebnislyrik mehr oder weniger auf die Zeit etwa zwischen Klopstock und Storm begrenzt wird (vgl. Feldt 1990), ist grundsätzlich darauf hinzuweisen, daß ein kategorialer Unterschied zwischen dem empirischen Urheber (dem Autor oder der Autorin) und dem sprachlich konstituierten Ich eines Gedichts besteht, selbst wenn eine so große Parallelität zwischen den ›Erlebnissen‹ eines Ich im Gedicht und den dokumentarisch oder autobiographisch verbürgten Erlebnissen seines Autors besteht wie in Goethes Liebesgedichten (etwa dem ursprünglich an Friederike Brion gerichteten Gedicht *Mit einem gemalten Band*, das Hamburger [1987, 241–243] als Beispiel wählt). Niemand wird bezweifeln, »daß Goethe seine Liebes- und Glücksgefühle in ausgezeichnete Dichtung umzusetzen vermochte und daß er seine Gedichte – wie andere Dichter vor und nach ihm – an wirkliche Personen in einer konkreten Situation richtet« (Wellek 1972, 108). Aber wenn man ein Gedicht in seinem unmittelbaren lebensgeschichtlichen Situations- und Adressatenbezug verortet, so setzt man es mit anderen pragmatischen Äußerungen in dieser Situation wie beispielsweise einem Brief gleich: Das ist eine durchaus legitime Herangehensweise, aber man muß sich darüber im klaren sein, daß man das Gedicht dann ausschließlich als biographisches Dokument, nicht aber als ein literarisches Kunstwerk liest. Als literarischer Text betrachtet tritt das Gedicht dagegen aus den konkreten Bedingungen seiner Entstehung heraus.

In mancherlei Hinsicht fällt daher der Gebrauch, den Käte Hamburger und ihre Nachfolger vom Begriff des lyrischen Ich machen, hinter die Intentionen zurück, mit denen er 1910 von Margarete Susman (in ihrem Buch *Das Wesen der modernen deutschen Lyrik*) eingeführt wurde. Aus einer zwar metaphysisch aufgeladenen, aber dennoch hellsichtigen Perspektive auf die damals aktuelle lyrische Produktion Hofmannsthals, Georges und Rilkes heraus entwickelt die Literaturkritikerin die Unterscheidung zwischen lyrischem und empirischem Ich; letzteres nennt sie auch personales, subjektives, gegebenes oder individuelles Ich. Das lyrische Ich sei »kein Ich im real empirischen Sinne«, sondern »Ausdruck« und objektive »Form eines Ich« (Susman 1965, 188), die der Dichter »aus seinem gegebenen Ich erschafft« (ebd., 187), während er zugleich sein empirisches Ich in der höheren, formalen Einheit des Kunstwerks vernichtet (vgl. ebd., 189 f.). Die Allgemeinheit und Über-Individualität des lyrischen Ich sei in älteren Formen wie dem Volkslied oder dem Minnesang unverkennbar, gelte aber entgegen allem Anschein auch für die neueste Lyrik:

»Wenn es darum auch in dieser Zeit begreiflicher wird, daß das lyrische Ich mit dem subjektiven verwechselt werden und so der sich selbst aufhebende Irrtum einer ›subjektiven Kunst‹ entstehen konnte – so muß doch andererseits gerade aus dieser extremen Entwicklung der Lyrik ihr Grundgesetz in größerer Absolutheit hervortreten.« (Ebd., 188)

Man wird heute Susmans Vorstellung vom objektiven Charakter der Kunst als eines »Mythos« nicht mehr teilen können; dennoch ist die Stoßrichtung ihrer Konzeption des lyrischen Ich heilsam gegenüber den Irrwegen einer Verschmelzung von lyrischem und empirischem Ich, wie sie vielfach noch immer eingeschlagen werden. Sprachtheoretisch reformuliert, kann man das, was Susman Objektivität des lyrischen Ich nennt, als sprachliche Form des Ich bezeichnen: Indem das Ich zu einem Baustein des lyrischen Textes (mit all seinen weiteren, z. B. metrischen oder bildlichen Strukturmerkmalen) wird, verliert es den Charakter einer unmittelbaren Selbstoffenbarung des empirischen Ich. (Das gilt grundsätzlich auch für nichtliterarische Textsorten wie Brief und Tagebuch, nur sind diese in der Regel wesentlich weniger komplex strukturiert.) In der Lektüre muß es aus den grammatischen und strukturellen Zusammenhängen, in denen es steht, herausgelöst und wieder zu der spezifischen Vorstellung eines Ich zusammengesetzt werden, die (z. B. aufgrund veränderter Rezeptionsbedingungen) durchaus nicht mit dem Ich-Konzept identisch sein muß, das der Autor in dem Gedicht zur Sprache bringen wollte.

Oskar Walzel hat den von Susman geprägten Begriff des lyrischen Ich durch sein Buch *Leben, Erleben und Dichten* (1912, 42 f.) in der fachgermanistischen Diskussion bekannt gemacht, vor allem aber in seinem erstmals 1916 erschienenen Aufsatz *Schicksale des lyrischen Ich* weiter differenziert. Das wesentliche Verdienst dieses Beitrags besteht darin, daß er die Bedeutung des Ich in der Lyrik relativiert und auf die Rolle der anderen Personalpronomina hinweist. Zwar komme der Annahme, Lyrik sei im wesentlichen Ich-Dichtung, während im Drama das Du und in erzählender Literatur die dritte Person überwiege, eine gewisse Plausibilität zu.

»Nur darf dabei nicht übersehen werden, daß Lyrik in erster, zweiter und dritter Person spricht, überdies ebenso in der Mehrzahl wie in der Einzahl. – Verschiedene Möglichkeiten der Lyrik ergeben sich allerdings, je nachdem sie mit Ich, Du, Er, Wir, Ihr und Sie arbeitet.« (Walzel 1926, 265)

So könne beispielsweise der größte Teil des lyrischen Werks von Trakl als »Du-Lyrik« bezeichnet werden, in der »das Wort ›Ich‹ und seine Abwandlungen fast ganz fehlen«. Hier werde »nicht etwa dialogisch das eigene Ich in ein anredendes Ich und ein angesprochenes Du« aufgespalten, sondern vielmehr »schlechtweg das eigene Ich als ein Du« gesetzt (ebd., 260). Die Instanz, deren ›eigenes Ich‹ gemeint ist, nennt Walzel allerdings schlicht »Trakl«, also mit dem Namen des Autors. Damit wird Susmans glasklare Unterscheidung zwischen empirischem und lyrischem Ich zum Teil schon wieder verwischt. Daneben gibt es Walzel zufolge (beispielsweise im Titelgedicht von Trakls Sammlung *Sebastian im Traum*) eine »Er-Lyrik«, die »derart losgelöst von persönlichem Ausdruck« sei, daß sie »wie eine Er-Erzählung wirken« könne (ebd., 263). Auch in Landschafts- oder Jahreszeitenlyrik, in Gedichten über einzelne Gegenstände oder in einer traditionelleren Form wie der Rollenlyrik habe das lyrische Ich keine Bedeutung. Wegweisend ist die Quintessenz, die Walzel aus seiner Analyse zeitgenössischer Gedichte zieht:

»Das Ich des Dichters tritt zurück. Eine Lyrik der anderen tut sich auf. Ich möchte von einer Entichung der Lyrik reden. Und die alte Lehre, Lyrik sei im Gegensatz zu Epos und Drama subjektive Dichtung, scheint zu wanken.« (Ebd., 264)

Bedauerlicherweise wurden die von Susman und Walzel gesetzten Maßstäbe für die Definition und Analyse des lyrischen Ich und der Personenstrukturen in Gedichten überhaupt später von der Forschung großenteils wieder aufgegeben. Das gilt nicht nur für die schon erwähnten Poetiken von Staiger und Hamburger, sondern auch für die Arbeit von Karl Pestalozzi (1970), der die Trennung des lyrischen vom empirischen Ich mit dem Motiv der »Erhebung«, des Aufschwungs des Ich zu sich selbst, verbunden sieht und als Ergebnis eines geistesgeschichtlichen Einschnitts auffaßt, den er in Schillers Lyrik diagnostiziert. Durch diese Historisierung und inhaltliche Einengung verliert der Begriff des lyrischen Ich jedoch seine analytische Handhabbarkeit für den größten Teil der bis heute überlieferten Lyrik. Ähnlich problematisch ist Jürgen Pepers an der Kantischen Philosophie orientierte Konzeption des lyrischen Ich als »Einheit der transzendentalen Vorstellungsstruktur« des Gedichts (Peper 1972, 408), ein Modell, das vom Vorkommen des Pronomens »ich« an der Sprachoberfläche ganz abgekoppelt ist.

Wolfgang G. Müller hat das Problem des lyrischen Ich in der englischen Lyrik erstmals systematisch untersucht. Er vertritt die These, das lyrische Ich trete »in solchen Texten auf, in denen eine unlösliche Verbindung zwischen der Sprache und dem die Sprache vollbringenden Subjekt vorhanden ist«, es sei daher »Ausweis des authentischen Personalen in der Sprachform der Komposition« (W. G. Müller 1979, 32). Die Nähe zwischen Autorsubjekt und der von diesem produzierten sprachlichen Form sei Kennzeichen der Lyrik, sie könne aber in Gedichten mehr oder weniger deutlich vorhanden sein (vgl. ebd., 45). Müller unterscheidet also zwischen einem Kernbereich der Lyrik, in dem die Individualität des lyrischen Ich besonders ausgeprägt ist, und Formen weniger individueller Lyrik. Vom nachvollziehbaren Kriterium des Vorkommens der Personalpronomina der ersten Person koppelt er die Frage des lyrischen Ich weitgehend ab und kommt daher zu dem Ergebnis, in Formen wie dem Volkslied handle es sich um »Lyrik ohne lyrisches Ich«, obwohl darin ein Ich spricht, das aber zu wenig individuell geprägt sei (ebd., 50). An diesem Punkt zeigt sich, daß auch Müllers Begriff des lyrischen Ich durch starke normative Vorgaben gekennzeichnet ist, die die analytische Brauchbarkeit dieses Modells mindern. (Eine ähnliche Konzeption skizziert Kraft [1982, 333].)

Kaspar H. Spinner bezeichnet das lyrische Ich als »Leerdeixis« (Spinner 1975, 18) und verknüpft darin Bühlers Deixisbegriff mit der rezeptionsästhetischen Vorstellung von ›Leerstellen‹ in literarischen Texten, die bei der Lektüre zu füllen seien. Das lyrische Ich unterscheidet sich Spinner zufolge dadurch vom alltagssprachlichen Ich, daß es zwar den Ausgangspunkt des Zeigens, also auch der im Text aufgebauten Raum- und Zeitvorstellungen, markiert, daß aber das Ich nicht oder jedenfalls nicht allein auf eine konkrete Person, den Urheber der Rede, verweist, sondern vom Leser in einer identifizierenden Probehandlung besetzt und gefüllt werden kann. (Um herauszustellen, daß die Stelle des Ich nicht etwa unbesetzt bleibt, sondern in jeder Rezeption neu gefüllt wird, könnte man präziser auch von einer ›offenen Deixis‹ sprechen.)

»Der Leser muß sich, um den Text zu verstehen, die durch die Ich-Deixis geschaffene Blickrichtung in einer Art Simulation aneignen. [...] Das Ich im Gedicht ist also unter doppeltem Aspekt zu sehen: im Sinne der Autoreflexivität des Textes bezogen auf den innertextlichen Funktionszusammenhang, im Sinne seiner kommunikativen Rolle als Element, das den Rezeptionsvorgang steuert.« (Ebd., 18 f.)

Die texttheoretische Einsicht, daß das Ich in Gedichten zugleich eine textinterne und eine rezeptionssteuernde Funktion hat, ist für die Analyse grundlegend. Ähnlich heißt es bei Karlheinz Stierle:

»Da das lyrische Subjekt eine Identitätsfigur, nicht aber eine faktische Identität ist, wird der Leser durch deren Artikulation instand gesetzt, eine Möglichkeit von komplexer Identität gleichsam von innen zu erfahren.« (Stierle 1979, 522)

Dieses Modell wird auch von Ulrich Charpa in seinem erkenntnistheoretisch fundierten Konzept des poetischen Ich als »persona per quam« vertreten:

»Das poetische Ich eröffnet Autor und Leser die Chance, der Frage nachzugehen, was es *für ein anderes Subjekt* bedeutet, *es selbst* zu sein.« (Charpa 1985, 167)

Es steht jedoch zu befürchten, daß der Begriff des lyrischen Ich in der literaturwissenschaftlichen und literaturkritischen Diskussion derart belastet und verwischt worden ist, daß sich die differenzierten Positionen von Spinner, Stierle und Charpa nicht ohne weiteres durchsetzen werden (Charpa verwendet denn auch, ohne das eigens zu thematisieren, nicht mehr den Begriff des lyrischen, sondern den des poetischen Ich). Ohne nun gleich das Kind mit dem Bade auszuschütten wie Walther Killy, der nicht nur das lyrische Ich, sondern zugleich die ganze Frage nach Personenstrukturen in der Lyrik in seinen Lyrikstudien »vor der Türe« läßt (Killy 1972, 4), läßt es die Verworrenheit der Diskussion um das lyrische Ich ratsam erscheinen, diesen Begriff fallenzulassen und das Problem mit einer neuen Begrifflichkeit anzugehen (vgl. eine ähnlich abwägende Position auch bei Stephens 1982).

In zwei fast gleichzeitig erschienenen Studien (Gnüg 1983; Sorg 1984) wird die Entwicklung des »lyrischen Ich« bzw. der »lyrischen Subjektivität« in der neuzeitlichen Lyrik untersucht. Bei aller historischen Reichhaltigkeit sind diese Arbeiten in terminologischer Hinsicht wenig hilfreich. Zur historischen Entfaltung des Ich in der Lyrik vgl. ferner Grubmüller 1986 (zur mittelalterlichen Lyrik) und R. Böschenstein 1990. Den Begriff des lyrischen Ich bzw. lyrischen Subjekts diskutieren außerdem – in der Tradition Hegels und Brechts – Hinck (1978) und Hähnel (1980) sowie – ausgehend von Freud, Benjamin und Derrida – Haverkamp (1988). Vgl. ferner die Studien von Jaegle (1995) – mit eingehender Forschungsdiskussion –, Heinz Schlaffer (1995) und Combe (1996).

5.3.2 Das Ich und die anderen: Personalität im Gedicht

Die Personen- und Kommunikationsstrukturen in Gedichten lassen sich am besten analysieren, indem man sich von allen Vorannahmen über das vermeintliche »Wesen des lyrischen Ich« löst und sich auf den jeweiligen Gebrauch der sprachlichen Mittel konzentriert, mit denen auch in der Alltagssprache Personen und die Beziehungen zwischen ihnen konstituiert werden. Zu nennen sind hier beispielsweise Eigennamen (im Erzählzusammenhang oder in der Anrede), Anredeformeln, Imperative sowie Wunsch- und Fragesätze. Vor allem anderen aber sind es die Personalpronomina (und darüber hinaus die ihnen entsprechenden Possessivpronomina), mit deren Hilfe die Beziehungen zwischen verschiedenen Personen bzw. redenden und zuhörenden Instanzen ausgedrückt werden. Häufiger als in den anderen literarischen Gattungen tritt in Gedichten das Erzählen oder Beschreiben von Sachverhalten gegenüber einer Reflexion der sprachlichen und kommunikativen Strukturiertheit des poetischen Textes in den Hintergrund: In dem Verhältnis zwischen dem »ich« und dem »du« eines Gedichts *kann* das Verhältnis zwischen Sender und Empfänger des poetischen Textes selbst – zumindest indirekt – zur Sprache kommen. Insofern kann von einer strukturellen Dominanz der Personalpronomina, vornehmlich denen der ersten und zweiten Person, in der Lyrik gesprochen werden.

Es ist daher erforderlich, den spezifischen Gebrauch der Personalpronomina in Gedichten genau zu untersuchen. Dabei muß vor allem das Besondere und Abweichende des Einzelfalls erfaßt werden. Gedichten fehlt meist der unmittelbare Einbezug in eine Gesprächs- und Handlungssituation, wie er für Alltagstexte kennzeichnend ist, die durch Personalpronomina strukturiert sind. Deshalb lassen sich Pronomina wie ›ich‹, ›du‹ oder ›wir‹ in Gedichten häufig nicht eindeutig Personen oder Gruppen zuordnen. Die Lektüre von

Gedichten hat daher einen vergleichsweise großen Spielraum, diese nur strukturell eingegrenzten, aber inhaltlich nicht besetzten Stellen der Personalpronomina aktualisierend stets von neuem zu füllen. Diesen Sachverhalt kann man in Anlehnung an K. H. Spinner als ›Leerdeixis‹ oder ›offene Deixis‹ bezeichnen.

Zu beachten ist nicht nur die Person und der Numerus der Pronomina, von denen im folgenden ausführlich die Rede sein wird, sondern auch der Kasus, in dem sie gebraucht werden: Taucht nämlich ein Pronomen nie oder kaum im Nominativ auf, so nimmt die damit bezeichnete Person oder Sache in der Regel nicht nur grammatisch, sondern auch inhaltlich keine handelnde Position ein, sondern die eines Objekts, das nur eine passive oder indirekte Beziehung zu den dargestellten Abläufen oder Sachverhalten hat. Überwiegt der Gebrauch der Possessivpronomina gegenüber dem der Personalpronomina, so besteht ebenfalls nur ein indirektes Verhältnis, das des Besitzes oder der Zuordnung, zum Zentrum des Dargestellten.

Unter den sprachwissenschaftlichen Arbeiten zur Semantik und Stilistik der Personalpronomina sind die folgenden besonders hilfreich: Benveniste 1974, 251–264 und 279–297; Bühler 1982, 379–383; Jakobson 1974, bes. 37; W. Schneider 1959, 128–163. Aufschlußreich ist auch der kontrastierende Vergleich mit den Personalitätsstrukturen in anderen Gattungen; vgl. dazu die grundsätzlichen Arbeiten von Kesting (1991), B. Korte (1987) und Tschauder (1991). Einen Überblick über die Entwicklung des Ich in der neuzeitlichen europäischen Literatur gibt der von Fülleborn/Engel (1988) herausgegebene Sammelband.

5.3.2.1 Textsubjekt und erste Person: Wer spricht?

Von einem Ich in der Lyrik sollte nur insoweit die Rede sein, als das Personalpronomen »ich« und seine Deklinationsformen (meiner, mir, mich) und/oder das entsprechende Possessivpronomen »mein« in einem Gedicht auftauchen. Vom Gebrauch des vorbelasteten und unscharfen Begriffs »lyrisches Ich« sei hier nochmals nachdrücklich abgeraten, ebenso von der Verwendung des Begriffs »der Dichter« oder des Autorennamens in diesem Zusammenhang (nach dem leider noch immer häufig anzutreffenden Muster ›der Dichter erinnert sich in diesem Gedicht an seine Jugendzeit‹). Statt dessen bietet sich der Begriff des »artikulierten Ich« an, der von Rainer Nägele eingeführt wurde (Nägele 1980, 62, Anm. 2); verkürzt kann man auch schlicht »das Ich« sagen. Gegenüber der alternativen, ebenfalls brauchbaren Formulierung »sprechendes Ich« ist der Begriff des artikulierten Ich nicht nur neutral im Hinblick auf das sprachliche Medium des Gedichts, er läßt zudem in der Schwebe, inwieweit das Ich sich selbst artikuliert und inwieweit es andererseits durch ein anderes Subjekt artikuliert worden ist. Grundsätzlich dürfte für jedes artikulierte Ich beides gelten: Als Ich ist es ein eigenständiges Subjekt seiner Aussagen innerhalb des poetischen Diskurses; zugleich ist es ein bloßes Element der nicht von ihm selbst, sondern von einer übergeordneten Instanz (dem Textsubjekt) strukturierten poetischen Rede als ganzer.

Die Personenstruktur von Gedichten ist also noch nicht genau genug beschrieben, wenn man das artikulierte Ich schlicht dem realen oder empirischen Autor gegenüberstellt. Dieser taucht im Gedicht nämlich gar nicht auf; das Gedicht hat sich als literarischer Text von ihm abgelöst. Der Gestaltungsimpuls des Autors hat aber ein Pendant im Text selbst: Er ist als strukturierende Instanz in das Gedicht eingegangen. Wenn wir Gedichte nicht als Produkte willkürlicher Kräfte oder übermenschlicher Mächte verstehen und die Verbindung zwischen dem Gedicht und dem Menschen, der es produziert hat, nicht ganz kappen wollen, müssen wir diese strukturierende Instanz als ein Subjekt denken, gleichsam als Platzhalter des empirischen Autors im Text. Nur so können wir Gedichten eine Mitteilungsintention unterstellen, die es in der Rezeption aufzunehmen gilt. Die Erzählforschung hat diese Instanz als »abstrakten Autor« bezeichnet (vgl. Kahrmann u. a. 1977. Bd. 1, 42); in der Lyriktheorie ist zuweilen vom »impliziten Autor« des Gedichts die Rede (vgl. Wiegmann [1981], der allerdings meint, diese Instanz könne mehr oder weniger stark ausgeprägt und von den im Gedicht sprechenden Personen abgehoben sein – womit die analytische Brauchbarkeit des Begriffs wieder verschenkt wird).

In diesem Buch wird diese Instanz als ›Textsubjekt‹ oder kurz ›Subjekt‹ bezeichnet. Das Textsubjekt ist ein analytisches Konstrukt, das notwendig ist, um dem Gedicht als einem poetischen Text eine kohärente Bedeutung und einen literarischen Eigenwert zuschreiben zu können, der weder in den Aussagen des artikulierten Ich noch in den außertextlichen Willensbekundungen des empirischen Autors aufgeht. Das Textsubjekt ist daher zwischen dem im Text zur Sprache kommenden Ich und dem realen Produzenten des Textes anzusiedeln; es strukturiert die Perspektive des Gedichts und setzt das Ich, ohne mit ihm identisch zu sein. Daher ist es auch als der textinterne Ausgangspunkt der anderen Personen anzusehen; es ist selbstverständlich auch in Gedichten vorhanden, in denen kein Ich zur Sprache kommt. Entscheidende Funktion für die rezeptionslenkende Perspektive hat vor allem der Gedichtanfang, mit dem das Subjekt die Leser in den Text hineinzuziehen versucht, beispielsweise in Schillers Ballade *Der Kampf mit dem Drachen*:

> Was rennt das Volk, was wälzt sich dort
> Die langen Gassen brausend fort?
> (Schiller: *NA* 2.I, 288, V. 1 f.)

Die *medias in res* einsetzenden bangen Fragen, die zunächst ohne Antwort bleiben, beziehen den Lesenden sofort in die Situation mit ein, sie spiegeln die Angst und Verwirrung der Beobachterposition wider; das Textsubjekt hat nicht die Sicherheit einer auktorialen Perspektive. Erst einige Zeilen weiter (V. 6) kommt ein Ich zur Sprache, das klarmacht, daß der fiktive Beobachter mitten in der Menge steht; die bis dahin schon aufgebaute Textperspektive wird dadurch nicht mehr entscheidend verändert.

In der Rollenlyrik geht das Textsubjekt nicht etwa in einer Rolle auf, sondern es ist als die Instanz zu denken, von der die Rollen konzipiert sind, unabhängig davon, ob das Gedicht aus der Perspektive einer einzigen Person (so in Hofmannsthals *Der Kaiser von China spricht*) oder mehrerer Personen (so in Goethes *Erlkönig*) geschrieben ist; in Einzelfällen, die die kategoriale Differenz zwischen Textsubjekt und Ich besonders deutlich vor Augen führen, sprechen auch Gegenstände oder übermenschliche Mächte in der Ichform (z. B. in Rilkes Gedicht *Die Laute*). In Balladen wie dem *Erlkönig* ist die Situation insofern noch komplizierter, als hier nicht nur fiktive Personen in Wechselrede sprechen, sondern darüber hinaus ein fiktiver Erzähler zu Wort kommt, der zwar als Urheber der fiktionalen Handlung angesehen werden kann, jedoch nicht mit dem Textsubjekt identisch, sondern ebenfalls von diesem gesetzt ist, so daß sich sogar eine viergliedrige Abstufung von Textinstanzen ergibt, die in allen erzählenden Gedichten unterschieden werden können: empirischer Autor, Textsubjekt, fiktiver Erzähler (der auch als Ich-Erzähler auftreten kann wie in Schillers oben zitierter Ballade), erzählte Figuren (Rollen-Ich in direkter Rede). Bei Fontanes Ballade *Die Brück am Tay* etwa ist diese Unterscheidung unentbehrlich: Das Textsubjekt ist nicht nur als Urheber der Gedichtzeilen anzusehen, sondern auch verantwortlich für den zum Verständnis wichtigen Titel und die darunterstehende Datumsangabe (die auf das größte Eisenbahnunglück des 19. Jahrhunderts verweisen), ferner für das die Erzählweise strukturierende Motto aus Shakespeares *Macbeth*. Während der Erzähler mehr oder weniger hilflos zwischen der Perspektive der beteiligten menschlichen Figuren auf der Nord- und auf der Südseite der Brücke hin- und herspringt, vermag das Textsubjekt als die übergeordnete Instanz auch die Wechselrede der drei das Unglück herbeiführenden Hexen wiederzugeben und strukturiert damit die gesamte Darstellungsweise.

Ist in einem Gedicht nur ein einziges Ich artikuliert und nicht erkennbar als Rollen-Ich ausgewiesen, so kann dieses Ich analytisch nur schwer vom Textsubjekt unterschieden werden, und es wird verständlich, warum ein großer Teil der früheren Forschung der Versuchung erlegen ist, es sogar auf den empirischen Autor zurückzubeziehen (vgl. dazu Hinck 1994), zumal wenn eindeutige Analogien zu biographisch überlieferten Episoden aus dessen Leben festzustellen sind oder wenn das Ich eindeutig als Dichter oder Dichterin ausgewiesen ist wie in vielen poetologischen Gedichten, beispielsweise dem, das folgendermaßen beginnt:

> Nichts mehr gefällt mir.
>
> Soll ich
> eine Metapher ausstaffieren
> mit einer Mandelblüte?
> die Syntax kreuzigen
> auf einen Lichteffekt?
> Wer wird sich den Schädel zerbrechen
> über so überflüssige Dinge
>
> (Bachmann: *Keine Delikatessen*, V. 1–8; *Werke* 1, 172)

Dieser Text – in der Werkausgabe irreführenderweise als letztes der Gedichte eingeordnet – wird zumeist als endgültiger Abschied der 1973 gestorbenen Schriftstellerin von der lyrischen Dichtung gedeutet (vgl. dagegen Kaulen 1991). Als Gedicht – zumal im Kontext seiner Erstpublikation im berühmten *Kursbuch* 15 (1968), in dem die These vom »Tod der Literatur« propagiert wurde – ragt es aber über die ohnehin nicht genau rekonstruierbaren Umstände seiner Entstehung (es ist vermutlich einige Jahre vor seiner Erstveröffentlichung geschrieben worden), über die Schreibkrise und die persönlichen Probleme der Schriftstellerin Bachmann hinaus: Es reflektiert die Probleme lyrischer Produktion in den sechziger Jahren überhaupt. Seine Perspektive kann als Position des Textsubjekts bzw. des artikulierten Ich aus dem Gedicht selbst rekonstruiert werden, ohne daß es dazu eines Rückgriffs auf biographische Details bedürfte.

Das Ich ist aber auch offen dafür, von den Rezipierenden in einer eher identifizierenden Lektüre mit eigenen Erfahrungen gefüllt zu werden. Diese Füllung von Leerstellen hat auch im Rahmen einer literaturwissenschaftlichen Analyse ihren Platz, solange sie reflektiert geschieht und als solche ausgewiesen wird. Ein Beispiel kann diese Möglichkeit verdeutlichen:

> Von der Tafel rinnt der Wein,
> Alle Kerzen flackern trüber,
> Wieder bin ich denn allein,
> Wieder ist ein Fest vorüber.
>
> (Hesse: *Nach dem Fest*, V. 1–4; *Gedichte* 1, 362)

Kenntnisse der Lebensgewohnheiten des Autors sind zum Verständnis dieser Zeilen vollkommen überflüssig: Jeder, der einmal Gastgeber eines Festes gewesen ist, kennt die hier evozierte Einsamkeit der Situation, wenn alle Gäste gegangen sind und nur noch Aufräum- und Säuberungsarbeiten bleiben. Die historische Distanz zu dem etwa 1914 entstandenen Text ist noch nicht so groß, daß sie einer solchen identifikatorischen Lektüre Widerstände entgegensetzte. Mit suggestiver Wirkung wird daher der Lesende auch in die abschließende existentielle Konsequenz des Gedichts hineingezogen:

> Und ich fühle kein Begehr
> Jemals wieder aufzuwachen.
>
> (Ebd., V. 11 f.)

Es ist gerade das Reizvolle an der Verwendung des Ich in der Lyrik, daß sich für sie keine Regeln angeben lassen, sondern daß es eine Fülle von Gebrauchsweisen hat, beispielsweise als radikal subjektives Erlebnis-Ich, als ein die Lesenden zur Identifikation einladendes Ich, als poetologisches Ich, das seine eigene Funktion innerhalb des Gedichts reflektiert, oder als eher abstraktes, über allgemeine menschliche Fragen reflektierendes Ich (so in Schillers Gedicht *Die Ideale*).

Das Personalpronomen der ersten Person ist dasjenige, das die gravierendste Veränderung durchmacht, wenn es vom Singular in den Plural gesetzt wird: Ob von einem oder mehreren Sachverhalten in der dritten Person die Rede ist (er, sie, es bzw. sie [Plural]), ändert nur etwas am Inhalt der Rede; etwas einschneidender ist schon, ob einer oder mehrere Gesprächspartner angeredet werden (du oder ihr). Wenn man aber »wir« statt »ich« sagt, ändert sich der Status des Redenden selbst: Das Ich ist im Wir stets enthalten; das

Pronomen der ersten Person Plural läßt jedoch offen, wer noch zu der Gruppe gehört, die die Sprecherposition einnimmt. Es können daher grundsätzlich drei verschiedene Verwendungsweisen dieses Wir unterschieden werden: ein nur das Gegenüber einschließendes Wir (›ich und du/ihr‹), ein alle anderen ausschließendes Wir (›wir und nicht du/ihr/sie‹) und ein für alle offenes Wir (›ich und du/ihr/sie‹).

Das Ich kann im Namen auch des angeredeten Gegenüber sprechen (das Wir ist gleichsam die Summe aus Ich und Du): »Trennen wollten wir uns? wähnten es gut und klug?« (Hölderlin: *Der Abschied*, V. 1; *SWB* 1, 325) Das Ich kann umgekehrt aber auch das Gegenüber oder mindestens einen Teil seiner Gesprächspartner aus dem Wir ausschließen und sich statt dessen mit nicht selbst sprechenden oder ganz abwesenden dritten Personen zum Wir verbinden:

> Kein Eroberungskrieg! So scholl das heilige Wort einst,
> Das ihr uns gabt, verehret als nie verehret ein Volk ward;
> Und (so daucht' es uns) Stimmen Unsterblicher wiederhohlten:
> Künftig nicht mehr Erobrungskrieg.
>
> (Klopstock: *Das Versprechen*, V. 1–4; *Gedichte*, 124)

Der Sprecher nimmt (mittels der Pluralform »uns«) die Position derjenigen Deutschen ein, die durch den militärischen Expansionismus Frankreichs unter Napoleon das von ›den Franzosen‹ (»ihr«) in der Revolution von 1789 symbolisch gegebene Versprechen friedlicher Koexistenz gebrochen sehen. Dieser andere ausschließende Gebrauch des Wir kann in propagandistischer Lyrik weiter radikalisiert werden, bis hin zu dem Appell, alle diejenigen, die nicht zur Ingroup des Wir gehören, physisch zu vernichten; so in Ernst Moritz Arndts *Vaterlandslied* (»Der Gott, der Eisen wachsen ließ ...«) von 1812:

> Wir wollen heute Mann für Mann
> Mit Blut das Eisen röten,
> Mit Henkerblut, Franzosenblut –
> O süßer Tag der Rache
>
> (*Gedichtbuch/Conrady*, 244, V. 35–38)

In Machwerken dieser Art tendiert das Wir zur Auslöschung des Singular: Das Ich erscheint nicht mehr als Teil einer Gruppe, sondern es geht rückhaltlos in ihr auf – mit der fatalen Konsequenz, daß die Handlungen, zu denen aufgerufen wird, keiner Einzelperson mehr zuzurechnen sind. Solche Lyrik eignet sich also vorzüglich zur Legitimation totalitärer Regime. Sie kann als Deformation einer anderen Art der Wir-Lyrik angesehen werden: In der Chorlyrik spricht bzw. singt kein einzelner, sondern eine Gruppe, in den christlichen Kirchenliedern z. B. die ganze Gemeinde (man denke etwa an den Choral *Großer Gott, wir loben dich*). In dieses Wir können sich grundsätzlich alle einreihen, die den im Choral zum Ausdruck kommenden Glauben teilen und mitsingen wollen. Auch in weltlichen geselligen Liedern (z. B. in Wander-, Tanz- oder Trinkliedern) besteht diese Möglichkeit, sich zwanglos in das Wir einzureihen. Viele dieser Lieder allerdings drücken das Selbstbewußtsein einer bestimmten Gruppe aus (z. B. Arbeiter- oder Studentenlieder) und neigen daher eher dem ausschließenden Wir zu. Heine hat die bedrohliche Kraft, die in dem Selbstbewußtsein einer unterdrückten Gruppe steckt, in seinem Gedicht *Die schlesischen Weber* eindrucksvoll gestaltet:

> Deutschland, wir weben dein Leichentuch,
> Wir weben hinein den dreifachen Fluch –
>   Wir weben, wir weben!
>
> (Heine: *Schriften* 7, 455, V. 3–6)

Selbst ein Kirchenlied wie Luthers *Ein feste Burg ist unser Gott* führt die Gefahr vor Augen, die in der sprachlich durch das Wir ausgedrückten Vereinigung einer Menge von Einzelmenschen zur Gemeinde steckt:

> Und wenn die Welt voll Teufel wär
> Und wollt uns gar verschlingen,
> So fürchten wir uns nicht so sehr,
> Es soll uns doch gelingen.
>
> (*Gedichtbuch/Conrady*, 6, V. 19–22)

Denkt man sich die »Teufel«, zu deren Bekämpfung hier gerufen wird, in menschlicher Gestalt, läßt sich das Lied auch als Aufruf zu Konfessionskriegen lesen, wie sie das Jahrhundert nach der Reformation tatsächlich bestimmten.

Während die Lyrik des religiösen, nationalen und weltanschaulichen Fanatismus bis weit in das 20. Jahrhundert hinein diese diskriminierenden Möglichkeiten des Wir-Sagens ausbeutet, knüpfen einige Autoren um 1800 an jene Dimension der Chorlyrik an, die die Perspektive eines für alle Menschen offenen herrschaftsfreien Zusammenlebens eröffnet. Zu nennen wären etwa Novalis' *Geistliche Lieder* (»Ein jeder Mensch ist uns willkommen, / Der seine Hand mit uns ergreift«; *WTB* 1, 183, Nr. I, V. 77 f.) und Hölderlins *Friedensfeier*:

> Viel hat von Morgen an,
> Seit ein Gespräch wir sind und hören voneinander,
> Erfahren der Mensch; bald sind wir aber Gesang.

(*SWB* 1, 364, V. 91–93)

Ein derart offenes Wir bezieht nicht nur das angeredete Gegenüber mit ein, sondern prinzipiell alle, die sich durch den Text angesprochen und in ihn einbezogen fühlen. Das Wir eines Gedichts ist also in der Lage, eine Verbindung, eine zerbrechliche, aber darum nicht weniger wirksame poetische Gemeinschaft zwischen dem im Text sprechenden Subjekt und jenen Leserinnen und Lesern zu stiften, die das Gedicht für sich als Möglichkeit ansehen, das »Gespräch« und den »Gesang« als Kommunikations- und Lebensformen zu erproben.

Es hat sich erwiesen, daß das Wir in einem Gedicht große Möglichkeiten, aber auch große Gefahren in sich birgt, je nachdem, wie es verwendet wird. Um so dringlicher gilt es, bei der Analyse auf die Nuancen im Gebrauch der ersten Person Plural zu achten.

5.3.2.2 Die zweite Person: Wer wird angesprochen?

Die Lyrik der Moderne wird häufig als Dichtung der Einsamkeit verstanden: Da die Autoren vorgeblich nicht auf ein Publikum, auf Vortrag, Verbreitung und Wirkung hin schreiben, sondern nur für sich selbst, in einem gleichsam einsiedlerischen Dienst an der Schrift, habe Lyrik einen »monologische[n] Charakter« – so Gottfried Benn in seiner 1951 gehaltenen, einflußreichen Rede über *Probleme der Lyrik* (*GWE* 3, 511). Die bereits diskutierten Probleme der Hermetik und Unauflöslichkeit der modernen Lyrik scheinen aus einer solchen Haltung zu resultieren, die sich auf Nietzsches Bevorzugung einer »monologischen Kunst« gegenüber einer »Kunst vor Zeugen« zurückführen läßt (*KSA* 3, 616; vgl. Langen 1966, 11–15). Paul Celan stellt dagegen in seiner Büchner-Preis-Rede *Der Meridian* (1960), die als Gegenentwurf zu Benns Poetik angesehen werden kann, das Gedicht zwar auch als »einsam« dar, aber er bestreitet, daß diese Einsamkeit das Ergebnis eines willentlichen Aktes sei: »Das Gedicht will zu einem Andern, es braucht dieses Andere, es braucht ein Gegenüber. Es sucht es auf, es spricht sich ihm zu.« Das Gedicht werde also »Gespräch – oft ist es verzweifeltes Gespräch« (*GW* 3, 198). Celans Position in dieser grundsätzlichen Debatte hat die besseren Argumente auf ihrer Seite, denn es wirkt nicht sehr überzeugend, wenn eine vorgeblich nur für sich selbst produzierte Lyrik dennoch vorgelesen und publiziert wird und wenn ihr Autor sie in Reden programmatisch begründet. Der angebliche Solipsismus der modernen Lyrik erweist sich schnell als eine heroisierende Stilisierung, die die Aufmerksamkeit des Publikums steigern soll.

Auch aus sprachtheoretischer Sicht ist darauf hinzuweisen, daß mit jedem Ich-Sagen immer schon ein Du implizit mitgedacht ist, denn ohne mindestens die Annahme eines zuhörenden Gegenübers wäre es ebenso sinnlos wie unmöglich, sich selbst als Ich zu bezeichnen (so schon Wilhelm von Humboldt [1985, 124 f.] in seiner Akademievorlesung *Über den Dualis* von 1827). Umgekehrt verweist jedes Du (oder Ihr) auf ein sprechendes Ich (oder Wir), auch wo dieses nicht ausdrücklich zur Sprache kommt. Die Verwendung der ersten oder der zweiten Person oder beider konstituiert also in jedem Fall die Grundsituation des – mündlichen oder schriftlichen – Dialogs, auch wenn tatsächlich nur einer der Beteiligten redet oder schreibt.

Diese elementaren Einsichten darf die Analyse von Kommunikationsstrukturen in der Lyrik nicht außer acht lassen. In einer solchen Analyse hat die Untersuchung des jeweiligen Gebrauchs der Personalpronomina der zweiten Person eine zentrale Funktion. Jeder der im Gedicht redenden Instanzen, von denen im vorigen Abschnitt die Rede war, entspricht eine rezipierende Instanz. Erst vor dem Hintergrund präziser Unterscheidungen ist es möglich zu erkennen, inwieweit im Einzelfall das angeredete Du auch einmal mehrere Instanzen übergreift und gleichsam aus dem Text heraus die Leserinnen und Leser direkt anspricht.

Dadurch, daß Produktion und Rezeption von Gedichten (wie von jeder vorwiegend schriftlich fixierten, verbreiteten und überlieferten Literatur) in aller Regel zeitlich auseinanderfallen, ergibt sich auf der Adressatenseite sogar eine noch etwas kompliziertere Struktur als auf der der Adressanten: Der reale Autor schreibt das Gedicht im Hinblick auf potentielle Leser, von denen er sich aufgrund seiner eigenen Leseerfahrungen und seiner bisherigen Erfahrungen mit realen Lesern ein Bild gemacht hat. Dieses Bild vom Leser ist ebenso wie das Textsubjekt, der abstrakte Autor, dem Gedicht als ›abstrakter‹ oder ›intendierter Leser‹ eingeschrieben (vgl. Kahrmann

u. a. 1977. Bd. 1, 46 f.). Aber schon die zeitgenössischen realen Leser reagieren auf den Text oftmals anders als vom Autor erwartet, und im Verlauf der Wirkungsgeschichte eines Gedichts entfaltet sich eine Fülle empirischer Rezeptionen, die im Text selbst keineswegs angelegt sind, sondern ihn ihrerseits in immer neuem Licht erscheinen lassen. Damit ergibt sich folgendes Schema der Instanzen, die in einem Gedicht reden bzw. angeredet werden können:

artikuliertes Ich (bzw. Rollen-Ich oder Figuren-Ich)	Adressat des artikulierten Ich, des Rollen- oder Figuren-Ich (z. B. angeredetes Du)
fiktiver Erzähler (nur in fiktionalen Gedichten)	fiktiver Zuhörer (nur in fiktionalen Gedichten)
Textsubjekt (abstrakter Autor)	intendierter Leser
realer (empirischer) Autor (Textproduzent)	realer zeitgenössischer Leser realer späterer Leser

Zu unterscheiden sind also an der Nahtstelle zwischen dem Text und seiner Rezeption die realen zeitgenössischen Leser, die schon für die Gedichtproduktion wichtig sind, die dem Text immanenten intendierten Leser als Gegenüber des Textsubjekts sowie die realen Leser im Verlauf der Wirkungsgeschichte. Innerhalb des Textes ist von dem intendierten Leser der Adressat des artikulierten Ich abzuheben, der als artikuliertes Du zur Sprache kommen kann, aber nicht muß. Die Unterscheidung ist relevant z. B. bei Widmungsgedichten: Soweit im Text ein Du angeredet wird, ist das Personalpronomen zunächst auf den Widmungsadressaten zu beziehen. Dieser ist in den meisten Fällen auch als primärer Leser intendiert. Sobald aber ein solches Gedicht nicht nur dem Widmungsadressaten überreicht, sondern auch veröffentlicht wird, ist es an weitere intendierte Leser gerichtet, deren Bedeutung sogar die des primären Adressaten in den Hintergrund treten lassen kann: Bürgers fürstenfeindliches Gedicht *Der Bauer* (1776; *Gedichtbuch/Conrady*, 134) etwa ist sarkastischerweise *An seinen Durchlauchtigen Tyrannen* gerichtet; dieser wird auch als Du angeredet. Primär aber dient das Gedicht ganz offensichtlich dazu, die unterdrückten Bauern zur Revolte anzustacheln. Daß der als Du angeredete und/oder in einer Widmung genannte Adressat schon aus logischen Gründen nicht mit dem intendierten Leser übereinstimmen kann, wird bei Gedichten klar, die an überirdische Mächte, abstrakte Begriffe oder an Verstorbene gerichtet sind (z. B. Liliencron: *Einer Toten*).

In fiktionalen Gedichten entspricht dem fiktiven Erzähler ein fiktiver Zuhörer – zwei Instanzen, die insbesondere bei einem gebrochenen, z. B. archaisierenden oder ironisierenden Erzählen vom Textsubjekt und vom intendierten Leser unterschieden werden müssen. Jedes Ich auf der Ebene der Rede fiktiver Figuren schließlich richtet sich an ein Du, das ebenfalls auf der fiktiven Figurenebene anzusiedeln ist.

Wer aber kann im einzelnen gemeint sein, wenn in einem Gedicht (auf der Ebene der manifesten Artikulation der Personalpronomina) ein Du angeredet wird? Es kann »ein außenstehendes, räumlich entferntes, wirkliches oder fingiertes Du« (Langen 1966, 27) angesprochen sein. Wenn der Name des oder der Angeredeten im Text oder in der Widmung (dort vollständig oder auch abgekürzt) genannt wird, ist zu prüfen, ob es sich um einen fiktiven oder nicht eindeutig zu verortenden oder aber um einen historisch verifizierbaren Namen handelt, der damit über den Gedichttext hinausweist und eine Verbindung zur empirischen Realität herstellt (vgl. dagegen zum Namen in der Erzählung Lamping 1983, 26). Unterschieden werden können die Namen von Persönlichkeiten, die auch unabhängig von etwaigen Verbindungen zum Verfasser des Gedichts bekannt sind (z. B. andere Künstler, Politiker oder Fürsten), und die von Personen aus dem persönlichen Umfeld des Autors (Verwandte, Freunde, Geliebte oder Kollegen).

Der Gebrauch der zweiten Person Plural macht die Intimität eines Dialogs zwischen Ich und Du im Gedicht schon formal unmöglich: Hier steht ein einzelner oder eine Gruppe (wir) als Sprecher einer angeredeten Gruppe (ihr) gegenüber (man vergleiche die Konfrontation der beiden Gruppen in Klopstocks oben zitiertem Gedicht *Das Versprechen*). Die Ihr-Anrede schafft also Öffentlichkeit; sie bietet sich für politische oder sonstige rhetorische und auch für religiöse Lyrik an und begegnet dort häufig in der Form des Imperativ Plural (vgl. z. B. Georg Weissels Kirchenlied *Macht hoch die Tür, die Tor macht weit ...* und Georg Herweghs *Aufruf*: »Reißt die Kreuze aus der Erden! / Alle sollen Schwerter werden«; V. 1 f.; *Gedichtbuch/Conrady*, 333). Eine besondere Verwendungsweise der zweiten Person Plural findet sich in Johann Christian Günthers Gedicht *Als er Lenchens Augen küßte*: Nicht die Geliebte selbst, sondern ihre einzelnen Körperteile werden in der zweiten Person (daher im Plural) angeredet: »Ich schmeck auf euch, ihr warmen Lider« (V. 7; Günther: *Gedichte*, 7). Der Text kann schon aufgrund der Vermeidung der in Liebesgedichten naheliegenden Du-Anrede als Dokument eines verdinglichten Verhältnisses zur Geliebten angesehen werden.

Die Höflichkeitsanrede »Sie«, die sich im 18. Jahrhundert durchsetzte und sowohl einzelnen wie Gruppen gegenüber gebraucht wird, findet sich in Gedichten auffallend selten. In der Lyrik wird die direktere, auf Höflichkeiten keine Rücksicht nehmende Anrede selbst gegenüber entfernteren oder ganz unbekannten Personen bevorzugt (ähnlich wie in nichtliterarischen Genres wie psychologischen Ratgebern, Predigten oder Trauerreden). Wenn doch einmal ein »Sie« gebraucht wird wie in Benns *Reisen*, wirkt das ungewöhnlich distanzierend. Das Gedicht spricht im Duktus eines Reiseführers, der aber ironischerweise die Angesprochenen nicht zu den Sehenswürdigkeiten dieser Welt hinlenken, sondern sie ihnen verleiden will (»Meinen Sie Zürich zum Beipiel / sei eine tiefere Stadt«; *GWE* 1, 384; V. 1 f.), um zum Schluß in einer nochmaligen Wendung auf eine angesichts der Anredeform überraschend intime Maxime hinzulenken: »Spät erst erfahren Sie sich: / bleiben und stille bewahren / das sich umgrenzende Ich.« (Ebd., V. 14–16)

Eine reizvolle Modifikation der Anredegedichte stellt das dialogisierte Gedicht dar, in dem Einzelstimmen oder auch Gruppen von Stimmen, also Chöre, aufeinander folgen und oft kontrastierend gegeneinandergesetzt sind (vgl. Langen 1966, 28). Die Dialoggedichte finden sich häufig in der Rollenlyrik: Zwei fiktive Sprecher werden durch den Titel des Gedichts und/oder durch formal an Dramendialoge erinnernde Personenangaben gegeneinander abgehoben (wodurch natürlich die Einheitlichkeit der Konzeption, für die das Textsubjekt als Urheber der Rollen und ihrer Redeanteile steht, nicht in Frage gestellt wird). Der Dialog kann innerhalb eines einzelnen Gedichts stattfinden (so in den meisten Texten von Richard Dehmels *Roman in Romanzen* genannter Gedichtsammlung *Zwei Menschen*), oder »der Anteil der Partner verteilt sich auf zwei oder mehrere Gedichte« (ebd.), oft im Rahmen eines Gedichtzyklus oder einer ganzen Gedichtsammlung. Gedichtpaare, in denen das im ersten Gedicht angeredete Du im zweiten Gedicht in der Ichform antwortet, finden sich schon bei Günther (*Abschied von seiner ungetreuen Liebsten* und *Leonores Antwort: Daß man im Lieben nicht auf Reichtum, sondern auf die Vergnügung sehen müsse*). Einer der berühmtesten als Wechselrede konzipierten Gedichtzyklen ist das *Buch Suleika* aus Goethes *Divan*, in dem die Gedichte entweder der männlichen Person Hatem oder der weiblichen Person Suleika in den Mund gelegt sind. Wilhelm Scherer hat in diesem Zusammenhang statt von Rollen- von Maskenlyrik gesprochen: der Dichter spreche zwar nicht im eigenen Namen, wolle aber hinter der Maske erkannt sein (vgl. Scherer 1977, 161). An dieser Einschätzung ist noch heute gültig, daß im Gegensatz zu Rollengedichten die orientalische Verkleidung der beiden Redenden nur sehr locker die Züge westeuropäischer liebender Subjekte umhüllt; daß es sich dabei jedoch um die persönlichen Züge Goethes und Marianne von Willemers handele, ist aus heutiger Sicht nicht mehr vertretbar (unabhängig davon, daß Goethes Geliebte die Autorin einiger der von Goethe allein unter seinem Namen publizierten Suleika-Gedichte ist). Dialoggedichte in allen Formen finden sich zahlreich in der romantischen Lyrik, beispielsweise im Werk Karoline von Günderrodes: Während in einem Gedicht wie *Der Knabe und das Vergismeinnicht* (*HKA* 1, 387) die Blume nur einmal – in den abschließenden drei Zeilen – auf die Fragen des Knaben antwortet (und dabei paradoxerweise auf ihre Unfähigkeit zu sprechen verweist), nähern sich komplexere Textgruppen wie *Des Wandrers Niederfahrt* (ebd., 69–74) oder *Der Franke in Egypten* (ebd., 81–84) mit ihrem streckenweise raschen Wechsel von Rede und Gegenrede und ihrem Handlung und Gedankenführung gleichermaßen vorantreibenden Textverlauf dramatischen Szenen an, wie sie die Autorin ebenfalls in die Sammlungen ihrer poetischen Werke aufgenommen hat.

Günderrodes Gedicht *Der Knabe und das Vergismeinnicht* kann auch als Beispiel für Gedichte dienen, in denen nichtmenschliche Wesen oder Gegenstände (hier eine Pflanze, allerdings eine mit einem sprechenden Namen) angeredet werden oder auch selbst sprechen. Stilistisch fallen diese Redeweisen unter den Begriff der Personifikation; sie können dazu dienen, eine kommunikative Einheit des Menschen mit einzelnen oder allen Naturerscheinungen zu evozieren (etwa in der Tradition des Spinozismus oder anderer pantheistischer Weltbilder), andererseits können sie aber auch Ausdruck der Vereinsamung des redenden Ich sein, das keinen anderen Gesprächspartner findet als Pflanzen, Tiere oder Himmelsgestirne. So sind von dem späteren Homer-Übersetzer Johann Heinrich Voß (wie von den anderen Mitgliedern seines Göttinger Freundeskreises) zahlreiche Freundschaftsoden an einzelne Personen überliefert; angesichts der Sorge über einen abwesenden Freund wendet sich das Ich eines Gedichts ebenso sehnsuchts- wie vorwurfsvoll *An den Mond* (*Göttinger Hain*, 260). Von Voß stammt aber auch – als Persiflage auf eine Horaz-Ode – das Gedicht *An einen Pfeifenkopf* (ebd., 250 f.). Ebenso konventionalisiert wie die Anrufung von Gestirnen ist die Anrede überirdischer Mächte und Gottheiten (z. B. in Klopstocks Hymne *Dem Allgegenwärtigen* sowie in einer großen Zahl von Kirchenliedern).

In vielen Gedichten aber ist der Status des Du nicht so eindeutig wie in den meisten der bisher genannten Fälle, in denen das Du mit Hilfe eines Namens oder einer Objektbezeichnung klare Konturen erhält. Wo diese Verständnishilfen fehlen, ist besonders dringlich danach zu fragen, welches Verhältnis zwischen dem – artikulierten oder nicht artikulierten – Ich und dem Du besteht. Schon Oskar Walzel (1926, 260) hat darauf hingewiesen, daß beispielsweise in vielen Gedichten Trakls das Du das Ich ersetzt, daß also ein nicht artikuliertes Ich sich selbst gleichsam als zweite Person anredet und sich damit von sich distanziert, ohne daß die Spannung oder gar Spaltung zwischen Ich und Du explizit zum Tragen käme. Man vergleiche etwa folgende Verse aus *Kindheit*, dem Eingangsgedicht der Sammlung *Sebastian im Traum*:

> Frömmer kennst du den Sinn der dunklen Jahre,
> Kühle und Herbst in einsamen Zimmern;
> Und in heiliger Bläue läuten leuchtende Schritte fort.
>
> (Trakl: *WEB*, 53, V. 12–14)

In anderen Gedichten wird zwar das Du neben dem Ich verwendet, der Anredegestus ist jedoch ebenfalls nur schwach ausgeprägt – so in *Manche Nacht*, einem der wenigen noch heute überzeugenden Gedichte aus Richard Dehmels umfangreichem lyrischen Werk:

> Wenn die Felder sich verdunkeln,
> fühl ich, wird mein Auge heller;
> schon versucht ein Stern zu funkeln,
> und die Grillen wispern schneller.
>
> Jeder Laut wird bilderreicher,
> das Gewohnte sonderbarer,
> hinterm Wald der Himmel bleicher,
> jeder Wipfel hebt sich klarer.
>
> Und du merkst es nicht im Schreiten,
> wie das Licht verhundertfältigt
> sich entringt den Dunkelheiten.
> Plötzlich stehst du überwältigt.
>
> (Dehmel: *Gedichte*, 75)

Wie schon der Titel andeutet, wird hier kein einmaliges, individuelles Erlebnis vor Augen geführt, sondern das sich Tag für Tag wiederholende, in ländlicher Umgebung stets besonders eindrucksvolle Erlebnis des Einbruchs der Nacht. Dementsprechend ist schon das Ich in Vers 2 weniger ein individuelles Ich als vielmehr ein Platzhalter für ein Erlebnis-Subjekt, dessen Stelle jeder Leser und jede Leserin für sich ausfüllen kann. Der Wechsel von der ersten zur zweiten Person in der letzten Strophe veranschaulicht einerseits den Prozeß der Ablösung vom Ich, von dem auch auf der inhaltlichen Ebene die Rede ist; andererseits werden dadurch offenbar die Lesenden unmittelbar in den Text einbezogen, wie schon Fritz Lockemann erkannt hat:

»Das Du hat [...] eine objektivierende Funktion, es schließt jeden ein, der sich dem Gedicht öffnet. [...] Hier scheint das Du geradezu Ersatz für das undichterische, weil farblose ›man‹ zu sein.« (F. Lockemann 1960, 96)

Von solchen scheindialogischen Verwendungen des Du können die Fälle unterschieden werden, in denen sich ein in einer einzigen Person zu verortendes Ich tatsächlich in zwei Instanzen aufspaltet, von denen eine die andere anredet oder die sogar beide miteinander in einen Dialog treten. Besonders verbreitet ist die Anrede des Ich an einzelne seiner Teile, vor allem an das Herz (so in Kirchenliedern wie *Wach auf, mein Herz, und singe ...*) oder an die Seele (etwa in Hofmannswaldaus *Meine Seele laß die Flügel ...*). In diesen Fällen stellt sich die Frage, welchen Status das redende Ich hat, da die gemeinhin als Kern des Ich angesehene psychische Instanz zum Du veräußerlicht erscheint: Die Anrede der eigenen Psyche, die der Mobilisierung aller psychischen Energien dienen und die Lesenden zu ebensolchen Anstrengungen anregen soll, trägt die Tendenz zur Ich-Spaltung in sich; der Begriff ›Selbstanrede‹ ist daher zu ungenau zur Kennzeichnung dieser Ausdrucksform (vgl. R. Böschenstein 1990, 82 f.).

Einfacher strukturiert sind die Fälle, in denen das Ich einen Teil nicht seiner Psyche, sondern seines Körpers anredet, denn der Körper wird in der traditionellen Ontologie ohnehin nicht nur als leiblicher Sitz der Seele, sondern zugleich als Teil der sinnlich wahrnehmbaren Außenwelt angesehen. Von Barockautoren sind sogar Gedichte an die eigenen Tränen überliefert (vgl. auch Fleming: *An seine Thränen / Als Er von Ihr verstossen war*), die »als ein von der Seele erzeugtes Körperprodukt« (R. Böschenstein 1990, 84) eine Sonderstellung zwischen Körper und Seele einnehmen:

> Du treuer Augensafft! wann ich schier gar verschmachte /
> in Ohnmacht sink dahin / so spritzstu ins Gesicht.
> Du bist bey mir / wann ich bin bey mir selber nicht.
> Sonst alle Labnuß ich / nur deine nicht / verachte.
>
> (Catharina Regina von Greiffenberg: *Auf die Thränen*, V. 1–4; *Barocklyrik* 2, 195)

Ein besonders eindrucksvolles Beispiel einer Lyrik der Ich-Spaltung ist Droste-Hülshoffs Gedicht *Das Spiegelbild*, in dem die Faszination und das Erschrecken über das Abbild des eigenen Körpers, der losgelöst von der Innenwahrnehmung wie der eines anderen erscheint, zum Ausdruck kommen:

> Es ist gewiß, du bist nicht Ich,
> Ein fremdes Daseyn, dem ich mich
> Wie Moses nahe, unbeschuhet,
> Voll Kräfte die mir nicht bewust,
> Voll fremden Leides, fremder Lust;
> Gnade mir Gott, wenn in der Brust
> Mir schlummernd deine Seele ruhet!
>
> (Droste-Hülshoff: *HKA* I.1, 168 f., V. 29–35)

Das Ich hat nicht nur Angst davor, mit seinem Doppelgänger, dem als ein autonomer Körper gedachten Spiegelbild, verwechselt zu werden; das Ich fürchtet sogar, daß das vermutete Innere des gläsernen Bildes in das Ich eindringen und die Stelle seiner Seele einnehmen könnte, ja daß dieser Austausch der fremden, kalten Seele gegen die fühlende des Ich schon geschehen ist. Die beiden romantischen Motive des Doppelgängers und des Kalten Herzens (vgl. M. Frank 1978) sind also in dieser kunstvollen lyrischen Gestaltung einer Ich-Spaltung, die im Raum des Gedichts unversöhnt bleibt, ineinander verwoben (vgl. R. Böschenstein 1990, 93; allgemein zum Spiegelmotiv Hart Nibbrig 1985, 186–197).

Das Du und das Ihr in Gedichten sprechen – so wurde oben schon angedeutet – in einigen Fällen aus den Gedichten heraus die intendierten Leserinnen und Leser direkt an; auch diese Pronomina können von realen Lesern bei jeder Lektüre neu gefüllt werden. Diese Funktion haben sie in Eingangsgedichten zu Gedichtsammlungen, beispielsweise in der *Zueignung* zu Goethes Gedichten in der *Ausgabe letzter Hand*: »So kommt denn, Freunde, wenn auf euren Wegen / Des Lebens Bürde schwer und schwerer drückt« (*SW* 1, 12, V. 105 f.). Eine solche Leseranrede kann aber auch an versteckterer Stelle plaziert sein, so bei Hölderlin gegen Ende eines großen Entwurfkomplexes: »und mich leset o / Ihr Blüthen von Deutschland« (*SWB* 1, 423, V. 44 f.). Bedingung für diese direkte Beziehbarkeit auf die Rezipienten ist allerdings, daß die Anrede keinen eindeutig verifizierbaren textimmanenten Adressaten hat. In der Analyse ist also immer zunächst danach zu fragen, ob eine im Text konstituierte, zuweilen auch namentlich genannte Person angeredet wird. Erst in einem zweiten Schritt sollte erwogen werden, ob sich die Anrede zusätzlich oder (bei Fehlen eines textimmanenten Adressaten) ausschließlich auf die intendierten Leser bezieht.

5.3.2.3 Die dritte Person: Von wem oder was ist die Rede?

In einer Reihe von Gedichten wird nur die dritte Person gebraucht, das heißt, es tritt weder eine sprechende noch eine angesprochene Instanz an die Textoberfläche, sondern es ist nur von Personen oder Dingen die Rede, die nicht in die Kommunikationssituation einbezogen sind. Dieser Sachverhalt ist angesichts der ansonsten in der Lyrik zu beobachtenden strukturellen Dominanz der Pronomina der ersten und zweiten Person relativ selten anzutreffen und daher auffällig; meist dient die Bevorzugung der dritten Person einer objektivierenden Darstellung. Nur solche Fälle, in denen ausschließlich die dritte Person gebraucht wird, werden im folgenden kurz vorgestellt. Selbstverständlich tritt die dritte Person als Bezeichnung von nicht sprecher- oder adressatenbezogenen Sachverhalten auch in nahezu allen Gedichten auf, die durch Ich oder Wir, Du oder Ihr dominiert sind; dieses vom alltagssprachlichen Gebrauch nicht signifikant abweichende Auftreten stellt aber keine Eigentümlichkeit lyrischer Texte dar und muß deshalb hier nicht genauer untersucht werden.

Gedichtarten, die häufig allein oder überwiegend in der dritten Person gehalten sind, sind beispielsweise die Ballade, das gedankliche Gedicht, das Lehrgedicht, das Landschaftsgedicht sowie das Dinggedicht und das Tiergedicht. Unter Balladen werden seit dem 18. Jahrhundert volkstümliche, oft liedartige Erzählgedichte verstanden, die ein auffallendes Ereignis in einem emotional bewegten Stil erzählen (noch immer grundlegend dazu: Hinck 1968; ferner Laufhütte 1979). Der Erzähler spricht meist in der dritten, zuweilen jedoch auch in der ersten Person (etwa als Rollen Ich wie in Goethes Ballade *Der Schatzgräber*). Als Erzählgedichte übernehmen Balladen eine Funktion, die überwiegend der Epik (z. B. der Erzählung bzw. ›Novelle‹) zukommt; ihr teilweise großer Dialoganteil läßt

Anklänge an dramatische Literatur erkennen. Daher wird die Ballade häufig (von Goethe bis zu Käte Hamburger) als gattungsübergreifendes Phänomen angesehen. Im Rahmen der in diesem Buch vertretenen rein formalen Lyrikdefinition aber sind Balladen eindeutig Gedichte.

Auch Gedichte, die gedanklichen und lehrhaften Inhalten gewidmet sind oder Landschaften, Einzeldinge, Tiere oder Pflanzen zum Gegenstand haben, können nicht nur in der dritten, sondern auch in der ersten oder zweiten Person abgefaßt sein (vgl. etwa Brockes' Dialoggedicht *Klage der Bäume über die Luft*, in dem die Luft ebenfalls in der Ich-Form auf die Bäume antwortet). Der objektivierende Gestus, den die Verwendung der dritten Person im Gegensatz zu den beiden anderen Möglichkeiten mit sich bringt, sollte jedoch nicht darüber hinwegtäuschen, daß in jedem Fall die Darstellung, Beschreibung oder Reflexion durch die Perspektive eines Textsubjekts bestimmt ist.

Davon unabhängig erzeugt die ausschließliche Verwendung der dritten Person oft eine gewisse Monotonie. Schillers große gedankliche Gedichte wie *Die Künstler*, *Das Ideal und das Leben* oder *Die Götter Griechenlands* zeichnen sich demgegenüber gerade durch eine virtuose, Dynamik erzeugende Verwendung aller drei Personalformen sowie durch die Einbindung erzählerischer und beschreibender Partien aus (vgl. z. B. den Anfang des in Elegieform geschriebenen Gedichts *Der Spaziergang*: »Sei mir gegrüßt, mein Berg mit dem rötlich strahlenden Gipfel! / Sei mir, Sonne, gegrüßt, die ihn so lieblich bescheint!«). Die ausschließliche Verwendung der dritten Person, wie sie Schiller in kleineren Gedankengedichten wie *Die Antiken zu Paris* oder *Die deutsche Muse* versucht, ist demgegenüber weniger überzeugend, zumindest rhetorisch weniger wirkungsvoll.

Die aus heutiger Sicht wichtigste Art der Lyrik in der dritten Person ist das sogenannte Dinggedicht. Der Begriff wurde von Kurt Oppert in einem noch immer lesenswerten Aufsatz (1926) geprägt: Im Gegensatz zur subjektiven ›Stimmungslyrik‹ sei das Dinggedicht »auf unpersönliche, episch-objektive Beschreibung eines Seienden angelegt« (ebd., 747 f.). Als Vorläufer werden Mörikes Gedicht *Auf eine Lampe* und Conrad Ferdinand Meyers Gedicht *Der römische Brunnen* angesehen; als Hauptvertreter gilt aber bis heute Rilke mit zahlreichen Texten aus der zweiteiligen Sammlung *Neue Gedichte* (1907/08); danach hat diese Darstellungsform an Bedeutung verloren. Die Konzentration des Gedichts auf die Beschreibung eines einzigen Gegenstandes der materiellen Welt wirkt ungewöhnlich.

Häufig stellt sich daher der Effekt ein, daß der Gegenstand mit einer begrifflich schwer faßbaren symbolischen Bedeutung aufgeladen zu sein scheint. Die Beschreibung kann als Ausdruck einer meditativen Betrachtung angesehen werden; dieser Eindruck verstärkt sich besonders bei religiösen Gegenständen (z. B. *Der Engel* oder *Buddha*). Die Darstellungsweise in Rilkes Dinggedichten ist also von einer ›objektiven‹ Beschreibung denkbar weit entfernt; sie ist in der Auswahl und Gewichtung der beschriebenen Details sowie in der Ausdrucksweise unverkennbar geprägt durch die Perspektive des Textsubjekts (vgl. Destro 1988).

Selbst leblose, wenngleich meist von Menschen geschaffene Gegenstände (wie Gemälde, Statuen oder Bauwerke) werden in Rilkes Dinggedichten nicht nur dynamisiert, sondern gleichsam zum Leben erweckt. In einem Tiergedicht wie *Der Panther*, das ebenfalls durchgehend in der dritten Person gehalten ist, versetzt sich das Textsubjekt fast bruchlos in das gefangene Raubtier hinein. Durch diese Engführung tierischer und menschlicher Wahrnehmung und Empfindung wird es möglich, das Gedicht als symbolische Darstellung auch menschlicher Gefangenschaft, ja der Ausweglosigkeit des Lebens überhaupt zu lesen.

Auch die Texte aus Rilkes Sammlung *Neue Gedichte*, die Menschen zum Gegenstand haben, sind überwiegend in der dritten Person verfaßt, ohne daß dadurch die radikal subjektive Darstellungsweise beeinflußt würde; man könnte darin eine Entsprechung zu der in der erzählenden Dichtung des 20. Jahrhunderts verbreiteten erlebten Rede sehen. In einigen dieser Gedichte (z. B. *Aus dem Leben eines Heiligen*) scheint die dritte Person geradezu deswegen verwendet zu sein, um zur subjektiven Perspektive des Leidenden Distanz herzustellen. Eine solche Verwendung der dritten Person, die die Texte von der seit der Romantik verbreiteten Gefühlslyrik in der ersten Person auffallend absetzt, findet sich bereits in vielen Gedichten August von Platens, beispielsweise in *Tristan*:

> Wer die Schönheit angeschaut mit Augen,
> Ist dem Tode schon anheimgegeben,
> Wird für keinen Dienst auf Erden taugen,
> Und doch wird er vor dem Tode beben,
> Wer die Schönheit angeschaut mit Augen!
>
> (Platen: *Werke* I, 69, V. 1–5)

Dargestellt wird hier aus der Innenperspektive eine Erfahrung, die offenbar nur wenige machen – trotz der Verwendung der dritten

Person und trotz des einleitenden Wer-Nebensatzes, der eine allgemeine Übertragbarkeit des hier Ausgesagten suggerieren könnte. Dagegen ist es nur aus heutiger Sicht ungewöhnlich, im zeitgenössischen Kontext dagegen konventionell, wenn sich in Gedichtüberschriften des 17. und frühen 18. Jahrhunderts der abstrakte Autor selbst mit dem Personalpronomen der dritten Person bezeichnet (z. B. Christian Weise: *Als er vor betrübten Liebes-Grillen nicht schlaffen konte*), um im Gedichttext dann in die erste Person (oder die Selbstanrede in der zweiten Person, z. B. Fleming: *An sich*) überzuwechseln.

Festzuhalten bleibt also für Gedichte, die ausschließlich oder überwiegend in der dritten Person verfaßt sind, daß – trotz der darin erkennbaren Tendenz zur objektivierenden Darstellung – in keinem von ihnen die Subjektivität der Perspektive vollkommen eliminiert werden konnte. Es sind daher in jedem Einzelfall Grade der Subjektivität bzw. Objektivität gegeneinander abzustufen.

Zur Lehrdichtung vgl. Albertsen 1967; zur gedanklichen Dichtung Asmuth 1984b; zur Naturlyrik G. E. Grimm 1984; zur inhaltlichen Typologie von Gedichten allgemein Asmuth 1984a, 77–125; zum Dinggedicht W. G. Müller 1974; ders. 1995, 97–100.

6 Das Gedicht in der Geschichte – die Geschichte im Gedicht

Was im folgenden zur geschichtlichen Dimension von Lyrik gesagt wird, gilt großenteils allgemein für literarische Texte. Während jedoch die Historizität von Dramen oder Romanen in den meisten Interpretationen berücksichtigt wird, ist in Gedichtanalysen vielfach zu beobachten, daß entweder die geschichtliche Komponente vollkommen zugunsten einer vermeintlich ›textimmanenten‹, rein formalen oder inhaltlichen Analyse vernachlässigt wird oder daß umgekehrt die Gedichte als bloße Quellen der sozialgeschichtlichen Forschung herhalten müssen. Um diesen beiden Tendenzen zu entgehen, ist eine Reflexion auf den geschichtlichen Status von Gedichten notwendig, die hier jedoch nur skizziert werden kann.

6.1 Geschichtliche Bedingungen der Gedichtproduktion: Literarhistorische Tradition, Zeitgeschichte und Lebensgeschichte; das Problem übersetzter Lyrik

Der Literaturwissenschaftler Peter Szondi hat 1962 in seinem Traktat *Über philologische Erkenntnis* die These vertreten, »daß einzig *die* Betrachtungsweise dem Kunstwerk ganz gerecht wird, welche die Geschichte im Kunstwerk, nicht aber die, die das Kunstwerk in der Geschichte zu sehen erlaubt« (Szondi 1978, Bd. I, 275). Zwar gesteht Szondi die Berechtigung auch des zweiten Gesichtspunktes ein, eines Verfahrens, das »vom Einzelwerk abstrahierend zur Übersicht über eine mehr oder weniger einheitliche Periode der historischen Entwicklung zu gelangen« versucht, um daraus wiederum Nutzen für das Verständnis einzelner Werke oder Textstellen zu ziehen (ebd.). Vorrangig müsse die Literaturwissenschaft jedoch dem »Absolutheitsanspruch« jedes Kunstwerks gerecht werden, »das ein Ganzes, ein Mikrokosmos sein will« (ebd., 276).

Die in den vorangehenden Kapiteln gemachten Analysevorschläge folgen weitgehend dieser von Szondi aufgestellten Maxime: Zwar kann eine historisch entwickelte Ausdrucksform wie der Hexameter, das Sonett oder die Allegorie nur als solche erkannt werden, wenn man sie nicht nur an einem einzigen Text, sondern an einer historischen Reihe beobachtet und die verschiedenen Realisationsformen miteinander vergleicht. Eine von den Einzeltexten ganz abgelöste, sei es formalisierte, sei es auf »Wesenszüge« hin ausgerichtete Betrachtungsweise verfehlt jedoch den Gegenstand der Literaturwissenschaft völlig.

Geschichte ist aber (auch in dem programmatischen Szondi-Zitat) nicht allein als innerliterarische Formen- und Motivgeschichte zu verstehen, sondern im umfassenden Sinne als Geschichte der politischen, gesellschaftlichen und ökonomischen sowie kulturellen, wissenschaftlichen und technischen Ereignisse und Verhältnisse. Gedichte sind nicht nur durch die tradierten literarischen Darstellungsformen, sondern auch durch die empirische Wirklichkeit ihrer Entstehungszeit beeinflußt (vgl. Hinck 1979). In bestimmten Epochen spielen darüber hinaus mythologische und vor allem aus der Antike tradierte Motive und Topoi eine tragende Rolle bei der Entstehung neuer Gedichte. Wichtig ist jedoch, wie historische Fakten und Vorstellungen, hergebrachte Formen, Motive und Bilder in einem einzelnen Gedicht aktualisiert und zu einer neuen Einheit zusammengefügt sind. Wer dagegen das Einzelgedicht nur als Exemplar einer Darstellungsform oder als Dokument bestimmter historischer Ereignisse oder biographischer Erfahrungen betrachtet, sieht es damit nicht mehr als Gedicht, also als literarisches Kunstwerk. Zugleich gibt man mit einer solchen Vorgehensweise die literaturwissenschaftliche Analyse zugunsten psychologischer, sozialgeschichtlicher oder sprachwissenschaftlicher Studien auf.

Als Hintergrund der Gedichtanalyse ist eine Kenntnis der historischen Bedingungen der Gedichtproduktion allerdings unentbehrlich, allein schon, um einzelne Wörter, deren Bedeutung sich bis heute gewandelt hat oder die gänzlich ungebräuchlich und daher unverständlich geworden sind, in ihrem zeitgenössisch geprägten Kontext zu verstehen. Darüber hinaus sollte man sich die Fähigkeit aneignen, zwischen literarhistorisch vorgegebenen, leicht abgewandelten und ganz neu erfundenen Formen zu unterscheiden sowie den Anteil historischer, geographischer und sonstiger realer Bezüge in Gedichten zu bestimmen und von deren fiktionalen Elementen abzuheben. Je weiter ein Gedicht durch seine Entstehungszeit oder seine spezifische Verfaßtheit von den heute verbreiteten sprachlichen und literarischen Darstellungsformen entfernt ist, desto wichtiger ist die Rekonstruktion seines Entstehungskontextes: Nur wer die Differenz zwischen dem zeitgenössischen und dem heutigen

Verstehenshorizont erkannt hat, ist in der Lage, Verbindungen zwischen beiden herzustellen.

Weit mehr noch gilt das für Gedichte, die in einer anderen Sprache verfaßt sind und einem anderen Kulturkreis entstammen, zumal, wenn man als Interpret die fremde Sprache nicht oder nur unzureichend beherrscht und auf Übersetzungen Dritter angewiesen ist. Daß ein komplexes, oft selbstreflexives und formal »überstrukturiertes« literarisches Kunstwerk wie ein Gedicht eigentlich unübersetzbar ist, ist ein bekannter Topos der Übersetzungstheorie. Andererseits ist die Öffnung des literaturwissenschaftlichen Blickwinkels auf die vielfältigen gegenseitigen Einflüsse zwischen den Literaturen unverzichtbar. Im Werk bedeutender Lyriker wie Stefan George, Rudolf Borchardt, Paul Celan oder Hans Magnus Enzensberger bilden die Übersetzungen fremdsprachiger Lyrik einen integralen Bestandteil. Oft sind es aber auch nur Übersetzungen anderer, durch deren Vermittlung die Lyriker von Gedichten beeinflußt werden, die in fremden Sprachen verfaßt sind. Die Einbeziehung fremdsprachiger Lyrik in die literaturwissenschaftliche Analyse ist daher einer nationalsprachlichen Borniertheit allemal vorzuziehen – selbst auf die Gefahr hin, sich im Einzelfall auch einmal auf das dünne Eis des Dilettantismus zu begeben. Daher sollte man bei Schwierigkeiten mit der Originalsprache möglichst mehrere Übersetzungen desselben Textes parallel benutzen, um sich nicht kritiklos den fast unvermeidbaren Willkürlichkeiten und Fehlern einer einzelnen Übersetzung auszuliefern.

Zum Problem der Übersetzung vgl. Apel 1982; ders. 1983; Eco 1994; Enzensberger 1962; G. R. Kaiser 1980, 92–103; Kemp 1984/85; Lamping 1994; Maurer 1992; G. Steiner 1981.

6.2 Publikations-, Editions- und Wirkungsgeschichte

Die geschichtliche Dimension eines Gedichts kann nicht auf den Gegensatz zwischen »Einst und Jetzt«, zwischen seiner historisch entfernten Entstehungszeit und seiner heute aktuellen Bedeutung (oder Bedeutungslosigkeit), reduziert werden. Zwischen den beiden Polen vermittelt die Publikations-, Editions- und Wirkungsgeschichte des Gedichts. Sie setzt ein zu dem Zeitpunkt, an dem der Autor das Manuskript des Einzelgedichts oder der Gedichtsammlung aus der Hand gibt. Sofern die Abläufe bis zur Drucklegung und Verbreitung nicht durch Selbstverlag oder im Zuge der elektronischen Texterfassung und Datenverarbeitung vereinfacht sind, durchläuft der Text im Verlag vielfältige Instanzen wie Lektorat, Satz und Druck, die mindestens auf die Gestaltung und Präsentation, vielfach aber auch auf den Text selbst erheblichen Einfluß haben – als Korrektur von Autorfehlern, als Glättung unkonventioneller sprachlicher Eigenheiten, aber manchmal auch als Hineinbringen neuer Fehler (Satzfehler, verdruckte oder fehlgebundene Seiten etc.). Sofern diese Eingriffe nicht im Zuge weiterer Korrekturdurchläufe vom Autor wieder getilgt oder modifiziert werden, gehen sie in die veröffentlichte Fassung des Gedichts ein und haben damit unmittelbaren Einfluß auf dessen Rezeption.

Unter bestimmten gesellschaftlichen Bedingungen kommt noch ein weiterer, vom Autor wie vom Verlag nicht gewünschter, aber oft in der Produktion selbst schon antizipierter Faktor hinzu: die Zensur, deren Vorhandensein bis heute – weltweit gesehen – eher die Regel als die Ausnahme sein dürfte. Naturgemäß wirkt sie sich bei bestimmten Themengebieten (vor allem in der politischen und in der erotischen Lyrik) stärker aus als bei anderen (z. B. in der Naturlyrik); oft weichen daher die Autoren auf scheinbar harmlose Gegenstandsbereiche aus, entweder, um dem Zensurdruck zu entgehen, oder aber, um auf entlegenem Gebiet gleichsam parabolisch Sachverhalte darzustellen, die den verfänglichen analog strukturiert sind.

Hat ein Gedicht solche Eingriffe von seiten des Verlags oder der Aufsichtsbehörden erfahren, so ist die Kenntnis dieser Sachverhalte unabdingbar für die genaue Analyse des Textes in seinem wirkungsgeschichtlichen Zusammenhang.

Eine besondere Disziplin der Literaturwissenschaft, die Editionsphilologie, befaßt sich unter anderem mit dem Problem, wie die Texte in Neu-, Sammel- oder Gesamtausgaben zu gestalten sind, auf die der Autor keinen direkten Einfluß mehr ausüben kann – meist aus dem Grund, daß sie erst nach seinem Tode veranstaltet werden. Ein Grundsatz der Editionsphilologie lautet, daß stets der schriftlich dokumentierte Autorwille als das entscheidende Kriterium zu gelten hat, sich für einen bestimmten Textstand zu entscheiden; die Texte müssen also in diesem Sinne stets »autorisiert« sein (vgl. Zeller 1971, 56–60). Auf dieser elementaren Ebene der Literaturwissenschaft, auf der die Texte, die zum Gegenstand einer Textanalyse werden können, allererst geprüft und abgesichert werden, ist also der Rückgriff auf den empirischen Autor unverzichtbar, um ein unhintergehbares Kriterium für die Entscheidung zugunsten eines bestimmten Textstandes zu haben. Zufällige oder sogar entstellende Eingriffe Dritter, die vom Autor nicht gebilligt worden sind, werden daher in den ›historisch-kritischen Ausgaben‹, die sich um die Rekonstruktion eines durchgehend autorisierten Textes bemühen, rückgängig gemacht.

Um ein naheliegendes Mißverständnis von vornherein auszuschalten: Die »Autorität« des Autors erstreckt sich allein auf den Textstand selbst, nicht etwa auch auf die Interpretation des Gedichts. Sobald das Gedicht veröffentlicht (und gegebenenfalls in korrigierter oder überarbeiteter Form wiederveröffentlicht) ist, erlischt das Recht des Autors auf den privilegierten Zugriff, und das Gedicht ist der Rezeption überantwortet. Äußerungen, die der Autor außerhalb des Textes über das Gedicht macht (z. B. Selbstkommentare in Gesprächen oder Briefen, Selbstinterpretationen; vgl. etwa die Sammlung von Domin [1989]), können daher grundsätzlich keine größere Dignität für sich beanspruchen als Äußerungen anderer über das Gedicht; sie müssen ihre Gründe für bestimmte Deutungsvarianten ebenso plausibel machen wie andere Interpretationen.

Die Beurteilung, welcher Text oder welche Texte wirklich vom Autor intendiert worden sind, fällt nicht immer leicht. Dazu sind die handschriftlichen Druckvorlagen mit der gedruckten Fassung zu vergleichen, Fahnenkorrekturen und Korrekturen oder Überarbeitungen in Handexemplaren des Autors heranzuziehen. Auch die Korrespondenz zwischen Autor und Verleger bzw. Drucker oder Äußerungen gegenüber Dritten können wichtige Hinweise geben. Die historisch-kritischen Ausgaben und auch zahlreiche Studienausgaben geben das relevante Quellenmaterial meist in ihrem Apparatteil wieder. Nicht autorisierte Eingriffe in Erstausgaben oder in einflußreichen späteren Editionen können aber durch die spätere Rekonstruktion des vom Autor intendierten Textes nicht einfach eliminiert werden, da die verfälschten Texte zu ihrer Zeit und teilweise bis heute ihre Wirkung entfaltet haben; die fehlerhaften Textstellen werden daher im Anhang der historisch-kritischen Editionen meist vermerkt.

Die Geschichte der Publikationen und Editionen von Gedichten ist also die Grundlage ihrer Wirkungsgeschichte. Die Wirkungen von den zeitgenössischen Reaktionen (z. B. Rezensionen, mündlich oder schriftlich überlieferte Äußerungen anderer Autoren) über spätere Zeugnisse bis hin zu heutigen Auseinandersetzungen mit den Gedichten verändern zwar nicht unmittelbar die Texte selbst, aber sie prägen unvermeidlich unser Bild von den Texten und vom Gesamtwerk eines Lyrikers. Insbesondere die zeitgenössische Wirkung ist daher in vielen Studienausgaben oder in Ergänzungsbänden historisch-kritischer Editionen mindestens in Auswahl dokumentiert; die Wirkung einzelner, besonders einflußreicher Autoren bis zur jeweiligen Gegenwart ist teilweise umfassend dokumentiert und dargestellt worden (vgl. z. B. die Arbeiten Karl Robert Mandelkows über Goethe).

Inwieweit ist die Kenntnis der Publikations-, Editions- und Wirkungsgeschichte eine notwendige Voraussetzung einer genauen Textanalyse? Die Antwort kann nicht pauschal ausfallen. In einigen Fällen ist beispielsweise die publikations- und editionsgeschichtliche Fragestellung eher unergiebig, da die Autoren selbst die Drucke ihrer Werke genau überwacht und wie Goethe sogar noch eine *Ausgabe letzter Hand* betreut und abgeschlossen haben. Hölderlins Gedichte dagegen waren in großem Maße der Willkür der Herausgeber ausgesetzt, da sie nur zu einem Bruchteil und verstreut in Zeitschriften erschienen waren und sie der Autor nie in einem von ihm autorisierten Gedichtband publizieren konnte. Bei solchen Autoren ist der Rückgriff auf die Editionsgeschichte, vor allem aber auf den allein autorisierten Textstand, wie er sich im handschriftlichen Nachlaß findet und in den heutigen historisch-kritischen Editionen, zum Teil auch in den Studienausgaben wiedergegeben wird, unverzichtbar.

In jedem Fall aber ist es ratsam, der Gedichtanalyse einen gesicherten Text zugrunde zu legen, der möglichst authentisch den autorisierten Textstand wiedergibt. Geeignet sind Originalausgaben (bei älteren Veröffentlichungen teilweise als Reprint verfügbar) und historisch-kritische Editionen; aber auch viele Studien- und Leseausgaben bieten einen zuverlässigen Text. Bei der Beurteilung der Qualität der Ausgaben helfen die Einführungen und Handbücher zu den jeweiligen Autoren oder Epochen. Da es bei Gedichten oftmals nicht nur auf das einzelne Wort, sondern – beispielsweise in einer genauen Formanalyse – auch auf einzelne Buchstaben und Laute ankommt, sind solche Ausgaben besonders empfehlenswert, die die originale Orthographie und Interpunktion nicht den heutigen Regeln angeglichen haben.

Analoges wie für die Publikationsgeschichte gilt für die Wirkungsgeschichte: Erst eine Orientierung über Eckpunkte und Problemfelder der Wirkung eines Autors, einer Publikation oder auch eines einzelnen Gedichts kann zeigen, ob die Einbeziehung wirkungsgeschichtlicher Fragen ergiebig zu sein verspricht oder sogar unverzichtbar ist. Die einschlägigen Autorenhandbücher geben meist die für eine solche Orientierung nötigen Hinweise. Ein besonders deutliches Beispiel: Autoren, deren Texte während des Nationalsozialismus in Germanistik, Deutschunterricht und Kulturpolitik zur Rechtfertigung von Chauvinismus, Militarismus und Gewaltherrschaft benutzt wurden (in der Lyrik beispielsweise Schiller und Hölderlin), können seitdem nicht mehr im ›Stand der Unschuld‹ gelesen werden. Ihre Texte müssen daraufhin geprüft werden, inwieweit sie selbst einer solchen Anwendung Vorschub leisten oder ob grobe Verfälschungen nötig waren, um die Gedichte als Gewaltverherrlichung zu lesen.

6.3 Entstehung und werkgeschichtlicher Zusammenhang des Gedichts

6.3.1 Die Textgenese: Zum Umgang mit Fassungen und Varianten

Der Brennpunkt aller Untersuchungen zur Vor- und Nachgeschichte ist der vom Autor gestaltete Text. Dieser ist aber nicht von vornherein und auch nicht in jedem Fall ein in sich abgeschlossener »Mikrokosmos« (Szondi), sondern er hat selbst eine Geschichte, die vom ersten Entwurf über spätere Aus- und Umarbeitungen bis zur fertigen Textgestalt reicht, bei fragmentarischen Texten vor dem angestrebten Abschluß abbricht und manchmal selbst über die Veröffentlichung hinaus fortgeführt wird, wenn der Autor am Text weiterarbeitet und daraus neue Textfassungen entstehen.

Die Dokumentation der Textgenese, ihrer Produkte und Nebenprodukte bildet den Kern aller historisch-kritischen Ausgaben. Deren Herausgeber sind dabei darauf angewiesen, daß im Nachlaß des Autors Notizen, Entwürfe und Reinschriften zu einem Gedicht erhalten sind, aus denen sich der Prozeß der Textentstehung rekonstruieren läßt. Von vielen Autoren sind auch Beschreibungen ihrer Arbeit an einem Gedicht überliefert (vgl. z. B. Wellershoff 1980). Die sicherlich einflußreichste darunter ist Edgar Allan Poes Essay *The Philosophy of Composition* (1846), in dem Poe die Entstehung seines berühmtesten Gedichts, *The Raven*, als einen Prozeß darstellt, der »Schritt um Schritt mit der Präzision und strengen Folgerichtigkeit eines mathematischen Problems seiner Vollendung entgegenging« (*GW* 10, 534). So erhellend Darlegungen dieser Art sein mögen, so schwer lassen sich in ihnen authentischer Bericht und Selbststilisierung voneinander trennen, so daß ihnen gegenüber ebenso große Skepsis geboten ist wie gegenüber den Interpretationen eigener Werke. Hans Magnus Enzensberger bezeichnet daher »die Interpretation von fremder Hand« als »das einzig richtige Verfahren, über ein Gedicht zu sprechen«; alles andere sei »sekundäres Gerede oder Indiskretion« (1988b, 244). Konsequenterweise rekonstruiert er die Entstehung seines Gedichts *an alle fernsprechteilnehmer* anhand zufällig aufbewahrter Notizen, aber ohne jede autobiographische Reminiszenz, als handele es sich um den Text eines anderen. Die literaturwissenschaftliche Analyse der Entstehung eines Gedichts sollte sich von dieser Nüchternheit anregen lassen und vorrangig immer danach fragen, was mit den Texten aufgrund von Veränderungen in den Entwürfen passiert, und sich nicht in Spekulationen darüber verlieren, was der Autor mit bestimmten Bearbeitungsschritten wohl beabsichtigt habe.

Die Rekonstruktion des Entstehungsprozesses selbst wird den Benutzerinnen und Benutzern der meisten historisch-kritischen Editionen von den Herausgebern abgenommen. Statt in das Wirrwarr von Handschriften und/oder Typoskripten, Durchstreichungen und Randzusätzen müssen sie sich jedoch in ein oft nicht minder komplexes und schwer durchschaubares editorisches Darstellungssystem einlesen, für das sich noch immer keine normierte Form etabliert hat.

In der Regel gliedert sich eine historisch-kritische Ausgabe in einen Text- und einen Apparatteil. Der Textteil präsentiert den autorisierten Text eines Gedichts (die Druckfassung oder – bei Texten, die nicht in autorisierten Drucken vorliegen – den letzten Stand der Handschrift); zuweilen erscheint ein Text auch in mehreren voneinander abweichenden Fassungen, sofern sie gleichermaßen autorisiert sind (z. B. bei Umarbeitungen für Neuauflagen oder andere Textzusammenstellungen oder bei gravierenden Änderungen im Autoren-Handexemplar der gedruckten Fassung). Es gibt keinen allgemeinen Konsens darüber, ob bei mehreren gedruckten Fassungen die erste, eine weitere oder die letzte Veröffentlichung als verbindlich zu gelten hat: Die herkömmliche Editionspraxis orientierte sich vornehmlich am Ideal der ›Ausgabe letzter Hand‹ als dem Text, der den definitiv letzten und damit unüberholbaren Autorwillen wiedergibt; eher an der Wirkungsgeschichte orientierte Ausgaben bevorzugen dagegen die Orientierung an den Erstdrucken als denen, die die Wirkung eines Textes allererst ausgelöst haben, ohne die spätere Umarbeitungen des Autors oftmals gar nicht zu verstehen sind. In der neueren Editionsphilologie tendiert man eher dazu, die verschiedenen autorisierten Fassungen im Textteil nebeneinanderzustellen (so schon in den beiden Gedichtbänden der *Nationalausgabe* von Schillers Werken).

Der Apparatteil der Ausgabe gibt die Varianten, die Abweichungen vom Text, wieder, die in dem vom Autor überlieferten, meist handschriftlichen Material zu finden sind. Die hergebrachte Methode, die Varianten einem isolierten Bezugswort (›Lemma‹) aus dem Haupttext zuzuordnen, wird in neueren Editionen zunehmend durch differenziertere Darstellungsformen ergänzt oder ersetzt, die es erlauben, auch bei einem komplizierten handschriftlichen Befund Varianten und Entwurfsstufen im Zusammenhang zu lesen. Eine gewisse Einarbeitung in die Darstellungsprinzipien der jeweiligen Edition ist dafür allerdings in den meisten Fällen unverzichtbar.

Bei vielen Gedichten lohnt jedoch die Mühe, sich den textkritischen Apparat zu erschließen, nicht allein der philologischen Vollständigkeit halber, sondern weil die Textgenese und der Prozeß der Umarbeitung aufschlußreiche Hinweise zum Verständnis des Gedichts geben. Die Ergiebigkeit der Arbeit mit dem Variantenmaterial hängt allerdings sehr von der Schreibpraxis des jeweiligen Autors ab. Bei Karoline von Günderrode etwa, deren poetische Werke in einer vorbildlichen historisch-kritischen Ausgabe vorliegen, zeigen die Varianten zu den Gedichten in vielen Fällen nur Abweichungen der Orthographie oder den Austausch einzelner, die Bedeutung des Ganzen nicht gravierend verändernder Wörter. Bei Autoren wie Hölderlin, Heym oder Trakl dagegen sind die Handschriften eine wahre Schatzkammer poetischen Materials, das in vielen Fällen zu keiner abgeschlossenen Textfassung gelangt. Sie haben ihre Gedichte immer wieder umgearbeitet, so daß es keine Seltenheit darstellt, wenn ein Gedicht in drei oder vier völlig voneinander abweichenden Fassungen überliefert ist. Aus Platzgründen kann die Fruchtbarkeit des Vergleichs zwischen solchen Fassungen hier nicht im einzelnen vorgeführt werden; ein Detailbeispiel muß genügen. Es ist der leicht zugänglichen Studienausgabe der Werke Trakls entnommen (*WEB*), in der – der historisch-kritischen Ausgabe folgend – ausgewählte Entwürfe mit Varianten dargestellt werden. (Zur Analyse der Entwürfe Trakls vgl. Kemper 1969 und 1970.)

Trakls Gedicht *Ruh und Schweigen* erschien zuerst 1913 in der Zeitschrift *Der Brenner*, 1915 dann posthum in der von Trakl noch selbst zusammengestellten Sammlung *Sebastian im Traum*. Es sind ein eigenhändiger handschriftlicher Entwurf (H¹) und ein Typoskript mit handschriftlichen Korrekturen Trakls (H²) überliefert (vgl. hierzu und für das Folgende *WEB*, 192 f. sowie die Erläuterungen zum textkritischen Apparat ebd., 261–264). Die Verse 9 und 10 der Entwurfshandschrift lauten zunächst (H¹, Stufe I A):

> Ein schwarzer Vogel sinkt vom härenen Himmel
> Und wächsern tauchen die Finger ins Heilige blauer Blumen

Der erste Vers gibt eine Naturbeobachtung wieder, verfremdet durch die metaphorische Beschreibung des Himmels als ›hären‹ (aus grobem Stoff gefertigt); der zweite Vers stellt einen schwer durchschaubaren kultischen Vorgang dar, in dem offenbar die ›Blaue Blume‹, das zentrale Symbol in Novalis' Roman *Heinrich von Ofterdingen*, anklingt, das seither als romantisches Motiv par excellence gilt. Eine Verbindung der beiden durch »Und« nur aneinandergereihten Zeilen wird über die alliterierenden Wörter »Himmel« und »Heilige«, die beide dem sakralen Bereich zugeordnet werden können, sowie über die Assonanz zwischen »härenen« und »wächsern« hergestellt. In demselben Bearbeitungszusammenhang finden sich zahlreiche Korrekturen zu diesen Zeilen, die in der Apparatdarstellung jeweils unter dem ersten Ansatz verzeichnet sind (die genaue handschriftliche Anordnung läßt sich der Darstellung dieser Ausgabe nicht entnehmen): Der Vogel wird als »singender« bezeichnet und in den Plural gesetzt; statt zu sinken, »hängt« er dann am Himmel und wird zum »Kranichzug«. Die letzte Stufe dieser Bearbeitungsschicht kehrt zum Teil wieder zum ersten Ansatz zurück: »Schwarze Vögel kreisen am Himmel«. Parallel macht auch die folgende Zeile Veränderungen durch: Der erste Neuansatz lautet »Die blinden Augen im Heiligtum«; er wird ersetzt durch die Zeile »Sinkt der Träumer ins Heilige blauer Blumen«. Die zweite Hälfte des Verses bleibt also einigermaßen konstant; in der ersten Hälfte werden die Körperteile (»Finger« und »Augen«) als Subjekt durch den ganzen Menschen ersetzt, der allerdings als »Träumer« die Kontrolle über seinen Körper gerade abgegeben hat. Die schwarzen Vögel und das »Heilige blauer Blumen« sind die beiden konstanten Motive in dieser ersten Bearbeitungsschicht. Die beiden Verse sind allerdings nach all den Umarbeitungen unverbundener als zu Beginn:

> Schwarze Vögel kreisen am Himmel
> Sinkt der Träumer ins Heilige blauer Blumen

Dieses Problem macht in derselben Handschrift für diese Stelle einen völligen Neuansatz erforderlich (H¹, Stufe I B):

> Doch immer rührt der schwarze Flug der Vögel
> Den Träumer, das Heilige blauer Blumen,

Das zuletzt erarbeitete Wortmaterial ist weitgehend erhalten. Hinzu kommt die Konjunktion »Doch«, die einen Gegensatz zu den vorangehenden Versen herstellt, vor allem aber das Prädikat »rührt«, das die beiden Verse erstmals inhaltlich miteinander verknüpft: Das Naturbild des Vogelflugs übt eine emotionale Wirkung auf den Träumenden aus, ist vielleicht selbst nur ein Traumbild. Die realistische Beschreibung »kreisen am Himmel« fällt ersatzlos fort, ebenso wie die ›sinkende‹ Bewegung des Träumers. Durch die Verschiebung des Attributs »schwarze« von den Vögeln zu deren Flug erhält das Naturbild selbst in seinem Kern surreale Züge. Dadurch wird es nun möglich, »das Heilige blauer Blumen« als zweites, gleichgeordnetes Subjekt, das den Träumer »rührt«, anzufügen (vielleicht aber auch als zweites Objekt oder als Apposition zu einem von beiden): Im Traum gehen die Motive der Vögel und der blauen Blumen endlich eine innige Verbindung ein, die zu Beginn allein durch lautliche Mittel wie Assonanz und Alliteration suggeriert wurde. In der Typoskriptabschrift (in der diese Verse nicht weiter bearbeitet werden) und in der Druckfassung wird diese Konstruktion erhalten, allerdings mit einer wichtigen Veränderung:

> Doch immer rührt der schwarze Flug der Vögel
> Den Schauenden, das Heilige blauer Blumen,
> (Trakl: *WEB*, 73, V. 8 f.)

Die in sich spannungsgeladene Einheit von Vogel- und Pflanzenwelt, die bislang nur im Traum, vor »blinden Augen« möglich schien, wird nun gezielt ins bewußte Dasein des »Schauenden« hineingerückt. Die surrealen Elemente bleiben dabei aber unverändert erhalten, so daß die ›geschaute‹ Welt nichtsdestoweniger Züge des Traums erhält.

Die reichhaltigen Möglichkeiten, die die Analyse des Variantenmaterials bereithalten kann, dürften an diesem winzigen Beispiel deutlich geworden sein. Im Hinblick auf den Kontext des ganzen Gedichts müßte die Perspektive erweitert werden. So wäre hier zu untersuchen, wie die Farbattribute auch an anderen Textstellen im

Laufe der Bearbeitung verändert werden, um schließlich zu einer Art Netz von Farbsymbolen verwoben zu werden, das über den ganzen Text gelegt ist (»blauem Kristall« – ›blauer Blumen«; »der schwarze Flug« – »schwarzer Verwesung«). Fragen der metrischen Form, die sonst neben inhaltlichen und lautlichen Komponenten häufig eine wichtige Funktion im Zuge der Bearbeitungen haben, können bei diesen freien Versen Trakls vernachlässigt werden.

Zugleich hat sich an diesem Beispiel gezeigt, wieviel analytischer Aufwand notwendig ist, um eine einzige Textstelle in ihrer Genese zu rekonstruieren und zu interpretieren. Um die Analyse nicht ausufern zu lassen, ist es daher ratsam, die Varianten nicht in jedem Fall erschöpfend zu bearbeiten, sondern sich auf besonders aufschlußreiche Stellen zu konzentrieren. Eine Grundfrage sollte stets sein, was im Zuge der Textentstehung konstant bleibt und was sich ändert. Die Konstanzen können in der Regel als Grundmotive des entstehenden Textes angesehen werden. Nicht in jedem Falle kann dagegen der Umstand, daß am Schluß eines Revisionsprozesses die Entscheidung für ein bestimmtes Wort oder Motiv steht, als Indiz dafür gelesen werden, daß dieses Ergebnis das allein mögliche oder gültige ist: Der Prozeß des Änderns kann zielgerichtet (gleichsam fokussierend oder zentripetal) sein, er kann aber auch experimentierend, bedeutungsöffnend (gleichsam zentrifugal) sein; ob die Varianten von Anfang an dasselbe meinten und nur noch nicht so genau ausdrückten oder ob sie im Gegenteil das Ergebnis einer grundlegenden Revision des am Anfang des Schreibprozesses stehenden Textkonzeptes sind, ist in keinem Fall vorher ausgemacht, sondern kann nur als Ergebnis einer gründlichen Prüfung des textgenetischen Prozesses festgestellt werden. Daher können die Varianten auch ihren Eigenwert haben, der das am Schluß der Genese stehende Wort in seiner Bedeutungsvielfalt auffächert: Der Text wird dadurch – bei allem Übergewicht der letzten Fassung, das insbesondere durch eine abschließende Reinschrift oder eine autorisierte Druckfassung bekräftigt wird – zu einem noch komplexeren, gleichsam dreidimensionalen Gebilde.

In den Fällen, in denen der Autor selbst das Gedicht in mehreren voneinander abweichenden Fassungen publiziert hat, wird der Anspruch auf ›Endgültigkeit‹, der dem gedruckten Gedichttext oft zugeschrieben wird, weiter herabgesetzt. Das gilt sogar für die letzte überlieferte Fassung, die ja möglicherweise aus nur zufälligen Gründen nicht weiter bearbeitet wurde. Intensive Überarbeitungen nahm z. B. Conrad Ferdinand Meyer bei jeder Neuauflage der Sammlung seiner Gedichte vor, die in den Jahren 1882 bis 1892 fünf Auflagen erlebte. Der berühmteste dieser Texte ist das in viele Anthologien in mehreren Fassungen aufgenomme Gedicht *Der römische Brunnen* (vgl. *HKA* 1, 170; ebd. 3, 242–256). Ähnliches gilt für die zwischen 1898 und 1925 erschienenen Auflagen des *Phantasus* von Arno Holz. Ein isolierter Vergleich der publizierten Fassungen ist zwar möglich und kann interessante Ergebnisse erbringen; sofern der Prozeß der Textbearbeitung aber historisch-kritisch dokumentiert ist, sollte auf eine Schritt für Schritt vorgehende Rekonstruktion des Weges, der von der ersten Fassung zur zweiten (und eventuell zu weiteren) führt, nicht verzichtet werden.

Für den Umgang mit Fassungen und Varianten grundlegend ist noch immer der Sammelband *Texte und Varianten*, herausgegeben von Martens/Zeller (1971). Als neuere Einführungen vgl. ferner Scheibe u. a. 1988 sowie Kanzog 1991. Grundsätzliche Bedeutung haben ferner der Forschungsüberblick von Zeller (1989) sowie die folgenden Aufsätze von Martens: 1975, 1979 (zur expressionistischen Lyrik), 1981 (zu Hölderlin) und 1987 (zu Heym). In nur lockerer Beziehung zur editionsphilologischen Diskussion steht der anregende Beitrag von H.-J. Frey (1990, 76–123; zu Hölderlin).

6.3.2 Das fragmentarische Gedicht

Gedichtfragmente sind lyrische Texte, von denen gar keine vom Autor autorisierte vollständige Fassung vorliegt, die also entweder nicht abgeschlossen wurden oder bei denen die abschließende, aber ungedruckt gebliebene Reinschrift verlorengegangen ist (in seltenen Einzelfällen kann auch einmal die Druckauflage eines Buches komplett verschollen sein, insbesondere bei systematischer Vernichtung des Bestandes, z. B. durch Hinterbliebene oder politische Gegner). Bei solchen Texten ist die Analyse vollends auf die editorische Dokumentation des hand- oder maschinenschriftlichen Materials angewiesen. In den meisten Ausgaben ist mindestens eine rekonstruierte Fassung, in der Regel der vermutlich letzte Bearbeitungsstand, in den Textteil aufgenommen, aber dort nicht immer als editorisches Konstrukt von den eindeutig autorisierten Texten abgehoben. Die Linearität des Textverlaufs wird aber in fragmentarischen Gedichten durchkreuzt durch die Materialität des Handschriftenblattes, seine räumlichen Verhältnisse und die in ihnen dokumentierte zeitliche Dimension der Textgenese. Wer also Gedichtfragmente analysieren will, kann sich der Mühe nicht entziehen, sich in den textkritischen Apparat hineinzulesen. In Zweifelsfällen kann es ebenso ratsam wie reizvoll sein, sogar in den Faksimiles der Handschriften selbst zu lesen, wie sie in neueren Ausgaben oft enthalten sind, um so die editorischen Entscheidungen zu überprüfen und der eigenen Textanalyse eine solide Basis zu geben.

Von den fragmentarisch gebliebenen oder in fragmentarischem Zustand überlieferten Gedichten müssen diejenigen unterschieden werden, in denen der Autor einen fragmentarischen Zustand gezielt herbeigeführt und als solchen publiziert hat. Die frühromantischen Autoren, namentlich Friedrich Schlegel und Novalis, kultivierten einen solchen »Willen zum Fragment« (Lacoue-Labarthe/Nancy 1984, 69), konzentrierten sich dabei aber auf die theoretische und erzählerische Prosa. Einem traditionalistischen Lyriker wie Rudolf Borchardt waren allerdings manche eindeutig abgeschlossenen Gedichte beispielsweise von Heine oder Hölderlin offenbar formal zu kühn, so daß er sie in seiner Anthologie *Ewiger Vorrat deutscher Poesie* (1926) eigenmächtig zu Fragmenten umdichtete und mit rätselhaften Auslassungsstrichen durchsetzte.

Stilisierte Fragmente begegnen gehäuft in der modernen Lyrik des 20. Jahrhunderts, namentlich dort, wo der Bruch jeder Kontinuität (also auch der Abbruch aller Vers-, Satz- und Sinnzusammenhänge) zum Programm erhoben wurde, beispielsweise im Dadaismus und in der Konkreten Poesie. Als Beispiel ein (vollständig zitiertes) Gedicht von Friederike Mayröcker:

> *eines Freundes Geburtsstadt*
>
> wachsam stand.
> .. Die Groszfüchsin, fort-
> schreitend sanft, gewalzter
> Knöterich, Schein-
> ort /
> behorchen, durchs braungrüne
> Land ..
>
> (Mayröcker: *Veritas*, 168)

Die gezielte Fragmentarisierung lyrischen Sprechens, wie sie sich bei so unterschiedlichen Autoren wie Celan, Brinkmann und Jandl ebenfalls findet, wird in Texten wie diesem, in dem »so etwas wie Ganzheit noch nicht einmal negativ faßbar« ist (Hart Nibbrig 1984, 362 f.), auf die Spitze getrieben. Gedichte dieser Art müssen daher strukturell ganz anders verstanden werden als solche, in denen offenkundig noch eine Ganzheit angestrebt, aber – aus äußeren oder inneren Gründen – verfehlt wurde. Ob ein lyrischer Text als Fragment zu verstehen ist, hängt daher auch entscheidend von seinem literarhistorischen Entstehungskontext ab: Wo es keine Ganzheiten mehr gibt und die tradierten Regeln lyrischen Schreibens (wie Metrik und Reimbindungen) jede Gültigkeit verloren haben, gibt es im strengen Sinne eigentlich auch nichts Zerbrochenes, mithin keine Fragmente mehr.

Die textgenetische Methode ist in der Regel bei Autorinnen und Autoren der Gegenwart oder der jüngsten Vergangenheit nicht anwendbar, da sie entweder noch leben und ihre Entwürfe im Besitz haben (sofern im Zeitalter des Schreibens am Computer überhaupt noch Entwürfe dokumentiert und aufbewahrt werden) oder ihr Nachlaß noch nicht zugänglich ist.

Zur Einführung in das Problem des fragmentarischen Kunstwerks vgl. generell den von Dällenbach/Hart Nibbrig (1984) herausgegebenen Band.

6.3.3 Das Gedicht im Werkkontext: Zyklen und andere Sammlungen; das Problem der Parallelstellen

In diesem Buch wurde schon vielfach dazu geraten, das Gedicht primär als einen für sich stehenden literarischen Text anzusehen und bei der Strukturanalyse nur soweit unbedingt nötig literar- oder allgemeinhistorische, biographische oder sonstige Kontextinformationen hinzuzuziehen. Diese Empfehlung verkennt nicht, daß jedes Gedicht bei seiner Entstehung und Veröffentlichung immer schon in Kontexten steht, die in der Analyse rekonstruiert werden müssen; sie setzt nur Prioritäten. Der unmittelbarste Kontext eines Gedichts aber sind die Texte, die um das Gedicht herum stehen, denn nur in den seltensten Fällen wird ein Gedicht einmal als isolierte Flugschrift publiziert und verbreitet. Sorgfältig unterschieden werden sollten der Entstehungs- und der Publikationskontext: Ersterer meint den Zusammenhang in den nachgelassenen Entwurfsmaterialien des Autors, der je nach Schreibpraxis planvoll oder zufällig herbeigeführt worden sein kann, letzterer den Zusammenhang der Texte in der Erstpublikation und weiteren autorisierten Veröffentlichungen (vgl. dazu grundsätzlich G. Neumann 1981; ders 1982). Die Erstpublikation erfolgt in der Regel im Rahmen einer Zeitung oder Zeitschrift, einer Anthologie oder einer eigenständigen Sammelpublikation. Bei den ersten beiden Möglichkeiten sind die Einflußmöglichkeiten der Autoren (sofern sie nicht selbst Herausgeber sind) auf die Plazierung des Textes und die Auswahl der Texte anderer Autoren meist relativ gering; bestenfalls können sie – falls mehr als je ein Gedicht von ihnen abgedruckt wird – die Abfolge ihrer eigenen Texte bestimmen. Dennoch ist es für die Erstrezeption eminent wichtig, in welchem Kontext – ob beispielsweise im Feuilleton der *Frankfurter Allgemeinen Zeitung*, im *Freibeuter* oder in einer im Selbstverlag verbreiteten Broschüre – ein Gedicht zuerst veröffentlicht wird. Der wichtigste Publikationskontext aber ist zweifellos die vom Autor oder der Autorin eigenständig zusammengestellte Buchausgabe; auch eine Ausgabe ausgewählter, gesammelter oder sämtlicher Gedichte kann gezielt oder sogar kunstvoll komponiert sein. Dennoch wird das Gedicht von späteren Herausgebern häufig in Anthologien oder Lesebüchern wieder aus diesen Kontexten herausgerissen und in neue hineingestellt, ohne daß das in jedem Fall als kunstfremder oder gar barbarischer Akt erscheint.

Bei der Beantwortung der Frage, inwieweit die Werkkontexte bei der Analyse eines einzelnen Gedichts berücksichtigt werden sollten, sollte ebenfalls die zuvor bereits für andere Felder aufgestellte Leitlinie maßgebend sein: soweit der Zusammenhang mit den umgebenden Texten die Struktur des betreffenden Gedicht mitgeprägt hat und somit für sein Verständnis unverzichtbar ist. Wenn beispielsweise Goethe drei seiner späten Gedichte unter der Sammelüberschrift *Trilogie der Leidenschaft* zusammenstellt, so geht es nicht an, eins davon (beispielsweise das Gedicht *An Werther*) herauszugreifen und so zu interpretieren, als gebe es die Zusammenstellung und die gemeinsame Überschrift gar nicht (bei dem genannten Gedicht erfordert darüber hinaus der Titel selbstverständlich den Rückbezug auf den Jahrzehnte früher entstandenen *Werther*-Roman). Das gilt im größeren Rahmen selbstverständlich auch für den großen Gedichtzyklus *West-östlicher Divan*, der in thematische ›Bücher‹ untergliedert ist und darin die Gedichte zum Teil verschiedenen Sprechern zuordnet. Hier sind also drei Kontextebenen zu beachten: die Gedichte desselben Sprechers, der Zusammenhang des einzelnen ›Buchs‹ und der des gesamten Zyklus. (Zu Gedichtzyklen vgl. Braungart 1996; Kayser 1978, 168 f.; Reitmeyer 1935)

Die Einbeziehung des Werkkontextes eines Gedichts wirft ein grundsätzliches literaturwissenschaftliches Problem auf, das hier abschließend kurz betrachtet werden soll, da es gerade für die Analyse insbesondere schwieriger oder zeitlich entfernter Lyrik eine wichtige Rolle spielt, in der Interpretationspraxis aber oft nicht hinreichend reflektiert wird: die Problematik der sogenannten Parallelstellenmethode (vgl. dazu Szondi 1978, Bd. I, 280–283). Als ›Parallelstelle‹ bezeichnet man das Vorkommen desselben Wortes oder derselben Wendung an einer anderen Stelle innerhalb des Werks desselben Autors. Das Auffinden und die Benutzung solcher Parallelstellen wird durch die in den letzten Jahrzehnten zu den Werkausgaben vieler Autoren erarbeiteten Wortindices sehr erleichtert.

Man sucht eine Parallelstelle, wenn die Stelle, um deren Verständnis es jeweils geht, aus sich heraus nicht oder jedenfalls nicht eindeutig verständlich ist. Die Parallelstelle kann an einer anderen Stelle desselben Textes stehen, in einem anderen Gedicht innerhalb desselben Zyklus oder derselben Sammlung, in einem Gedicht aus einer anderen Publikation, in einem literarischen Text eines anderen Genres oder gar in einem nichtliterarischen Text desselben Autors. Die Aufzählung bewegt sich von großer textueller Nähe zu der in Frage stehenden Stelle hin zu einer großen Ferne. Die Anwendbarkeit der Parallelstellenmethode bemißt sich nach dem Grad der Nähe und des textuellen Zusammenhangs: Taucht dasselbe Wort innerhalb desselben Textes mehrmals auf (vgl. die Farbattribute in Trakls Gedicht *Ruh und Schweigen*; oben, Abschnitt 6.3.1), so ist das selbstverständlich relevant und sollte in der Analyse unbedingt berücksichtigt werden (im strengen terminologischen Sinne handelt es sich hierbei allerdings nicht um eine Parallelstelle, da die beiden Stellen in demselben textlichen Kontinuum stehen). Auch in diesem Fall ist jedoch keineswegs ausgemacht, daß das Wort an den verschiedenen Stellen dasselbe bedeutet; denn es steht ja in einer jeweils anderen Umgebung, und schon die Wiederholung gibt ihm beim zweiten Mal eine andere Wirkung als beim ersten Auftauchen. So ist beispielsweise ein Refrain dann besonders wirkungsvoll, wenn er bei identischem oder annähernd gleichem Wortlaut mit jeder Wiederholung eine andere Bedeutungsnuance erhält.

Parallelstellen aus einem anderen Gedicht desselben Zyklus oder derselben Sammlung sollten ebenfalls beachtet werden, erstreckt sich doch möglicherweise die Komposition der Gedichtzusammenstellung nicht nur auf die je für sich abgeschlossenen Texte, sondern auch auf kleinere Einheiten wie das Wortmaterial; es kann sich um Leitmotive des ganzen Zyklus handeln. Mehr noch als innerhalb eines einzelnen Gedichts ist jedoch hier Skepsis angebracht gegenüber der Vermutung, ein Wort bedeute an zwei verschiedenen Stellen dasselbe. Viel eher kann die Heranziehung einer anderen Stelle (ähnlich wie die von Varianten zu derselben Stelle) die Vielfalt einer Wortbedeutung vor Augen führen und die Eindeutigkeit eines Textverständnisses auch an der in Rede stehenden Textstelle aufbrechen. Beispielsweise kann ein Wort einmal in seiner ›wörtlichen‹ Bedeutung, ein anderes Mal in einer metaphorischen Bedeutung verwendet sein: Möglicherweise (aber keineswegs notwendigerweise) hat ja das Wort auch an der ersten Stelle metaphorische Konnotationen.

Je weiter die zu erklärende und die zur Erklärung herangezogene Stelle innerhalb des Werkkontextes voneinander entfernt sind, um so weniger Autorität kommt der Parallelstellenmethode zu; das gilt insbesondere für Stellen aus Werken anderer Gattungen und nichtliterarischen Texten. Damit ist nicht gemeint, daß die Methode wertlos ist: Sofern die Evidenz der parallelen Wortverwendung für sich spricht, kann sie auch in solchen Fällen große Überzeugungskraft entfalten. Bei Texten aus anderen Werkperioden des Autors ist allerdings zu beachten, daß sich sein Wortgebrauch im Laufe der Zeit gewandelt haben kann. Auch Selbstzitate entfalten im neuen Kontext eine andere Bedeutung und können sogar als Form der Selbstdistanzierung angesehen werden.

Dagegen kann bei älteren Texten das mehrmalige Auftauchen heute überraschend wirkender Schreibweisen, Wörter, Wendungen oder grammatischer Konstruktionen zeigen, daß es sich bei der zu klärenden Stelle nicht um einen einmaligen Normbruch, sondern um eine gewohnheitsmäßige Sprachverwendung handelt. Der Rückgriff auf zeitgenössische oder wortgeschichtliche Wörterbücher kann die Basis dieser Einsicht weiter verbreitern.

Generell ist bei der Heranziehung von Parallelstellen aus anderen Werkteilen danach zu fragen, ob das Gesamtwerk des Autors eine große innere Kohärenz aufweist (wie etwa bei Hölderlin oder noch extremer bei Trakl, der in seinem innerhalb weniger Jahre entstandenen Werk weitgehend mit immer demselben Wortmaterial arbeitet) oder eine große Vielfalt von Themen, Motiven, Formen und Stilen aufweist (wie etwa bei Brecht oder Goethe). Es leuchtet ein, daß im zweiten Fall die Parallelstellenmethode sehr viel weniger erfolgversprechend ist als im ersten.

In keinem Fall jedoch kann die Anwendung der Parallelstellenmethode beweisen, daß ein Wort an der zu analysierenden Stelle eine bestimmte Bedeutung nicht haben kann, da es an allen anderen Stellen im Werk des Autors anders benutzt wird. Vielmehr hat jedes Gedicht und jede Einzelstelle ein Eigenrecht; gerade hier kann ja eine kreative Begriffsverwendung vorliegen, die an anderen Stellen nicht gewagt wird (vgl. Szondi 1978, Bd. I, 270 f.). Das Autoritätsargument, ein bestimmter Wortgebrauch sei dem betreffenden Autor ganz ungemäß, begegnet in der Forschung zwar häufig, sollte jedoch stets mit Skepsis betrachtet werden.

Die Parallelstellenmethode kann also, vorsichtig angewandt, interessante Aufschlüsse über die Vielfalt oder auch Konstanz des Wortgebrauchs eines Autors geben und dadurch helfen, in der Mikrostruktur von Gedichten Kontinuitäten und Brüche zu entdecken. Eine Stelle aus einer anderen heraus erklären kann sie nicht. Denn auch die zur Erklärung herangezogene Stelle ist ja in keinem Fall selbstevident, sondern will selbst erst verstanden werden; möglicherweise werden sogar andere, ebenfalls erklärungsbedürftige Wörter benutzt, zu deren Verständnis selbst wieder Parallelstellen herangezogen werden müssen. Mit einem Wort: Die Anhäufung von Parallelbelegen (auch solchen anderer Autoren oder gar aus der gesamten abendländischen Tradition), wie sie durch Indices und Wörterbücher (und durch die sich zunehmend verbreitenden elektronischen Speichermedien und Datenbanken) immer weiter erleichtert wird, droht die eigentlich in Frage stehende Stelle zuzudecken und deren Analyse tendenziell zu erdrücken. Erkenntnisgewinn bringt sie nur in den wenigen Fällen, in denen es sich um wirkliche Entdeckungen entlegener, bisher nicht beachteter Belege handelt. Für den Regelfall dagegen sei nochmals die Konzentration auf den Einzeltext und die Einzelstelle empfohlen.

Literaturverzeichnis

Das Literaturverzeichnis gliedert sich in drei Abteilungen: Die Anthologien (1) sind alphabetisch nach Titeln bzw. Kurztiteln geordnet, die Primärliteratur einzelner Autoren (2) alphabetisch nach deren Namen, auf den bei Einzelausgaben jeweils der Buchtitel, bei Gesamtausgaben ein Kürzel der Ausgabe folgt. (Bei den Nachweisen im Text bedeutet – soweit dort nicht anders angegeben – die Zahl hinter dem Titel oder Kürzel die Bandnummer, die Zahl hinter dem Komma die Seite.). Die Sekundärliteratur (3) ist nach Namen und Erscheinungsjahr geordnet. Wird nicht die Erstausgabe herangezogen, so ist deren Erscheinungsjahr hinter dem Titel angegeben, bei Übersetzungen die Originalsprache und das Erscheinungsjahr der fremdsprachigen Ausgabe. Sind aus einem Sammelband verschiedener Autoren mehrere Beiträge aufgenommen, so wird der Band separat nachgewiesen und bei den Beiträgen nur in der Kurzform verzeichnet.

Die Abkürzung *FS* steht für Festschrift. Ferner werden folgende Kürzel für Zeitschriften verwendet: *DU* = Der Deutschunterricht, *DVjs* = Deutsche Vierteljahrsschrift für Literaturwissenschaft und Geistesgeschichte, *Euph* = Euphorion, *GRM* = Germanisch-Romanische Monatsschrift, *MLN* = Modern Language Notes, *SuL* = Sprache und Literatur in Wissenschaft und Unterricht, *WW* = Wirkendes Wort.

1 Anthologien

Barocklyrik. Hg. Herbert Cysarz. 3 Bde. Leipzig 1937
Dada Berlin. Texte, Manifeste, Aktionen. Hg. Hanne Bergius/Karl Riha. Stuttgart 1977
Dada Zürich. Texte, Manifeste, Dokumente. Hg. Karl Riha/Waltraud Wende-Hohenberger. Stuttgart 1992
113 Dada-Gedichte. Hg. Karl Riha (1982). Berlin 1992
Deutsche Dichterinnen. Vom 16. Jahrhundert bis zur Gegenwart. Gedichte und Lebensläufe. Hg. Gisela Brinker-Gabler (1978). Frankfurt/M. 1991

Deutsche Gedichte. Von den Anfängen bis zur Gegenwart. Auswahl für Schulen. Hg. Theodor Echtermeyer/Benno von Wiese. Das 20. Jahrh. durchges. u. bearb. v. Elisabeth Katharina Paefgen. Berlin 1993

Deutsche Gedichte. Von Hildegard von Bingen bis Ingeborg Bachmann. Hg. Elisabeth Borchers. Frankfurt/M. 1987

Deutsche Großstadtlyrik. Vom Naturalismus bis zur Gegenwart. Hg. Wolfgang Rothe. Stuttgart 1973

Deutsche Liebeslyrik. Hg. Hans Wagener. Stuttgart 1982

Die deutsche Literatur. Ein Abriß in Text und Darstellung. Hg. Otto F. Best/Hans-Jürgen Schmitt. 16 Bde. Stuttgart 1975

Deutsche Lyrik-Parodien. Aus drei Jahrhunderten. Hg. Theodor Verweyen/Gunther Witting. Stuttgart 1984

Deutsche Prosagedichte vom 18. Jahrhundert bis zur letzten Jahrhundertwende. Eine Textsammlung. Hg. Ulrich Fülleborn/Klaus Engelmann. München 1985

Deutsche Prosagedichte des 20. Jahrhunderts. Eine Textsammlung. Hg. Ulrich Fülleborn/Klaus Peter Dencker. München 1985

Deutsche Sonette. Hg. Hartmut Kircher. Stuttgart 1979

Epochen der deutschen Lyrik. Hg. Walther Killy. 10 (in 12) Bdn. München 1969–78

Ewiger Vorrat deutscher Poesie. Hg. Rudolf Borchardt (1926). Stuttgart 1977

Das große deutsche Gedichtbuch. Von 1500 bis zur Gegenwart. Hg. Karl Otto Conrady. München; Zürich 1991

Gedichte auf Bilder. Anthologie und Galerie. Hg. Gisbert Kranz. München 1975

Gedichte des Barock. Hg. Ulrich Maché/Volker Meid. Stuttgart 1980

Gedichte und Interpretationen. Hg. Volker Meid u. a. 6 Bde. Stuttgart 1982–84

Gedichte und Prosa des Impressionismus. Hg. Hartmut Marhold. Stuttgart 1991

Der Göttinger Hain. Hg. Alfred Kelletat. Stuttgart 1967

konkrete poesie. deutschsprachige autoren. Hg. Eugen Gomringer (1972). Stuttgart 1991

Kristallisationen. Deutsche Gedichte der achtziger Jahre. Hg. Theo Elm. Stuttgart

Luftfracht. Internationale Poesie 1940 bis 1990. Hg. Harald Hartung. Frankfurt/M. 1991

Lyrik – Blick über die Grenzen. Gedichte und Aufsätze des zweiten Lyrikertreffens in Münster. Hg. Lothar Jordan u. a. Frankfurt/M. 1984

Lyrik der Deutschen. Für seine Vorlesungen ausgewählt von Karl Kraus. Hg. Christian Wagenknecht. München 1990

Lyrik – Erlebnis und Kritik. Gedichte und Aufsätze des dritten und vierten Lyrikertreffens in Münster. Hg. Lothar Jordan u. a. Frankfurt/M. 1988

Lyrik des Jugendstils. Eine Anthologie. Hg. Jost Hermand (1964). Stuttgart 1990

Lyrik des Naturalismus. Hg. Jürgen Schutte. Stuttgart 1982

Lyrik – von allen Seiten. Gedichte und Aufsätze des ersten Lyrikertreffens in Münster. Hg. Lothar Jordan u. a. Frankfurt/M. 1981

Lyrische Porträts. Hg. Eckart Kleßmann. Stuttgart 1991

Das Meisterbuch. Ein Lesebuch deutscher Prosa und Lyrik der Klassik und Romantik (1913). Hg. Hermann Hesse. Frankfurt/M. 1978

Menschheitsdämmerung. Ein Dokument des Expressionismus. Hg. Kurt Pinthus (1920). Reinbek 1978

Minnesang. Mittelhochdeutsche Texte mit Übertragungen und Anmerkungen. Hg. Helmut Brackert. Frankfurt/M. 1983

Moderne deutsche Naturlyrik. Hg. Edgar Marsch. Stuttgart 1980

Museum der modernen Poesie. Hg. Hans Magnus Enzensberger (1960). 2 Bde. Frankfurt/M. 1980

Die Pegnitz-Schäfer. Nürnberger Barockdichtung. Hg. Eberhard Mannack (1968). Stuttgart 1988

Stechäpfel. Gedichte von Frauen aus 3 Jahrtausenden. Hg. Ulla Hahn. Stuttgart 1992

Tintenfisch. Zehn Jahrbücher zur deutschen Literatur von 1967 bis 1976. 2 Bde. Berlin 1981

Das Wasserzeichen der Poesie oder Die Kunst und das Vergnügen, Gedichte zu lesen. In hundertvierundsechzig Spielarten vorgestellt von Andreas Thalmayr (1985). Frankfurt/M. 1990

Das Zeitalter des Barock. Texte und Zeugnisse (1963). Hg. Albrecht Schöne (= Die deutsche Literatur. Texte und Zeugnisse. Hg. Walter Killy u. a. Bd. III). München 1968

2 Primärliteratur: Gesamt-, Auswahl- und Einzelausgaben

Guillaume Apollinaire: Dichtungen. Auswahl. Zweisprachige Ausgabe. Hg. Flora Klee-Palyi. München 1981

H. C. Artmann: The Best of H. C. Artmann. Hg. Klaus Reichert. Frankfurt/M. 1978

Ingeborg Bachmann: Werke. Hg. Christine Koschel u. a. (1978). 4 Bde. München; Zürich 1984

Charles Baudelaire: Les Fleurs du Mal (1857). Die Blumen des Bösen. Frz./Dt. Übs. Monika Fahrenbach-Wachendorf. Stuttgart 1980

Gottfried Benn: Gesammelte Werke in der Fassung der Erstdrucke (GWE). Hg. Bruno Hillebrand. 4 Bde. Frankfurt/M. 1982–90

Johannes Bobrowski: Gedichte. Eine Auswahl. Hg. Eberhard Haufe. Leipzig 1992

Bertolt Brecht: Werke. Große kommentierte Berliner und Frankfurter Ausgabe. Hg. Werner Hecht u. a. Berlin u. a. 1988 ff.
Clemens Brentano: Werke. Hg. Bernhard Gajek/Friedhelm Kemp. 4 Bde. München 1963–68
Rolf Dieter Brinkmann: Westwärts 1 & 2. Gedichte. Mit Fotos des Autors. Reinbek 1975
Barthold Heinrich Brockes: Irdisches Vergnügen in Gott (1721–48). Gedichte. Auswahl. Hg. Adalbert Eschenbroich. Stuttgart 1979
Elias Canetti: Die Provinz des Menschen. Aufzeichnungen 1942–1972 (1973). Frankfurt/M. 1981
Paul Celan: Gesammelte Werke (GW). Hg. Beda Allemann/Stefan Reichert (1983). 5 Bde. Frankfurt/M. 1986
Richard Dehmel: Gedichte. Hg. Jürgen Viering. Stuttgart 1990
Annette von Droste-Hülshoff: Werke. Briefwechsel. Historisch-kritische Ausgabe (HKA). Hg. Winfried Woesler. Tübingen 1978 ff.
Johann Peter Eckermann: Gespräche mit Goethe in den letzten Jahren seines Lebens. München 1984
Joseph von Eichendorff: Sämtliche Werke. Historisch-kritische Ausgabe (HKA). Begr. Wilhelm Kosch/August Sauer. Fortgef. u. hg. Hermann Kunisch/Helmut Koopmann. Stuttgart u. a. 1908 ff.
Hans Magnus Enzensberger: Die Furie des Verschwindens. Gedichte. Frankfurt/M. 1980
Hans Magnus Enzensberger: Gedichte 1955–1970. Frankfurt/M. 1975
Hans Magnus Enzensberger: Zukunftsmusik (1991). Frankfurt/M. 1993
Erich Fried: Liebesgedichte. Berlin 1979
Erich Fried: Zeitfragen und Überlegungen. 80 Gedichte sowie ein Zyklus (1964/68). Berlin 1979
Stefan George: Werke. Hg. Robert Boehringer. 2 Bde. Düsseldorf; München 1976
Robert Gernhardt: Körper in Cafés. Gedichte. Zürich 1987
Johann Wolfgang Goethe: Sämtliche Werke (SW). Hg. Ernst Beutler u. a. (1948–71). 18 Bde. München 1977
Johann Wolfgang Goethe/Friedrich Schiller: Der Briefwechsel zwischen Schiller und Goethe. Hg. Emil Staiger. Frankfurt/M. 1966
Herbert Grönemeyer: Luxus. CD (EMI Electrola). 1990
Karoline von Günderode: Sämtliche Werke und ausgewählte Studien. Historisch-kritische Ausgabe (HKA). Hg. Walter Morgenthaler. 3 Bde. Basel; Frankfurt/M. 1990
Johann Christian Günther: Gedichte. Auswahl. Hg. Manfred Windfuhr. Stuttgart 1975
Peter Handke: Die Innenwelt der Außenwelt der Innenwelt (1966). Frankfurt/M. 1975
Heinrich Heine: Sämtliche Schriften. Hg. Klaus Briegleb (1976). 12 Bde. Frankfurt/M. u. a. 1981

Johann Gottfried Herder: Werke. Hg. Martin Bollacher u. a. Frankfurt/M. 1985 ff.
Hermann Hesse: Die Gedichte. Hg. Volker Michels. 2 Bde. Frankfurt/M. 1977
Georg Heym: Das lyrische Werk (LW). Sämtliche Gedichte 1910–1912. Mit einer Auswahl der frühen Gedichte 1899–1909. Hg. Karl Ludwig Schneider. München 1977
Hugo von Hofmannsthal: Gesammelte Werke (GW). Hg. Bernd Schoeller/Rudolf Hirsch. 10 Bde. Frankfurt/M. 1979
Friedrich Hölderlin: Sämtliche Werke und Briefe (SWB). Hg. Michael Knaupp. 3 Bde. München 1992/93
Arno Holz: Das Werk. 10 Bde. Berlin 1924/25
Arno Holz: Phantasus. Faksimile der Erstfassung. Hg. Gerhard Schulz. Stuttgart 1984
Ernst Jandl: Gesammelte Werke (GW). Hg. Klaus Siblewski. 3 Bde. Darmstadt; Neuwied 1985
Ernst Jandl: stanzen. Hamburg; Zürich 1992
Jean Paul: Werke. Hg. Norbert Miller. 10 Bde. München; Wien 1959–85
Sarah Kirsch: Katzenkopfpflaster. Gedichte. München 1978
Heinrich von Kleist: Sämtliche Werke und Briefe (SWB). Hg. Helmut Sembdner (1952). 2 Bde. München 1987
Thomas Kling: Gedichte 1981–1993. erprobung herzstärkender mittel. geschmacksverstärker. brennstabm. nacht.sicht.gerät. Frankfurt/M. 1994
Friedrich Gottlieb Klopstock: Gedichte. Hg. Peter Rühmkorf. Frankfurt/M. 1969
Friedrich Gottlieb Klopstock: Oden. Auswahl. Hg. Karl Ludwig Schneider. Stuttgart 1976
Reiner Kunze: zimmerlautstärke. gedichte (1972). Frankfurt/M. 1977
Else Lasker-Schüler: Helles Schlafen – dunkles Wachen. Gedichte. Auswahl. Hg. Friedhelm Kemp. München 1981
Else Lasker-Schüler: Verse und Prosa aus dem Nachlaß. München 1986
Jakob Michael Reinhold Lenz: Gedichte. Hg. Helmut Haug. Stuttgart 1968
Gotthold Ephraim Lessing: Werke und Briefe (WB). Hg. Wilfried Barner u. a. Frankfurt/M. 1985 ff.
Detlev von Liliencron: Gedichte. Hg. Günter Heintz. Stuttgart 1987
Stéphane Mallarmé: Sämtliche Gedichte. Frz. u. Dt. Übs. Carl Fischer. Heidelberg 1974
Friederike Mayröcker: Veritas. Lyrik und Prosa 1950–1992. Hg. Elke Erb. Leipzig 1993
Conrad Ferdinand Meyer: Sämtliche Werke. Historisch-kritische Ausgabe (HKA). Hg. Hans Zeller/Alfred Zäch. Bern 1963 ff.
Christian Morgenstern: Alle Galgenlieder. Frankfurt/M. 1976
Eduard Mörike: Sämtliche Werke. Briefe (SWB). Hg. Gerhart Baumann/Siegfried Grosse. 3 Bde. Stuttgart 1959–61

Erich Mühsam: War einmal ein Revoluzzer. Bänkellieder und Gedichte. Hg. Helga Bemmann. Reinbek 1978

Friedrich Nietzsche: Kritische Studienausgabe (KSA). 15 Bde. Hg. Giorgio Colli/Mazzino Montinari (1967–77). München

Novalis: Werke, Tagebücher und Briefe Friedrich von Hardenbergs (WTB). Hg. Hans-Joachim Mähl/Richard Samuel. 3 Bde. München; Wien 1978/87

Meret Oppenheim: Husch, husch, der schönste Vokal entleert sich. Gedichte, Zeichnungen. Hg. Christiane Meyer-Thoss. Frankfurt/M. 1984

Francesco Petrarca: Canzoniere. Ital.-dt. Übs. Geraldine Gabor/Ernst-Jürgen Dreyer. Basel; Frankfurt/M. 1990

Pindar: Oden. Griechisch/deutsch. Übs. Eugen Dönt. Stuttgart 1986

August von Platen: Werke. Bd. I. Lyrik. Nach der Ausg. letzter Hand und der hist.-krit. Ausg. Hg. Jürgen Link. München 1982

Edgar Allan Poe: Das gesamte Werk (GW). Hg. Kuno Schumann/Hans Dieter Müller. 10 Bde. Herrsching 1980

Rainer Maria Rilke: Sämtliche Werke (SW). Hg. Ernst Zinn (1955–66). 6 Bde. Frankfurt/M. 1987

Arthur Rimbaud: Sämtliche Dichtungen. Frz. u. Dt. Übs. Walther Küchler. Heidelberg 1978

Peter Rühmkorf: Gedichte. Reinbek 1996

Nelly Sachs: Fahrt ins Staublose. Gedichte (1961). Frankfurt/M. 1988

Sappho: Lieder. Griech. u. dt. Hg. Max Treu. München; Zürich 1984

Friedrich Schiller: Werke. Nationalausgabe (NA). Hg. Julius Petersen u. a. Weimar 1943 ff.

Friedrich Schlegel: Kritische Friedrich-Schlegel-Ausgabe (KSA). Hg. Ernst Behler u. a. München u. a. 1958 ff.

William Shakespeare: Sonette. Engl. u. dt. Nachdichtung und Nachwort Karl Kraus (1932). Zürich 1977

Theodor Storm: Sämtliche Werke (SW). Hg. Karl Ernst Laage/Dieter Lohmeier. 4 Bde. Frankfurt/M. 1987/88

August Stramm: Dramen und Gedichte. Auswahl. Hg. René Radrizzani. Stuttgart 1985

Georg Trakl: Werke – Entwürfe – Briefe (WEB). Hg. Hans-Georg Kemper/Frank Rainer Max. Stuttgart 1987

Guntram Vesper: Die Inseln im Landmeer und neue Gedichte. Mit Zeichnungen des Autors. Frankfurt/M. 1984

Unica Zürn: Gesamtausgabe (GA). Hg. Günter Bose/Erich Brinkmann. Berlin 1989 ff.

3 Sekundärliteratur

Theodor W. Adorno 1981: Noten zur Literatur (= Gesammelte Schriften 11). Hg. Rolf Tiedemann. Frankfurt/M.
Leif Ludwig Albertsen 1964: Weshalb schrieben die Klassizisten tonbeugende Hexameter? Eine Neudeutung. In: GRM N. F. 14, 360–370
Leif Ludwig Albertsen 1967: Das Lehrgedicht. Eine Geschichte der antikisierenden Sachepik in der neueren deutschen Literatur. Mit einem unbekannten Gedicht Albrecht von Hallers. Aarhus
Leif Ludwig Albertsen 1971: Die Freien Rhythmen. Rationale Bemerkungen im allgemeinen und zu Klopstock. Aarhus
Leif Ludwig Albertsen 1973: Über die Notwendigkeit, heute auf neuen Wegen wieder Versanalyse zu treiben. In: GRM N. F. 23, 11–31
Richard Alewyn 1980: Eine Landschaft Eichendorffs (1957). In: Klaus Peter (Hg.): Romantikforschung seit 1945. Königstein/Ts., 85–102
Thomas Althaus 1994: Expeditionen ins Eigene. Reversive Strukturen in der neuen Lyrik. In: Zeitschrift für deutsche Philologie 113, 614–633
Hermann Ammann 1925: Die menschliche Rede. Sprachphilosophische Untersuchungen, I. Teil. Die Idee der Sprache und das Wesen der Wortbedeutung. Lahr/B.
Johannes Anderegg 1973: Fiktion und Kommunikation. Ein Beitrag zur Theorie der Prosa. Göttingen
Johannes Anderegg 1977: Literaturwissenschaftliche Stiltheorie. Göttingen
Johannes Anderegg 1985: Sprache und Verwandlung. Zur literarischen Ästhetik. Göttingen
Mario Andreotti 1990: Die Struktur der modernen Literatur. Neue Wege in der Textanalyse. Einführung. Epik und Lyrik. Bern; Stuttgart
Friedmar Apel 1982: Sprachbewegung. Eine historisch-poetologische Untersuchung zum Problem des Übersetzens. Heidelberg
Friedmar Apel 1983: Literarische Übersetzung. Stuttgart
Hubert Arbogast 1964: Zwischen Alexandriner und Hexameter. Eine Studie zur Verskunst Stefan Georges. In: DU 16, H. 6, 109–123
Aristoteles 1993: Poetik. Griechisch/Deutsch. Übs. Manfred Fuhrmann. Stuttgart
Erwin Arndt 1989: Deutsche Verslehre. Berlin/Ost
Bernhard Asmuth 1984a: Aspekte der Lyrik. Mit einer Einführung in die Verslehre (1972). Opladen
Bernhard Asmuth 1984b: Das gedankliche Gedicht. In: Köpf 1984, 7–34
Bernhard Asmuth 1990: Einführung in die Dramenanalyse (1980). Stuttgart
Bernhard Asmuth 1996: Gebundene/ungebundene Rede. In: Gert Ueding (Hg.): Historisches Wörterbuch der Rhetorik. Bd. 3. Tübingen, Sp. 605–629
Aleida Assmann 1980: Die Legitimität der Fiktion. Ein Beitrag zur Geschichte der literarischen Kommunikation. München

Erich Auerbach 1946: Mimesis. Dargestellte Wirklichkeit in der abendländischen Literatur. Bern

Elke Austermühl 1981: Poetische Sprache und lyrisches Verstehen. Studien zum Begriff der Lyrik. Heidelberg

Elke Austermühl 1991: Lyrik in der Sekundarstufe I (1982). Hannover

Gaston Bachelard 1992: Poetik des Raumes (frz. 1957). Frankfurt/M.

Roland Barthes 1969: Literatur oder Geschichte (frz. 1963/64). Frankfurt/M.

Roland Barthes 1986: Die Lust am Text (frz. 1973). Frankfurt/M.

Charles Batteux 1976: Einschränkung der schönen Künste auf einen einzigen Grundsatz. Aus dem Frz. übs. u. mit Abhandlungen begleitet von Johann Adolf Schlegel. 3. Aufl. 1770. Nachdruck. 2 Teile in 1 Bd. Hildesheim; New York

Gerhart Baumann 1975: Wiedererinnerung – Vorerinnerung. Vom Zeitfeld des Gedichts. In: Köhler 1975, 4–21

Irene Behrens 1940: Die Lehre von der Einteilung der Dichtkunst vornehmlich vom 16. bis 19. Jahrhundert. Studien zur Geschichte der poetischen Gattungen. Halle/S.

Alfred Behrmann 1970: Einführung in die Analyse von Verstexten. Stuttgart

Alfred Behrmann 1989: Einführung in den neueren deutschen Vers. Von Luther bis zur Gegenwart. Eine Vorlesung. Stuttgart

Alfred Behrmann 1991/92: Philologische Praxis. 3 Bde. Stuttgart

Friedrich Beißner 1941: Geschichte der deutschen Elegie. Berlin

Friedrich Beißner 1953: Einführung in Hölderlins Lyrik. In: ders. (Hg.): Friedrich Hölderlin: Sämtliche Werke. Kleine Stuttgarter Ausgabe. Bd. 2. Stuttgart, 499–511

Friedrich Beißner 1961: Vom Baugesetz der vaterländischen Gesänge. In: ders.: Hölderlin. Reden und Aufsätze. Weimar, 144–161

Friedrich Beißner 1964: Satzton und Verston. In: DU 16, H. 6, 33–49

Peter Bekes 1979: Poetologie des Titels. Rezeptionstheoretische Überlegungen zu einigen Dramentiteln in der ersten Hälfte des 18. Jahrhunderts (1730–1755). In: Poetica 11, 394–426

W. Bennett 1963: German Verse in Classical Metres. The Hague

Émile Benveniste 1974: Probleme der allgemeinen Sprachwissenschaft (frz. 1972). München

Otto F. Best 1994: Handbuch literarischer Fachbegriffe. Definitionen und Beispiele (1972). Frankfurt/M.

Renate Beyer 1975: Untersuchungen zum Zitatgebrauch in der deutschen Lyrik nach 1945. Diss. (Ms.) Göttingen

Alwin Binder u. a. 1981: Aspekte neuhochdeutscher Verse (Metrum und Reim). In: Brackert/Stückrath 1981, Bd. 1, 273–297

Alwin Binder/Heinrich Richartz 1984: Lyrikanalyse. Anleitung und Demonstration an Gedichten von Benjamin Schmolck, Frank Wedekind und Günter Eich. Frankfurt/M.

Wolfgang Binder 1970: Hölderlins Odenstrophe (1952). In: ders.: Hölderlin-Aufsätze. Frankfurt/M., 47–75

Wolfgang Binder 1987: Hölderlins Verskunst (1982). In: ders.: Friedrich Hölderlin. Studien. Hg. Elisabeth Binder/Klaus Weimar. Frankfurt/M., 82–109

Max Black 1984: The Radical Ambiguity of a Poem. In: Synthese 59, 89–107

Hugo Blank 1990: Kleine Verskunde. Einführung in den deutschen und romanischen Vers. Heidelberg

Rudolf Blümel 1930: Der neuhochdeutsche Rhythmus in Dichtung und Prosa. Heidelberg

Hans Blumenberg 1966: Die essentielle Vieldeutigkeit des ästhetischen Gegenstandes. In: Friedrich Kaulbach/Joachim Ritter (Hg.): Kritik und Metaphysik. FS Heinz Heimsoeth. Berlin, 174–179

Hans Blumenberg 1969: Wirklichkeitsbegriff und Möglichkeit des Romans. In: Jauß 1969, 9–27

Hans Blumenberg 1979: Ausblick auf eine Theorie der Unbegrifflichkeit. In: ders.: Schiffbruch mit Zuschauer. Paradigma einer Daseinsmetapher. Frankfurt/M., 75–93

Hans Blumenberg 1981: Wirklichkeiten in denen wir leben. Aufsätze und eine Rede. Stuttgart

Hans Blumenberg 1983: Die Lesbarkeit der Welt (1981). Frankfurt/M.

Christoph Bode 1986: Ästhetik der Ambiguität. Zu Funktion und Bedeutung von Mehrdeutigkeit in der Literatur der Moderne. Tübingen

Johann Jakob Bodmer/Johann Jakob Breitinger 1980: Schriften zur Literatur. Hg. Volker Meid. Stuttgart

Gottfried Boehm 1978: Zu einer Hermeneutik des Bildes. In: Hans-Georg Gadamer/Gottfried Boehm (Hg.): Seminar: Die Hermeneutik und die Wissenschaften. Frankfurt/M., 444–471

Volker Bohn (Hg.) 1987: Romantik. Literatur und Philosophie. Internationale Beiträge zur Poetik. Bd. 1. Frankfurt/M.

Volker Bohn (Hg.) 1988: Typologie. Internationale Beiträge zur Poetik. Bd. 2. Frankfurt/M.

Volker Bohn (Hg.) 1990: Bildlichkeit. Internationale Beiträge zur Poetik. Bd. 3. Frankfurt/M.

Karl Heinz Bohrer 1981: Plötzlichkeit. Zum Augenblick des ästhetischen Scheins. Frankfurt/M.

Karl Heinz Bohrer 1994: Das absolute Präsens. Die Semantik ästhetischer Zeit. Frankfurt/M.

Otto Friedrich Bollnow 1962: Probleme des erlebten Raums. Wilhelmshaven

Otto Friedrich Bollnow o. J.: Das Verhältnis zur Zeit. Ein Beitrag zur pädagogischen Anthropologie. Heidelberg

Dieter Borchmeyer/Viktor Zmegac (Hg.) 1994: Moderne Literatur in Grundbegriffen (1987). Tübingen

Alexander von Bormann u. a. (Hg.) 1976: Wissen aus Erfahrungen. Werkbegriff und Interpretation heute. FS Herman Meyer. Tübingen

Bernhard Böschenstein 1968: Studien zur Dichtung des Absoluten. Zürich

Bernhard Böschenstein 1975: Die notwendige Unauflöslichkeit. Reflexionen über die Dunkelheit in der deutschen und französischen Dichtung (von Hölderlin bis Celan). In: Zeitwende 46, 329–344

Bernhard Böschenstein 1977: Leuchttürme. Von Hölderlin zu Celan. Wirkung und Vergleich. Studien. Frankfurt/M.

Bernhard Böschenstein 1982: Exterritorial. Anmerkungen zu Ingeborg Bachmanns deutschem Ungaretti. Mit einem Anhang über Paul Celans Übertragung des Spätwerks. In: Elm/Hemmerich 1982, 307–322

Renate Böschenstein 1990: Das Ich und seine Teile. Überlegungen zum anthropologischen Gehalt einiger lyrischer Texte. In: Buhr u. a. 1990, 73–97

Helmut Brackert/Jörn Stückrath (Hg.) 1981: Literaturwissenschaft. Grundkurs. 2 Bde. Reinbek

Helmut Brackert/Jörn Stückrath (Hg.) 1992: Literaturwissenschaft. Ein Grundkurs. Reinbek

Wolfgang Braungart 1996: Zur Poetik literarischer Zyklen. Mit Anmerkungen zur Lyrik Georg Trakls. In: Károly Csúri (Hg.): Zyklische Kompositionsformen in Georg Trakls Dichtungen. Szegeder Symposion. Tübingen, 1–27

Dieter Breuer 1981: Deutsche Metrik und Versgeschichte. München

Dieter Breuer (Hg.) 1988: Deutsche Lyrik nach 1945. Frankfurt/M.

Hellmut Brunner u. a. (Hg.) 1979: Wort und Bild. München

Klaus Budzinski 1984: Pfeffer im Getriebe. Ein Streifzug durch 100 Jahre Kabarett. München

Karl Bühler 1982: Sprachtheorie. Die Darstellungsfunktion der Sprache (1934). Stuttgart; New York

Gerhard Buhr u. a. (Hg.) 1990: Das Subjekt der Dichtung. FS Gerhard Kaiser. Würzburg

Dieter Burdorf 1992a: Subjektivität als Selbstverständigung. Der Beitrag der Lyrik zur literarischen Bildung. In: SuL 70, 30–40

Dieter Burdorf 1992b: Bemerkungen zu einer neuerschienenen Studie über das »Lyrische in der Dichtung«. In: WW 42, 517–521

Dieter Burdorf 1993: Hölderlins späte Gedichtfragmente: »Unendlicher Deutung voll«. Stuttgart; Weimar

Dieter Burdorf 1996: Sind Gedichte genaue Form? Was Schüler und Didaktiker vom Lyrikunterricht erwarten. In: Joachim S. Hohmann/Johann Rubinich (Hg.): Wovon der Schüler träumt. Leseförderung im Spannungsfeld von Literaturvermittlung und Medienpädagogik. Frankfurt/M. u. a., 247–258.

Heinz Otto Burger (Hg.) 1942: Gedicht und Gedanke. Auslegungen deutscher Gedichte. Halle/S.

Heinz Otto Burger/Reinhold Grimm 1961: Evokation und Montage. Göttingen
Ulrich Charpa 1985: Das poetische Ich – persona per quam. In: Poetica 17, 149–169
Broder Christiansen 1909: Philosophie der Kunst. Hanau
Dominique Combe 1996: La référence dédoublée. Le sujet lyrique entre fiction et autobiographie. In: Dominique Rabaté (Hg.): Figures du sujet lyrique. Paris, 39–63
Karl Otto Conrady 1962: Lateinische Dichtungstradition und deutsche Lyrik des 17. Jahrhunderts. Bonn
Karl Otto Conrady (Hg.) 1977: Deutsche Literatur zur Zeit der Klassik. Stuttgart
Karl Otto Conrady 1994: Kleines Plädoyer für Neutralität der Begriffe Lyrik und Gedicht. In: Joseph Kohnen u. a. (Hg.): Brücken schlagen ... „Weit draußen auf eigenen Füßen". FS Fernand Hoffmann. Frankfurt/M. u. a., 35–57
Jonathan Culler 1981: The Pursuit of Signs. Semiotics, Literatur, Deconstruction. Ithaca/N. Y.
Jonathan Culler 1988: Dekonstruktion. Derrida und die poststrukturalistische Literaturtheorie (amerik. 1982). Reinbek
Ernst Robert Curtius 1984: Europäische Literatur und lateinisches Mittelalter (1948). Bern; München
Lucien Dällenbach/Christiaan L. Hart Nibbrig (Hg.) 1984: Fragment und Totalität. Frankfurt/M.
Horst S. und Ingrid Daemmrich 1978: Wiederholte Spiegelungen. Themen und Motive in der Literatur. Bern; München
Arthur C. Danto 1991: Die Verklärung des Gewöhnlichen. Eine Philosophie der Kunst (amerik. 1981). Frankfurt/M.
Herta Dehmel 1982: Wiederholte Umkehr des Sprechvorgangs. Zur Autoren-Theorie des Gedichts im 20. Jahrhundert. Phil. Diss. (Typoskript) Bonn
Jacques Derrida 1980: Titel (noch zu bestimmen). Titre (à préciser). In: Friedrich A. Kittler (Hg.): Austreibung des Geistes aus den Geisteswissenschaften. Programme des Poststrukturalismus. Paderborn, 15–37
Jacques Derrida 1987: Der Entzug der Metapher. In: Bohn 1987, 317–355
Alberto Destro 1988: Ich und Wirklichkeit in Rilkes Lyrik. Etappen einer wechselvollen Entwicklung. In: Fülleborn/Engel 1988, 275–292
Reinhard Döhl 1992: Poesie zum Ansehen, Bilder zum Lesen? Notwendiger Vorbericht und Hinweise zum Problem der Mischformen im 20. Jahrhundert. In: Weisstein 1992, 158–172
Hilde Domin 1975: Wozu Lyrik heute. Dichtung und Leser in der gesteuerten Gesellschaft (1968). München
Hilde Domin 1988: Das Gedicht als Augenblick von Freiheit. Frankfurter Poetik-Vorlesungen 1987/1988. München; Zürich

Hilde Domin (Hg.) 1989: Doppelinterpretationen. Das zeitgenössische deutsche Gedicht zwischen Autor und Leser (1966). Frankfurt/M.
Raimund H. Drommel 1974: Die Sprechpause als Grenzsignal im Text. Göppingen (= Phil. Diss. Köln 1974)
Peter Dronke 1977: Die Lyrik des Mittelalters. Eine Einführung (engl. 1968). München
Umberto Eco 1977: Das offene Kunstwerk (ital. 1962). Frankfurt/M.
Umberto Eco 1994: Die Suche nach der vollkommenen Sprache (ital. 1993). Frankfurt/M.
Ludwig M. Eichinger 1984: Mundartlyrik. In: Köpf 1984, 147–178
Theo Elm/Gerd Hemmerich (Hg.) 1982: Zur Geschichtlichkeit der Moderne. Der Begriff der literarischen Moderne in Theorie und Deutung. FS Ulrich Fülleborn. München
Hans Magnus Enzensberger 1962: Weltsprache der modernen Poesie (1960). In: ders.: Einzelheiten. Frankfurt/M., 255–272
Hans Magnus Enzensberger 1973: Brentanos Poetik (1961). München
Hans Magnus Enzensberger 1988a: Bescheidener Vorschlag zum Schutze der Jugend vor den Erzeugnissen der Poesie. In: ders.: Mittelmaß und Wahn. Gesammelte Zerstreuungen. Frankfurt/M., 23–41
Hans Magnus Enzensberger 1988b: Die Entstehung eines Gedichts (1962). In: ders.: Erinnerung an die Zukunft. Poesie und Politik. Leipzig, 243–261
Victor Erlich 1987: Russischer Formalismus (engl. 1955). Mit einem Geleitwort von René Wellek. Frankfurt/M.
Emil Ermatinger 1923: Das dichterische Kunstwerk. Grundbegriffe der Urteilsbildung in der Literaturgeschichte. Leipzig; Berlin
Ulrich Ernst 1991: Carmen figuratum. Geschichte des Figurengedichts von den antiken Ursprüngen bis zum Ausgang des Mittelalters. Köln u. a.
Ulrich Ernst 1992: Die Entwicklung der optischen Poesie in Antike, Mittelalter und Neuzeit (1976). In: Weisstein 1992, 138–151
Oskar Fäh 1952: Klopstock und Hölderlin. Grenzen der Odenstrophe. Diss. Zürich
Michael Feldt 1990: Lyrik als Erlebnislyrik. Zur Geschichte eines Literatur- und Mentalitätstypus zwischen 1600 und 1900. Heidelberg
Hans Wilhelm Fischer 1960: Die Ode bei Voß und Platen. Diss. Köln
William Fitzgerald 1987: Agonistic Poetry. The Pindaric Mode in Pindar, Horace, Hölderlin, and the English Ode. Berkeley u. a.
Ivan Fónagy 1960: Die Redepausen in der Dichtung. In: Phonetica 5, 169–203
Philippe Forget (Hg.) 1984: Text und Interpretation. München
Horst Joachim Frank 1991: Wie interpretiere ich ein Gedicht? Eine methodische Anleitung. Tübingen
Horst Joachim Frank 1993: Handbuch der deutschen Strophenformen (1980). Tübingen; Basel
Manfred Frank 1972: Das Problem ›Zeit‹ in der deutschen Romantik. Zeit-

bewußtsein und Bewußtsein von Zeitlichkeit in der frühromantischen Philosophie und in Tiecks Dichtung. München

Manfred Frank 1978: Steinherz und Geldseele. Ein Symbol im Kontext. In: ders. (Hg.): Das kalte Herz. Texte der Romantik. Frankfurt/M., 253–401

Manfred Frank 1984: Was ist Neostrukturalismus? Frankfurt/M.

Kurt Franz 1979: Kinderlyrik. Struktur, Rezeption, Didaktik. München

Daniel Frey 1996: Einführung in die deutsche Metrik mit Gedichtmodellen für Studierende und Deutschlehrende. München

Hans-Jost Frey 1980: Verszerfall. In: Frey/Lorenz 1980, 9–81

Hans-Jost Frey 1990: Der unendliche Text. Frankfurt/M.

Hans-Jost Frey 1994: Überlegungen an der Textgrenze. In: MLN 109, 356–371

Hans-Jost Frey/Otto Lorenz 1980: Kritik des freien Verses. Heidelberg

Harald Fricke 1981: Norm und Abweichung. Eine Philosophie der Literatur. München

Harald Fricke 1991: Wie wissenschaftlich kann literarische Wertung sein? Argumente und Experimente am Beispiel zeitgenössischer Lyrik. In: ders.: Literatur und Literaturwissenschaft. Beiträge zu Grundfragen einer verunsicherten Disziplin. Paderborn u. a., 147–167

Harald Fricke/Rüdiger Zymner 1991: Einübung in die Literaturwissenschaft. Parodieren geht über Studieren. Paderborn u. a.

Hugo Friedrich 1985: Die Struktur der modernen Lyrik. Von der Mitte des neunzehnten bis zur Mitte des zwanzigsten Jahrhunderts (1956). Reinbek

Wolf-Hartmut Friedrich 1977: Über den Hexameter. In: Herbert Anton u. a. (Hg.): Geist und Zeichen. FS Arthur Henkel. Heidelberg, 98–120

Wolf-Hartmut Friedrich/Walther Killy 1964/65: Das Fischer Lexikon. Literatur. 2 in 3 Bdn. Frankfurt/M.

Ulrich Fülleborn/Manfred Engel (Hg.) 1988: Das neuzeitliche Ich in der Literatur des 18. und 20. Jahrhunderts. Zur Dialektik der Moderne. Ein Symposion. München

Gottfried Gabriel 1975: Fiktion und Wahrheit. Eine semantische Theorie der Literatur. Stuttgart-Bad Cannstatt

Gottfried Gabriel 1991: Über Bedeutung in der Literatur. Zur Möglichkeit ästhetischer Erkenntnis. In: ders.: Zwischen Logik und Literatur. Erkenntnisformen von Dichtung, Philosophie und Wissenschaft. Stuttgart, 2–18

Norbert Gabriel 1992: Studien zur Geschichte der deutschen Hymne. München

Hans-Georg Gadamer 1961: Poesie und Interpunktion. In: Die Neue Rundschau 1961, 143–149

Hans-Georg Gadamer 1975: Wahrheit und Methode. Grundzüge einer philosophischen Hermeneutik (1960). Tübingen

Hans-Georg Gadamer 1989: Wer bin Ich und wer bist Du? Ein Kommentar zu Paul Celans Gedichtfolge ›Atemkristall‹ (1973). Frankfurt/M.
Hans-Georg Gadamer 1984: Text und Interpretation. In: Forget 1984, 24–55
Hans-Georg Gadamer 1990: Gedicht und Gespräch. Essays. Frankfurt/M.
Gunter Gebauer/Christoph Wulf 1992: Mimesis. Kultur – Kunst – Gesellschaft. Reinbek
Manfred Geier 1983: Methoden der Sprach- und Literaturwissenschaft. Darstellung und Kritik. München
Manfred Geier 1986: Linguistische Analyse und literarische Praxis. Eine Orientierungsgrundlage für das Studium von Sprache und Literatur. Tübingen
Peter Geist u. a. 1992: Vom Umgang mit der Lyrik der Moderne. Berlin
Hans-Dieter Gelfert 1990: Wie interpretiert man ein Gedicht? Für die Sekundarstufe. Stuttgart
Gérard Genette 1989: Paratexte. Das Buch vom Beiwerk des Buches (frz. 1987). Frankfurt/M.; New York
Robert Gernhardt 1990: Gedanken zum Gedicht. Zürich
Hans Glinz 1983: Fiktionale und nichtfiktionale Texte. In: Vorstand der Vereinigung der deutschen Hochschulgermanisten 1983, 118–130
Hiltrud Gnüg 1983: Entstehung und Krise lyrischer Subjektivität. Vom klassischen lyrischen Ich zur modernen Erfahrungswirklichkeit. Stuttgart
Johann Christoph Gottsched 1989: Schriften zur Literatur. Hg. Horst Steinmetz. Stuttgart
Ernesto Grassi 1979: Die Macht der Phantasie. Zur Geschichte abendländischen Denkens. Königstein/Ts.
Gunter E. Grimm 1984: Erfahrung, Deutung und Darstellung der Natur in der Lyrik. In: Wessels 1984, 206–244
Gunter E. Grimm (Hg.) 1992: Metamorphosen des Dichters. Das Selbstverständnis deutscher Schriftsteller von der Aufklärung bis zur Gegenwart. Frankfurt/M.
Jacob Grimm 1984: Selbstbiographie. Ausgewählte Schriften, Reden und Abhandlungen. Hg. Ulrich Wyss. München
Reinhold Grimm (Hg.) 1966: Zur Lyrik-Diskussion. Darmstadt
Klaus Grubmüller 1986: Ich als Rolle. ›Subjektivität‹ als höfische Kategorie im Minnesang? In: Gert Kaiser/Jan-Dirk Müller (Hg.): Höfische Literatur, Hofgesellschaft, höfische Lebensformen um 1200. Düsseldorf, 387–408
Georg Guntermann 1984: Von der Leistung einer poetischen Form – Wandlungen der Ode im 18. Jahrhundert. In: Wessels 1984, 183–205
Klaus-Dieter Hähnel 1980: Tradition und Entwicklung des Lyrikbegriffs. Vorläufige Anmerkungen zu einem theoretischen Problem. In: Zeitschrift für Germanistik 1, 183–200

Rudolf Haller 1967: Geschichte der deutschen Lyrik vom Ausgang des Mittelalters bis zu Goethes Tod. Bern; München

Käte Hamburger 1987: Die Logik der Dichtung (1957). München

Michael Hamburger 1985: Wahrheit und Poesie. Spannungen in der modernen Lyrik von Baudelaire bis zur Gegenwart (engl. 1969). Frankfurt/M; Berlin; Wien

Michael Hamburger 1993: Das Überleben der Lyrik. Berichte und Zeugnisse. München; Wien

Manfred Hardt 1966: Das Bild in der Dichtung. Studien zu Funktionsweisen von Bildern und Bildreihen in der Literatur. München

Wolfgang Harms (Hg.) 1990: Text und Bild, Bild und Text. DFG-Symposion 1988. Stuttgart

Dietrich Harth/Peter Gebhardt (Hg.) 1982: Erkenntnis der Literatur. Theorien, Konzepte, Methoden der Literaturwissenschaft. Stuttgart

Dietrich Harth/Gerhard vom Hofe 1982: Unmaßgebliche Vorstellung einiger literaturtheoretischer Grundbegriffe. In: Harth/Gebhardt 1982, 8–32

Christiaan L. Hart Nibbrig 1984: Schnitt, Riß, Fuge, Naht. Notizen zur Relation von Ganzem und Teil in neueren deutschen Gedichten. In: Dällenbach/Hart Nibbrig 1984, 350–367

Christiaan L. Hart Nibbrig 1985: Die Auferstehung des Körpers im Text. Frankfurt/M.

Harald Hartung 1975: Experimentelle Literatur und konkrete Poesie. Göttingen

Anselm Haverkamp (Hg.) 1983: Theorie der Metapher. Darmstadt

Anselm Haverkamp 1988: Kryptische Subjektivität – Archäologie des Lyrisch-Individuellem. In: Manfred Frank/Anselm Haverkamp (Hg.): Individualität (= Poetik und Hermeneutik XIII), 347–383

Louis Hay/Winfried Woesler (Hg.) 1981: Edition und Interpretation (= Jahrbuch für internationale Germanistik. Reihe A. Bd. 11). Bern u. a.

Georg Wilhelm Friedrich Hegel 1970: Vorlesungen über die Ästhetik (posthum 1835). 3 Bde. (= Werke in zwanzig Bänden. Hg. Eva Mollenhauer/Karl Markus Michel. Bd. 13–15) Frankfurt/M.

Bodo Heimann 1964: Ich-Zerfall als Thema und Stil. Untersuchungen zur dichterischen Sprache Gottfried Benns. In: GRM N. F. 14, 384–403

Helmut Heißenbüttel 1983: Text oder Gedicht? Anmerkungen zur theoretischen und praktischen Aktualität dieser Frage – eine Abschweifung. In: Vorstand der Vereinigung der deutschen Hochschulgermanisten 1983, 3–24

Norbert von Hellingrath 1944: Hölderlin-Vermächtnis (posthum 1936). Hg. Ludwig von Pigenot. München

Hans-Heinrich Hellmuth/Joachim Schröder (Hg.) 1976: Die Lehre von der Nachahmung der antiken Versmaße im Deutschen. In Quellenschriften des 18. und 19. Jahrhunderts. München

Klaus W. Hempfer 1973: Gattungstheorie. Information und Synthese. München

Wolfhart Henckmann 1984: »Jedes Kunstwerk ist ein Augenblick«. Versuch, eine These Adornos zu verstehen. In: Thomsen/Holländer 1984, 77–92

Heinrich Henel 1966: Erlebnisdichtung und Symbolismus (1958). In: R. Grimm 1966, 218–254

Arthur Henkel/Albrecht Schöne 1996: Emblemata. Handbuch zur Sinnbildkunst des XVI. und XVII. Jahrhunderts (1967). Taschenausgabe Stuttgart; Weimar

Dieter Henrich 1966: Kunst und Kunstphilosophie der Gegenwart (Überlegungen mit Rücksicht auf Hegel). In: Iser 1966, 11–32

Dieter Henrich 1969: Kunst und Natur in der idealistischen Ästhetik. In: Jauß 1969, 128–134

Dieter Henrich/Wolfgang Iser (Hg.) 1983: Funktionen des Fiktiven (= Poetik und Hermeneutik X). München

Jost Hermand 1971: Pop International. Eine kritische Analyse. Frankfurt/M.

Jost Hermand 1973: Synthetisches Interpretieren. Zur Methodik der Literaturwissenschaft (1968). München

Andreas Heusler 1917: Deutscher und antiker Vers. Der falsche Spondeus und angrenzende Fragen. Straßburg

Andreas Heusler 1956: Deutsche Versgeschichte. Mit Einschluß des altenglischen und altnordischen Stabreimverses (1925–29). 3 Bde. Berlin

Walter Hinck 1968: Die deutsche Ballade von Bürger bis Brecht. Kritik und Versuch einer Neubestimmung. Göttingen

Walter Hinck (Hg.) 1977: Textsortenlehre – Gattungsgeschichte. Heidelberg

Walter Hinck 1978: Von Heine zu Brecht. Lyrik im Geschichtsprozeß. Frankfurt/M.

Walter Hinck (Hg.) 1979: Geschichte im Gedicht. Texte und Interpretationen. Protestlied, Bänkelsang, Ballade, Chronik. Frankfurt/M.

Walter Hinck 1994: Magie und Tagtraum. Das Selbstbild des Dichters in der deutschen Lyrik. Frankfurt/M.; Leipzig

Walter Hinderer (Hg.) 1983: Geschichte der deutschen Lyrik vom Mittelalter bis zur Gegenwart. Stuttgart

Reinhard Hippen 1986: Das Kabarett-Chanson. Typen – Themen – Temperamente. Zürich

E. D. Hirsch 1972: Prinzipien der Interpretation (amerik. 1967). München

Gerhart Hoffmeister 1973: Petrarkistische Lyrik. Stuttgart

Wiklef Hoops 1979: Fiktionalität als pragmatische Kategorie. In: Poetica 11, 281–317

Quintus Horatius Flaccus 1989: Ars Poetica. Die Dichtkunst. Lateinisch/Deutsch. Übs. Eckart Schäfer. Stuttgart

Ulrich Hötzer 1964: »Grata negligentia« – »Ungestiefelte Hexameter«? Bemerkungen zu Goethes und Mörikes Hexameter. In: DU 16, H. 6, 86–108
Wilhelm von Humboldt 1985: Über die Sprache. Ausgewählte Schriften. Hg. Jürgen Trabant. München
Wolfgang Iser (Hg.) 1966: Immanente Ästhetik – ästhetische Reflexion. Lyrik als Paradigma der Moderne (= Poetik und Hermeneutik II). München
Wolfgang Iser 1975: Im Lichte der Kritik. In: Warning 1975, 325–342
Wolfgang Iser 1976: Der Akt des Lesens. Theorie ästhetischer Wirkung. München
John E. Jackson 1984: Über das lyrische Fragment. In: Dällenbach/Hart Nibbrig 1984, 309–319
Dietmar Jaegle 1995: Das Subjekt im und als Gedicht. Eine Theorie des lyrischen Text-Subjekts am Beipiel deutscher und englischer Gedichte des 17. Jahrhunderts. Stuttgart
Roman Jakobson 1974: Verschieber, Verbkategorien und das russische Verb. In: ders.: Form und Sinn. Sprachwissenschaftliche Betrachtungen. München, 35–54
Roman Jakobson 1976: Hölderlin – Klee – Brecht. Zur Wortkunst dreier Gedichte. Frankfurt/M.
Roman Jakobson 1979: Poetik. Ausgewählte Aufsätze 1921–1971. Frankfurt/M.
Roman Jakobson/Krystyna Pomorska 1982: Poesie und Grammatik. Dialoge (frz. 1980). Frankfurt/M.
Ernst Jandl 1985: Das Öffnen und Schließen des Mundes. Darmstadt; Neuwied
Jürgen Janning 1980: Zur sprechgestaltenden Gedichtinterpretation auf der Sekundarstufe I. In: DU 32, H. 1, 35–39
Hans Robert Jauß (Hg.) 1969: Nachahmung und Illusion (= Poetik und Hermeneutik I). München
Hans Robert Jauß 1970: Literaturgeschichte als Provokation. Frankfurt/M.
Hans Robert Jauß 1982: Ästhetische Erfahrung und literarische Hermeneutik. Frankfurt/M.
Hans Robert Jauß 1989: Studien zum Epochenwandel der ästhetischen Moderne. Frankfurt/M.
Peter Jentzsch 1993a: Erfahrungsmodelle menschlicher Grundsituationen? Thematische und methodische Differenzierung beim Umgang mit Barocklyrik. In: DU 45, H. 2, 44–64
Peter Jentzsch 1993b: Gedichte des Barock. Mit einer Einführung in die Interpretation. Für die Sekundarstufe II. Stuttgart
Walter Jost 1976: Probleme und Theorien der deutschen und englischen Verslehre. Mit einem Sonderteil über Die Form des alemannischen Mundarthexameters bei Johann Peter Hebel und den Schweizern. Bern; Frankfurt/M.

Walter Jost 1984: Gedichte auf Bilder. In: Köpf 1984, 202–212

Friedrich Georg Jünger 1987: Rhythmus und Sprache im deutschen Gedicht (1952). Stuttgart

Erich Kahler 1950: Was ist ein Gedicht? In: Die Neue Rundschau 1950, 520–544

Cordula Kahrmann u. a. 1977: Erzähltextanalyse. Eine Einführung in Grundlagen und Verfahren. 2 Bde. Kronberg

Gerhard Kaiser 1973: Pietismus und Patriotismus im literarischen Deutschland. Ein Beitrag zum Problem der Säkularisation (1960). Frankfurt/M.

Gerhard Kaiser 1979: Aufklärung – Empfindsamkeit – Sturm und Drang (1976). München

Gerhard Kaiser 1987: Augenblicke deutscher Lyrik. Gedichte von Martin Luther bis Paul Celan interpretiert durch Gerhard Kaiser. Frankfurt/M.

Gerhard Kaiser 1988: Geschichte der deutschen Lyrik von Goethe bis Heine. Ein Grundriß in Interpretationen. 3 Bde. Frankfurt/M.

Gerhard Kaiser 1991: Geschichte der deutschen Lyrik von Heine bis zur Gegenwart. Ein Grundriß in Interpretationen. 3 Bde. Frankfurt/M.

Gerhard R. Kaiser 1980: Einführung in die Vergleichende Literaturwissenschaft. Forschungsstand – Kritik – Aufgaben. Darmstadt

Immanuel Kant 1976: Kritik der reinen Vernunft (1781). 2 Bde. (= Werkausgabe. Hg. Wilhelm Weischedel (1960). Bd. III/IV) Frankfurt/M.

Klaus Kanzog 1991: Einführung in die Editionsphilologie der neueren deutschen Literatur. Berlin

Erhart Kästner 1994: Das Malerbuch des zwanzigsten Jahrhunderts. In: Hans-Ulrich Lehmann/Sabine Solf (Hg.): Kunstwirklichkeiten: Erhart Kästner. Bibliothekar, Schriftsteller, Sammler. Wiesbaden, 69–96

Heinrich Kaulen 1991: Zwischen Engagement und Kunstautonomie. Ingeborg Bachmanns letzter Gedichtzyklus »Vier Gedichte« (1968). In: DVjs 65, S. 755–776

Wolfgang Kayser 1959: Die Wahrheit der Dichter. Wandlung eines Begriffs in der deutschen Literatur. Hamburg

Wolfgang Kayser 1978: Das sprachliche Kunstwerk. Eine Einführung in die Literaturwissenschaft (1948). Bern; München

Wolfgang Kayser 1991: Geschichte des deutschen Verses. Zehn Vorlesungen für Hörer aller Fakultäten (1960). Tübingen

Wolfgang Kayser 1992: Kleine deutsche Versschule (1946). Tübingen; Basel

Ulrich Keller 1980: Fiktionalität als literaturwissenschaftliche Kategorie. Heidelberg

Alfred Kelletat 1964: Zum Problem der antiken Metren im Deutschen. In: DU 16, H. 6, 50–85

Friedhelm Kemp 1984/85: Treue der Übersetzung? In: Hölderlin-Jahrbuch 24, 207–217

Hans-Georg Kemper 1969: Varianten als Interpretationshilfe. Zur Genese von Georg Trakls »Melancholie«. In: Text + Kritik 4/4a, 36–41
Hans-Georg Kemper 1970: Georg Trakls Entwürfe. Aspekte zu ihrem Verständnis. Tübingen
Hans-Georg Kemper 1987 ff.: Deutsche Lyrik der frühen Neuzeit. Tübingen
Marianne Kesting 1991: Ich-Figuration und Erzählerschachtelung. Zur Selbstreflexion der dichterischen Imagination. In: GRM N. F. 41, 27–45
Walther Killy 1956: Wandlungen des lyrischen Bildes. Göttingen
Walther Killy 1972: Elemente der Lyrik. München
Walther Killy 1982: Der Widerstand der Texte. In: ders.: Schreibweisen – Leseweisen. München, 22–42
Friedrich A. Kittler 1985: Aufschreibesysteme 1800/1900. München
Friedrich A. Kittler 1986: Grammophon Film Typewriter. Berlin
Erich Kleinschmidt 1982: Die Wirklichkeit der Literatur. Fiktionsbewußtsein und das Problem der ästhetischen Realität von Dichtung in der Frühen Neuzeit. In: DVjs 56, 174–197
Erich Kleinschmidt 1992: Gleitende Sprache. Sprachbewußtsein und Poetik in der literarischen Moderne. München
Rolf Kloepfer 1975: Poetik und Linguistik. Semiotische Instrumente. München
Otto Knörrich 1978: Die deutsche Lyrik seit 1945. Stuttgart
Otto Knörrich 1985: Lyrische Texte. Strukturanalyse und historische Interpretation. Eine Einführung. München
Otto Knörrich 1992: Lexikon lyrischer Formen. Stuttgart
Erich Köhler (Hg.) 1975: Sprachen der Lyrik. FS Hugo Friedrich. Frankfurt/M.
Max Kommerell 1943: Gedanken über Gedichte. Frankfurt/M.
Gerhard Köpf (Hg.) 1984: Neun Kapitel Lyrik. Paderborn
Barbara Korte 1987: Das Du im Erzähltext. Kommunikationsorientierte Betrachtungen zu einer vielgebrauchten Form. In: Poetica 19, 169–189
Hermann Korte 1989: Geschichte der deutschen Lyrik seit 1945. Stuttgart
Hermann Korte 1992: Auf dem Trampelpfad. Deutsche Lyrik 1985 bis 1991. In: Text + Kritik 113, 52–62
Herbert Kraft 1982: Strukturen der Lyrik. In: Joachim Krause u. a. (Hg.): Sammeln und Sichten. FS Oscar Fambach. Bonn, 324–341
Gisbert Kranz 1992: Das Bildgedicht. Geschichtliche und poetologische Betrachtungen. In: Weisstein 1992, 152–157
Eveline Krause 1983: Gedichtverständnis. Gedichterlebnis. Berlin/Ost
Karl Krolow 1961: Aspekte zeitgenössischer deutscher Lyrik. Gütersloh
Siegfried Kross 1989: Geschichte des deutschen Liedes. Darmstadt
Irène Elisabeth Kummer 1987: Unlesbarkeit dieser Welt. Spannungsfelder moderner Lyrik und ihr Ausdruck im Werk von Paul Celan. Frankfurt/M.

Christoph Küper 1988: Sprache und Metrum. Semiotik und Linguistik des Verses. Tübingen

Gerhard Kurz 1977: Schwierigkeiten mit der Poesie und kein Ende. In: Linguistik und Didaktik 32, 294–305

Gerhard Kurz 1988a: Fragen und Probleme der gegenwärtigen hermeneutischen Reflexion. In: Norbert Oellers (Hg.): Germanistik und Deutschunterricht im Zeitalter der Technologie. Selbstbestimmung und Anpassung. Vorträge des Germanistentages, Berlin 1987. Tübingen. Bd. 1, 21–39

Gerhard Kurz 1988b: Zu einer Poetik des Enjambements. In: SuL 61, 45–51

Gerhard Kurz 1992a: Notizen zum Rhythmus. In: SuL 70, 41–45

Gerhard Kurz 1992b: Vieldeutigkeit. Überlegungen zu einem literaturwissenschaftlichen Paradigma. In: Lutz Danneberg/Friedrich Vollhardt (Hg.): Vom Umgang mit Literatur und Literaturgeschichte. Positionen und Perspektiven nach der »Theoriedebatte«. Stuttgart, 315–333

Gerhard Kurz 1993: Metapher, Allegorie, Symbol (1982). Göttingen

Alice A. Kuzniar 1987: Delayed Endings. Nonclosure in Novalis and Hölderlin. Athens; London

Renate Lachmann (Hg.) 1982: Dialogizität. München

Philippe Lacoue-Labarthe/Jean-Luc Nancy 1984: Noli me frangere. In: Dällenbach/Hart Nibbrig 1984, 64–76

Dieter Lamping 1983: Der Name in der Erzählung. Zur Poetik des Personennamens. Bonn

Dieter Lamping 1985: Probleme der Reimpoetik im 20. Jahrhundert. In: WW 35, 283–293

Dieter Lamping 1991: Moderne Lyrik. Eine Einführung. Göttingen

Dieter Lamping 1993: Das lyrische Gedicht. Definitionen zu Theorie und Geschichte der Gattung (1989). Göttingen

Dieter Lamping 1994: William Carlos Williams, deutsch. Zur Rezeption moderner amerikanischer Lyrik in Deutschland. In: arcadia 29, 43–57

Jürgen Landwehr 1981: Fiktion und Nichtfiktion. In: Brackert/Stückrath 1981. Bd. 1, 380–404

Jürgen Landwehr 1983: Textsorten als »Schlechtes Allgemeines« und der Aufstand der Lyrik. Über ein produktives Mißverständnis der Ästhetik. In: Vorstand der Vereinigung der deutschen Hochschulgermanisten 1983, 235–249

Jürgen Landwehr 1992: Fiktion oder Nichtfiktion. Zum zweifelhaften Ort der Literatur zwischen Lüge, Schein und Wahrheit. In: Brackert/Stückrath 1992, 491–504

August Langen 1966: Dialogisches Spiel. Formen und Wandlungen des Wechselgesangs in der deutschen Dichtung (1600–1900). Heidelberg

Hartmut Laufhütte 1979: Die deutsche Kunstballade. Grundlegung einer Gattungsgeschichte. Heidelberg

Heinrich Lausberg 1967: Elemente der literarischen Rhetorik. Eine Einführung für Studierende der klassischen, romanischen, englischen und deutschen Philologie. München

Bodo Lecke 1967: Das Stimmungsbild. Musikmetaphorik und Naturgefühl in der deutschen Prosaskizze 1721–1780. Göttingen

Susanne Ledanff 1981: Die Augenblicksmetapher. Über Bildlichkeit und Spontaneität in der Lyrik. München

Herbert Lehnert 1972: Struktur und Sprachmagie. Zur Methode der Lyrik-Interpretation (1966). Stuttgart u. a.

Gotthard Lerchner 1984: Sprachform von Dichtung. Linguistische Untersuchungen zu Funktion und Wirkung literarischer Texte. Berlin; Weimar

Emmanuel Lévinas 1988: Eigennamen. Meditationen über Sprache und Literatur (frz. 1975/76). München

Franz H. Link 1977: Dramaturgie der Zeit. Freiburg 1977

Jürgen Link 1974: Literaturwissenschaftliche Grundbegriffe. Eine programmierte Einführung auf strukturalistischer Basis. München

Jürgen Link 1975: Die Struktur des literarischen Symbols. Theoretische Beiträge am Beispiel der späten Lyrik Brechts. München

Jürgen Link 1981: Das lyrische Gedicht als Paradigma des überstrukturierten Textes. In: Brackert/Stückrath 1981. Bd. 1, 192–219

Fritz Lockemann 1952: Das Gedicht und seine Klanggestalt. Emsdetten

Fritz Lockemann 1960a: Der Rhythmus des deutschen Verses. Spannkräfte und Bewegungsformen in der neuhochdeutschen Dichtung. München

Fritz Lockemann 1960b: Gedanken über das lyrische Du. In: Karl Bischoff/Lutz Röhrich (Hg.): Volk Sprache Dichtung. FS Kurt Wagner. Gießen, 79–106

Wolfgang Lockemann 1973: Lyrik, Epik, Dramatik oder die totgesagte Trinität. Meisenheim/Gl.

Otto Lorenz 1980: Poesie fürs Auge. In: Frey/Lorenz 1980, 83–124

Jurij M. Lotman 1972a: Die Struktur literarischer Texte. München

Jurij M. Lotman 1972b: Vorlesungen zu einer strukturalen Poetik. Einführung, Theorie des Verses. München

Hans-Werner Ludwig 1990: Arbeitsbuch Lyrikanalyse (1981). Darmstadt

Archibald Macleish 1963: Elemente der Lyrik. Leitfaden für Leser (amerik. 1961). Göttingen

Carol Maddison 1960: Apollo and the Nine. A History of the Ode. London

Gunter Martens 1971: Textdynamik und Edition. Überlegungen zur Bedeutung und Darstellung variierender Textstufen. In: Martens/Zeller 1971, 165–201

Gunter Martens 1975: Texterschließung durch Edition. Überlegungen zur rezeptionsästhetischen Bedeutung textgenetischer Apparate. In: Zeitschrift für Literaturwissenschaft und Linguistik 5, H. 19/20, 82–104

Gunter Martens 1979: Die Funktion des Variantenapparates in Nachlassausgaben expressionistischer Lyrik. In: Louis Hay/Winfried Woesler (Hg.): Die Nachlaßedition (= Jahrbuch für internationale Germanistik, Reihe A, Bd. 4). Bern, 81–94

Gunter Martens 1981: Textkonstitution in Varianten. Die Bedeutung der Entstehungsvarianten für das Verständnis schwieriger Texte Hölderlins. In: Hay/Woesler 1981, 69–96

Gunter Martens 1987: Entwürfe zur Lyrik Georg Heyms. Möglichkeiten des Einblicks in die immanente Poetik seiner Dichtungen. In: editio 1, 250–265

Gunter Martens/Hans Zeller (Hg.) 1971: Texte und Varianten. Probleme ihrer Edition und Interpretation. München

Karl Maurer 1992: Literaturwissenschaft als Wissenschaft von übersetzter Literatur? In: arcadia 17, 125–140

Volker Meid 1986: Barocklyrik. Stuttgart

Franz Norbert Mennemeier 1971: Freier Rhythmus im Ausgang von der Romantik. In: Poetica 4, 197–214

Franz Norbert Mennemeier 1990: Rhythmus. – Ein paar Daten und Überlegungen grundsätzlicher Art zu einem in gegenwärtiger Literaturwissenschaft vernachlässigten Thema. In: literatur für leser 1990, 228–232

Winfried Menninghaus 1989: Die frühromantische Theorie von Zeichen und Metapher. In: The German Quarterly 62, 48–58

Herman Meyer 1961: Das Zitat in der Erzählkunst. Zur Geschichte und Poetik des europäischen Romans. Stuttgart

Herman Meyer 1963: Zarte Empirie. Studien zur Literaturgeschichte. Stuttgart

Herman Meyer 1987: Spiegelungen. Studien zu Literatur und Kunst. Tübingen

Theodor A. Meyer 1990: Das Stilgesetz der Poesie (1901). Frankfurt/M.

Jacob Minor 1902: Neuhochdeutsche Metrik. Ein Handbuch (1893). Straßburg

Ulrich Mölk 1975: Petrarkismus – Antiitalianismus – Antipetrarkismus. Zur französischen Lyrik des XVI. Jahrhunderts. In: Köhler 1975, 547–559

Jan Mukarovsky´1978: Kapitel aus der Ästhetik (1966). Frankfurt/M.

Günther Müller 1925: Geschichte des deutschen Liedes vom Zeitalter des Barock bis zur Gegenwart. München

Hartmut Müller 1970: Formen moderner deutscher Lyrik. Paderborn

Ursula Müller 1966: Der Rhythmus. Bindung und Freiheit als Problem der Gemütserziehung in heilpädagogischer Sicht. Bern; Stuttgart

Wolfgang G. Müller 1974: Der Weg vom Symbolismus zum deutschen und anglo-amerikanischen Dinggedicht des beginnenden zwanzigsten Jahrhunderts. In: Neophilologus 58, 157–179

Wolfgang G. Müller 1979: Das lyrische Ich. Erscheinungsformen gattungseigentümlicher Autor-Subjektivität in der englischen Lyrik. Heidelberg

Wolfgang G. Müller 1995: Das Problem der Subjektivität der Lyrik und die Dichtung der Dinge und Orte. In: Ansgar Nünning u. a. (Hg.): Literaturwissenschaftliche Theorien, Modelle und Methoden. Eine Einführung. Trier, 93–105

Bert Nagel 1985: Das Reimproblem in der deutschen Dichtung. Vom Otfridvers zum freien Vers. Berlin

Bert Nagel 1989: Der freie Vers in der modernen Dichtung. Göppingen

Rainer Nägele 1980: Der Diskurs des andern. Hölderlins Ode ›Stimme des Volks‹ und die Dialektik der Aufklärung. In: Le pauvre Holterling. Blätter zur Frankfurter Ausgabe 4/5. Frankfurt/M., 61–76

Gerhard Neumann 1970: Die ›absolute‹ Metapher. Ein Abgrenzungsversuch am Beispiel Stéphane Mallarmés und Paul Celans. In: Poetica 3, 188–225

Gerhard Neumann 1975: Lyrik und Mimesis. In: Köhler 1975, 571–605

Gerhard Neumann 1981: Werk oder Schrift? Vorüberlegungen zur Edition von Kafkas »Bericht für eine Akademie«. In: Hay/Woesler 1981, 154–173

Gerhard Neumann 1982: Schrift und Druck. Erwägungen zur Edition von Kafkas ›Landarzt‹-Band. In: Zeitschrift für deutsche Philologie 101. Sonderheft: Probleme neugermanistischer Edition, 115–139

Peter Horst Neumann 1973: »Text« und »Gedicht«. Versuch einer terminologischen Unterscheidung. In: GRM N. F. 23, 1–11

Richard Newald 1951: Die deutsche Literatur vom Späthumanismus zur Empfindsamkeit. 1570–1750. (= Helmut de Boor/Richard Newald: Geschichte der deutschen Literatur von den Anfängen bis zur Gegenwart. Bd. 5) München

Fritz Nies 1975: Kulinarische Negativität. Gattungsstrukturen der Chansons im Vaudeville-Bereich (Guéridons, Roquentins, Lanturlus, Lampons). In: Köhler 1975, 606–629

Willi Oelmüller (Hg.) 1982: Ästhetischer Schein (= Kolloquium Kunst und Philosophie. Bd. 2). Paderborn u. a.

Friedrich Ohly 1977: Schriften zur mittelalterlichen Bedeutungsforschung. Darmstadt

Martin Opitz 1991: Buch von der deutschen Poeterey (1624). Hg. Cornelius Sommer. Stuttgart

Kurt Oppert 1926: Das Dinggedicht. Eine Kunstform bei Mörike, Meyer und Rilke. In: DVjs 4, 747–783

Clemens Ottmers 1996: Rhetorik. Stuttgart; Weimar

Otto Paul/Ingeborg Glier 1961: Deutsche Metrik. München

Jürgen Peper 1972: Transzendentale Struktur und lyrisches Ich. In: DVjs 46, 381–434

Karl Pestalozzi 1970: Die Entstehung des lyrischen Ich. Studien zum Motiv der Erhebung in der Lyrik. Berlin

Jürgen H. Petersen 1992a: Erzählen im Präsens. Die Korrektur herrschender Tempus-Theorien durch die poetische Praxis in der Moderne. In: Euph 86, 65–89

Jürgen H. Petersen 1992b: 'Mimesis' versus 'Nachahmung'. Die *Poetik* des Aristoteles – nochmals neu gelesen. In: arcadia 27, 3–46

Jürgen H. Petersen 1993: Erzählsysteme. Eine Poetik epischer Texte. Stuttgart; Weimar

Karl Konrad Polheim (Hg.) 1972: Der Poesiebegriff der deutschen Romantik. Paderborn

Klaus Popitz u. a. 1982: Von Odysseus bis Felix Krull. Gestalten der Weltliteratur in der Buchillustration des 19. und 20. Jahrhunderts. Berlin

Ulrich Pretzel 1962: Deutsche Verskunst. Mit einem Beitrag über altdeutsche Strophik von Helmuth Thomas. In: Wolfgang Stammler u. a. (Hg.): Deutsche Philologie im Aufriß. Bd. 3. 2. Aufl. Berlin, Sp. 2357–2546

Elisabeth Reitmeyer 1935: Studien zum Problem der Gedichtsammlung mit eingehender Untersuchung der Gedichtsammlungen Goethes und Tiecks. Bern; Leipzig

Paul Requadt 1974: Bildlichkeit in der Dichtung. Aufsätze zur deutschen Literatur vom 18. bis 20. Jahrhundert. München

Roland Reuß 1990: ».../ Die eigene Rede des andern«. Hölderlins ›Andenken‹ und ›Mnemosyne‹. Basel; Frankfurt/M.

William H. Rey 1978: Poesie der Antipoesie. Moderne deutsche Lyrik. Genesis – Theorie – Struktur. Heidelberg

Karl Riha 1983: Großstadtlyrik. Eine Einführung. München; Zürich

Günther C. Rimbach 1964: Illusionsperspektiven in der modernen Lyrik. In: GRM N. F. 14, 371–385

Werner Ross 1975: Der neue Realismus in der Lyrik. In: Merkur Jg. 29, 970–979

Arnold Rothe 1986: Der literarische Titel. Funktionen, Formen, Geschichte. Frankfurt/M.

Gerhard Rückert 1984: Experimentelle Lyrik – Konkrete Poesie. In: Köpf 1984, 179–201

Horst Rüdiger/Erwin Koppen (Hg.) 1966–73: Kleines literarisches Lexikon (1947/48). 3 in 4 Bdn. Bern; München

Enno Rudolph/Heinz Wismann (Hg.) 1992: Sagen, was die Zeit ist. Analysen zur Zeitlichkeit der Sprache. Stuttgart

Dorothea Ruprecht 1987: Untersuchungen zum Lyrikverständnis in Kunsttheorie, Literarhistorie und Literaturkritik zwischen 1830 und 1860. Göttingen

Franz Saran 1907: Deutsche Verslehre. München

Ferdinand de Saussure 1967: Grundfragen der allgemeinen Sprachwissenschaft. Hg. Charles Bally/Albert Sechehaye (frz. 1916). Berlin

Wolfgang Schadewaldt 1989: Die frühgriechische Lyrik (= Tübinger Vorlesungen. Bd. 3). Hg. Ingeborg Schudoma. Frankfurt/M.

Siegfried Scheibe 1971: Zu einigen Grundprinzipien historisch-kritischer Ausgaben. In: Martens/Zeller 1971, 1–44

Siegfried Scheibe u. a. 1988: Vom Umgang mit Editionen. Eine Einführung in Verfahrensweisen und Methoden der Textologie. Berlin

Wilhelm Scherer 1977: Poetik (posthum 1888). Mit einer Einleitung und Materialien zur Rezeptionsanalyse. Hg. Gunter Reiß. München

Klaus R. Scherpe 1968: Gattungspoetik im 18. Jahrhundert. Historische Entwicklung von Gottsched bis Herder. Stuttgart

Hannelore Schlaffer 1986: Antiker Form sich nähernd. Rolf Dieter Brinkmanns Hymne auf einen italienischen Platz. In: Neue Rundschau 97, H. 1, 41–48

Heinz Schlaffer 1966: Lyrik im Realismus. Studien über Raum und Zeit in den Gedichten Mörikes, der Droste und Liliencrons. Bonn

Heinz Schlaffer 1995: Die Aneignung von Gedichten. Grammatisches, rhetorisches und pragmatisches Ich in der Lyrik. In: Poetica 27, 38–57

Fritz Schlawe 1972a: Die deutschen Strophenformen. Systematisch-chronologische Register zur deutschen Lyrik 1600–1950. Stuttgart

Fritz Schlawe 1972b: Neudeutsche Metrik. Stuttgart

Fritz Schlawe 1979: Gegen eine funktionelle Metrik. In: Euph 73, 199–205

Hermann Schlüter 1974: Grundkurs der Rhetorik. München

Hans-Jürgen Schlütter 1966: Der Rhythmus im strengen Knittelvers des 16. Jahrhunderts. In: Euph 60, 48–90

Hans-Jürgen Schlütter u. a. 1979: Sonett. Stuttgart

Gerhardt Schmidt 1975: Lyrische Sprache und normale Sprache. In: Köhler 1975, 731–750

Jochen Schmidt 1985: Die Geschichte des Genie-Gedankens in der deutschen Literatur, Philosophie und Politik 1750–1945, 2 Bde. Darmstadt

Siegfried J. Schmidt 1968: Alltagssprache und Gedichtsprache. Versuch einer Bestimmung von Differenzqualitäten. In: Poetica 2, 285–303

Irmela Schneider 1984: Von der Epiphanie zur Momentaufnahme. Augenblicke in der Lyrik nach 1945. In: Thomsen/Holländer 1984, 434–451

Karl Ludwig Schneider 1960: Klopstock und die Erneuerung der deutschen Dichtersprache im 18. Jahrhundert. Heidelberg

Karl Ludwig Schneider 1964: Die Polemik gegen den Reim im 18. Jahrhundert. In: DU 16, H. 6, 5–16

Wilhelm Schneider 1959: Stilistische deutsche Grammatik. Die Stilwerte der Wortarten, der Wortstellung und des Satzes. Basel u. a.

Ralf Schnell 1993: Geschichte der deutschsprachigen Literatur seit 1945. Stuttgart; Weimar

Ulrich Schödlbauer 1982: Odenform und freier Vers. Antike Formmotive in moderner Dichtung. In: Literaturwissenschaftliches Jahrbuch N. F. 23, 191–206

Ulrich Schödlbauer 1994: Entwurf der Lyrik. Berlin

Bernhard F. Scholz 1992: Emblematik: Entstehung und Erscheinungsweisen. In: Weisstein 1992, 113–137

Jochen Schulte-Sasse/Renate Werner 1977: Einführung in die Literaturwissenschaft. München

Hartwig Schultz 1970: Vom Rhythmus der modernen Lyrik. Parallele Versstrukturen bei Holz, George, Rilke, Brecht und den Expressionisten. München

Hartwig Schultz 1981: Form als Inhalt. Vers- und Sinnstrukturen bei Joseph von Eichendorff und Annette von Droste-Hülshoff. Bonn

Claus Schuppenhauer 1970: Der Kampf um den Reim in der deutschen Literatur des 18. Jahrhunderts. Bonn

Jürgen Schutte 1993: Einführung in die Literaturinterpretation (1985). Stuttgart

Günther und Irmgard Schweikle (Hg.) 1990: Metzler Literatur Lexikon. Begriffe und Definitionen (1984). Stuttgart

Dietrich Seckel 1937: Hölderlins Sprachrhythmus. Mit einer Einleitung über das Problem des Rhythmus und einer Bibiographie zur Rhythmusforschung. Leipzig

Martin Seel 1990: Am Beispiel der Metapher. Zum Verhältnis von buchstäblicher und figürlicher Rede. In: Forum für Philosophie Bad Homburg (Hg.): Intentionalität und Verstehen. Frankfurt/M., 237–272

Wulf Segebrecht 1977: Das Gelegenheitsgedicht. Ein Beitrag zur Geschichte und Poetik der deutschen Lyrik. Stuttgart

Wilhelm Seidel 1975: Über Rhythmustheorien der Neuzeit. Bern; München

Wilhelm Seidel 1976: Rhythmus. Eine Begriffsbestimmung. Darmstadt

Bernd W. Seiler 1982a: Vieldeutigkeit und Deutungsvielfalt oder: Das Problem der Beliebigkeit im Umgang mit Literatur. In: DU 34, H. 6, 87–104

Bernd W. Seiler 1982b: Vom Recht des naiven und von der Notwendigkeit des historischen Verstehens literarischer Texte. In: Diskussion Deutsch Jg. 13, H. 1, 19–33

Eduard Sievers 1912: Rhythmisch-melodische Studien. Vorträge und Aufsätze. Heidelberg

Eduard Sievers 1924: Ziele und Wege der Schallanalyse. Zwei Vorträge. Heidelberg

Bernhard Sorg 1984: Das lyrische Ich. Untersuchungen zu deutschen Gedichten von Gryphius bis Benn. Tübingen

Jürgen Söring 1980: »Die apriorität des Individuellen über das Ganze«. Von der Schwierigkeit, ein Prinzip der Lyrik zu finden. In: Jahrbuch der deutschen Schillergesellschaft 24, 205–246

Bernhard Sowinski 1986: Deutsche Stilistik. Beobachtungen zur Sprachverwendung und Sprachgestaltung im Deutschen (1973). Frankfurt/M.
Thomas Sparr 1989: Celans Poetik des hermetischen Gedichts. Heidelberg
Dan Sperber 1975: Über Symbolik (frz. 1974). Frankfurt/M.
Werner Spies 1988: Max Ernst, Collagen. Inventar und Widerspruch. Köln
Kaspar H. Spinner 1975: Zur Struktur des lyrischen Ich. Frankfurt/M.
Kaspar H. Spinner 1984: Umgang mit Lyrik in der Sekundarstufe I. Baltmannsweiler
Kaspar H. Spinner 1992: Lyrik der Gegenwart im Unterricht. Hannover
Emil Staiger 1961: Zu einem Gedicht Georg Trakls. In: Euph 55, 279–296
Emil Staiger 1975: Grundbegriffe der Poetik (1946). München
Emil Staiger 1976: Die Zeit als Einbildungskraft des Dichters. Untersuchungen zu Gedichten von Brentano, Goethe und Keller (1939). München
Emil Staiger 1977: Die Kunst der Interpretation. Studien zur deutschen Literaturgeschichte (1956). München
Ewald Standop 1989: Abriß der englischen Metrik. Mit einer Einführung in die Prosodie der Prosa (Satzintonation) und einem Aufsatz über Rhythmus von Jost Trier. Tübingen
Jean Starobinski 1980: Wörter unter Wörtern. Die Anagramme von Ferdinand de Saussure (frz. 1971). Frankfurt/M. u. a.
Dietrich Steinbach (Hg.) 1985: Gedichte in ihrer Epoche. Stuttgart
George Steiner 1981: Nach Babel. Aspekte der Sprache und der Übersetzung (engl. 1975). Frankfurt/M.
Jacob Steiner 1976: Kunst und Literatur. Zu Rilkes Kathedralengedichten. In: Bormann u. a. 1976, 621–635
Wolf-Dieter Stempel (Hg.) 1972: Texte der russischen Formalisten. Bd. II. Texte zur Theorie des Verses und der poetischen Sprache. München
Anthony Stephens 1982: Überlegungen zum lyrischen Ich. In: Elm/Hemmerich 1982, 53–67
Karlheinz Stierle 1975: Text als Handlung. Perspektiven einer systematischen Literaturwissenschaft. München
Karlheinz Stierle 1979: Die Identität des Gedichts – Hölderlin als Paradigma. In: Odo Marquard/Karlheinz Stierle (Hg.): Identität (= Poetik und Hermeneutik VIII). München, 505–552
Karlheinz Stierle 1989: Die Friedensfeier. Sprache und Fest im revolutionären und nachrevolutionären Frankreich und bei Hölderlin. In: Walter Haug/Rainer Warning (Hg.): Das Fest (= Poetik und Hermeneutik XIV). München, 481–525
Karl Stocker 1993: Wege zum kreativen Interpretieren: Lyrik. Sekundarbereich. Baltmannsweiler
Gerhard Storz 1987: Der Vers in der neueren deutschen Dichtung (1970). Stuttgart
Jurij Striedter (Hg.) 1981: Russischer Formalismus. Texte zur allgemeinen Literaturtheorie und zur Theorie der Prosa (1969). München

Margarete Susman 1965: Vom Geheimnis der Freiheit. Gesammelte Aufsätze 1914–1964. Hg. Manfred Schlösser. Darmstadt; Zürich

Peter Szondi 1974a: Poetik und Geschichtsphilosophie I: Antike und Moderne in der Ästhetik der Goethezeit; Hegels Lehre von der Dichtung. Hg. Senta Metz/Hans-Hagen Hildebrandt (= Studienausgabe der Vorlesungen. Bd. 2). Frankfurt/M.

Peter Szondi 1974b: Poetik und Geschichtsphilosophie II: Von der normativen zur spekulativen Gattungspoetik; Schellings Gattungspoetik. Hg. Wolfgang Fietkau (= Studienausgabe der Vorlesungen. Bd. 3). Frankfurt/M.

Peter Szondi 1975: Einführung in die literarische Hermeneutik. Hg. Jean Bollack/Helen Stierlin (= Studienausgabe der Vorlesungen. Bd. 5). Frankfurt/M.

Peter Szondi 1978: Schriften. Hg. Jean Bollack u. a. 2 Bde. Frankfurt/M.

Marian Szyrocki 1968: Die deutsche Literatur des Barock. Eine Einführung. Reinbek

Christian W. Thomsen/Hans Holländer (Hg.) 1984: Augenblick und Zeitpunkt. Studien zur Zeitstruktur und Zeitmetaphorik in Kunst und Wissenschaft. Darmstadt

Eitel Timm 1992: Das Lyrische in der Dichtung. Norm und Ethos der Gattung bei Hölderlin, Brentano, Eichendorff, Rilke und Benn. München

Jost Trier 1949: Rhythmus. In: Studium Generale 2, 135–141

Erich Trunz 1964: Die Formen der deutschen Lyrik in der Goethezeit. In: DU 16, H. 6, 17–32

Gerhard Tschauder 1991: Wer »erzählt« das Drama? Versuch einer Typologie des Nebentexts. In: SuL 68, 50–67

Jurij N. Tynjanow 1977: Das Problem der Verssprache. Zur Semantik des poetischen Textes (russ. 1924). München

Peter Urban 1979: Rollende Worte – die Poesie des Rock. Von der Straßenballade zum Pop-Song. Eine wissenschaftliche Analyse der Pop-Song-Texte. Frankfurt/M.

Karl Viëtor 1923: Geschichte der deutschen Ode. München

Friedrich Theodor Vischer 1922/23: Aesthetik oder Wissenschaft des Schönen. Zum Gebrauch für Vorlesungen (1846–57). Hg. Robert Vischer. 6 Bde. München

Ludwig Völker (Hg.) 1990: Lyriktheorie. Texte vom Barock bis zur Gegenwart. Stuttgart

Ludwig Völker 1993: Lyrik als „Paradigma der Moderne"? In: Zeitschrift für Germanistik N. F. 3, 487–500

Ludwig Völker 1996: Lyrik. In: Ulfert Ricklefs (Hg.): Das Fischer Lexikon. Literatur. 3 Bde. Frankfurt/M., 1186–1222

Franz Vonessen 1975: Zur Metaphysik des Reims. In: Köhler 1975, 886–910

Vorstand der Vereinigung der deutschen Hochschulgermanisten (Hg.) 1983:

Textsorten und literarische Gattungen. Dokumentation des Germanistentages in Hamburg vom 1. bis 4. April 1979. Berlin
Christian Wagenknecht 1971: Weckherlin und Opitz. Zur Metrik der deutschen Renaissancepoesie. Mit einem Anhang: Quellenschriften zur Versgeschichte des 16. und 17. Jahrhunderts. München
Christian Wagenknecht 1989: Deutsche Metrik. Eine historische Einführung. München
Annemarie Wagner 1930: Unbedeutende Reimwörter und Enjambement bei Rilke und in der neueren Lyrik. Bonn
Günter Waldmann 1988: Produktiver Umgang mit Lyrik. Eine systematische Einführung in die Lyrik, ihre produktive Erfahrung und ihr Schreiben. Für Schule (Sekundarstufe I und II) und Hochschule sowie zum Selbststudium. Baltmannsweiler
Oskar Walzel 1912: Leben, Erleben und Dichten. Ein Versuch. Leipzig
Oskar Walzel 1926: Das Wortkunstwerk. Mittel seiner Erforschung. Leipzig
Peter Wapnewski 1979: Gedichte sind genaue Form (1977). In: ders.: Zumutungen. Essays zur Literatur des 20. Jahrhunderts. Düsseldorf, 26–42
Rainer Warning (Hg.) 1975: Rezeptionsästhetik. Theorie und Praxis. München
Rainer Warning/Winfried Wehle (Hg.) 1982: Lyrik und Malerei der Avantgarde. München
Klaus Weimar 1980: Enzyklopädie der Literaturwissenschaft. München
Klaus Weimar 1994: Wo und was ist der Ezähler? In: MLN 109, 495–506
Harald Weinrich 1963: Semantik der kühnen Metapher. In: DVjs 37, 325–344
Harald Weinrich 1967: Semantik der Metapher. In: Folia Linguistica 1, 3–17
Harald Weinrich 1986: Literatur für Leser. Essays und Aufsätze zur Literaturwissenschaft (1971). München
Ulrich Weisstein (Hg.) 1992: Literatur und Bildende Kunst. Ein Handbuch zur Theorie und Praxis eines komparatistischen Grenzgebietes. Berlin
Irmgard Weithase 1930: Anschauungen über das Wesen der Sprechkunst von 1775–1825. Berlin
Irmgard Weithase 1940: Die Geschichte der deutschen Vortragskunst im 19. Jahrhundert. Anschauungen über das Wesen der Sprechkunst vom Ausgang der deutschen Klassik bis zur Jahrhundertwende. Weimar
Irmgard Weithase 1949: Goethe als Sprecher und Sprecherzieher. Weimar
René Wellek/ Austin Warren 1959: Theorie der Literatur (engl. 1942). Bad Homburg v. d. H.
René Wellek 1972: Grenzziehungen. Beiträge zur Literaturkritik (amerik. 1970). Stuttgart u. a.
Dieter Wellershoff 1980: Träumerischer Grenzverkehr. Über die Entstehung eines Gedichtes (1975). In: ders.: Das Verschwinden im Bild. Essays. Köln, 127–142

Hans-Friedrich Wessels (Hg.) 1984: Aufklärung. Ein literaturwissenschaftliches Studienbuch. Königstein/Ts.

Benjamin Lee Whorf 1963: Sprache Denken Wirklichkeit. Beiträge zur Metalinguistik und Sprachphilosophie (amerik. posthum 1956). Reinbek

Julius Wiegand 1951: Abriß der lyrischen Technik. Fulda

Hermann Wiegmann 1977: Geschichte der Poetik. Ein Abriß. Stuttgart

Hermann Wiegmann 1981: Der implizite Autor des Gedichts. Untersuchungen zum Verhältnis von Sprecher- und textimmanenter Autorposition. In: Archiv für das Studium der neueren Sprachen und Literaturen, Bd. 218, Jg. 133, 37–46

Hans-Joachim Willberg 1989: Deutsche Gegenwartslyrik. Eine poetologische Einführung. Für die Sekundarstufe. Stuttgart

Gottfried Willems 1981a: Großstadt- und Bewußtseinspoesie. Über Realismus in der modernen Lyrik, insbesondere im Spätwerk Gottfried Benns und in der deutschen Lyrik seit 1965. Tübingen

Gottfried Willems 1981b: Das Konzept der literarischen Gattung. Untersuchungen zur klassischen deutschen Gattungstheorie, insbesondere zur Ästhetik F. Th. Vischers. Tübingen

Gottfried Willems 1989: Anschaulichkeit. Zu Theorie und Geschichte der Wort-Bild-Beziehungen und des literarischen Darstellungsstils. Tübingen

Gero von Wilpert 1989: Sachwörterbuch der Literatur (1955). Stuttgart

Fritz Winterling 1985: Schreiben über Gedichte. In: Steinbach 1985, 139–168

Hans Zeller 1971: Befund und Deutung. Interpretation und Dokumentation als Ziel und Methode der Edition. In: Martens/Zeller 1971, 45–89

Hans Zeller 1989: Fünfzig Jahre neugermanistischer Edition. Zur Geschichte und künftigen Aufgaben der Textologie. In: editio 3, 1–17

Michael Zeller 1982: Gedichte haben Zeit. Aufriß einer zeitgenössischen Poetik. Stuttgart

Hans Dieter Zimmermann 1979: Vom Nutzen der Literatur. Vorbereitende Bemerkungen zu einer Theorie der literarischen Kommunikation. Frankfurt/M.

Isabel Zollna 1994: Der Rhythmus in der geisteswissenschaftlichen Forschung. In: Zeitschrift für Literaturwissenschaft und Linguistik 96, 12–52

Rüdiger Zymner 1991: Uneigentlichkeit. Studien zur Semantik und Geschichte der Parabel. Paderborn u. a.

Rüdiger Zymner 1993: Ein fremdes Wort. Zur Theorie der Metapher. In: Poetica 25, 3–33

Personenregister

Autoren von Sekundärliteratur sind nur dann aufgenommen, wenn im Textteil über die bloße Erwähnung hinaus auf sie eingegangen wird.

Albertsen, Leif Ludwig 26, 30, 46–49, 66, 123, 125 f., 129
Alkaios 111
Anakreon 90
Anderegg, Johannes 167
Apollinaire, Guillaume 45
Aristoteles 2, 151, 163, 170
Arndt, Ernst Moritz 199
Arndt, Erwin 80
Arnim, Achim von 80
Artmann, H. C. 8, 41
Asklepiades 111
Asmuth, Bernhard 6–8, 11, 18, 24, 213
Auerbach, Erich 164
Austermühl, Elke 9 f.
Bachmann, Ingeborg 42, 97 f., 127, 133, 152, 197
Ball, Hugo 18, 43
Barthes, Roland 146
Base, Graeme 51
Batteux, Charles 3 f.
Baudelaire, Charles 5, 104, 154
Baumgarten, Alexander Gottlieb 3
Becher, Johannes R. 76, 120 f., 135 f.
Beckett, Samuel 20
Beethoven, Ludwig van 24
Behrens, Irene 2, 3
Behrmann, Alfred 14
Beißner, Friedrich 55, 61, 66, 95, 111, 126
Benjamin, Walter 37, 193
Benn, Gottfried 1, 32, 83 f., 149, 201 f., 205

Benveniste, Émile 69, 194
Bergson, Henri 172
Bierbaum, Otto Julius 26
Biermann, Wolf 27
Birken, Sigmund von 44
Blank, Hugo 14, 30, 61, 87
Blümel, Rudolf 11, 72
Blumenberg, Hans 160
Bobrowski, Johannes 127
Boccaccio, Giovanni 107, 131
Bodmer, Johann Jakob 32, 37
Bodmershof, Imma von 115
Böhme, Jacob 36
Bohrer, Karl Heinz 181
Boileau-Despréaux, Nicolas 1
Borchardt, Rudolf 216, 227
Born, Nicolas 176
Böschenstein, Bernhard 160
Böschenstein, Renate 208 f.
Brecht, Bertolt 8, 27, 101, 121–125, 158, 164, 172, 193, 231
Breitinger, Johann Jakob 32
Brentano, Clemens 1, 26, 32, 34, 71, 81, 90, 142, 149, 153, 184
Breuer, Dieter 15 f., 72, 80, 85
Brinkmann, Rolf Dieter 48 f., 65, 127, 131, 179–181, 227
Brion, Friederike 188
Brockes, Barthold Heinrich 9, 88, 145 f., 211
Buchner, August 85 f.
Bühler, Karl 171–173, 191, 194
Bürger, Gottfried August 119, 203

Canetti, Elias 16 f.
Celan, Paul 7, 65 f., 131, 142, 152 f., 201 f., 216, 227
Cervantes Saavedra, Miguel de 23
Chamisso, Adelbert von 116
Charpa, Ulrich 192
Christiansen, Broder 9
Claudius, Matthias 176
Curtius, Ernst Robert 141 f.
Dante Alighieri 19, 104 f., 118
Degenhardt, Franz Josef 27
Dehmel, Richard 47, 205, 207 f.
Dilthey, Wilhelm 183
Dionysius Halycarnassos 66
Domin, Hilde 218
Droste-Hülshoff, Annette von 72, 138 f., 153, 176, 209
Dylan, Bob 27
Eckermann, Johann Peter 131 f.
Eco, Umberto 156
Eichendorff, Joseph von 1, 24, 32, 37–39, 59, 66, 81, 98, 142, 168 f., 176, 184
Enzensberger, Hans Magnus 19, 47, 177 f., 216, 221
Ermatinger, Emil 174
Ernst, Max 51 f.
Finckelthaus, Gottfried 132
Fischart, Johann 117
Fleming, Paul 132, 139, 187, 208, 213
Fontane, Theodor 19, 101, 139, 196 f.
Frank, Horst Joachim 59, 74, 97–100, 104–106, 108 f., 111
Frank, Manfred 181
Frey, Hans-Jost 121, 226
Fricke, Harald 8 f., 12, 18 f.
Fried, Erich 133 f., 161 f., 170
Friedrich, Hugo 154, 160
Gabriel, Gottfried 170
Gabriel, Norbert 126 f.
Gadamer, Hans-Georg 144, 162, 183

Gellert, Christian Fürchtegott 1, 88
Genette, Gérard 130–132, 134
George, Stefan 5, 26, 32, 43, 49 f., 71, 76, 79, 89, 104, 154, 176 f., 187, 189, 216
Gerhardt, Paul 132
Gläser, Enoch 132
Gleim, Johann Ludwig 101, 116
Glier, Ingeborg 72, 84
Gnüg, Hiltrud 192 f.
Goethe, Johann Wolfgang 4 f., 25 f., 31 f., 41, 54, 68, 71, 76, 78, 83, 87–89, 91, 95, 98 f., 102 f., 105 f., 107 f., 111, 115, 125–127, 129, 131 f., 138 f., 146 f., 151, 167 f., 174, 182–184, 188, 196, 205 f., 209 f., 219, 229, 231
Goll, Iwan 16
Gomringer, Eugen 46
Gottsched, Johann Christoph 3, 32, 90, 133
Gottsched, Luise 100
Greiffenberg, Catharina Regina von 208 f.
Grimm, Jacob 37, 43
Grimm, Wilhelm 43
Grimmelshausen, Hans Jacob Christoph von 23, 131
Grönemeyer, Herbert 27 f.
Groth, Klaus 41
Gryphius, Andreas 52, 67, 76, 119 f., 131, 150
Günderrode, Karoline von 78, 103, 153, 206, 222
Günther, Johann Christian 137, 204 f.
Hagedorn, Friedrich von 116
Hagen, Nina 27
Hamburger, Käte 164, 166 f., 173, 185–188, 190, 211
Handke, Peter 1

Hardenberg, Friedrich von: s. Novalis
Harsdörffer, Georg Philipp 87 f.
Härtling, Peter 152
Hebel, Johann Peter 41, 96
Hegel, Georg Wilhelm Friedrich 4, 174, 182, 185, 193
Heine, Heinrich 8, 27, 32, 34–36, 90, 149, 200, 227
Heinse, Wilhelm 107
Hellingrath, Norbert von 66 f.
Helwig, Johann 44 f., 48
Henel, Heinrich 185 f.
Hensel, Luise 78
Herder, Johann Gottfried 4 f., 37, 80, 83, 90
Herrmann-Neiße, Max 176
Herwegh, Georg 204
Hesse, Hermann 102, 198
Heusler, Andreas 11, 14, 26, 30, 32, 57, 61, 69 f., 76, 82, 84, 90, 97
Heym, Georg 19, 32, 72, 89, 104, 150, 222, 226
Hofmann von Hofmannswaldau, Christian 68, 87, 132, 208
Hofmannsthal, Hugo von 1, 20, 106 f., 115, 189, 196
Hölderlin, Friedrich 26, 49 f., 62, 66, 71, 91, 95, 109, 111–114, 118, 125–127, 133, 149 f., 153, 164, 177, 198, 199, 201, 209 f., 219 f., 222, 226 f., 231
Hölty, Ludwig Christoph Heinrich 101
Holz, Arno 5, 12, 47, 226
Homer 43, 92, 98, 206
Horaz (Quintus Horatius Flaccus) 2, 109–111, 207
Humboldt, Wilhelm von 37, 202
Iser, Wolfgang 156 f.
Jakobson, Roman 9 f., 156, 194
Jandl, Ernst 17, 18 f., 39–41, 188, 227
Jean Paul (Johann Paul Friedrich Richter) 15 f.
Jünger, Friedrich Georg 58, 70
Kafka, Franz 8, 155
Kant, Immanuel 171, 191
Kästner, Erich 27
Kayser, Wolfgang 12, 26, 29, 47, 70–72, 80, 84, 114, 128 f., 141 f., 170, 174, 229
Keats, John 182
Killy, Walther 7 f., 152, 174 f., 185, 192
Kirsch, Sarah 169
Klages, Ludwig 69 f.
Klaj, Johann 44, 86–88
Kleist, Ewald von 99
Kleist, Heinrich von 62, 89, 102, 220
Kling, Thomas 41
Klopstock, Friedrich Gottlieb 14, 26, 31 f., 66, 76, 90 f., 96, 101, 105, 109–111, 121–123, 125 f., 133, 148, 188, 199, 204, 207
Kraus, Karl 18
Kunze, Heinz Rudolf 27
Kurz, Gerhard 64 f., 144 f., 147, 151, 159–161
Kusz, Fitzgerald 41
Lacoue-Labarthe, Philippe 227
La Fontaine, Jean de 88
Lamping, Dieter 8, 11–21, 165, 186, 204
Landwehr, Jürgen 164–166
Langen, August 201, 204 f.
Lasker-Schüler, Else 19, 123, 154
Leip, Hans 26
Lenau, Nikolaus 103
Lessing, Gotthold Ephraim 1, 32, 89, 101, 173
Liliencron, Detlev von 14, 204
Link, Jürgen 53
Lockemann, Fritz 72, 208
Ludwig, Hans-Werner 52

Luther, Martin 98, 200
Mallarmé, Stéphane 13, 104
Mandelkow, Karl Robert 219
Martens, Gunter 226
Matter, Mani 41
Mayröcker, Friederike 43, 227
Mehring, Walter 27, 48
Meyer, Conrad Ferdinand 141 f., 211, 225 f.
Meyer, Herman 55, 90, 97, 99, 101, 181
Miller, Johann Martin 133
Milton, John 3, 89
Minor, Jacob 126
Molière (Jean Baptiste Poquelin) 88
Mon, Franz 47
Morgenstern, Christian 45–47, 102, 139
Mörike, Eduard 83, 95 f., 100, 169, 211
Mühsam, Erich 27, 176
Müller, Wilhelm 24, 59
Müller, Wolfgang G. 23, 182, 191
Müller-Westernhagen, Marius 27
Nägele, Rainer 194
Nancy, Jean-Luc 227
Neumann, Gerhard 153 f., 164
Neumark, Georg 132
Neuss, Wolfgang 27
Nicolai, Philipp 60
Nietzsche, Friedrich 73, 125, 127 f., 138, 152, 201
Nono, Luigi 26
Novalis (Friedrich von Hardenberg) 15, 37, 160, 200 f., 223, 227
Ohly, Friedrich 146
Opitz, Martin 2 f., 84–86, 90, 92
Oppenheim, Meret 47
Oppert, Kurt 211
Otfried von Weißenburg 30, 82
Paul, Otto 72, 84
Peper, Jürgen 191

Pestalozzi, Karl 190 f.
Petrarca, Francesco 3, 118–120
Pindar 3, 109, 118, 120
Platen, August von 110 f., 115, 212 f.
Poe, Edgar Allan 220 f.
Pope, Alexander 1
Pound, Ezra 115
Pretzel, Ulrich 30, 61 f., 84, 125
Quintilian 141, 145, 151
Richter, Johann Paul Friedrich: s. Jean Paul
Riha, Karl 46
Rilke, Rainer Maria 51, 64 f., 71, 90, 95, 104, 108, 127, 127, 131, 139–141, 148, 168, 177, 187, 189, 196, 211 f.
Rimbaud, Arthur 123
Ringelnatz, Joachim 66
Ronsard, Pierre de 85, 119
Rühm, Gerhard 12
Rühmkorf, Peter 32, 127
Sachs, Hans 82 f.
Sappho 110
Saran, Franz 11 f., 30, 36, 72
Scheffler, Johannes 131
Scherer, Wilhelm 206
Scherpe, Klaus R. 3 f.
Schiller, Friedrich 1, 8, 24, 36, 68, 93–95, 105 f., 109, 111, 115, 138 f., 191, 196, 198, 211, 220, 222
Schlawe, Fritz 71 f., 80, 84, 88, 123
Schlegel, August Wilhelm 89, 91, 105, 116
Schlegel, Friedrich 126, 160, 227
Schlegel, Johann Adolf 3 f.
Schneider, Karl Ludwig 90
Schubert, Franz 25
Schwitters, Kurt 17 f., 47, 134
Seiler, Bernd W. 157, 159, 161
Shakespeare, William 89, 119 f., 197

Sievers, Eduard 30, 57, 72
Sigel, Kurt 41
Sorg, Bernhard 192 f.
Spinner, Kaspar H. 191 f., 194
Stadler, Ernst 16, 88, 123
Staiger, Emil 4–6, 174, 183–185, 190
Stierle, Karlheinz 192
Stolberg, Friedrich Leopold von 98, 133
Storm, Theodor 57–64, 66, 98, 107, 176, 188
Storz, Gerhard 30, 33, 80, 96
Stramm, August 63
Süskind, Wilhelm Emanuel 176
Susman, Margarete 188–190
Süverkrüp, Dieter 27
Szondi, Peter 4, 161, 214 f., 220, 230 f.
Tabori, George 19
Thenior, Ralf 13 f.
Timm, Eitel 184
Trakl, Georg 89, 104, 148 f., 190, 207, 222–225, 230 f.
Trier, Jost 73
Trissino, Giovanni Giorgio 3
Trunz, Erich 66, 94
Uz, Johann Peter 133
Vergil (Publius Vergilius Maro) 19
Vesper, Guntram 169
Viëtor, Karl 114
Villon, François 27
Vischer, Friedrich Theodor 4, 174
Voß, Johann Heinrich 43, 54, 91 f., 133, 206
Wagenknecht, Christian 14 f., 30, 33, 58 f., 72, 80, 86, 93, 96, 124 f.
Wagner, Richard 35, 140
Walzel, Oskar 14, 25, 184 f., 189 f., 207
Wapnewski, Peter 14
Weber, Carl Maria von 140
Weckherlin, Georg 85 f., 117
Weinrich, Harald 151 f.
Weise, Christian 213
Weissel, Georg 204
Wellek, René 167, 188
Wellershoff, Dieter 220
Werfel, Franz 123
Whorf, Benjamin Lee 171
Wieland, Christoph Martin 19, 88
Wordsworth, William 182
Yeats, William Butler 115
Young, Edward 89
Zappa, Frank 27
Zesen, Philipp von 43 f., 117, 132
Ziegler, Caspar 87
Zürn, Unica 50

Sachregister

Die Begriffe ›Gedicht‹, ›Lyrik‹, ›lyrisch‹ und ›Vers‹ werden im ersten Kapitel des Buches (S. 1–21) eingehend untersucht und tauchen auch danach auf fast jeder Seite auf. Sie sind daher hier nicht aufgenommen.

Abgesang 118
Abschnitt, Gedichtabschnitt 73, 96, 114, 118 f., 122, 129, 149
absolute Metapher 143, 154, 160
abstrakter Autor 195, 203
abstrakter Leser 202
Adoneus 92, 110
Adressat 133, 188, 202 f., 210
Akrostichon 49 f.
Akzent 56, 74 f., 85
akzentuierendes Prinzip 74 f., 84 f.
Alexandriner 67 f., 71, 76, 86 f., 89, 93 f.
Alexandrinersonett 119 f.
alkäische Odenstrophe 110–114
Allegorese 144–146
Allegorie 21, 143–147, 150, 152, 168, 214
allegorische Bedeutung 144 f., 158 f.
Alliteration 35 f., 86, 113, 140
Alltagslyrik 179
Alternation, alternierende Verse 58, 60, 77–80, 82–89, 91 f., 123
Amphibrachys 77, 100
anagogische Bedeutung 144
Anagramm 49 f.
Anaklasis 60 f.
Anakoluth 62
Anakreontik, anakreontische Dichtung 72, 86, 90, 116

Anapäst 77, 79
Anapher 34, 40, 137
Anfangsreim 34
angeredetes Du 133, 137, 201–210
annominatio 139
Anthologie 130, 228 f.
Antistrophe 118
Antitypos 144
Apparat 218, 221 f., 227
artikuliertes Ich 194 f., 197, 202 f., 207
asklepiadeische Odenstrophe 110–114
Assonanz 25, 32, 35, 38–40, 81, 86, 97, 102, 103
Asynaphie, asynaphischer Versübergang 78, 104
Asyndeton, asyndetische Reihung 137
Aufbau 128–130, 141
Aufgesang 28, 118
Aufklärung 1, 45, 119
Auftakt, auftaktige und auftaktlose Verse 59 f., 77–79, 95, 179
Augenblick 171, 174, 178–180, 183
Ausgabe letzter Hand 5, 209, 219, 221 f.
Aussagesubjekt 167, 185–187
autonome Metrik 126
Autorisation, autorisierter Text 42, 217–219, 221 f., 226, 228

Ballade 18, 20, 81, 98, 101, 139, 141, 167, 187, 196, 210 f.
Bänkelsang 23, 51
Barock 36, 43–46, 52, 76, 109, 117–119, 129, 131 f., 136, 145, 183, 187, 208
bauender Rhythmus 71
Betonung 11, 56–61, 74, 110 f., 124
Bild, Bildlichkeit 21, 43 f., 46 f., 51 f., 135, 143 f., 147, 153
Bildempfänger 151–154
Bildfeld 152
Bildgedicht 44, 51, 167
Bildspender 151–154
Binnenreim 34 f., 38, 86, 138
Blankvers 89 f.
Blockreim 33 f., 108, 119
carmen 2
Chanson 26
Chevy-Chase-Strophe 100–102
Chiasmus 137 f.
Chor, Choral, Chorlied 2, 96, 98, 200
Coda 38, 118
Collage 27 f., 51
Comic 39, 51
Dada, Dadaismus 17, 227
Daktylus, daktylischer Vers 77, 79, 83, 85 f., 92, 94, 110
Datierung 130, 176 f.
Deiktika 171–173, 175
Deixis 172, 190, 191 f., 194
deskriptive Allegorie 145
Dialektdichtung 40 f.
Dialog 19, 202, 204, 208, 211
Dialoggedicht, dialogisches Gedicht 20, 187, 205 f., 211
didaktische Dichtung 3, 82
Differenzqualität 9
Dinggedicht 148, 211 f.
Dingsymbol 141
Distichon 12, 94 f., 107, 109, 114 f., 138

Dithyrambus, dithyrambisches Gedicht 109, 126–128
dokumentarische Literatur 166, 170, 188
Doppelsenkung 79, 85–87, 92, 94 f., 100, 109–113
Drama, dramatische Literatur 3 f., 18–20, 131, 166, 185, 190
dramatisches Gedicht 1, 20
dreisilbiger Reim 30
Druck 42, 216 f.
Druckvorlage 218
Du 137, 190, 193, 198 f., 202–208
Du-Lyrik 190
Dunkelheit 156, 160
Echo 2, 99, 141
Edition, Editionsgeschichte 216–222
eigenrhythmische Verse 126
eigentliche Bedeutung 143
Eindeutigkeit 161 f.
einsilbiger Reim 30, 59, 78
Einzelrede 19 f.
Ekloge 2
Elegie 2, 91, 94 f., 104, 109, 127, 211
elegisches Distichon 94 f., 109
Elision 60
Ellipse 62, 122
Emblem, emblematische Dichtung 43, 52, 144
empirischer Autor 130, 167, 169, 176, 188, 195–197, 203, 217
empirisches Ich 189
Endecasillabo 88 f., 104 f., 107, 119
Endreim 14, 30, 32, 34 f., 38, 75, 108
Enjambement 13, 63–66, 89, 92, 104, 106, 123 f., 129, 179
Entstehungsgeschichte 220–226
Entstehungskontext 42, 215 f., 228

Epigramm 2, 3, 20, 52, 90, 94 f., 107, 114 f.
epigrammatisches Distichon 94, 107, 114 f.
Epode 118
Epos, Epik 2, 4, 18 f., 23, 89, 190
Er-Lyrik 190
Erleben, Erlebnis 30, 69, 95, 166, 180–189, 208
Erlebnisgedicht, Erlebnislyrik 5 f., 167, 174, 182–188
Erlebnissubjekt 185, 187 f., 198, 208
erlebte Rede 212
erlebte Zeit 172
erlebter Raum 172
erotische Lyrik 217
Erstausgabe 218
Erstrezeption 229
Erzählen, erzählende Literatur 4, 19, 23, 92, 166, 173, 193, 204
Erzählgedicht, erzählendes Gedicht 19, 141, 196 f., 210 f.
Evokation 169, 172
explikative Allegorie 145
Expressionismus, expressionistische Lyrik 16, 72, 89, 104, 128, 153, 226
Faksimile 42 f., 52, 227
Falke 141
Farbsymbolik 225
Fassung 121–123, 218, 220–226
Figura etymologica 139 f.
Figuren-Ich 196, 203
Figurengedicht 13, 43–46
Fiktion, Fiktionalität 163–170, 172, 186 f., 215
fiktionale Rede 165
Fiktionalitätsindikator 165
fiktive Aussage 165
fiktiver Erzähler 203
fiktiver Zuhörer 203
fließender Rhythmus 71, 92, 114

formale Intertextualität 54
formaler Titel 132
Fragment, fragmentarisches Gedicht 10, 26, 48, 149, 220, 226–228
freie Füllung 58
freie Rhythmen, freirhythmisches Gedicht 26, 70 f., 74, 96, 118, 121–128, 177
freie Verse 14, 74, 88, 121–128
freier Knittel 82–84, 88
Fugung 78
Füllungsfreiheit, füllungsfreie Verse 58 f., 79, 81 f., 85, 91, 101, 109, 121, 179
Gattungstitel 132
Gedankengedicht, gedankliches Gedicht 71, 108, 120, 147, 168, 210 f., 213
Gedichtabschnitt: s. Abschnitt
Gedichtpaar 205
Gedichtsammlung: s. Sammlung
Gedichtzyklus: s. Zyklus
gefugter Versübergang 78
geistliche Bedeutung 144
Gelegenheitsgedicht, Gelegenheitslyrik 2, 9, 41, 84, 108
Geleit 118
Generalia 169 f.
Genie 4, 164, 183
Gespräch 193, 198 f., 201, 206, 218
gestauter Rhythmus 72
gestischer Rhythmus 123 f., 172
Ghasel 115
glatte Fügung 66 f.
glattes Enjambement 64, 67
gleitender Reim 30
Glosse 115, 117, 134
grammatischer Reim 30
Haiku 115
Handexemplar 218, 221
Handschrift 15, 41 f., 52, 218 f., 221–224, 226

harte Fügung 66 f.
hartes Enjambement 64–67, 124, 179
Haufenreim 33 f.
Hauptbetonung 35, 57, 59, 89
Hebung 14, 29, 58–60, 74–80, 92–95, 97 f., 109 f., 112 f., 140, 179 f.
Hebungsfreiheit 87, 91, 121
Hebungsprall 60, 82, 93 f., 102, 109, 112 f.
Hermetik 155, 160, 170, 201
Hexameter 54, 90–96, 109 f., 125, 214
historisch-kritische Ausgabe 218–222, 226
Humanismus, humanistische Literatur 1, 85
Hymne, hymnisches Gedicht 2, 16, 24, 71, 109, 112, 122, 126–128, 149, 177, 207
hyperkatalektisches Versende 79
Hypotaxe, hypotaktischer Stil 56, 62
Ich 5, 113, 117, 122, 137, 158, 168, 176, 178, 180, 185–210
Ich-Erzähler 81, 187, 196
identischer Reim 30, 33
Ihr 190, 202, 204 f., 209 f.
Iktus 58
Illustration 51
implikative Allegorie 145, 158
impliziter Autor 195
Individua 169 f.
inhaltliche Intertextualität 54
Inreim 34
inscriptio 52
intendierter Leser 202 f., 209
Interpunktion 62, 219
Intertextualität 54, 99
Inversion 21, 61 f.
jambischer Trimeter 95
Jambus, jambischer Vers 77–79, 82, 84, 87–89

Kadenz 59, 82, 90, 95, 101, 116
Kanzone 115, 118, 120
Kasus 194
Katachrese 153
katalektisches Versende 79
Kehrreim 116
Kirchenlied 24, 60, 80, 96, 129, 200, 204, 207 f.
Kirchenliedstrophe 98
Klang 16, 25, 29–41, 139 f., 160
Klassik, Klassizismus, klassische Literatur 1, 5 f., 31, 68, 104, 111, 118, 131, 144, 167, 179–181, 186
Klimax 136
klingender Reim 30
Knittelvers 80, 81–84, 88
Kolon 65, 76, 87, 112
Kompositum 152 f., 179
Konkrete Poesie 46 f., 227
Kontrafaktur 24, 99
Korn 34
Kretikus 77
Kreuzreim 33 f., 59, 80 f., 97 f., 101, 103 f., 119
kühne Metapher 153 f.
Kunstlied 24, 26, 80
Kürze 6, 8–10, 19, 21, 51, 94, 114 f., 127, 167
Kurzvers 63
Landschaftsgedicht 142, 176, 190, 210 f.
Langvers 16, 88 f., 92, 95, 98, 135
Lautgedicht 5, 18, 39 f.
Lautmalerei 18, 21, 36 f., 39, 43
Lautsymbolik 37
Leerdeixis 191 f., 194
Lehre vom vierfachen Schriftsinn 144 f.
Lehrgedicht, Lehrdichtung 1, 3, 9, 88, 210, 213
Leitmotiv 21, 135, 140 f., 147, 230

Lemma 52, 222
Leseausgabe 158, 219
Liebesgedicht 161 f., 205, 222
Lied 2–7, 10, 22–28, 33, 66, 71, 80 f., 87, 103, 126, 129, 200
Liedermacher 27
Liedersammlung 80, 129
Liedvers 80–82
locus amoenus 142
lyrische Stimmung 1, 4 f., 20
lyrisches Drama 1, 20
lyrisches Gedicht 19 f.
lyrisches Ich 185–194
Madrigal 87 f., 118
Madrigalvers 87 f., 123
Malerbuch 51 f.
männlicher Reim, männlicher Versschluß 30, 59, 78, 80 f., 87, 89, 95, 98, 101, 103 f., 107, 116, 119
Manuskript 216
Maskenlyrik 206
Mehrdeutigkeit 145, 156–159
Metapher 21, 55, 139, 143, 150–155, 160, 171, 223, 231
Metonymie 143, 150, 154 f., 181
Metrik 24, 46, 54, 58 f., 76, 80, 82, 84–86, 90, 93, 97, 126, 175, 228
Metrum, Versmaß 7, 14, 16, 21 f., 25, 29, 54 f., 60, 69–72, 74–79, 87, 91–93, 97, 114, 120, 126, 175, 178
Mimesis 163 f., 170
Minnesang 118, 189
Mittelreim 34
Mittenreim 34
Moderne, moderne Lyrik 5–7, 14, 26, 45–47, 55, 66, 72, 75, 131, 143, 153 f., 156, 160 f., 170, 177 f., 181, 183, 187 f., 201 f., 227
monologische Kunst 19 f., 201

Montage 18, 45
moralische Bedeutung 144
morphologisches Enjambement 65 f.
Motto 52, 117, 133 f., 197, 204
Mundartdichtung 40 f., 96
Nachahmung 4, 163
Name 49, 130, 132, 134, 157, 169 f., 176, 187, 190, 193, 204
narrative Allegorie 145 f., 168
Nationalhymne 22, 126
Naturlänge 75
Naturlyrik 213, 217
Nebenbetonung 56 f., 59, 85
Neologismus 50, 63
Neue Subjektivität 179
Notation 12, 15, 24, 58 f., 79
Numerus 194
Ode 2, 66, 79, 90, 95, 125, 127, 131, 207
Odenstrophe 12, 90, 97, 108–114, 122, 125
offene Deixis 192, 194
offenes Wir 199–201
Onomatopoesie (Onomatopoeie, Onomatopöie) 36 f.
Orthographie 40, 42 f., 157, 219, 222
Oxymoron 153
Paarreim 33 f., 80, 82, 84, 98
Palindrom 50
Parabel 146, 217
Parallelismus 137 f.
Parallelstelle, Parallelstellenmethode 229–232
Parataxe, parataktischer Stil 56, 62
Paratext 130–134
Parodie, parodistisches Gedicht 45, 99, 127, 134
Paronomasie 139 f.
pars pro toto 155
Pause 11, 13, 16, 20, 53, 56 f., 66

Pentameter 93 f., 109
Performance 19
Personalpronomen 21, 136, 159, 190 f., 193 f., 198, 202 f., 213
Personifikation 55, 143, 150, 153, 168, 206
Petrarkistische Lyrik 3
pictura 52
Pindarische Ode, Pindarische Hymne 109, 118, 120
poetisches Ich 186, 192
politisches Gedicht, politische Lyrik 170, 186, 204, 217
Polymeter 16
Polyptoton 139 f.
Polysemie 159
Popsong 27, 51
Positionslänge 75
Possessivpronomen 193 f.
Prädikation 152
Prolepse, proleptischer Bezug 150, 159
Prosagedicht 15, 20
Prosarhythmus 11, 13, 16, 114
Prosodie 85, 91
Protestlied, Protestsong 22, 27
Pseudonym 50, 130
Publikationsgeschichte 216–219
Publikationskontext 42, 228 f.
quantitierendes Prinzip 75
Quartett 52, 64, 119 f.
Raum 171–181, 191
realer Autor 185, 195, 202 f.
realer Leser 202 f., 209
Rede 11, 13, 15, 17–21, 54 f., 61, 70, 73, 165, 204, 206
referentielle Lyrik 186
Reformation 52, 200
Refrain 12, 22, 25, 28, 115–117, 129, 138, 140, 230
Reihung 136 f.
Reim 14, 17, 21 f., 25, 30–39, 74, 78
reine Allegorie 145

reiner Reim 31, 33
Reisegedicht 176, 205
Rezitation 18, 23, 25, 29, 75
rhematischer Titel 132
rhythmisches Leitmotiv 140 f.
Rhythmus 11 f., 23, 29, 53–55, 65, 69–73, 94, 97, 110, 123 f., 126, 175, 180
Ritornell 107, 115
Rocksong 27
Rokoko 90, 116
Rollengedicht, Rollenlyrik 20, 167, 187, 196, 205
Rollen-Ich 196 f., 203, 210
Rollenspiel 18 f., 21, 165
Romantik, romantische Dichtung 1, 4–6, 24, 31 f., 37, 42, 66, 71, 80, 89, 104, 111, 116–118, 126, 160, 164, 167, 181–183, 186, 206, 209, 212, 223, 227
Romanzenstrophe 103
Romanzenvers 90
Rondeau 116 f.
Rondel 116
Sammlung, Gedichtsammlung 9, 26, 41, 48, 101, 130 f., 146, 190, 205–207, 209, 211 f., 216, 223, 225 f., 228, 230
Sangbarkeit 2, 5 f., 21, 23–26
sapphische Odenstrophe 109–111
Satzakzent 57, 60, 75, 85
Satzzeichen 11, 40, 55 f., 62, 67
Scheinstrophe 96, 122
Scheinüberschrift 131
Schlager 26 f.
Schlagreim 34
schwebende Betonung 59–61, 84 f., 87, 92 f., 106
Schweifreim 34, 38
Segmentierung 11 f., 55, 124
Selbstzitat 134, 231
Senkung 58–60, 77–80, 92, 94, 97, 101, 104, 112 f., 180

sensus litteralis 144
sensus spiritualis 144
Sestine 89, 117 f.
Sie 205
silbenzählendes Prinzip 75, 91
Silva 2
Sonett 12, 46, 51 f., 64, 71, 76, 89, 105, 115, 118–120, 129, 154, 214
spanischer Romanzenvers 90
Spondeus 77, 85, 92, 94, 111
spontane Strophisierung 129
sprechendes Ich, sprechendes Subjekt 117, 122, 158, 165, 169, 171 f., 176, 194 f., 202
Sprechtakt 65
Stabreim 35
Stanze 89, 107 f.
Stegreiflyrik 41, 84
stichischer Aufbau 73
stilisiertes Fragment 227 f.
Stilisierung 62
Stimmung 1, 7, 35, 100, 184 f.
Stimmungsgedicht, Stimmungslyrik 1, 5 f., 211
Stollen 118
strenger Knittel 82–84
strömender Rhythmus 71
Strophe 12, 28, 33–35, 38, 59, 73 f., 96–114, 117 f., 128–130, 132
Strophenenjambement, Strophensprung 63 f., 106
Studienausgabe 158, 218 f., 222
stumpfer Reim 30
Sturm und Drang 32, 80, 164, 182
Subjekt 122, 165, 166 f., 174, 191 f., 195 f.
subscriptio 52
Substantiv 56, 61, 64, 136, 140, 152, 175 f.
Symbol 21, 143 f., 147–149, 154, 171, 223

symbolische Bedeutung 141, 147 f., 212
Symbolismus 104, 123
Synaphie, synaphischer Versübergang 78, 104
Synästhesie 35, 153 f.
Synekdoche 143, 155 f.
Syntagma 13, 64–66, 68, 87, 117, 122, 124
syntaktischer Parallelismus 137 f.
Takt 25, 70, 77
Telestichon 49
Tempus 140, 175, 178 f.
Terzett 52, 64, 119 f.
Terzine 89, 104–107
Textgenese 220–228
Textproduzent 195, 203
Textsubjekt 142, 194–197, 202 f., 205, 211 f.
thematischer Titel 132
Tiergedicht 210, 212
Titel 130–133, 136, 141, 145, 148, 169, 176 f., 179, 196, 205, 208, 229
Tonbeugung 28, 60 f., 75, 83, 85, 92
Topos 141 f.
Trimeter 95 f.
Triolett 115 f.
Trochäus, trochäischer Vers 77–79, 85, 92, 94, 110
Troubadourdichtung 118
Typographie 42 f., 65, 133
Typologie 144–146
typologische Bedeutung 144
Typos 144
Typoskript 42, 221, 223 f.
Übersetzung 109 f., 216
übertragene Bedeutung 143, 151
umarmender Reim 33
Umdichtung 99, 134, 227
umschließender Reim 33
Unauflöslichkeit 156, 160, 201
uneigentliche Bedeutung 143

ungefugter Versübergang 78
unreiner Reim 31, 33, 38
unterbrochener Kreuzreim 34, 59, 103
Ursprache 36 f.
Vagantenstrophe 101 f.
Variante 220–226, 230
Verb 122, 135 f., 140, 152, 173, 175 f.
Vergleich 55, 143, 149–151
Verleger, Verlag 42, 217 f.
Vers commun 86 f., 89, 104
Vers libres 88, 123
Versakzent 58, 60, 75, 85
Versepos 18 f., 23, 92, 107
versetztes Akrostichon 49
Versfuß 76–79, 84 f., 92
Versgeschichte 72, 76, 80
Versgruppe 12, 46, 58, 64, 74, 96, 118 f., 122
Versifikationsregeln 91
Versmaß: s. Metrum
Versrede 11 f., 15, 18
Vertonung 5, 24–26, 36
Videoclip 51
Vieldeutigkeit 156–162
visuelle Poesie 5, 46 f., 49
Volkslied 4 f., 24, 26, 80–83, 98, 116, 129, 148, 189, 191
Volksliedstrophe 59, 62, 80 f., 97
Waise 34, 59, 87, 97, 115, 118
Wechselrede 20, 196 f., 205
weiblicher Reim, weiblicher Versschluß 30, 59 f., 78, 80–82, 88, 97, 103, 105, 107, 116, 119

Werkkontext 228–232
Widerspiegelung 164
Widmung 49, 108, 130, 133 f., 170, 203
Wiederholung 18, 21 f., 25, 36, 72, 93, 115, 136–139, 147, 155, 230
Wir 198–202, 210
Wirklichkeitsbezug 10, 163–170
Wirkungsgeschichte 203, 216–220, 222
Wortakzent 56, 60, 93, 106
Wortarten 56, 135 f., 140, 175 f.
wörtliche Bedeutung 139, 144–146, 151, 159, 231
Wortspiel 139, 159, 162
Wortwiederholung 39, 136, 138
Xenie 94, 115, 138
Zäsur 53, 59, 66–68, 75 f., 86 f., 89, 92–95, 104, 110, 112 f.
Zeigfeld 171 f.
Zeigwort 171
Zeile 2, 8, 12–18
Zeilenbrechung, Zeilenbruch 13, 20, 51, 53, 55, 65, 121
Zeilensprung 13, 63
Zeilenstil 63 f., 108
Zeit 69, 75, 155, 171–181
zeitmessendes Prinzip 75
Zensur 217
Zitat 28, 54, 91, 122, 128, 134, 157
zweisilbiger Reim 30, 78, 80, 82, 88
Zyklus, Gedichtzyklus 19, 89, 141, 205 f., 228–230

Angaben zum Autor

Dieter Burdorf, geb. 1960. Studium der Germanistik, Philosophie und Erziehungswissenschaft in Münster und Hamburg. 1992 Promotion. 1992–94 Stipendiat der Deutschen Forschungsgemeinschaft. Seit 1994 Wissenschaftlicher Assistent am Institut für Germanistische Literaturwissenschaft der Friedrich-Schiller-Universität Jena. Forschungsschwerpunkte: Literatur um 1800 und um 1900, Gegenwartsliteratur, Gattungspoetik, Literaturtheorie. Bei J. B. Metzler ist erschienen: *Hölderlins späte Gedichtfragmente: »Unendlicher Deutung voll«*, 1993.

Sammlung Metzler

Mediävistik
SM   7   Hoffmann, *Nibelungenlied*
SM 14   Eis, *Mittelalterliche Fachliteratur*
SM 15   Weber, *Gottfried von Straßburg*
SM 32   Wisniewski, *Kudrun*
SM 33   Soeteman, *Deutsche geistliche Dichtung des 11. und 12. Jh.*
SM 36   Bumke, *Wolfram von Eschenbach*
SM 40   Halbach, *Walther von der Vogelweide*
SM 64   Hoffmann, *Altdeutsche Metrik*
SM 67   von See, *Germanische Verskunst*
SM 72   Düwel, *Einführung in die Runenkunde*
SM 78   Schier, *Sagaliteratur*
SM 103   Sowinski, *Lehrhafte Dichtung des Mittelalters*
SM 135   Kartschoke, *Altdeutsche Bibeldichtung*
SM 140   Murdoch/Groseclose, *Die althochdeutschen poetischen Denkmäler*
SM 151   Haymes, *Das mündliche Epos*
SM 205   Wisniewski, *Mittelalterliche Dietrich-Dichtung*
SM 244   Schweikle, *Minnesang*
SM 249   Gottzmann, *Artusdichtung*
SM 253   Schweikle, *Neidhart*

Deutsche Literaturgeschichte
SM   6   Schlawe, *Literarische Zeitschriften 1898–1910*
SM 24   Schlawe, *Literarische Zeitschriften 1910–1933*
SM 25   Anger, *Literarisches Rokoko*
SM 47   Steinmetz, *Die Komödie der Aufklärung*
SM 68   Kimpel, *Der Roman der Aufklärung (1670–1774)*
SM 75   Hoefert, *Das Drama des Naturalismus*
SM 81   Jost, *Literarischer Jugendstil*
SM 128   Meid, *Der deutsche Barockroman*
SM 129   King, *Literarische Zeitschriften 1945–1970*
SM 142   Ketelsen, *Völkisch-nationale und nationalsozialistische Literatur in Deutschland 1890–1945*
SM 144   Schutte, *Lyrik des deutschen Naturalismus (1885–1893)*
SM 157   Aust, *Literatur des Realismus*
SM 170   Hoffmeister, *Deutsche und europäische Romantik*
SM 174   Wilke, *Zeitschriften des 18. Jh. I: Grundlegung*
SM 175   Wilke, *Zeitschriften des 18. Jh. II: Repertorium*
SM 209   Alexander, *Das deutsche Barockdrama*
SM 210   Krull, *Prosa des Expressionismus*
SM 225   Obenaus, *Lit. und politische Zeitschriften 1830–1848*
SM 227   Meid, *Barocklyrik*
SM 229   Obenaus, *Lit. und politische Zeitschriften 1848–1880*
SM 234   Hoffmeister, *Deutsche und europäische Barockliteratur*
SM 238   Huß-Michel, *Lit. und politische Zeitschriften des Exils 1933–1945*
SM 241   Mahoney, *Der Roman der Goethezeit*
SM 247   Cowen, *Das deutsche Drama im 19. Jh.*
SM 250   Korte, *Geschichte der deutschen Lyrik seit 1945*

Gattungen

SM	9	Rosenfeld, *Legende*
SM	12	Nagel, *Meistersang*
SM	16	Lüthi, *Märchen*
SM	52	Suppan, *Volkslied*
SM	53	Hain, *Rätsel*
SM	63	Boeschenstein-Schäfer, *Idylle*
SM	66	Leibfried, *Fabel*
SM	77	Straßner, *Schwank*
SM	85	Boerner, *Tagebuch*
SM	101	Grothe, *Anekdote*
SM	116	Guthke, *Das deutsche bürgerliche Trauerspiel*
SM	133	Koch, *Das deutsche Singspiel*
SM	145	Hein, *Die Dorfgeschichte*
SM	154	Röhrich/Mieder, *Sprichwort*
SM	155	Tismar, *Kunstmärchen*
SM	164	Siegel, *Die Reportage*
SM	166	Köpf, *Märendichtung*
SM	172	Würffel, *Das deutsche Hörspiel*
SM	177	Schlütter u.a., *Sonett*
SM	191	Nusser, *Der Kriminalroman*
SM	208	Fricke, *Aphorismus*
SM	214	Selbmann, *Der deutsche Bildungsroman*
SM	216	Marx, *Die deutsche Kurzgeschichte*
SM	226	Schulz, *Science Fiction*
SM	232	Barton, *Das Dokumentartheater*
SM	248	Hess, *Epigramm*
SM	256	Aust, *Novelle*
SM	257	Schmitz, *Das Volksstück*
SM	260	Nikisch, *Brief*
SM	262	Nusser, *Trivialliteratur*
SM	278	Aust, *Der historische Roman*
SM	282	Bauer, *Der Schelmenroman*

Autorinnen und Autoren

SM	60	Fehr, *Jeremias Gotthelf*
SM	65	Guthke, *Gotthold Ephraim Lessing*
SM	71	Helmers, *Wilhelm Raabe*
SM	76	Mannack, *Andreas Gryphius*
SM	80	Kully, *Johann Peter Hebel*
SM	90	Winkler, *Stefan George*
SM	92	Hein, *Ferdinand Raimund*
SM	96	van Ingen, *Philipp von Zesen*
SM	97	Asmuth, *Daniel Casper von Lohenstein*
SM	99	Weydt, *H. J. Chr. von Grimmelshausen*
SM	102	Fehr, *Conrad Ferdinand Meyer*
SM	105	Prangel, *Alfred Döblin*
SM	107	Hoefert, *Gerhart Hauptmann*
SM	113	Bender, *J. J. Bodmer und J. J. Breitinger*
SM	114	Jolles, *Theodor Fontane*
SM	115	Foltin, *Franz Werfel*
SM	124	Saas, *Georg Trakl*
SM	131	Fischer, *Karl Kraus*